Das Teleshopping
und die Rundfunkfreiheit

Studien zum deutschen und europäischen Medienrecht

herausgegeben von Dieter Dörr

mit Unterstützung der Dr. Feldbausch Stiftung

Bd. 3

PETER LANG
Frankfurt am Main · Berlin · Bern · Bruxelles · New York · Wien

Claudia Braml

Das Teleshopping und die Rundfunkfreiheit

Eine verfassungs- und europarechtliche Untersuchung
im Hinblick auf den Rundfunkstaatsvertrag,
den Mediendienste-Staatsvertrag, das Teledienstegesetz
und die EG-Fernsehrichtlinie

PETER LANG
Europäischer Verlag der Wissenschaften

Die Deutsche Bibliothek - CIP-Einheitsaufnahme

Braml, Claudia:

Das Teleshopping und die Rundfunkfreiheit : eine verfassungs- und europarechtliche Untersuchung im Hinblick auf den Rundfunkstaatsvertrag, den Mediendienste-Staatsvertrag, das Teledienstegesetz und die EG-Fernsehrichtlinie / Claudia Braml. - Frankfurt am Main ; Berlin ; Bern ; Bruxelles ; New York ; Wien : Lang, 2000
(Studien zum deutschen und europäischen Medienrecht ; Bd. 3)
Zugl.: Mainz, Univ., Diss., 1999
ISBN 3-631-35488-6

D 77
ISSN 1438-4981
ISBN 3-631-35488-6

Vorwort

Diese Arbeit wurde im Sommersemester 1999 vom Fachbereich Rechts- und Wirtschaftswissenschaften der Johannes Gutenberg-Universität Mainz als Dissertation angenommen.

Maßgeblich angeregt wurde die Arbeit von meinem Doktorvater Professor Dr. Dieter Dörr, von dessen unerschöpflichen Erfahrungen als Wissenschaftler wie auch als Praktiker des Medienrechts ich während meiner Zeit als wissenschaftliche Mitarbeiterin an seinem Lehrstuhl profitieren durfte. Ihm gilt für die Betreuung der Arbeit und vor allem für die wertvolle Zeit an seinem Lehrstuhl mein ganz besonders herzlicher Dank. Ebenfalls bedanken möchte ich mich bei Herrn Professor Dr. Jörg Lücke für die Übernahme und baldige Erstellung des Zweitgutachtens.

Wertvolle Informationen aus der Praxis des deutschen Teleshopping erhielt ich von Herrn Henning Schnepper, Justitiar und Mitglied der Geschäftsleitung der H.O.T. Home Order Television GmbH & Co. KG, dem ich für seine entgegenkommende und konstruktive Unterstützung ebenfalls ganz besonders danken möchte.

Inniger Dank gebührt meinen Eltern, die meine juristische Ausbildung stets mit größter Aufmerksamkeit begleitet und mir durch ihre Großzügigkeit ein konzentriertes Studium ermöglicht haben.

Entscheidend für das Gelingen der Dissertation war die fachliche und persönliche Unterstützung von Nicolas Blanchard. Ihm und meinen Eltern sei diese Arbeit gewidmet.

München, im November 1999 Claudia Braml

Inhaltsverzeichnis

Abkürzungsverzeichnis

a.A.	anderer Ansicht
ABl.	Amtsblatt der Europäischen Gemeinschaft
Abs.	Absatz
Abschn.	Abschnitt
AE	Allgemeine Erläuterungen
a.E.	am Ende
AfP	Zeitschrift für Medien- und Kommunikationsrecht (früher: Archiv für Presserecht)
Amtl.	Amtlich(e)
Anm.	Anmerkung
AöR	Archiv des öffentlichen Rechts
ArchPT	Archiv für Post und Telekommunikation
ARD	Arbeitsgemeinschaft der öffentlich-rechtlichen Rundfunk-anstalten der Bundesrepublik Deutschland
Art.	Artikel
BayMG	Bayerisches Mediengesetz (Stand: 27.12.1997)
BayPG	Bayerisches Gesetz über die Presse
BayVBl.	Bayerische Verwaltungsblätter
BayVerf	Bayerische Verfassung
BbgPG	Brandenburgisches Landespressegesetz
Bd.	Band
BGB	Bürgerliches Gesetzbuch
BGBl.	Bundesgesetzblatt
BLM	Bayerische Landeszentrale für neue Medien
BR	Bayerischer Rundfunk
BremLMG	Bremisches Landesmediengesetz (Stand: 3.2.1998)
BT-Drs.	Bundestags-Drucksache
Btx	Bildschirmtext
BtxStV	Btx-Staatsvertrag
BVerfG	Bundesverfassungsgericht
BVerfGE	Entscheidung des Bundesverfassungsgerichts
BVH	Bundesverband des Deutschen Versandhandels
CR	Computer und Recht
DJT	Deutscher Juristentag
DLM	Direktorenkonferenz der Landesmedienanstalten

DÖV	Die Öffentliche Verwaltung
Dok.	Dokument
DVB	Digital Video Broadcasting
DVBl.	Deutsches Verwaltungsblatt
E	Entscheidung
EG	Europäische Gemeinschaft
EGMR	Europäischer Gerichtshof für Menschenrechte
EGV	Vertrag zur Gründung der Europäischen Gemeinschaft
Einf.	Einführung
EKMR	Europäische Menschenrechtskommission
EMR	Institut für Europäisches Medienrecht, Saarbrücken
EMRK	Europaratskonvention zum Schutz der Menschenrechte und Grundfreiheiten
engl.	englisch
Ent	Entwurf
epd	epd medien - Evangelischer Pressedienst
Erg. Lexikon	Ergänzbares Lexikon des Rechts
Erl.	Erläuterungen
EU	Europäische Union
EuGH	Europäischer Gerichtshof
EuGHE	Entscheidung des Europäischen Gerichtshofs
EuGRZ	Europäische Grundrechte Zeitschrift
EuR	Europarecht
EWG	Europäische Wirtschaftsgemeinschaft
f./ff.	folgend(e)
FAG	Gesetz über Fernmeldeanlagen
FAZ	Frankfurter Allgemeine Zeitung
FK	Funk-Korrespondenz
Fn.	Fußnote
FS	Festschrift
Fs-RL	Europäische Richtlinie zur Harmonisierung bestimmter Rechts- und Verwaltungsvorschriften der Mitgliedstaaten über die Ausübung der Fernsehtätigkeit (EG-Fernsehrichtlinie)
FsÜ	Europäisches Übereinkommen über das grenzüberschreitende Fernsehen (Fernsehübereinkommen)
GG	Grundgesetz
GjS	Gesetz über die Verbreitung jugendgefährdender Schriften

GVBl.	Gesetz- und Verordnungsblatt
GYIL	German Yearbook of International Law
HbEMRK	Handbuch der Europäischen Menschenrechtskonvention
HbStR	Handbuch des Staatsrechts
HbVerfR	Handbuch des Verfassungsrechts
h.M.	herrschende Meinung
HmbMG	Hamburgisches Mediengesetz (Stand: 23.4.1996)
H.O.T.	Home Order Television
HPRG	Hessisches Privatrundfunkgesetz (Stand: 20.5.1997)
HRLJ	Human Rights Law Journal
Hrsg.	Herausgeber
HSN	Homeshopping Network
i.E.	im Ergebnis
i.e.S.	im engeren Sinne
IuKDG	Informations- und Kommunikationsdienstegesetz
i.V.m.	in Verbindung mit
i.w.S.	im weiteren Sinne
JbTuG	Jahrbuch Telekommunikation und Gesellschaft
JöR	Jahrbuch des öffentlichen Rechts
JuS	Juristische Schulung - Zeitschrift für Studium und Ausbildung
Kap.	Kapitel
KOM	Kommission
LfR	Landesanstalt für Rundfunk in Nordrhein-Westfalen
LMBG	Lebensmittel- und Bedarfsgegenständegesetz
LMG BW	Landesmediengesetz Baden-Württemberg (Stand: 24.11.1997)
LPG	Landespressegesetz
LPG NW	Landespressegesetz Nordrhein-Westfalen
LRG Nds.	Niedersächsisches Landesrundfunkgesetz (Stand: 19.12.1995)
LRG NW	Landesrundfunkgesetz Nordrhein-Westfalen (Stand: 25.4.1998)
LRG RP	Landesrundfunkgesetz Rheinland-Pfalz (Stand: 29.7.1997)
LRG Saarl.	Rundfunkgesetz für das Saarland (Stand: 27.11.1996)
LRG S.-H.	Rundfunkgesetz für das Land Schleswig-Holstein (Stand: 7.12.1995)

LT-Drs.	Landtags-Drucksache
MDR	Monatsschrift für deutsches Recht
MDStV	Mediendienste-Staatsvertrag
MMR	MultiMedia und Recht
MP	Media Perspektiven
MVVO	Medienversuchsverordnung
m.w.N.	mit weiteren Nachweisen
Nachw.	Nachweise
n.F.	neue Fassung
NJW	Neue Juristische Wochenschrift
NJW-CoR	NJW-Computerreport
Nr.	Nummer
NVwZ	Neue Zeitschrift für Verwaltungsrecht
NW	Nordrhein-Westfalen
ORDO	Jahrbuch für die Ordnung von Wirtschaft und Gesellschaft
PRG LSA	Gesetz über den privaten Rundfunk in Sachsen-Anhalt (Stand: 7.11.1997)
QVC	Quality Value Convenience
RÄndStV	Rundfunkänderungsstaatsvertrag
RGBl.	Reichsgesetzsblatt
RGMV	Rundfunkgesetz für das Land Mecklenburg-Vorpommern (Stand: 29.11.1994)
Rh.-Pf.	Rheinland-Pfalz
RL	Richtlinie
Rs.	Rechtssache
Rspr.	Rechtsprechung
RStV	Rundfunkstaatsvertrag
RStV Berlin-Bb.	Staatsvertrag über die Zusammenarbeit zwischen Berlin und Brandenburg im Bereich des Rundfunks (Stand: 29.2.1992)
RStVEnt	Rundfunkstaatsvertragsentwurf
RuF	Rundfunk und Fernsehen
Rz.	Randziffer
S.	Seite
SächsPresseG	Sächsisches Gesetz über die Presse
SächsPRG	Sächsisches Privatrundfunkgesetz (Stand: 9.3.1998)

Slg.	Amtliche Sammlung der Rechtsprechung des EuGH
Sp.	Spalte
StGB	Strafgesetzbuch
st. Rspr.	ständige Rechtsprechung
SZ	Süddeutsche Zeitung
TDG	Teledienstegesetz
TRG	Thüringer Rundfunkgesetz (Stand: 4.12.1996)
UWG	Gesetz gegen den unlauteren Wettbewerb
VerfRP	Verfassung für Rheinland-Pfalz
VerwArch	Verwaltungsarchiv
VG	Verwaltungsgericht
vgl.	vergleiche
Vorb.	Vorbemerkung(en)
VVDStRL	Veröffentlichungen der Vereinigung der Deutschen Staatsrechtslehrer
WRP	Wettbewerb in Recht und Praxis
WRV	Weimarer Reichsverfassung
w&v	werben & verkaufen
z.B.	zum Beispiel
ZDF	Zweites Deutsches Fernsehen
Zif.	Ziffer
zit.	zitiert
ZRP	Zeitschrift für Rechtspolitik
ZUM	Zeitschrift für Urheber- und Medienrecht

Teil 1: Eine Bestandsaufnahme des Teleshopping in Deutschland

Einführung

In unserem konsumfreudigen Zeitalter ist es nur natürlich, daß sich die Wirtschaft immer neue Absatzwege für ihre Produkte sucht. Einer dieser modernen Vertriebswege ist das Teleshopping: das Angebot zum Verkauf, zur Vermietung oder Verpachtung von Ware oder auch zur Erbringung einer Dienstleistung via Fernseher mit sofortiger telefonischer Bestellmöglichkeit. Die zum Absatz bestimmten Produkte werden in Fernsehbeiträgen vorgestellt, wobei gleichzeitig eine Bestell- wie auch eine Telefonnummer eingeblendet werden, unter welcher der Artikel umgehend telefonisch bestellt werden kann. Daß diese neue Art des Versandhandels aus den USA stammt, verwundert nicht, auch wenn die Eroberung dieses Vertriebsweges mehr zufällig erfolgte. Im Jahr 1977 boten die beiden Veranstalter einer kleinen Radiostation in Florida Ware aus der Konkursmasse eines Werbekunden im Radio an, um wenigstens einen Teil ihrer Forderungen zu realisieren. Diese Art des Handels erwies sich wider Erwarten als sehr gewinnbringend, so daß die zwei Radioveranstalter den ersten Teleshoppinganbieter Home Shopping Network (HSN) gründeten[1]. Erfolg sicherte sich HSN, das ab 1982 als Home Shopping Club in lokalen Fernsehkabelnetzen vertreten war, durch nationale Empfangsmöglichkeiten bei 24stündiger Sendezeit ab dem Jahr 1985. Damals hatte HSN 300 Mitarbeiter und 75.000 regelmäßige Kunden. Das Unternehmen, das bereits 1986 am American Stock Exchange gehandelt wurde, ist seit 1990 am New York Stock Exchange vertreten. Im Jahr 1998 hat HSN 4.000 Mitarbeiter und mehr als 5 Millionen Kunden[2]. 1986 erhielt HSN Konkurrenz durch das Unternehmen QVC (Quality Value Convenience) Inc., das inzwischen der größte Teleshoppinganbieter in den USA ist. 1997 betrug der Umsatz von QVC Inc. 3,8 Milliarden DM bei 9600 Mitarbeitern. QVC Inc. erreicht in den USA 64 Millionen Haushalte[3] und hat 5 Millionen Kunden[4]. Im Angebot sind ca. 1600 Artikel, von denen pro Woche 250 neu in das Sortiment aufgenommen werden. Im Durchschnitt gehen bei QVC Inc. 113.000 Bestellungen am Tag ein. 35% der

---

1 HSN Homepage (http://www.hsn.com), Stand: November 1998; *Woldt*, MP 1988, 421/422.

2 HSN Homepage (http://www.hsn.com), Stand: November 1998.

3 Bei den Kabelhaushalten entspricht das einer Abdeckung von 80%, siehe *QVC* Homepage (http://www.qvc.com), Stand: November 1998.

4 Alle Angaben sind entnommen *QVC* Deutschland GmbH: Facts & Figures, Stand: September 1998.

verkauften Produkte sind Schmuck[5]. Weitere Produktsparten sind elektronische Geräte, Mode, Haushalt, Büro, Sammelobjekte und Spielzeug[6]. Neben den beiden Marktführern existieren in den USA mindestens noch 40 weitere, zumeist regional begrenzte Teleshoppinganbieter[7]. Die Zeit des schnellen Wachstums ist in den USA jedoch inzwischen vorbei[8], während sich das Teleshopping auf anderen nationalen Märkten gerade etabliert. Vielfach sind bei den neuen Engagements die beiden amerikanischen Marktführer beteiligt. HSN hält seit 1996 Anteile am SHOP Channel in Japan und an H.O.T. (Home Order Television), dem ersten reinen Teleshoppingkanal in Deutschland[9]. Außerdem hat das Unternehmen für Nordamerika einen spanischsprachigen Einkaufskanal eingerichtet, der in Zukunft auch Lateinamerika und Spanien bedienen soll[10]. QVC Inc. betätigt sich in Großbritannien, wo „QVC - The Shopping Channel" im Oktober 1993 mit dem Joint Venture Partner BSkyB sein 24stündiges Programm startete. Im Januar 1996 nahm Japan Cable Television Ltd. die wöchentliche 30minütige Sendung „Best of QVC" in den Programmplan auf. Ebenfalls im Jahr 1996 wurde die deutsche Tochter QVC Deutschland GmbH[11] gegründet, die das zweite deutsche 24stündige Teleshoppingangebot ausstrahlt[12].

1. Kapitel: Firmenprofile deutscher Teleshoppinganbieter

Der deutsche Markt scheint für das Teleshopping prädestiniert zu sein. Immerhin steht dem hiesigen Versandhandel der zweitgrößte Markt nach den USA bei einem Jahresumsatz von 40,2 Milliarden Mark zur Verfügung[13]. Gemessen am

---

5 *QVC* Homepage (http://www.qvc.com), Stand: November 1998.

6 Vergleichbare Produktsparten finden sich auch bei HSN.

7 *Woldt*, MP 1988, 421/423; *Ridder*, MP 414/417.

8 *Ridder*, MP 1995, 414/417.

9 Einzelheiten dazu unten 1. Kapitel, II.

10 *HSN* Homepage (http://www.hsn.com), Stand: 18.11.1998.

11 Einzelheiten dazu unten 1. Kapitel, III.

12 *QVC* Deutschland GmbH: Facts & Figures, Stand: September 1998; *QVC*; Präsentationsbroschüre „Rund um die Uhr geöffnet".

13 Angaben des Bundesverbandes des Deutschen Versandhandels (BVH) zum Versandhandelsumsatz 1997 in Deutschland; zum Vergleich: der europäische Gesamtumsatz beträgt lediglich 80 Mrd. DM, BVH Homepage (http//www.bvh-versandhandel.de), Stand: November 1998.

Pro-Kopf-Umsatz hat Deutschland mit jährlich DM 500,- den US-Amerikanern den ersten Platz abgenommen[14].

Den Fernseheinkauf, wie das Teleshopping auf deutsch heißt, gibt es auf dem deutschen Markt nicht etwa erst seit Einführung des ersten reinen Einkaufskanals im Oktober 1995. Mit der Entstehung des Privatfernsehens in Deutschland kamen auch die ersten Teleshoppingsendungen auf. Bereits seit 1988 sind mehr oder weniger kurze Teleshoppingangebote in den Programmen privater Anbieter von Voll- oder Spartenprogrammen zu finden. Sei es, daß in einem Werbeblock ein kurzer Spot plaziert wird, der dazu auffordert, eine Musik-CD telefonisch zu bestellen, sei es, daß in den frühen Morgenstunden halbstündige Sendungen ausgestrahlt werden, in denen ein Fitneßgerät oder eine Autopolitur ausführlich beschrieben und vorgeführt werden, die man ebenfalls über das Telefon erwerben kann. Nicht am Markt halten konnten sich hingegen die etwa zur gleichen Zeit aufkommenden Teleshopping-Sendungen wie beipielsweise das „Telekaufhaus" und „Telereisen" bei Eureka[15] oder der „Teleshop" bei Sat 1[16], die Teleshopping in Form von Dauerwerbesendungen zeigten. Mehrmals in der Woche wurden 25minütige Sendungen gezeigt, in denen verschiedene Produkte, die telefonisch bestellt werden konnten, durch einem Moderator in etwa fünfminütigen Anwendungen sowie in Form von kurzen Filmen[17] vorgestellt wurden. Anfang der 90er Jahre schlossen die letzten dieser Fernseheinkaufsläden, da der wirtschaftliche Erfolg ausblieb und die Werbezeiten immer teurer wurden, so daß Teleshopping-Dauerwerbesendungen als Lückenfüller nicht mehr notwendig waren[18].

Die Plazierung von Teleshoppingangeboten in Voll- oder Spartenprogrammen privater Anbieter erfolgt zumeist durch ein Marketingunternehmen, welches die umfassende Bewerbung und den Vertrieb eines Produktes für den Hersteller

---

14 Angaben des Bundesverbandes des Deutschen Versandhandels, in: werben und verkaufen (w & v) vom 7.11.1997, S. 198.

15 In Zusammenarbeit mit dem Versandhaus Quelle und dem Reiseveranstalter Tjaereborg; Sendebeginn war am 7.12.1987; das Teleshopping-Projekt endete mit der Umstrukturierung des Veranstalters Eureka zu ProSieben, siehe *Wellens*, Grenzen der Rundfunkfinanzierung: Teleshopping, S. 10; *Woldt*, MP 1988, 421/430; *Ridder*, MP 1995, 414/420; Funk-Korrespondenz, 5.2.1988, S. 2f.

16 In Zusammenarbeit mit dem Otto-Versand, siehe *Wellens*, Grenzen der Rundfunkfinanzierung: Teleshopping, S. 11f; *Woldt*, MP 1988, 421/430; *Ridder*, MP 1995, 414/420; Der Spiegel, Nr. 41/1988, S. 95.

17 Diese Form wählte RTL plus in der „Teleboutique", die der Sender ab Ende 1989 in Zusammenarbeit mit dem Versandhaus Quelle veranstaltete, siehe bei *Wellens*, Grenzen der Rundfunkfinanzierung: Teleshopping, S. 13.

18 *Ridder*, MP 1995, 414/420.

übernimmt. Im Gegensatz dazu setzen die Betreiber reiner Teleshoppingsender eigene Produkte auf eigenen Vertriebswegen ab. Zum besseren Verständnis werden im folgenden das in Deutschland führende Marketingunternehmen, die Dominion Vertriebs GmbH[19], ebenso wie die beiden Anbieter von Teleshoppingkanälen[20], H.O.T. und QVC, vorgestellt[21].

I. Die Dominion Vertriebs GmbH (Dominion)

Die Dominion Vertriebs GmbH ist ein Marketingunternehmen, das sich innovativer Vertriebswege[22] bedient und die Vermarktung von Produkten durch Teleshopping als Dienstleistung anbietet. Das Unternehmen mit Sitz in Karben bei Frankfurt/Main ist der Pionier unter den Direktvermarktungsunternehmen und bietet Teleshopping bereits seit 1988 in Deutschland an. Derzeit beschäfigt Dominion 34 feste Mitarbeiter und 120 Teilzeitkräfte[23]. Als Tochter der US-amerikanischen K-tel International Inc.[24] vertreibt Dominion die von dieser angebotenen Musik-, Unterhaltungs-, Fitneß und Haushaltsprodukte wie auch Produkte anderer Hersteller. Als Beispiele seien genannt, daß Dominion zusammen mit Radio RTL ein Musik-CD-Set exklusiv über diese Radiostation anbietet[25] und seit September 1998 gemeinsam mit den Firmen Siemens und Mannesmann Mobilfunk ein Handy mit passender D2-Netzkarte vermarktet[26]. Die Angebote in Fernsehen und Radio erfolgen immer unter Angabe von Be-

---

19 Nach eigenen Angaben beherrscht Dominion 43% des deutschen Marktes für Infomercials (dazu unten), siehe Horizont vom 20.8.1998 und New Business vom 23.3.1998, S. 34.

20 Die Bestrebungen von Tele München und dem Bauer-Verlag, einen weiteren reinen Teleshoppingkanal unter dem Namen TM 4 zu eröffnen, konnten bislang nicht realisiert werden, vgl. Funk-Korrespondenz, 21.6.1996, S. 11; FAZ vom 21.3.1996.

21 Nicht vernachlässigt werden darf überdies, daß auch ausländische Teleshoppinganbieter in Deutschland zu empfangen sind. So sendet etwa der Anbieter Quantum Channel bereits seit 1993 über Satellit das Programm „The Quantum Channel - Homeshopping World“, das in Deutschland über drei Kanäle empfangen werden kann (epd vom 5.2.1994, S. 22). The Quantum Channel ist beispielsweise im Kabelnetz der Telekom Thüringen auf Kanal S 13 eingespeist, vgl. Kanalbelegung des Breitbandverteilnetzes der Telekom in Thüringen, einsehbar unter: http://www.tlm.de.

22 Dazu gehören Audioshopping und Internetvertrieb ebenso wie der klassische Handel.

23 *Dominion*, Firmenprofil 1998, Unternehmensprofil.

24 K-tel International Inc. konzipiert, stellt her und vertreibt seit 36 Jahren Musik-, Unterhaltungs- und Haushaltsprodukte, siehe *Dominion*, Firmenprofil 1998, Background.

25 SuperHighway News vom 3.7.1998, S. 11.

26 Horizont vom 20.8.98.

stell- und Telefonnummern, so daß der Rezipient daß gewünschte Produkt unmittelbar nach seiner Ausstrahlung telefonisch bestellen kann. Dominion übernimmt im übrigen nicht nur die bloße Bewerbung eines Produktes, sondern sorgt zusätzlich für den Vertrieb bzw. Versand. Die von Dominion via Teleshopping angebotenen Produkte sind regelmäßig auch in Geschäften erhältlich. Artikel, die das Marketingunternehmen zunächst exklusiv anbietet, werden nach etwa einem halben Jahr Sendezeit im Handel etabliert[27]. Im Jahr 1997 betrug der Umsatz von Dominion fast 31 Millionen DM[28] bei bis zu 25.000 Bestellungen monatlich[29]. Zu den meistverkauften Produkten gehören auf jeden Fall Musik-CDs mit insgesamt ungefähr 1,36 Millionen Exemplaren. Das erfolgreichste Einzelprodukt ist das Reinigungsmittel „Sauber Zauber", das 660.000 mal geordert wurde. Das Auto-politurkonzentrat „Lustre 7" wurde 600.000 und das Massagekissen „Relax Max" 130.000 mal verkauft[30].

Um Händlern Vermarktungsmöglichkeiten anbieten zu können, kauft Dominion bei den privaten Rundfunksendern jedes Jahr ein bestimmtes Kontingent von Werbezeiten, das bei Mehrbedarf aufgestockt wird. In diesen Werbezeiten bietet Dominion die Produkte seiner Auftraggeber per Direct-response-TV oder Infomercial[31] zum Kauf an. Für das Jahr 1998 hat das Unternehmen Werbezeiten für das Direct-response-TV bei Vox, RTL 2, Super RTL, n-tv, Kabel 1, Viva, Viva 2, MTV, DSF und bei Lokalsendern gebucht. Für Infomercials stehen Dominion feste Zeiten bei DSF (Montag bis Sonntag, 8.30 bis 10.00 Uhr), bei Vox (Montag bis Freitag, 8.00 bis 8.30 Uhr und Samstag/Sonntag, 8.00 bis 9.30 Uhr), bei Super RTL (Montag, Dienstag, Donnerstag, 9.15 bis 9.45 Uhr und 00.45 bis 1.15 Uhr sowie Samstag/Sonntag, 8.35 bis 9.05 Uhr) sowie lose Zeitkontingente bei TM 3 zur Verfügung.

II. Die H.O.T. Home Order Television Gmbh & Co. KG (H.O.T.)

H.O.T. ist der erste deutsche Teleshoppingsender, der seit dem 16. Oktober 1995 von Bayern aus 24 Stunden am Tag Teleshopping ausstrahlt. H.O.T., das usprünglich als Projektgruppe und 100prozentige Tochter der ProSieben Televisions GmbH begann, wurde im Mai 1995 zu 50% von der Quelle Schicke-

---

27 FAZ vom 12.8.1997, S. 38.

28 Horizont vom 21.5.1998, S. 48.

29 FAZ vom 3.3.1998, S. 18.

30 FAZ vom 3.3.1998, S. 18.

31 Zu den Begriffen siehe unten 3. Kapitel, I.1. und 3.

danz AG & Co. übernommen. Im Zuge der Umstrukturierung von ProSieben in eine Aktiengesellschaft wurde ihre Beteiligung zunächst von Leo Kirchs Sohn Thomas (40%) und dem Vorstandsvorsitzenden der ProSieben AG Dr. Georg Kofler (10%) übernommen. Im Oktober 1996 änderten sich die Beteiligungsverhältnisser erneut. Seitdem ist Home Shopping Network (HSN) als zweitgrößter amerikanischer Teleshoppinganbieter an H.O.T. beteiligt. HSN erwarb damals 29%, während sich die übrigen Anteile zu 31% auf Quelle, zu 33% auf Thomas Kirch und zu 7% auf Dr. Georg Kofler verteilten[32]. Seit September 1998 stellen sich die Gesellschafterverhältnisse wie folgt dar: HSN 41,99%, Thomas Kirch 33%, Dr. Georg Kofler 15% und Quelle 10.01%[33].

H.O.T. erhielt seine Erstzulassung durch die Bayerische Landeszentrale für neue Medien (BLM), die im Rahmen eines DVB-Pilotprojektes am 25. August 1995 als öffentlich-rechtlicher Vertrag erteilt worden ist. Die BLM sah in einem „interaktiven Home-shopping-Angebot", welches „mit rundfunktechnischen Mitteln" verbreitet wird, ein neuartiges Konzept, „dessen rundfunkrechtliche Einordnung in die gängigen Kategorien zweifelhaft" war[34]. Ihre Abschlußkompetenz begründete die BLM damit, daß die Verbreitung des H.O.T.-Programms „Auswirkungen auf den Werbemarkt für Rundfunkangebote in Bayern" haben könne und dem Vorhaben somit „erkennbar Relevanz für den von der Landeszentrale veranstalteten Rundfunk in Bayern" zukomme[35]. Gemäß § 2 Abs. 1 und 2 des Vertrages hat H.O.T. sich verpflichtet, sich bei der Präsentation der Angebote auf eine reine Produktbeschreibung zu beschränken und auf jegliche zusätzliche Unterhaltungs- und Showelemente zu verzichten. Der öffentlich-rechtliche Erstvertrag wurde mit Zustimmung der des Medienrates der BLM vom 2. Mai 1996 auf der Grundlage der inzwischen in das Bayerische Mediengesetz (BayMG) eingefügten Versuchsklausel des Art. 35a fortentwickelt, so daß am 12. September 1996 ein neuer öffentlich-rechtlicher Vertrag in Kraft trat, dessen Laufzeit am 15. Oktober 1997 endete. Zwar blieb auch in dem neuen Vertrag im Grundsatz die inhaltliche Beschränkung auf eine Produktpräsentation in Form bloßer Beschreibung bestehen. Allerdings wurde in § 2 Abs. 2 des Vertrages vom 12. September 1996 ein neuer Satz 3 eingefügt, welcher es H.O.T. im „Rahmen des Betriebsversuchs nach Art. 35a BayMG" gestattete, „die Präsentation einzelner Produkte mit Moderationen und journalistischen Beiträgen zu gestalten, die inhaltlich auf das Produkt, aber nicht aus-

---

[32] *H.O.T.*, Präsentationsbroschüre „Das erste Kaufhaus im Fernsehen", S. 2.

[33] *H.O.T.*, Präsentationsbroschüre „H.O.T. Der Shoppingsender", S. 3

[34] Präambel des öffentlich-rechtlichen Vertrages zwischen der BLM und H.O.T. vom 25.8.1995.

[35] Präambel des öffentlich-rechtlichen Vertrages zwischen der BLM und H.O.T. vom 25.8.1995.

schließlich auf die Produktbeschreibung bezogen sind“. Es mußte lediglich sichergestellt bleiben, „daß der Verkaufscharakter der Sendung eindeutig erkennbar stets im Vordergrund steht“[36].

Seit Einführung des Mediendienste-Staatsvertrages[37] im August 1997 haben sich die Sendebedingungen für H.O.T. geändert und der Sender wird seitens der BLM als Mediendienst im Sinne des Staatsvertrages verstanden. Obwohl der Mediendienste-Staatsvertrag die Anmelde- und Genehmigungsfreiheit von Mediendiensten festschreibt, wurde zwischen der BLM und H.O.T. nach Auslaufen des öffentlich-rechtlichen Vertrages am 15. Oktober 1997 erneut ein öffentlich-rechtlicher Vertrag geschlossen. Dieser Vertrag vom 13. Oktober 1997 hat bedingt durch die begrenzte Verfügbarkeit analoger Übertragungskapazitäten im bayerischen Kabelnetz eine Laufzeit bis zum 31. Dezember 1998[38]. Inhaltlich ist klargestellt worden, daß die BLM und H.O.T. das Angebot von H.O.T. als Fernseheinkaufsdienst im Sinne Mediendienste-Staatsvertrages einstufen. Dennoch wurde der öffentlich-rechtliche Vertrag wiederum auf der Grundlage des § 35a BayMG geschlossen, da die ersten Erkenntnisse in der Erprobungsphase von H.O.T. in den Kabelanlagen Bayerns wegen der durch die gegebene Kapazitätssituation nur eingeschränkt möglichen Verbreitung noch nicht hinreichend valide seien[39]. Zweck der verlängerten Erprobungsphase dürfte jedoch auch der Erhalt der Verbreitungsmöglichkeiten von H.O.T. im bayerischen Kabelnetz. In § 2 Abs. 1 des Vertrages vom 13. Oktober 1997 wird H.O.T. explizit als Mediendienst im Sinne des § 2 Abs. 2 Nr. 1 MDStV eingestuft. Die Präsentation der Waren und Dienstleistungen erfolgt daher weiterhin durch Wort und Bild unter Ausschluß von Studiopublikum. H.O.T. hat sich - um sicherzustellen, daß der Mediendienste-Staatsvertrag Anwendung findet - nochmals ausdrücklich verpflichtet, die oben aufgezeigten Grenzen der Präsentation einzuhalten[40].

Anhand der eigenen Lizenzierung von H.O.T. wird der konzeptionelle Unterschied zwischen einem Teleshoppinganbieter wie Dominion einerseits und den reinen Teleshoppingkanälen andererseits offenbar. Dominion bedient sich bei seiner Tätigkeit der Übertragungsmöglichkeiten, die ihm Rundfunkanstalten gegen Entgelt zur Verfügung stellen, während sich die Teleshoppingkanäle ei-

---

36 Vgl. auch *BLM*, Pressemitteilung Nr. 25/96 vom 9. Mai 1996.

37 Mediendienste-Staatsvertrag vom 20.1. - 12.2.1997, abgedruckt bei *Ring*, Medienrecht, Bd. III, C-III 1.

38 Vgl. § 7 Abs. 2 und Präambel des Vertrages vom 13.10.1997.

39 Präambel des Vertrages vom 13.10.1997.

40 § 2 Abs. 2 des Vertrages vom 13.10.1997.

gene Übertragungswege schaffen. Daran wird deutlich, daß Dominion ein Dienstleistungsanbieter für Vermarktung und Vertrieb ist, der die Bewerbung und den Absatz handelsüblicher Produkte übernimmt. Die Anbieter reiner Teleshoppingkanäle hingegen sind zuvörderst selber Händler, bieten eigene Produkte an und bedienen sich dazu eigener Vertriebswege[41].

Heute kennzeichnet das Programm von H.O.T. ein Anteil von sechzehn Stunden Live-Moderation täglich. Die Live-Moderation erlaubt nicht nur eine schnelle Anpassung der Produktpalette an die Zuschauernachfrage, sie ermöglicht auch sogenannte Call-Ins, durch die sich der Zuschauer aktiv und direkt an den Sendungen beteiligen kann, um zu Lebendigkeit und Spontaneität beizutragen[42]. Trotz aller Beschränkungen muß das Programm so interessant und abwechslungsreich wie möglich sein, da die Zuschauerbindung für einen Teleshoppinganbieter zumindest ebenso entscheidend ist wie für herkömmliche Rundfunkanbieter. Aus diesem Grund werden bei H.O.T. in das Verkaufsprogramm immer wieder sogenannte Spezialsendungen eingestreut. Diese hatten im Jahr 1997 Themen zum Gegenstand wie „Einkochen leicht gemacht", „Sommer 97: die neuesten Trends für die heiße Jahreszeit" oder „Bella Italia: Ein Streifzug durch das schöne Mittelmeerland (...)"[43]. Ein Jahr später wurde die Anzahl der Spezialsendungen erhöht[44] und thematisch variabler gestaltet. Neben dem Spezial „Sommermode" finden sich nun auch Themen wie „Schätze unserer Erde"[45], „Fußball-WM" und „Monte Carlo"[46]. Eigentlicher Bestandteil des Programms sind jedoch die Produktmoderationen, die vor allem Artikel aus den Bereichen Schmuck, Sport und Freizeit, Haushalt, Beauty & Wellness, Do It Yourself, Garten, Auto/Motor, Tonträger, Home Electronics, Geschenke, Fanartikel, Mode und Textilien, Verlagsprodukte sowie Food & Beverage umfassen[47]. Jeder Bereich hat seine Stamm-Moderatoren, wobei zur Ergänzung oder Unterstützung gelegentlich prominente Schauspieler wie Christine Kauf-

41 QVC bezeichnet seine Geschäftstätigkeit entsprechend als „elektronischen Einzelhandel", der eigenen Ein- und Verkauf betreibt und nicht etwa Werbezeiten verkauft, vgl. *QVC*, Lieferanteninformation.

42 *H.O.T.*, Präsentationsbroschüre „Das erste Kaufhaus im Fernsehen", S. 8.

43 Vgl. *H.O.T.* live für Sie - Ihr aktueller Einkaufsberater, Heft 3/97, 4.5.-28.6.1997.

44 1997 waren es sechs Spezialsendungen in neun Wochen, 1998 hingegen sieben Sendungen in acht Wochen.

45 Vierstündiges Schmuck-Spezial, das zu neuem Rekord-Bestellvolumen führte, siehe *H.O.T.*, Pressemitteilung vom 3.4.1998.

46 Vgl. *H.O.T.* für Sie - Ihr aktueller Einkaufsberater, Heft 3/98, 4.5.-28.6.1998.

47 *H.O.T.*, Präsentationsbroschüre „Das erste Kaufhaus im Fernsehen", S. 6; insgesamt deckt das Angebot 20 Produktbereiche ab, Handelsblatt vom 23.4.1998, S. 14.

mann, Anja Kruse[48] und Bernd Herzsprung[49] oder Volks- und Schlagermusiksänger wie Margot Hellwig, Heino[50] Petra Perle[51] und Peggy March[52] als Gast-Präsentatoren engagiert werden. Der umsatzstärkste Produktbereich ist wie bei den amerikanischen Teleshoppinganbietern der Schmuck, der 37% zum Umsatz beisteuert. Dahinter liegen Mode mit 12% und Haushaltswaren mit 11%[53]. 6000 Artikel sind derzeit jährlich im Programm. Die Aufnahme neuer Artikel liegt gegenwärtig bei 110 bis 120 verschiedenen Produkten in der Woche und soll auf 200 bis 250 gesteigert werden[54]. 90% der angebotenen Artikel stammen aus Deutschland[55]. Die Gewinnmargen liegen bei 50%, um außer den Vertriebskosten auch den Aufwand für die etwa 24% Stornierungen und Rücksendungen abzudecken[56]. Größte Kundengruppe mit 30% sind die 50 bis 64jährigen, zumeist Frauen, die aus allen sozialen Schichten kommen. Typisch sei die „Frau über 35, Hausfrau, in ländlichem Wohngebiet, mit einer hohen Affinität zum Fernsehen“[57]. Die erste Bestellung erfolgt im Durchschnitt nach 20 bis 40 Stunden Zuschauen[58]. Der jährliche Bestellwert des Stammkunden liegt bei DM 433,- pro Person[59].

1997 hat H.O.T. 125 Millionen DM mit 436.000 Kunden umgesetzt. Für das Jahr 1998 hat das Unternehmen einen Jahresumsatz von 180 Millionen DM bei 700.000 Kunden anvisiert, um bei einem Umsatz von 300 Millionen DM im Jahr 1999 den Break-even-point zu erreichen[60]. Im Durchschnitt gibt es 7000 Kundenanrufe pro Tag, wobei der Tagesrekord bei 13500 Anrufen liegt[61]. Derzeit beschäftigt H.O.T. ungefähr 500 Mitarbeiter. Davon entfallen 230 auf die Bereiche Produktion, Programm, Einkauf, Planung, Marketing und Verwaltung, 190 sind im Bereich Call-Center/Kundenservice angesiedelt und 85 im

---

48 *H.O.T.*, Präsentationsbroschüre „Das erste Kaufhaus im Fernsehen“, S. 11.

49 *H.O.T.*, Pressemitteilung vom 27.11.1997.

50 *H.O.T.*, Präsentationsbroschüre „Das erste Kaufhaus im Fernsehen“, S. 11.

51 *H.O.T.*, Pressemitteilung vom 22.8.1997.

52 *H.O.T.*, Pressemitteilung vom 20.7.1998.

53 Horizont vom 16.10.1997, S. 73.

54 Medien Dialog vom 2.6.1998.

55 FAZ vom 3.3.1998, S. 18.

56 Handelsblatt vom 23.4.1998, S. 14.

57 Handelsblatt vom 23.4.1998, S. 14.

58 Medien Dialog vom 2.6.1998.

59 Horizont vom 16.10.1997.

60 Handelsblatt vom 23.4.1998, S. 14.

61 Medien Dialog vom 2.6.1998.

Bereich Logistik[62]. Das Angebot wird inzwischen in zahlreichen Gebieten[63] in die Kabel eingespeist und ist seit Dezember 1995 auf den Satelliten Astra 1D aufgeschaltet sowie seit Juni 1997 auch digital über Astra 1E zu empfangen[64]. Zu den Empfängern von H.O.T. gehören seit Dezember 1996 auch Österreich[65] und seit Dezember 1997 die Schweiz[66]. Zusätzlich unterhält der Sender Fensterprogramme in verschiedenen Regionalprogrammen[67]. H.O.T. hat gegenwärtig eine technische Reichweite von 14,5 Millionen Haushalten in Deutschland, wovon 6,5 Millionen Kabel-[68] und 8 Millionen Satellitenhaushalte sind[69]. Die Gesamtreichweite im In- und Ausland liegt bei 17.740.000 Haushalten[70].

III. Die QVC Deutschland GmbH (QVC)

Zum 1. Dezember 1996 hat mit QVC der zweite reine Teleshoppingkanal in Deutschland seinen Betrieb aufgenommen. QVC Deutschland ist eine 100prozentige Tochter des 1986 gegründeten US-amerikanischen Teleshoppingveranstalters QVC Inc.[71].

---

62 Medienspiegel vom 25.5.1998.

63 Kabelnetze Bayern (München, Nürnberg, Regensburg, Schweinfurt, Ingolstadt, Bayreuth), Baden-Württemberg, Sachsen (Dresden, Chemnitz), Sachsen-Anhalt (Magdeburg), Niedersachsen, Mecklenburg-Vorpommern (Güstrow), Saarland, Thüringen (seit Juni 1998) sowie Berlin (seit Juni 1998) und Bremen (seit Juli 1998), Ballungsraumsender Rhein-Neckar Fernsehen (RNF plus).

64 Seit dem 21.6.1997 sendet H.O.T. bundesweit digital und kann über die d-box empfangen werden, *H.O.T.*, Pressemitteilung vom 21.6.1997.

65 Reichweite: 670.000 Haushalte plus 560.000 über die Kabelnetze Wien, Graz, Linz, Salzburg, Klagenfurt, St. Pölten, siehe *H.O.T.*, Unternehmensangaben, Stand: 1.9.1998.

66 Reichweite: 150.000 Haushalte plus 1.00.000 über die Kabelnetze des größten Schweizer Kabelnetzbetreibers Cablecom, siehe siehe *H.O.T.*, Unternehmensangaben, Stand: 1.9.1998.

67 Beispielsweise bei: puls TV, FF Franken Fernsehen, Dresden-Fernsehen, Leipzig-Fernsehen

68 Insgesamt gibt es in Deutschland 17.5 Millionen Kabelhaushalte, Medien Dialog vom 2.6.1998.

69 epd Nr. 53 vom 11.Juli 1998, S. 28.

70 *H.O.T.*, Unternehmensangaben, Stand: 1.9.1998.

71 Siehe Einleitung; das Kapital von QVC Inc. liegt bei den beiden Kabelgesellschaften Comcast und TCI, FAZ vom 15.12.1997.

Die Landesanstalt für Rundfunk in Nordrhein-Westfalen (LfR) hat im September 1996 mit QVC einen öffentlich-rechtlichen Vertrag nach bayerischem Muster über die digitale Astra-Verbreitung geschlossen. Ähnlich wie schon H.O.T. mußte auch QVC sich verpflichten, auf Unterhaltungs- und Showelemente sowie auf alle publizistischen Inhalte beziehungsweise journalistischen Darstellungsformen, die zur Meinungsbildung geeignet sind, zu verzichten[72]. Das tägliche Programm von QVC besteht ebenfalls zu 16 Stunden aus Live-Moderationen durch sogenannte Show-Hosts und zu acht Stunden aus deren Wiederholungen. Um die Aktualität der Angebote zu garantieren, sind die Wiederholungen der eigenen Sendungen nicht älter als 24 Stunden. Die wesentlichen Produktsparten sind Schmuck (47%), Mode, Gesundheit und Beauty (11%) sowie Home[73] (42%). Zusätzlich werden auch Sondersendungen in das Programm aufgenommen, wie etwa die Markteinführung von Microsofts „Windows 98". Noch bevor das neue Betriebssystem in die Fachhandelsgeschäfte gelangte, wurde es in einer dreistündigen Sondersendung bei QVC vorgestellt[74]. Von allen angebotenen Produkten kommen 62% aus Deutschland, 27% aus Europa, 9% aus den USA und 2% aus anderen Ländern[75].

Das Umsatzpotential sieht QVC in Deutschland bei 2 Milliarden DM[76]. Im Jahr 1997 hat das Unternehmen 20 Millionen DM umgesetzt[77]. Für das Jahr 1998 rechnet der Anbieter mit einem Bestellvolumen von etwa 100 Millionen DM, wobei er sich für das Jahr 2000 bereits 500 Millionen DM als Ziel gesetzt hat. Gegenwärtig hat QVC 270.000 Kunden bei bis zu 1500 Neukunden pro Tag. Die Zahl der täglichen Anrufe liegt durchschnittlich bei 4000, der Tagesrekord bei 8500 Anrufen. Bislang beschäftigt QVC 582 Mitarbeiter, davon 234 in Verwaltung und Sendebetrieb, 302 im Call-Center und 46 in der Distribution[78]. Dem Sender wurde im Oktober 1996 zusätzlich zur Satellitenfrequenz ein analoger Kabelkanal zugewiesen, so daß QVC durch die Deutsche Telekom AG in 105 der insgesamt 159 Breitbandverteilnetze in Nordrhein-Westfalen eingespeist werden konnte. Da QVC als Modellversuch für digitales Fernsehen und digitale Kommunikationsdienste gemäß § 72 Landesrundfunkgesetz NW

---

[72] *LfR*, Pressemitteilung vom 16.12.1996.

[73] Darunter fallen Haushalt, Elektronik, Haus- und Heimwerkerbedarf, Sammelobjekte und Geschenke, vgl. *QVC*, Lieferanteninformation.

[74] ComputerPartner, vom 10.6.1998, S. 1.

[75] Zu allem Vorstehenden: *QVC* Deutschland GmbH: Facts & Figures, Stand: September 1998.

[76] *QVC* Deutschland GmbH: Facts & Figures, Stand: September 1998.

[77] FAZ vom 3.3.1998, S. 18.

[78] *QVC* Deutschland GmbH: Facts & Figures, Stand: September 1998.

(LRG NW) und auf der Grundlage der 1. Medienversuchsverordnung (1. MVVO NW) - zunächst für drei Jahre[79] - zugelassen wurde, kann ihm in diesem Rahmen eine analoge Kabelkapazität zur Verfügung gestellt werden[80]. Aufgrund dieser Spezialregelung orientiert sich die Vergabe der analogen Kapazität allein am Zweck des Modellversuchs und erfolgt unabhängig von der Rangfolgeentscheidung, die das Landesrundfunkgesetz ansonsten für die Weiterverbreitung herangeführter TV-Programme vorsieht[81]. In der Anfangszeit erreichte QVC 2,5 Millionen Haushalte im nordrhein-westfälischen Kabel. Inzwischen werden die erreichbaren Haushalte mit 6,9 Millionen über Kabel[82] und 7,5 Millionen über Satellit angegeben. QVC arbeitet ebenfalls mit Programmfenstern und plant ein solches bei dem Musiksender „Onyx" zu plazieren, der nicht nur in einigen Kabelnetzen vertreten, sondern vor allem auch über Eutelsat analog wie auch digital zu empfangen ist[83].

2. Kapitel: Die Formen des Teleshopping

Vielleicht ruft der reine Teleshoppingkanal bei einigen Zuschauern in Deutschland noch immer Erstaunen hervor und sie fragen sich, ob der Verkauf von Produkten via Bildschirm wohl lukrativ sei. Die Frage, ob es sich dabei um ein zulässiges „Fernsehprogramm" handelt, dürfte sehr viel seltener gestellt werden. Aus juristischer Sicht erfaßt diese Frage jedoch den Kernpunkt des Problems: Was ist Teleshopping und wie ist es rechtlich zu behandeln?

I. Erläuterung der Problematik und Gang der Untersuchung

Eine Antwort scheint sehr viel leichter zu fallen, seit am 1. August 1997 der Mediendienste-Staatsvertrag[84] und das Teledienstegesetz[85] des Bundes in Kraft

---

79 § 1 Abs. 3 der 1. MVVO NW.

80 § 4 der 1. MVVO NW.

81 *LfR*, Pressemitteilung vom 16.12.1996.

82 Ohne genauere Spezifizierung: Kabelnetze Nordrhein-Westfalen, Baden-Württemberg, Hamburg (als Fenster bei Hamburg Eins), Bremen, Saarland, Sachsen, Sachsen-Anhalt, Thüringen, Brandenburg und Mecklenburg-Vorpommern.

83 Infosat, Mai 1998, S. 8.

84 abgedruckt bei *Ring*, Medienrecht, Bd. III, C-III 1.

85 Artikel 1 des Gesetzes zur Regelung der Rahmenbedingungen für Informations- und Kommunikationsdienste (Informations- und Kommunikationsdienste-Gesetz - IuKDG), BGBl. 1997 I S. 1870.

getreten sind, die gleichermaßen Regelungen im Hinblick auf das Teleshopping enthalten. Weitere Regelungen zum Teleshopping bringt der 4. Rundfunkänderungsstaatsvertrag mit sich, der am 1. April 2000 in Kraft treten wird. Auch die EG-Fernsehrichtlinie 1997[86] befaßt sich wesentlich intensiver als die ursprüngliche Fernsehrichtlinie mit den verschiedenen Formen von Teleshopping. Doch läßt gerade die Vielzahl von Gesetzen erkennbar werden, daß eine einheitliche Betrachtung und Einordnung von Teleshopping nicht besteht. Zum einen liegt das sicher an den unterschiedlichen Erscheinungs- und Sendeformen des Angebots selber: Im Fernsehen sieht man zum Teil sehr kurze Teleshopping-Spots innerhalb der üblichen Werbeblöcke, die sich auf eine knappe Darstellung eines Produktes und die Einblendung einer Telefonnummer für die Bestellung beschränken. Gerade zur Nachtzeit sind dagegen längere Sendeformen des Teleshopping zu beobachten, in welchen das angebotene Produkt ausführlich erklärt und vorgeführt wird. Daneben gibt es reine Teleshoppinganbieter, die 24 Stunden täglich Teleshopping senden, wobei die Produkte zumeist themengemäß zusammengefaßt und in einstündigen Sendeeinheiten durch einen Moderator präsentiert werden. Ebenfalls eine Art des Einkaufs per Bildschirm bietet das Internet mit seinen Online-Angeboten.

Zum anderen liegt die Uneinheitlichkeit der gesetzlichen Regelungen auch daran, daß das Phänomen Teleshopping bislang nicht eindeutig entweder dem Bereich des Rundfunks oder dem der freien wirtschaftlichen Betätigung zugeordnet werden konnte. Für diese beiden Bereiche bestehen getrennte Gesetzgebungskompetenzen, die der Länder einerseits[87] und die des Bundes andererseits[88]. Beiden Bereichen ist zu eigen, daß die Gesetzgeber unterschiedliche Ansätze bei der Regelungstechnik gewählt haben. Der von den Ländern gestaltete Rundfunk verlangt nach noch vorherrschendem Verständnis[89] eine vollständige Regulierung im Sinne einer „positiven Ordnung"[90]. Dies schließt ein, daß der Rundfunkveranstalter einer Zulassung bedarf. Sein Tätigwerden steht

---

86 Richtlinie 97/36/EG, ABl. 1997, Nr. L 202, S. 60.

87 Rundfunkkompetenz der Länder, vgl. BVerfGE 12, 205.

88 Art. 74 Abs. 1 Nr. 11 GG.

89 *Degenhart* in: Bonner Kommentar, Rz. 86 zu Art. 5 Abs. 1 u. 2; *Schulze-Fielitz* in: Dreier, GG, Rz. 198ff. zu Art. 5 I, II; *Jarass* in: Jarass/Pieroth, GG, Rz. 37 zu Art. 5; *Bethge* in: Sachs, GG, Rz. 97 zu Art. 5; *Hoffmann-Riem* in: HbVerfR, Rz. 48 zu § 7; in Anlehnung an die höchstrichterliche Rechtsprechung *Pieroth/Schlink*, Grundrechte Staatsrecht II, Rz. 577; a.A. *Herzog* in: Maunz/Dürig, GG, Rz. 227 zu Art. 5 Abs. I, II; *Wendt* in: von Münch, GG, Rz. 52 zu Art. 5; *Starck* in: von Mangoldt/Klein/Starck, GG, Rz. 9 zu Art. 5 Abs. 1, 2..

90 BVerfGE 57, 295/320; 83, 238/296.

also unter einem Erlaubnisvorbehalt[91]. Umgekehrt gilt im Wirtschaftsrecht im Grundsatz die Genehmigungsfreiheit für Handel und Gewerbe, so daß Regelungen vornehmlich zur Mißbrauchskontrolle bestehen.

Es bedarf daher der grundsätzlichen Klärung, in welchen Kategorien sich das Teleshopping präsentiert (Teil 1, 2. Kapitel), um eine Zuordnung der einzelnen Formen unter das Rundfunkrecht einerseits oder das Wirtschaftsrecht andererseits vornehmen zu können. Ausgangspunkt der sich an die Kategorisierung anschließenden verfassungsrechtlichen Prüfung muß daher die Feststellung des Rundfunkbegriffs im Sinne des Art. 5 Abs. 1 Satz 2 GG sein (Teil 2, 1. Kapitel, I.). Erst wenn die Voraussetzungen des verfassungs-rechtlichen Rundfunkbegriffs feststehen, ist eine Einordnung des Teleshopping innerhalb oder außerhalb des Gewährleistungsbereichs der Rundfunkfreiheit möglich (Teil 2, 1. Kapitel, II.). Sollten bestimmte Formen des Teleshopping die Voraussetzungen des verfassungsrechtlichen Rundfunkbegriffs erfüllen, ist in einem weiteren Schritt herauszuarbeiten, ob und welche Vorgaben nach inländischem und europäischem Verfassungsrecht für den Rundfunk bestehen. Nur aus dem Rundfunkverfassungsrecht kann sich ergeben, welche Regelungs-dichte für das Teleshopping erforderlich ist. Mit anderen Worten ist die Rundfunkfreiheit im Hinblick auf ihren subjektiv- und objektivrechtlichen Gehalt sowie auf ihre Schranken zu untersuchen (Teil 2, 2. und 3. Kapitel). Erst wenn diese Voraussetzungen festgestellt sind, lohnt sich ein Blick auf die existierenden Gesetze, die auf die unterschiedlichen Formen des Teleshopping Anwendung finden (Teil 3). Nach der Untersuchung des Inhalts und des Verhältnisses der Bestimmungen zueinander sind die bestehenden Regelungen auf ihre Verfassungsmäßigkeit anhand der zuvor erarbeiteten Maßstäbe zu prüfen (Teil 4).

II. Die Erscheinungsformen von Teleshopping

Eine Kategorisierung der bestehenden Teleshoppingformen ist für die rechtliche Einordnung wichtig, kann aber letztlich nur eine Momentaufnahme sein, da sich dieses neue Medienangebot ständig weiterentwickelt. Noch 1988, als das Teleshopping hauptsächlich dazu diente, Werbelücken zu füllen, bestand die Produktschau lediglich aus abgefilmten Katalogseiten.[92] Der Anspruch an das Teleshopping ist heute, zehn Jahre später, bereits ein ganz anderer, denn sowohl Unternehmer wie auch vor allem die potentiellen Kunden würden sich mit disem Standard nicht mehr zufrieden geben.

---

91 *Hesse*, Rundfunkrecht, S. 172f.

92 *Ory*, AfP 1988, 120.

Jenseits der unterschiedlichen Ausprägungen des Teleshopping ist, wie eingangs erwähnt, allen Erscheinungsformen gemein, daß bei der Anpreisung einer Ware oder Dienstleistung ihr Preis einschließlich Lieferbedingungen genannt und zsätzlich eine Telefonnummer angegeben wird, die eine sofortige Bestellung emöglicht[93]. Wichtig ist, daß Preis und Zustellkosten als essentialia negotii gnannt werden. Rechtlich betrachtet stehen die Bestellung und der Vertragsschluß in keinem unmittelbaren Zusammenhang mit der Sendung[94]. Tatsächlich jedoch entscheidet die erste halbe Stunde nach Ausstrahlung über den Verkaufserfolg[95], da die Verbreitung von Produktinformationen durch das Fernsehen so flüchtiger Natur ist[96]. Die Unterschiede in den Erscheinungsformen des Teleshopping gründen zu einem großen Teil auf der Länge der Darstellung. Die Dauer einer Präsentation wiederum beruht auf dem unterschiedlichen Erklärungaufwand von Produkten: Wo sich eine Musik-CD auch ohne ausführliche Bschreibung und daher in einer knappen Präsentation vermarkten läßt, braucht es bei erklärungsbedürftiger Ware wie technischen Geräten oder teurem Schmuck mehr Zeit, um den Zuschauer zum Kauf zu bewegen. Beim Teleshoping muß sich die Präsentation sowohl nach Informationsdichte wie auch nach Informationsgehalt von der üblichen Herstellerwerbung unterscheiden[97]. Der Verbraucher bedarf genauerer Informationen über ein Produkt, wenn er sich zum sofortigen Kauf per Telefon entschließen soll, als wenn er die angebotene Ware in einem Geschäft vor dem Kauf eingehend prüfen kann.

Über die Dauer der Darbietung und den Umfang der Produktbeschreibung hiaus bestehen die wesentlichen Unterschiede bei den Erscheinungsformen des Teleshopping in Art und Umfang der hinzutretenden informierenden oder unterhaltenden Teile. Unterschieden wird entsprechend Dauer und Informationsgehalt bzw. Unterhaltungswert zwischen dem Direct-response-TV, der Produktmoderation, dem Infomercial und der Verkaufsshow.

1. Das Direct-response-TV

Die Grundform des Teleshopping ist eine Präsentation, die (weitgehend) auf die Beschreibung der angebotenen Ware reduziert ist. Dieses als Direct-

93 *Schroeder*, ZUM 1994, 471/474.

94 *Degenhart*, ZUM 1995, 353/355; *Hök*, MDR 1989, 769; *Ory*, AfP 1988, 120; *Schroeder*, ZUM 1994, 471/474.

95 *Ridder*, MP 1995, 414/415; *Flockerzi*, Teleshopping, S. 115.

96 *Keßler*, WRP 1991, 285/286.

97 *Keßler*, WRP 1991, 285.

response-TV im engeren Sinne bezeichnete Teleshopping kommt im wesentlichen ohne informierende oder unterhaltende Elemente aus. Die Länge der Darbietung kann zwischen wenigen Sekunden und einigen Minuten variieren[98], weshalb sich diese Form des Teleshopping hauptsächlich für Produkte anbietet, die keiner umfänglichen Erklärung bedürfen wie die zuvor erwähnte Musik-CD. Da länger andauernde Präsentationen eines einzelnen Produktes nur schwerlich ohne zusätzliche Informationen oder unterhaltende Einlagen auskommen, hat das klassische Direct-response-TV regelmäßig eine Dauer von 30 bis 90 Sekunden[99]. Das Direct-response-TV kommt der herkömmlichen TV-Werbung am nächsten, abgesehen davon, daß zusätzlich Bestell- und Telefonnummer zur direkten Bestellung angegeben ist. *Eberle* bezeichnet die Angabe der Telefonnummer daher auch als „bloßes Serviceelement“ im Rahmen einer „zeitgemäßen Präsentation eines Werbespots“[100]. Tatsächlich wird unter dieser Form des Teleshopping auch Ware angeboten, die zusätzlich zum Handel nun auch per Versand erhältlich ist[101].

2. Die Produktmoderation

Die Produktmoderation ist gekennzeichnet durch eine zumeist einstündige Präsentation von Produkten aus einem ausgewählten Bereich, bei der ein Moderator durch die Sendung führt, in welcher er mehrere Artikel[102] vorstellt und erklärt. Dabei ist der Moderator auf die Produktbeschreibung beschränkt; rein informative oder unterhaltende Elemente, die nicht mehr mit der Produktbeschreibung oder dem Produkt in Beziehung stehen, sind ihm untersagt. Für eine Produktmoderation eignen sich besonders Artikel, bei denen verschiedene Teile eine Einheit bilden wie etwa ein Set Kochtöpfe oder eine Schönheitspflegeserie. Vielfach sind die einzelnen Produkte auch nur themenverwandt, wie dies bei Uhren oder Sammlergegenständen der Fall ist. Mit Hilfe des Moderators soll eine größere Zuschauerbindung erreicht werden als es bei der Ausstrahlung einzelner Spots möglich ist. Durch die Überleitungen des Moderators zwischen den einzelnen Produkten soll sich beim Zuschauer der Eindruck einer zusammenhängenden Sendung einstellen. Gegenwärtig ist dies die einzige Form des Teleshopping, die bei den beiden Anbietern reiner Teleshoppingka-

---

98 *Eberle*, ZUM 1994, 530/535; *Gersdorf*, Rundfunkbegriff, S. 52; *Ridder*, MP 1995, 414/416.

99 Vgl. Firmenprofil 1998 der *Dominion* Vertriebs GmbH.

100 *Eberle*, ZUM 1994, 530/535.

101 *Hartstein/Ring/Kreile/Dörr/Stettner*, RStV, Rz. 14 zu § 45.

102 Bei QVC werden in einer einstündigen Sendung im Schnitt zehn Produkte vorgestellt, siehe *QVC* Deutschland GmbH: Facts & Figures, Stand: September 1998.

näle H.O.T. und QVC zu finden ist. Auf die Gründe dafür wird an späterer Stelle einzugehen sein[103]. Beide Anbieter senden sechzehn Stunden Live-Moderationen pro Tag, die in eigenen Studios aufgenommen werden. Die Moderatoren haben sich zumeist einer Produktrichtung verschrieben und bieten regelmäßig Produkte aus den Bereichen Haus und Garten, Schmuck, Mode/Gesundheit/Beauty, Sammlerartikel[104] usw. an. Diese Kontinuität in der Person des Moderators führt zu Wiedererkennungseffekten bei den Zuschauern und vermittelt zusätzlich den Eindruck besonderer Kompetenz und Erfahrung in dem jeweiligen Produktbereich.

3. Das Infomercial

Die angelsächsische Wortschöpfung gibt bereits zu erkennen, welches die Bestandteile eines Infomercial sind: Information und Werbung (engl.: commercial). Es handelt sich bei dieser Angebotsform um vorproduzierte Sendungen von bis zu 30 Minuten Länge, in denen lediglich ein einziges Produkt bzw. eine Produktlinie vorgestellt wird. Die Vorstellung erfolgt durch einen Moderator, häufig auch unter Anwesenheit von Studiogästen. Während der Ausstrahlung werden in regelmäßigen Abständen Preis, Bestellnummer und Telefonnummer für die sofortige Bestellung eingeblendet. Das Infomercial bietet sich für höherwertige Güter oder Güter mit erhöhtem Erklärungsbedarf an[105], bei denen schon die Darstellung des Produktes zeitaufwendig ist. Diese teure Form der Präsentation rechnet sich für den Anbieter nur, wenn auf die Ausstrahlung möglichst viele Bestellungen folgen. Daher wird versucht, die Zuschauer an die Sendung zu binden, indem reine Produktinformation mit zusätzlichen interessanten oder nützlichen Hinweisen vermischt oder die Sendung mit Studiogästen, direkten Zuschauergesprächen und Interviews angereichert wird. Die Präsentation eines Kochherdes wird so beispielsweise ergänzt durch Menütips und Ernährungsvorschläge[106]. Als preiswertes Programm aus Sicht des ausstrahlenden Senders eignet sich das Infomercial besonders auch für zusätzliche Ausstrahlungen in den zuschauerarmen frühen Morgenstunden zwischen zwei und fünf Uhr[107].

---

103 Siehe insbesondere Teil 3, 2. Kapitel, I.2.

104 Vgl. *H.O.T.* für Sie - Ihr individueller Einkaufsberater -, Heft 3/98.

105 *Eberle*, ZUM 1994, 530/535; *Gersdorf*, Rundfunkbegriff, S. 52; *Ridder*, MP 1995, 414/416.

106 *Ridder*, MP 1995, 414/416.

107 Zu sehen beispielsweise bei Vox und Eurosport, Cable & Satellite Europe, 12.6.1998.

4. Die Verkaufsshow

Die aufwendigste Form der Teleshoppingpräsentation stellt die Verkaufsshow dar: Die Angebote werden im Rahmen einer Unterhaltungsshow mit Moderator, Studiogästen und Zuschauern präsentiert[108]. Zwischen unterhaltenden Showelementen werden Produkte vorgestellt und zum Kauf angeboten, indem auch hier Bestell- und Telefonnummer genannt und eingeblendet werden. Mittels Spiel- und Verlosungseinlagen sowie Zuschauer- und Gästebeteiligungen soll eine anderen Unterhaltungsshows vergleichbare Zuschauerbindung hergestellt werden[109]. In Idee und Struktur gleicht die Verkaufsshow sehr deutlich den sogenannten Game-Shows mit dem Unterschied, daß die Artikel nicht nur gewonnen, sondern auch direkt gekauft werden können. Da die Produktionskosten einer Verkaufsshow sehr hoch sind, lohnt sich diese Form der Präsentation nur, wenn entsprechend große Umsätze erzielt werden[110]. Trotzdem dürfte dies wohl nicht der Grund dafür sein, daß diese Präsentationsform im deutschen Teleshopping bislang noch nicht eingesetzt wird, sondern lediglich aus dem Mutterland des Teleshopping USA bekannt ist[111]. Der Grund ist in den Schwierigkeiten, welche die Rundfunkfreiheit dem Teleshopping bereitet, zu suchen.

III. Die Sendeformen von Teleshopping

Es ist bereits angeklungen, daß verschiedene Möglichkeiten bestehen, Teleshopping zu plazieren. Es kann als Bestandteil in das Programm oder Werbeprogramm eines Rundfunksenders Aufnahme finden wie Teleshopping auch in Form eigener Sender betrieben werden kann, deren Programm sich allein auf den Fernseheinkauf beschränkt.

1. Der Teleshopping-Spot

Der Spot mit Direktbestellmöglichkeit ersetzt den bislang bewehrten Werbespot und wird im Werberahmenprogramm eines Rundfunksenders plaziert. Die einzige Erscheinungsform, die sich aufgrund ihrer Kürze für das Werbeprogramm anbietet, ist das Direct-response-TV. Dieses Angebot in Werbe-

---

108 Vgl. *Gersdorf*, Rundfunkbegriff, S. 51f.; *Ridder*, MP 1995, 414/415.

109 *Flockerzi*, Teleshopping, S. 115.

110 *Ridder*, MP 1995, 414/415; *Flockerzi*, Teleshopping, S. 115.

111 *Woldt*, MP 1988, 421/422.

blöcken von Fernsehsendern einzusetzen, ist die einfachste Art, Teleshopping zu betreiben, da ein bestehendes Sendeformat genutzt werden kann und der Programmablauf des Senders unberührt bleibt.

Diese Form des Teleshopping ist die einzige, die mit Inkrafttreten des 4. Rundfunkänderungsstaatsvertrages im Jahr 2000 auch dem öffentlich-rechtlichen Rundfunk erlaubt sein wird. Nach bislang geltendem Recht ist ihm gemäß § 18 RStV 1997 die Ausstrahlung aller Teleshoppingangebote untersagt.

2. Das Teleshoppingfenster

Eingebettet in Voll- oder Spartenprogramm finden sich immer häufiger halb- oder einstündige Teleshoppingsendungen als sogenannte Fensterprogramme. Fensterprogramme sind zeitlich (und räumlich) begrenzte Rundfunkprogramme im Rahmen eines Mantelprogramms[112]. Ein Fensterprogramm setzt also das Vorhandensein eines Mantelprogramms, d.h. eines Voll- oder Spartenprogramms zwingend voraus[113]. Angefüllt werden kann die Werbezeit mit Direct-response-TV ebenso wie mit Infomercials[114] oder auch einzelnen Sendungen aus dem Angebot eines Teleshoppingkanals[115].

In rundfunkrechtlicher Hinsicht sind Fensterprogramme von den sogenannten Zulieferungen zu unterscheiden. Ein Fensterprogramm verfügt über eine eigenständige rundfunkrechtliche Genehmigung, während Zulieferungen zu Programmen aufgrund individualvertraglicher Beziehungen erfolgen und der Programmveranstalter die rundfunkrechtliche Verantwortung für die Zulieferung übernimmt[116]. Entscheidend ist, daß sowohl das Fensterprogramm wie auch die Zulieferung eine rundfunkrechtliche Genehmigung benötigt, sei es über den Anbieter des Programmteils oder über den ausstrahlenden Sender.

---

112 Siehe die Legaldefinition von Fensterprogramm in § 2 Abs. 2 Nr. 3 und 4 RStV 1997, der zwischen Satelliten- und Regionalfensterprogrammen unterscheidet.

113 *Hartstein/Ring/Kreile/Dörr/Stettner*, RStV, Rz. 26 zu § 2.

114 Dominion läßt bei Anbietern von Voll- und Spartenprogrammen Direct-response-TV und Infomercials ausstrahlen, siehe *Dominion* Vertriebs GmbH, Firmenprofil 1998.

115 H.O.T. zeigt Ausschnitte aus seinem 24-Stunden Angebot in einstündigen Fenstern bei FF Franken Fernsehen, Dresden-Fernsehen und Leipzig-Fernsehen, siehe *H.O.T.*, Präsentationsbroschüre „Das erste Kaufhaus im Fernsehen", S. 3.

116 *Hartstein/Ring/Kreile/Dörr/Stettner*, RStV, Rz. 26 zu § 2.

3. Der Teleshoppingkanal

Der reine Teleshoppingkanal präsentiert ausschließlich Direktverkaufsangebote. Die beiden in Deutschland tätigen Sender H.O.T. und QVC produzieren Produktmoderationen für sechzehn Stunden Live-Sendung täglich. Die verbleibenden acht Stunden Sendezeit, die zwischen ein und neun Uhr morgens liegen[117], werden mit Wiederholungen[118] oder vorproduzierten Infomercials[119] angefüllt.

3. Kapitel: Das Teleshopping in Abgrenzung zum Online-Shopping

Im Zeitalter von Fernsehen und Computer werden verständlicherweise beide Übertragungsmedien genutzt, um Einkaufsmöglichkeiten per Bildschirm zu realisieren. Neben dem Teleshopping ist auch das Einkaufen im Internet möglich, das sogenannte Online-Shopping, das nicht nur von den Teleshoppinganbietern H.O.T. und QVC als alternativer Vertriebsweg genutzt wird[120]. Die Möglichkeit der Einrichtung eines virtuellen Warenhauses im Internet wird heute bereits von einer Vielzahl von Anbietern genutzt. Seit dem 28. Oktober 1996 betreibt beispielsweise die Karstadt AG unter der Internet-Adresse www.my-world.de ein elektronisches Kaufhaus[121], das im Laufe des ersten Geschäftsjahres zum größten Vollsortimenter Europas ausgebaut wurde und nicht nur eigene Produkte anbietet, sondern auch als Plattform virtuelle Ausstellungsflächen an Dritte vermietet[122]. Konservativer nehmen sich dagegen die Internetangebote etwa von Kaufhof[123], der Telekom[124] oder dem Otto-Versand[125] aus, die auf ihren Web-Seiten nur solche Produkte anbieten, die auch im Geschäft bzw. über den herkömmlichen Katalog zu beziehen sind. Das Internet wird aber auch von anderen Branchen genutzt wie von dem Autover-

---

117 So bei H.O.T., vgl. *H.O.T.*, Pressemitteilung „Wie funktioniert H.O.T. und was können die Verbraucher von Deutschlands erstem Shopping-Sender erwarten?“

118 Die Wiederholungen sind bei QVC aus Gründen der Aktualität nicht älter als 24 Stunden.

119 QVC sendet synchronisierte Programmteile ihrer amerikanischen Mutter QVC Inc.

120 Die Adressen lauten: http://www.hot.de und http://www.qvc.com.

121 DieWoche vom 11.10.1996, S. 15.

122 FAZ vom 25.9.1997, S. 30.

123 http://www.kaufhof.de

124 http://www.t-versand.de

125 http://www.otto.de

mieter Europcar[126] oder der Gerling-Versicherung[127]. Noch sind lange nicht alle potentiellen Anbieter im Netz vertreten. Das Möbelhaus Ikea arbeitet noch an seiner Netzpräsentation wie auch der Lebensmittelkonzern Edeka über ein bundesweites Online-Angebot nachdenkt[128]. Der elektronische Handel, auch Electronic Commerce genannt, ist vor allem deshalb für viele so interessant, weil sich der teure Zwischenhandel umgehen läßt und der Hersteller direkt an den Endverbraucher verkaufen kann[129], der zum Teil preislich davon profitiert. Zusätzlich kann weitgehend auf teure Lagerhaltung verzichtet werden[130]. Gerade für Versandhäuser birgt das Internet das Plus, das sie mittelfristig auf die kostspielige Produktion von Katalogen verzichten können, denn der Aufbau einer Cybermall ist nicht nur günstiger, sondern auch leichter zu aktualisieren[131]. Da die Deutschen bei der Bestellung im Internet trotz vieler Besuche auf den Homepages immer noch sehr zurückhaltend sind[132], wird versucht, mittels Entertainment und Infotainment wie musikalische Unterhaltung, Gewinnspiele, Plauderecken, Chartlisten und Sportanimationen Kunden an das Netz zu binden[133].

Der Computer gewährt dank seiner Empfangs- und Rückkanaltechnik andere Möglichkeiten des Bildschirmeinkaufs als das Fernsehen. Während sich der Rezipient für den Einkauf via Fernsehen, das Teleshopping also, in ein laufendes Programm zuschaltet und seine Bestellung mittels Telefon aufgibt, kann der Verbraucher beim Einkauf via Internet, dem sogenannten Online-Shopping, seine Zeit und seine Produkte selber bestimmen und seine Bestellung mittels Mausklick tätigen. Das heutige Fernsehen ist ein reiner Verteildienst, der nur den Empfang des im Moment laufenden Programms ermöglicht[134]. Im Unterschied dazu ist das Internet ein interaktives Medium, das eine Inanspruchnahme auf Abruf erlaubt[135]. Entsprechend empfängt der Rezipient die Angebote nicht

---

126 http://www.europcar.de

127 http://www.gerling.de

128 ReNoFlex Infotime, Oktober 1998, S. 14.

129 SZ vom 13.3.1997, Beilage SZ Nr.60, S. V; ReNoFlex Infotime, Oktober 1998, S. 14.

130 FAZ vom 25.9.1997, S. 30.

131 SZ vom 13.3.1997, Beilage SZ Nr.60, S. V.

132 FAZ vom 6.10.1997, S. B 3; SZ vom 13.3.1997, Beilage SZ Nr. 60, S. V; ReNoFlex Infotime, Oktober 1998, S. 15; die Bestellscheu ist wohl allgemein ein europäisches Problem, siehe PC Austria, 6/1998, „Das größte Kaufhaus der Welt".

133 *Drodofsky/Griem*, Welche am Markt erfolgreichen Produkte und Dienstleistungen sind erkennbar?, S. 80/85; c't report 2/1997, S. 141/150 und 158f.

134 *Gersdorf*, Rundfunkbegriff, S. 27.

135 *Gersdorf*, Rundfunkbegriff, S. 30.

in einer vom Anbieter vorgegebenen Reihenfolge, sondern kann gezielt den Anbieter und die Produkte ansteuern, die ihn interessieren. Er entscheidet selber, welchen Weg er in einem virtuellen Warenhaus einschlagen möchte. Die Einkaufsmöglichkeiten, die das Internet bietet, sind daher gut dem ursprünglichen Versandhauskatalog vergleichbar, denn auch dieser erlaubt eine gezielte Suche nach der interessierenden Ware. Dem Katalog ähnelt im übrigen auch die Art der Warenpräsentation, da online gegenwärtig ebenfalls mit Fotografien, also stehenden Bildern, gearbeitet wird. Die angebotene Ware wird durch ein Foto abgebildet und zusätzlich beschrieben, wobei die Beschreibung den Preis und die Versandkosten enthält. Im Gegensatz dazu zeichnet sich das Teleshopping durch eine filmische Präsentationsweise aus, die durch die Hinzunahme von unterhaltenden oder informierenden Elementen zur Produktbeschreibung ganz unterschiedlich gestaltet sein kann. Eine vergleichbare Variationsbreite erlaubt das Online-Shopping heutzutage noch nicht. Ein weiterer Unterschied zwischen Teleshopping und Online-Shopping besteht in der Art der Bestellung. Beim Teleshopping erfolgt diese durch telefonische Aufgabe der Bestellung im Call-Center, beim Online-Shopping durch Anklicken der Ware und anschließender Angabe von Name, Anschrift und Kreditkartenverbindung. Geliefert wird beim Teleshopping wie beim Online-Shopping mittels Post oder Kurier an die angegebene Adresse.

Im Rahmen der folgenden Behandlung des Rundfunkbegriffs im Sinne des Art. 5 Abs. 2 Satz 1 GG und des Art. 10 EMRK wird zu untersuchen sein, ob der technische Unterschied zwischen Teleshopping einerseits und Online-Shopping andererseits, zwischen Verteil- und Abrufdiensten also, Anlaß zu einer gesonderten rechtlichen Behandlung gibt.

Teil 2: Die Bedeutung der Rundfunkfreiheit für das Teleshopping

Kennzeichen der Versandhandelsart Teleshopping ist das Medium Fernseher. Die Anbieter von Teleshopping, insbesondere die Sender H.O.T. und QVC, messen diesem Umstand keine große Bedeutung bei. Sie verstehen sich nicht als Anbieter von Fernsehprogrammen, sondern als echte Versandhändler, die an Stelle des Katalogs ein modernes Medium für den Vertrieb gewählt habe[136]. In der Verfassungssprache aber fällt das Fernsehen - ebenso wie der Hörfunk - unter den Begriff „Rundfunk"[137]. Nun unterliegt das, was im verfassungsrechtlichen Sinn Rundfunk ist, - zumindest bisher - besonderen gesetzlichen Rahmenbedingungen. Neben den Zulassungserfordernissen bestehen vor allem zahlreiche inhaltliche und gestalterische Vorgaben. Ebenso sehen die Kabelbelegungsregeln der einzelnen Länder Rangfolgekriterien vor, welche die Einspeisung eines Teleshoppingsenders wegen der begrenzten Anzahl an Kabelplätzen und der Priorität anderer Programme fast ausschließen[138]. Es kann also nicht im Interesse der Anbieter reiner Teleshoppingkanäle sein, als Rundfunkveranstalter eingeordnet zu werden, um mit „wertvolleren" Fernsehveranstaltern um Kabelplätze konkurrieren zu müssen[139]. Allerdings besteht keine Zwangsläufigkeit, daß jede Übertragung, die mit dem Fernseher zu empfangen ist, den Merkmalen entspricht, mit denen das Grundgesetz in Art. 5 Abs. 1 Satz 2 den Rundfunk im Schutzbereich der gleichnamigen Freiheit beschreibt. Plakativ ausgedrückt heißt dies, daß nicht alles Rundfunk sein muß, was mittels Fernseher und Radio übertragen wird. Dies würde bedeuten, daß sich Teleshopping als Nicht-Rundfunksendung nicht nach den Regeln des Rundfunkrechts richten müßte. Als wirtschaftliche Tätigkeit verstanden, würde es nur dem Wettbewerbsrecht unterliegen und wäre im übrigen zulassungsfrei.

---

136 FAZ vom 3.3.1998, S. 18.

137 Daß Rundfunk Hörfunk und Fernsehen erfaßt, ist einhellige Ansicht: BVerfGE 12, 205/226; aus der Literatur z.B.: *Degenhart* in: Bonner Kommentar, Rz. 508 zu Art. 5 Abs. 1 u. 2; *Starck* in: von Mangoldt/Klein/Starck, GG, Rz. 62 zu Art. 5 Abs. 1, 2; *Herrmann*, Rundfunkrecht, Rz. 11ff. zu § 2.

138 Z.B.: in Bayern werden neue Übertragungskapazitäten gem. Art. 37 Abs. 2 BayMG zuerst an ARD, ZDF und BR (Nr. 1), dann an lokale oder regionale Rundfunkprogramme (Nr. 2) und anschließend an Programme, welche die Meinungsvielfalt und publizistischen Wettbewerb fördern (Nr. 3) vergeben. In Nordrhein-Westfalen wird bei unzureichender Übertragungskapazität gemäß § 7 Abs. 2 LRG NW auf die größere Meinungsvielfalt im Programm abgestellt.

139 Vgl. dazu VG Berlin, AfP 1998, 544, zur Berücksichtigung eines Fernseh-Einkaufssenders gegenüber „echten" Rundfunkprogrammen bei der Kabelbelegungsentscheidung.

Ferner besteht die Möglichkeit, daß Teleshopping zwar in den Gewährleistungsbereich der Rundfunkfreiheit fällt, daß sich aber aus der weiteren Untersuchung des Art. 5 Abs. 1 Satz 2 GG ergibt, daß nicht alle Rundfunkangebote in gleicher Weise geregelt sein müssen. Aus diesen Gründen sind Abgrenzungen herauszuarbeiten, anhand derer der verfassungsrechtliche Rundfunkbegriff eingegrenzt werden kann und die geeignet sind, bei der Einordnung des Teleshopping innerhalb oder außerhalb der verfassungsrechtlich gewährleisteten Rundfunkfreiheit zu helfen. Sollte das Ergebnis lauten, daß Teleshopping in bestimmten oder allen Formen dem verfassungsrechtlichen Rundfunk zuzuordnen ist, müssen in einem zweiten Schritt die Vorgaben der Rundfunkfreiheit untersucht werden, um Auskunft über die für dieses Grundrecht erforderliche Regelungsdichte zu erhalten.

1. Kapitel: Der Begriff des Rundfunks im Sinne des Grundgesetzes

Dreh- und Angelpunkt der Einordnung von Teleshopping und anderen neuen Angeboten als Rundfunk oder Nicht-Rundfunk und in der Konsequenz entscheidend für ihre rechtliche Behandlung ist der Rundfunkbegriff. Wörtlich heißt es in Art. 5 Abs. 1 Satz 2 GG:

> „Die Pressefreiheit und die Freiheit der Berichterstattung durch Rundfunk und Film werden gewährleistet.“

Der Begriff des Rundfunks wird vom Grundgesetz nicht weiter definiert. Trotzdem steht der verfassungsrechtliche Rundfunkbegriff nicht zur Disposition des einfachen Gesetzgebers[140], d.h. er kann nicht durch staatsvertragliche Regelung der Länder verbindlich festgelegt werden. Er bedarf vielmehr einer eigenständigen verfassungsrechtlichen Bestimmung. Wenn daher häufig auf die Definition des Rundfunkstaatsvertrags (§ 2 Abs. 1) zurückgegriffen wird, so hat dies keine allgemeingültige verfassungskonkretisierende Wirkung[141], sondern bestenfalls Indizfunktion.

Probleme bei der Bestimmung des Begriffs Rundfunk entstehen immer wieder durch die Weiterentwicklung der technischen Möglichkeiten. Ernsthafte Abgrenzungsschwierigkeiten entstanden erstmals 1980 bei der Einführung von Videotext und von Bildschirmtext (Btx). Als noch zum Rundfunk gehörig wur-

---

140 Vgl. BVerfGE 74, 297/351 zum Rundfunkbegriff des LMedienG Baden-Württemberg.

141 *Starck* in: von Mangoldt/Klein/Starck, GG, Rz. 62 zu Art. 5 Abs. 1, 2; *Degenhart* in: Bonner Kommentar, Rz. 508 zu Art. 5 Abs. 1 u. 2.

de der Videotext eingestuft, weil er die Zwischenräume zwischen zwei aufeinanderfolgenden Fernsehbildern ausnutze, um Textseiten und Grafiktafeln zu übertragen, die an die Fernsehempfänger gerichtet seien[142]. Nicht als Rundfunk wurde hingegen der Bildschirmtext angesehen[143], bei dem Informationen elektronisch zum Abruf gespeichert und unter Benutzung des allgemeinen Telefonnetzes individuell abgerufen werden können[144]. Auch die Einführung der Kabel- und später der Satellitenübertragung führte zu der Diskussion, ob diese fernmeldetechnische Verbreitung noch zum Rundfunk im Sinne des Art. 5 Abs. 1 Satz 2 GG gehöre, was heute selbstverständlich bejaht wird[145]. Insofern erstaunt es nicht, daß mit der Entwicklung neuer Angebotsformen wie des Teleshopping oder auch neuer Medien wie des Internets der Streit um den verfassungsrechtlichen Rundfunkbegriff neu entflammt.

I. Die Elemente des Rundfunkbegriffs

Teleshopping knüpft bei der Frage nach dem Begriff Rundfunk im verfassungsrechtlichen Sinn zweifach an, da es in bezug auf das Angebot selbst um inhaltliche Aspekte und in bezug auf das Internet um neue technische Möglichkeiten geht. Als Elemente des Rundfunkbegriffs werden für die Untersuchung herangezogen: der Übertragungsweg, die Berichterstattung, der Aspekt der öffentlichen Massenkommunikation und der Empfang.

1. Der Übertragungsweg

Vor das Problem gestellt, Rundfunk definieren zu müssen, gelangte das BVerfG im Jahr 1961 zu der schlichten Aussage: „Der Rundfunk (...) bedient sich zur drahtlosen Übermittlung des Programms elektrischer Wellen, die durch Sender ausgestrahlt werden“[146]. Im Kern geht diese Definition von der Art der Herstellungs- und Verbreitungsmethode und nicht vom Inhalt der Rundfunk-

---

142 *Herrmann*, Rundfunkrecht, Rz. 14f. zu § 2.

143 Trotzdem haben die Länder 1983 einen „Staatsvertrag über Bildschirmtext“ geschlossen, der später Bestandteil des „Staatsvertrages über den Rundfunk im vereinten Deutschland“ wurde und erst mit Inkrafttreten des Mediendienste-Staatsvertrages am 1. August 1997 außer Kraft getreten ist, § 23 Abs. 3 MDStV.

144 *Herrmann*, Rundfunkrecht, Rz. 16f. zu § 2.

145 Siehe unten a).

146 BVerfGE, 12, 205/226.

darbietungen aus[147]. Dieser grundsätzliche Ansatz ergibt sich aus dem Wortlaut des Grundgesetzes, das von der Freiheit der Berichterstattung *durch* Rundfunk spricht.

a) Die Übertragung mittels physikalischer Prozesse

Ausgangspunkt ist also, daß die Verbreitung der Rundfunkdarbietungen auf physikalischem Wege erfolgen muß. Gab es für die Ausstrahlung von Hörfunk und Fernsehen anfänglich nur die terrestrischen Frequenzen, so sind später als weitere Verbreitungsarten die Übertragungen über breitbandige Kabelnetze und Satellitenkanäle hinzugetreten. Alle drei Übertragungsarten charakterisieren heute den Rundfunk[148]. Auch wenn die Studiotechnik der Rundfunkanstalten zum großen Teil bereits digitalisiert ist, so erfolgt die Verbreitung an den Empfänger, gleichgültig ob terrestrisch, per Kabel oder Satellit, auch heute noch analog. Allerdings sind die entwicklungstechnischen Voraussetzungen für eine digitale Übertragung von Rundfunkprogrammen und anderen Diensten bereits geschaffen. Teilweise werden sie in ersten Versuchsgebieten seit dem 26.8.1996 eingesetzt[149].

Die Übertragungstechnologien lassen sich zwar für den Moment konkret benennen, jedoch macht es die ständig fortschreitende technische Entwicklung unmöglich, die Übertragungsformen des Rundfunks für die Zukunft abschließend zu fassen. Neben terrestrischen Frequenzen, Satellit und Kabel existieren bereits heute Online-Übertragungsmöglichkeiten über Glasfasernetze und das schmalbandige Telefonnetz[150]. Daß bei Schaffung des Grundgesetzes an derartige Sendemethoden noch nicht zu denken war, verhindert nicht zwangsläufig eine erweiternde Auslegung des Rundfunkbegriffs. Um technische Neuerungen durch den verfassungsrechtlichen Rundfunkbegriff erfassen zu können, muß er anpassbar und damit von „dynamischer Offenheit“[151] sein. Daher hat das Bundesverfassungsgericht bereits früher festgestellt, daß Rundfunk sich nicht in einer ein für allemal gültigen Definition erfassen lasse: Solle die Rundfunkfreiheit in einer sich wandelnden Zukunft ihre normierende Wir-

---

147 *Starck* in: von Mangoldt/Klein/Starck, GG, Rz. 62 zu Art. 5 Abs. 1, 2.

148 *Herzog* in: Maunz/Dürig, GG, Rz. 195 zu Art. 5 Abs. I, II; *Herrmann*, Rundfunkrecht, Rz. 18ff. zu § 2; *Hoffmann-Riem*, Erosionen des Rundfunkrechts, S. 26.

149 Mit der Eröffnung der Funkausstellung startete Kirch sein digitales Fernsehen DF1. Zur gleichen Zeit begann Premiere mit der versuchsweisen Ausstrahlung eines digitalen Senders im Kabelnetz der Stadt Hamburg.

150 *Gersdorf*, Rundfunkbegriff, S. 120, *ders.*, AfP 1995, 565/570.

151 BVerfGE 73, 118/154; 74, 297/350.

kung bewahren, dann könne es nicht angehen, nur an ältere Technik anzuknüpfen, den Schutz des Grundrechts auf diejenigen Sachverhalte zu beschränken, auf welche diese Technik bezogen sei, und auf diese Weise die Gewährleistung in Bereichen obsolet zu machen, in denen sie ihre Funktion auch angesichts der neuen technischen Möglichkeiten durchaus erfüllen könne[152]. Dieser Aussage ist in vollem Umfang zuzustimmen[153]. Wo die Technik einen derartigen Einfluß hat auf die Auslegung eines juristischen Begriffs wie im Fall der Rundfunkfreiheit, ist eine abschließende Definition nicht möglich. Vielmehr wird das Recht immer gezwungen bleiben, einen Rechtsbegriff so offen zu halten, daß neue technische Entwicklungen nachträglich erfaßt werden können, wenn sie den übrigen Tatbestandsmerkmalen genügen. Gerade auf dem Gebiet der Technik hinkt das Recht natürlicherweise den tatsächlichen Entwicklungen hinterher und kann nur versuchen, zeitnah juristische Kategorien für die neuen Technologien zu finden. Dieser Umstand macht es unmöglich, die Übertragungswege des Rundfunks endgültig festzulegen.

Obwohl das Merkmal der Verbreitung inhaltlichen Änderungen unterworfen ist, läßt sich für die Definition des Rundfunkbegriffs nicht darauf verzichten. Dieses Merkmal ist zwar nicht mehr einzigartiges Charakteristikum des Rundfunks (siehe dazu unten b), jedoch bleibt es weiterhin eine tatbestandliche Voraussetzung. Negativ formuliert läßt sich denn auch sagen, daß es sich zumindest bei heutigem Kenntnisstand dort niemals um Rundfunk handeln kann, wo es an einem physikalischen Übertragungsweg vollständig fehlt.

b) Die Verschmelzung der Massenkommunikationsmittel

Wegen der vielfältigen Nutzungsmöglichkeiten von Übertragungswegen, die durch die Digitalisierung der Datenübertragung entstehen, ist das Merkmal „physikalischer Übertragungsweg“ nicht mehr geeignet, als hinreichendes Abgrenzungskriterium zwischen Rundfunk und anderen Massenkommunikationsmitteln zu dienen. Früher konnte man schlicht davon ausgehen, daß es sich um ein Presseerzeugnis handelte, wenn man ein Druckwerk in den Händen hielt. Wenn hingegen Bild und Ton durch fernmeldetechnische Anlagen verbreitet wurden, handelte es sich um eine Rundfunkübertragung. Diese Abgrenzung kann heute so nicht mehr getroffen werden, da es sich auch bei Zeitungsseiten im Internet noch um Presse handelt und nicht etwa um eine rundfunkrelevante

---

152 BVerfGE 74, 297/350.

153 ebenfalls zustimmend: *Müller-Using/Lücke*, ArchPT 1995, 32/35

Übertragung[154]. Ebenso galt früher, daß das Fernsprechnetz der akustischen Verständigung von Mensch zu Mensch diente und nicht der Rundfunkübertragung, die heute aber ebenfalls über Telefonleitungen möglich ist. Die digitale Datenübertragung führt daher zu einer Aufbrechung der Struktur von dienstespezifischen Telekommunikationswegen[155]. Die Zuordnungskraft des technischen Verbreitungsmediums hat somit aufgrund der technologischen Entwicklungen abgenommen[156]. Netze und Nutzungsmöglichkeiten sind nicht mehr notwendig dienstespezifisch gestaltet, sondern sie sind multifunktional nutzbar[157].

Zum Rundfunkbegriff läßt sich bei heutiger Kenntnis zusammenfassend sagen, daß an dem Kriterium der Übertragung auf physikalischen Weg festzuhalten ist, daß dieses Merkmal aber nicht geeignet ist, den Rundfunk nach außen abzugrenzen, sondern nur noch, um ihn zu beschreiben. Eine Abgrenzung des Rundfunks gegenüber neuen Diensten, wie etwa das Zeitungsangebot im Internet, muß daher über andere Merkmale des Rundfunks gesucht werden.

2. Die Berichterstattung

Art. 5 Abs. 1 Satz 2 GG spricht von freier „Berichterstattung" durch den Rundfunk. Neben das sendetechnische Element tritt damit ein inhaltliches Begriffsmerkmal.

a) Tatsachen und Meinungen

Unter Berichterstattung im Rundfunk wird allgemein nicht lediglich die reine Nachrichtenübermittlung verstanden, sondern es werden gleichermaßen Meinungsäußerungen erfaßt[158]. Diese extensive Auslegung des Begriffs der Be-

---

154 *Eberle*, CR 1996, 193/196; *Hoffmann-Riem* in: HbVerfR, Rz. 26 zu § 7; *Schulze-Fielitz* in: Dreier, GG, Rz. 69 zu Art. 5 I, II; *Bethge* in: Sachs, GG, Rz. 88 zu Art. 5.

155 *Gersdorf*, Rundfunkbegriff, S. 20.

156 *Hoffmann-Riem*, AfP 1996, 9/13.

157 *Gersdorf*, Rundfunkbegriff, S. 20.

158 BVerfGE 12, 205/260 (implizit); 31, 314/325f.; 35, 202/222; 57, 295/323 (implizit); 83, 238/295; *Degenhart* in: Bonner Kommentar, Rz. 512 zu Art. 5 Abs. 1 u. 2; *Schulze-Fielitz* in: Dreier, GG, Rz. 79 zu Art. 5 I, II; *Jarass* in: Jarass/Pieroth, GG, Rz. 30 zu Art. 5; *Starck* in: von Mangoldt/Klein/Starck, GG, Rz. 65 zu Art. 5 Abs. 1, 2; *Herzog* in: Maunz/Dürig, GG, Rz. 201 zu Art. 5 Abs. I, II; *Wendt* in: von Münch, GG, Rz. 44 zu Art. 5;

richterstattung läßt sich mehrfach begründen. Zum einen schließt die Pressefreiheit nach allgemeiner Ansicht[159] die Berichterstattung ebenso ein wie die Meinungsäußerung, was nicht ersichtlich werden läßt, warum die Rundfunkfreiheit auf die Berichterstattung beschränkt sein sollte. Zum anderen wären Meinungen im Rundfunk in jedem Fall durch die Freiheit der Meinungsäußerung nach Art. 5 Abs. 1 Satz 1 GG geschützt, selbt wenn sich der Schutz durch die Rundfunkfreiheit bloß auf die Berichterstattung beschränken würde[160]. Es wird durch eine weite Auslegung der „Berichterstattung" also kein Schutz geschaffen, der nicht bereits bestehen würde. Außerdem spricht auch das praktische Argument, daß Bericht und Meinung häufig nicht voneinander getrennt werden können, für eine Gleichbehandlung von Nachrichtenübermittlung und Meinungsäußerung[161].

b) Der Einfluß auf die Meinungsbildung

Noch 1971 galt der Rundfunk als „modernes Instrument der Meinungs˙ bildung"[162]. Auch wenn es inzwischen modernere Angebotsformen gibt, so gilt weiterhin, daß der Rundfunk seinen Schutz durch Art. 5 Abs. 1 Satz 2 GG wegen seines Beitrages zur Meinungsbildung genießt[163]. Zur Meinungsbildung geeignet sind informierende Rundfunkprogramme ebenso wie unterhaltende. Unterhaltungs-sendungen können über ihren bloß unterhaltenden Effekt hinaus publizistisch folgenreich sein, unabhängig ob es sich um Sendungen der Trivial- oder der Hochkultur handelt, weil sie auf das Orientierungs- und Qualifikationswissen, den Wertehaushalt und die Bedürfnisse der Gesellschaft Einfluß nehmen und eine Medienwirklichkeit schaffen können[164]. Auch das Bundesverfassungsgericht ist der Ansicht, daß „Information und Meinung (...) ebensowohl durch ein Fernsehspiel oder eine Musiksendung vermittelt werden" können „wie durch Nachrichten oder politische Kommentare; jedes Rundfunkprogramm hat schon durch die getroffene Auswahl und die Gestaltung der Sendung eine bestimmte meinungsbildende Wirkung"[165]. Auf einen Bezug zur

---

159 z.B.: BVerfGE 21, 271/278; *Schulze-Fielitz* in: Dreier, GG, Rz. 72 zu Art. 5 I, II; *Herzog* in: Maunz/Dürig, GG, Rz. 134 zu Art. 5 Abs. I, II; *Wendt* in: von Münch, GG, Rz. 31 zu Art. 5; *Schmidt-Bleibtreu/Klein*, Rz. 10 zu Art. 5.

160 *Starck* in: von Mangoldt/Klein/Starck, GG, Rz. 65 zu Art. 5 Abs. 1, 2; *Herzog* in: Maunz/Dürig, GG, Rz. 202 zu Art. 5 Abs. I, II.

161 *Starck* in: von Mangoldt/Klein/Starck, GG, Rz. 65 zu Art. 5 Abs. 1, 2.

162 BVerGE 31, 314/325.

163 Statt vieler:*Hesse*, Rundfunkrechts, S. 87.

164 *Hoffmann-Riem*, AfP 1996, 9/11.

165 BVerfGE 35, 202/222 mit Hinweisen auf E 12, 205/260 und 31, 314/326.

politischen Gegenständen kommt es nicht an[166]. Durch Art. 5 Abs. 1 Satz 2 GG geschützt sind also Angebote aller Art, solange sie zur Meinungsbildung beim Rezipienten geeignet sind. Anders herum gewendet bedeutet dies, daß Inhalte, obwohl sie fernmeldetechnisch übertragen werden, nicht unter den Schutz des Art. 5 Abs. 1 Satz 2 GG fallen, wenn sie zur Meinungsbildung nicht geeignet sind[167], wobei an dieser Stelle keine Wertung hinsichtlich Art und Niveau eingeführt werden darf.

Die tatsächliche Einflußmöglichkeit des Rundfunks auf die Meinungsbildung des einzelnen wie auch die Meinungsmehrheiten im gesamten Land belegen schon die folgenden Zahlen. Das Fernsehen erreicht 83% der Bundesbürger, welche dieses Medium im Schnitt 158 Minuten pro Tag nutzen. Der Hörfunk, der eine Reichweite von 75% hat, wird für 162 Minuten am Tag eingeschaltet. Die Tageszeitung hingegen wird bei einer Reichweite von 65% nur 30 Minuten pro Tag konsumiert[168]. Diese Daten zeigen, daß der Rundfunk mehr als die herkömmliche Tageszeitung geeignet und in der Lage ist, die Meinung der Bevölkerung bilden zu helfen oder auch zu beeinflussen. Die Eignung gerade des Fernsehens zur Meinungsbildung besteht nicht nur in der Dauer seiner Nutzung, sondern sie liegt auch darin begründet, daß die Glaubwürdigkeit von Bildern immer höher eingeschätzt wird als die des gedruckten oder gesprochenen Wortes. Es prägt sich dem Menschen bekannterweise am besten ein, was er als - bewegtes - Bild gesehen hat. Untersuchungen bestätigen, daß der Lernerfolg bei dem lediglich gesprochenen Wort bei 20% liegt. Bei kombinierter Übermittlung von Ton- und Bildinformationen steigt der Prozentsatz des behaltenen Wissens bereits auf über 40%, wobei der Prozentsatz noch höher liegt, wenn es sich um Bewegtbilder handelt[169]. Zur besseren Merkfähigkeit von Bildern tritt hinzu, daß das Bild kritikloser macht. Der Wahrheitsgehalt dessen, was man als Bild gesehen hat, wird generell als wesentlich höher eingeschätzt als der des bloß gesprochenen oder geschriebenen Wortes, da laufende Bilder beim Empfänger den Eindruck von Authenzität hervorrufen.

Zusammengefaßt ist festzuhalten, daß jedes Angebot im Rundfunk, das zur Meinungbildung bestimmt oder zumindest geeignet ist, durch die Rundfunk-

---

166 BVerfGE 35, 202/222; *Herzog* in: Maunz/Dürig, Rz. 55e zu Art. 5 Abs. I, II.

167 *Gersdorf*, AfP 1995, 565/569.

168 Alle Daten stammen aus dem Jahr 1995 und sind entnommen: Media Perspektiven - Basisdaten 1997, S. 70 unten.

169 *Schmenk/Wätjen*, Multimedia, S. 186.

freiheit geschützt ist, gleichgültig ob es sich um eine Berichterstattung oder um eine Meinungsäußerung[170] handelt.

3. Die öffentliche Massenkommunikation

Mit den bisher gefundenen Kriterien des Übertragungsweges und der Berichterstattung läßt sich das Phänomen „Rundfunk" noch nicht hinreichend beschreiben, da Informations- und Meinungsübermittlung auf fernmeldetechnischem Weg auch zwischen zwei Personen am Telefon erfolgen kann. Es nimmt jedoch niemand ernsthaft an, daß es sich bei privater Telefonkommunikation um Rundfunk handeln würde[171]. Ausschlaggebend ist indes, daß die Grundrechtsgewährleistung des Art. 5 Abs. 1 Satz 2 GG den Rundfunk in eine Reihe mit den typischen Massenkommunikationsmitteln der Presse und des Films stellt[172].

Der Rundfunk hat wie die Presse einen starken Einfluß auf die öffentliche und individuelle Meinungsbildung[173], weil er seine Informationen massenweise verbreitet und dadurch seine spezifische Breitenwirkung erreicht[174]. Für die Bestimmung des Rundfunkbegriffs ist deshalb nicht allein ausschlaggebend, daß Information fernmeldetechnisch verbreitet wird, sondern daß sie über eine sehr große Erreichbarkeit in der Bevölkerung verfügt. Die Aussage, die Tausenden von Bürgern zugänglich ist, beeinflußt so viel mehr als das im kleinen Kreis gesprochene Wort, daß der quantitative Unterschied auch ein qualitativer Unterschied ist[175]. Einfachgesetzlich[176] wie auch in Rechtsprechung[177] und Schrifttum[178] wird der Aspekt der massenkommunikativen Eignung regelmäßig durch

---

170 Auf die möglichen Inhalte der Meinungsäußerung wird in der konkreten Anwendung der Rundfunkelemente auf das Teleshopping unter III.4. eingegangen.

171 *Herzog* in: Maunz/Dürig, GG, Rz. 195 zu Art. 5 Abs. I, II.

172 *Degenhart* in: Bonner Kommentar, Rz. 510 zu Art 5 Abs. 1 u. 2.

173 *Müller-Using/Lücke*, ArchPT 1995, 32/35.

174 *Gersdorf*, AfP 1995, 565/569.

175 *Herrmann*, Rundfunkrecht, Rz. 20 zu § 5.

176 So beispielsweise § 2 Abs. 1 RStV.

177 BVerfGE 74, 297/351.

178 *Degenhart* in: Bonner Kommentar, Rz. 511 zu Art. 5 Abs. 1 und 2; *Jarass* in: Jarass/Pieroth, GG, Rz. 29 zu Art. 5; *Herzog* in: Maunz/Dürig, GG, Rz. 195 zu Art. 5 Abs. I, II; *Schroeder*, ZUM 1994, 471/476; *Stettner/Tresenreiter*, ZUM 1994, 669/671; *Müller-Using/Lücke*, ArchPT 1995, 32/34; a.A.: *Starck* in: von Mangoldt/Klein/Starck, GG, Rz. 62 zu Art. 5 Abs. 1, 2.

das Kriterium des Angebots an die *Allgemeinheit*[179] erfaßt. Demnach ist eine Sendung nur dann nicht im rundfunkrechtlichen Sinn an die Allgemeinheit gerichtet, wenn sich der Adressatenkreis vorher in der Weise bestimmen läßt, daß es sich hierbei ausschließlich um Personen handelt, die durch gegenseitige Beziehungen oder durch Beziehung zum Veranstalter persönlich untereinander verbunden sind[180].

Der Begriff der Allgemeinheit umfaßt bei genauer Betrachtung zwei Merkmale. Einmal soll mit ihm geklärt werden, ob ein Medium zur Verbreitung an eine Vielzahl von Personen geeignet ist. Zum anderen muß sich die Kommunikation mittels dieses Mediums an die Öffentlichkeit richten. Im Rahmen des Terminus „Allgemeinheit" wird zwischen diesen beiden Seiten nicht unterschieden, so daß entweder die Ansicht vertreten wird, dieser Begriff eigne sich nicht mehr für die Zuordnung neuer Dienste und ihm komme allenfalls noch Indizfunktion zu[181]. Oder es wird behauptet, daß man die „Allgemeinheit" nicht mehr brauche, weil die Grenze zwischen Massen- und Individualkommunikation zunehmend an Bedeutung verliere[182]. Neue Begriffe und Abgrenzungen wie etwa der der „überindividuellen Kommunikation"[183] schaffen in solchen Fällen keine zusätzliche Klarheit. Mit der Unterscheidung zwischen Massen- und Individualkommunikation einerseits und der öffentlichen Zugänglichkeit andererseits können die neuen Medien und Angebote allerdings sehr wohl noch erfaßt werden. Daher wird im Rahmen der vorliegenden Untersuchung zur Definition des Rundfunks der undifferenzierte Begriff „Allgemeinheit" durch den Ausdruck der „öffentlichen Massenkommunikation" ersetzt, der beide Elemente deutlich werden läßt. Zur Bestimmung der Geeignetheit eines Mediums für die öffentliche Massenkommunikation stellt die Kommunikationswissenschaft eine Definition zur Verfügung, die auch im Verfassungsrecht sinnvolle Anwendung finden kann.

---

179 In Anlehnung an den einfachgesetzlichen Rundfunkbegriff des § 2 Abs. 1 RStV: „Rundfunk ist die für die Allgemeinheit bestimmte Veranstaltung und Verbreitung von Darbietungen aller Art in Wort, in Ton und in Bild unter Benutzung elektromagnetischer Schwingungen ohne Verbindungsleitung oder längs oder mittels eines Leiters."

180 Vgl. Bericht der Rundfunkreferenten der Länder vom 29.5.1975, sog. „Schliersee-Papier", abgedruckt in *Ring*, Medienrecht, Bd. III, D-I, siehe auch *Hartstein/Ring/Kreile/Dörr/Stettner*, RStV, Rz. 6 zu § 2.

181 so *Bermanseder*, ZRP 1997, 330/331; i.E. auch *Bullinger/Mestmäcker*, Multimediadienste, S. 51.

182 *Engel-Flechsig/Maennel/Tettenborn*, NJW 1997, 2981.

183 *Bullinger*, JZ 1996, 385/388:

a) Die Individual- und Massenkommunikation

Dieser Definition zufolge ist Massenkommunikation „jene Form der Kommunikation, bei der Aussagen öffentlich (also ohne begrenzte und personell definierte Empfängerschaft) durch technische Verbreitungsmittel (Medien) indirekt (also bei räumlicher oder zeitlicher oder raum-zeitlicher Distanz zwischen den Kommunikationspartnern) und einseitig (also ohne Rollenwechsel zwischen Aussagendem und Aufnehmendem) an ein disperses Publikum (...) vermittelt werden“[184]. Die kommunikationswissenschaftliche Definition greift abgesehen von der „Berichterstattung“ alle Kompenenten auf, mit denen üblicherweise und auch hier[185] der verfassungsrechtliche Rundfunk beschrieben wird. So wird anstelle des „Verbreitungsmittels“ das Element des „Übertragungsweges“[186] gesetzt, während die „Indirektheit“ der Kommunikation unter dem Stichwort „Empfang“[187] Berücksichtigung findet. Die Kommunikationswissenschaft ist nur dort genauer, wo sie die beiden Merkmale der „öffentlichen Aussage“ an ein „disperses Publikum“ einsetzt, welche, wie dargestellt, im Rundfunkrecht gerne unter dem Begriff „Allgemeinheit“ zusammengefaßt werden.

Für die Massenkommunikation ist entscheidend, daß die Kommunikation ohne Rollenwechsel zwischen Aussagendem und Aufnehmendem auskommt. Wo die Massenkommunikation durch einen einbahnstraßenmäßigen Informationsfluß des Aussagenden an den Empfänger gekennzeichnet ist, bestimmt sich die klassische Individualkommunikation dadurch, daß Aussagen in beide Richtungen ausgetauscht werden. Der Erklärende ist also auch Empfänger und umgekehrt, so daß innerhalb einer Kommunikationseinheit ein regelmäßiger und somit ein doppelter Rollenwechsel stattfindet[188]. Mittels des doppelten Rollenwechsels läßt sich für jeden Mediendienst beurteilen, ob er für die Massen- oder nur für die Individualkommunikation geeignet ist. Der Rundfunk ist ein klassisches Massenmedium, da die Information immer nur vom Sender zum Rezipienten fließt. Massenmedien sind demnach aber auch alle Abrufangebote im Internet, die sich der Empfänger Seite für Seite individuell aufrufen kann, da auch hier der Informationsfluß einseitig ist und insofern kein Rollenwechsel stattfindet. Der massenkommunikative Charakter eines Angebots wird im übrigen noch

---

184 *Maletzke*, Psychologie der Massenkommunikation, S. 32. Diese Theorie aus dem Jahr 1963 hat auch heute noch Bestand, vgl. *Maletzke*, Kommunikationswissenschaft im Überblick, S. 46, aus dem Jahr 1998.

185 Vgl. die Elemente des Rundfunks Nr. 1 bis 4.

186 Siehe oben 1.

187 Siehe unten 4.

188 *Schulz*, ZUM 1996, 487/489.

nicht dadurch zunichte gemacht, daß der Empfänger interaktiv reagieren und beispielsweise ein Produkt mittels Online-Shopping bestellen kann. Auch wenn in diesem Fall ein Rollenwechsel stattfindet, so ist dieser lediglich einseitig[189], weil der Käufer keine Antwort auf seine Bestellung erhält[190]. Individualkommunikation setzt aber einen beidseitigen Rollenwechsel voraus. Daher findet Individualkommunikation auf technischem Übertragungsweg beispielsweise am Telefon oder auch in den sogenannten Chat-Boxen des Internets statt.

b) Die Öffentlichkeit der Kommunikation

Für das Vorliegen von Massenkommunikation ist nach dem maletzkeschen Ansatz[191] weiterhin erforderlich, daß die Aussagen öffentlich, also ohne begrenzte und personell definierte Empfängerschaft vermittelt werden. *Schulz*, der sich auf die Erkenntnisse der Kommunikationswissenschaften stützt, sieht einen Kommunikationsvorgang als öffentlich an, wenn der Kommunikator nicht mehr alle Empfänger individuell „präsent" haben kann[192]. Dieses Kriterium scheint problematisch zu sein, da sich die Öffentlichkeit der Kommunikation sinnvollerweise nicht aus der Sicht des Aussagenden oder nach seinen kapazitätsmäßigen Fähigkeiten bestimmt, sondern aus der Sicht des Empfängers[193]. Denn nur wenn der Empfänger tatsächlich freien Zugang zu einem Medium hat, ist die Kommunikation öffentlich. Insoweit kann hier auf die Definitionsansätze des rundfunkverfassungsrechtlichen Begriffs der Allgemeinheit zurückgegriffen werden.

Die Allgemeinheit im Sinne des Verfassungsrechts zeichnet sich dadurch aus, daß eine Sendung von möglichst vielen Personen empfangen werden kann[194] und daß die Empfänger einer Rundfunkdarbietung weder bestimmt noch bestimmbar sind[195], da das Massenmedium Rundfunk sich an eine *beliebige* Öf-

---

189 *Schmitt Glaeser*, Kabelkommunikation und Verfassung, S. 189, trennt nicht deutlich zwischen einfachem und doppeltem Rollenwechsels und schließt daher für beide Fälle den Anwendungsbereich des Rundfunks aus.

190 Abgesehen von der Einblendung eines „Dankeschön für Ihre Bestellung", die keine individuelle Antwort auf die getätigte Bestellung ist.

191 Vgl. Definition oben a).

192 *Schulz*, ZUM 1996, 487/490.

193 A.A. *Ferger/Junker*, DÖV 1981, 439/444, die auch den Willen des Kommunikators als relevant ansehen, ob eine Sendung für die Allgemeinheit „bestimmt" ist.

194 *Herzog* in: Maunz/Dürig, GG, Rz. 195 zu Art. 5 Abs. I, II.

195 *Hesse*, Rundfunkrecht, S. 87.

fentlichkeit richten muß[196]. Dabei sind an das Merkmal Allgemeinheit zahlenmäßig keine allzu hohen Anforderungen zu stellen, solange sich eine fernmeldetechnisch verbreitete Kommunikation inhaltlich und final an beliebige Empfänger richtet und von jedermann empfangen werden kann[197]. Denn auch das Lokalradio in einer Kleinstadt richtet sich noch an die Allgemeinheit. An der Allgemeinzugänglichkeit fehlt es jedoch, wenn Sendungen von vornherein nur innerhalb eines räumlich umgrenzten, der Allgemeinheit nicht zugänglichen Bereichs verbreitet werden[198]. Die Allgemeinheit ist also der Gegensatz zu einem „besonderen Personenkreis"[199]. Eine Sendung ist demnach im rundfunkrechtlichen Sinn nicht mehr an die Allgemeinheit gerichtet, wenn sich der Adressatenkreis vorher in der Weise bestimmen läßt, daß es sich hierbei ausschließlich um Personen handelt, die durch gegenseitige Beziehungen oder durch Beziehung zum Veranstalter persönlich untereinander verbunden sind[200].

Zusammenfassend ist festzuhalten, daß Rundfunk dann vorliegt, wenn die Kommunikation geeignet ist, sich an eine Vielzahl von Personen zu richten und wenn die Kommunikation öffentlich ist, sich also an einen unbestimmten Empfängerkreis wendet.

c) Die Zielgruppen- und Spartenangebote

Erörternswert im Rahmen der Frage, ob öffentliche Massenkommunikation gegeben ist, sind die sogenannten Zielgruppen- und Spartenangebote. Aus der diversifizierten Presse sind sie seit langem bekannt und haben inzwischen auch in den elektronischen Medien Einzug gehalten. Genannt seien hier nur etwa der Nachrichtenkanal „n-tv", der Sportkanal „Eurosport" oder das Kinderfernsehen „Kinderkanal". Mit der kommenden Frequenzvermehrung infolge Digitalisierung und Datenkompression ist damit zu rechnen, daß weitere Special interest-Programme entstehen werden.

---

196 *Gersdorf*, AfP 1995, 565/569.

197 *Herrmann*, Rundfunkrecht, Rz. 76 zu § 2.

198 *Degenhart* in: Bonner Kommentar, Rz. 514 zu Art. 5 Abs. 1 u. 2. Allerdings sind nach heutigem Verständnis nicht mehr viele Bereiche als der Allgemeinheit nicht zugänglich anzusehen, da sowohl Sendungen in Warenhäusern wie auch in Wohnanlagen (zumindest mit mehr als 50 Wohneinheiten, vgl. die einzelnen Landesmediengesetze) als an die Allgemeinheit gerichtet angesehen werden.

199 *Herrmann*, Rundfunkrecht, Rz. 76 zu § 2.

200 in Anlehnung an § 3 Abs. 1 BtxStV: *Hartstein/Ring/Kreile/Dörr/Stettner*, Rz. 6 zu § 2; *Hoffmann-Riem*, AfP 1996, 9/10.

Der rundfunkverfassungsrechtliche Begriff der Allgemeinheit verschleierte bislang, daß es sich bei einem Angebot auch dann um Rundfunk handelt, wenn nicht unterschiedslos die gesamte Bevölkerung, sondern nur ein bestimmter Teil angesprochen wird. Der Ausdruck der öffentlichen Massenkommunikation hingegen impliziert nicht in gleicher Weise, daß Rundfunk nur an alle gerichtet sein kann. Ein Programm richtet sich auch dann noch an eine „beliebige Öffentlichkeit“, wenn es nur eine bestimmte Interessengruppe anspricht. Für das Merkmal der Allgemeinheit ist die Art der Empfangbarkeit maßgebend ist und nicht die Art des Inhalts, so daß auch ein bestimmter Adressatenkreis als beliebige Teilöffentlichkeit einzuordnen ist[201]. Eine ausgeprägte Zielgruppenorientierung besteht heute bereits bei den herkömmlichen Hörfunkangeboten, was als Beispiel dafür dient, daß eine Spezialisierung auf einen bestimmten Rezipientenkreis die (noch) nicht Interessierten keinesfalls von der Empfangbarkeit ausschließt. Das Kriterium Allgemeinheit darf nämlich nicht mit dem Erfordernis der Vielzahl verwechselt werden, denn auch Spezialprogramme, die nur eine kleine Minderheit interessieren, sind an die Allgemeinheit gerichtet, weil jeder beliebig entscheiden kann, ob er dieses Programm empfangen möchte.

Wie an der kommunikationswissenschaftlichen Definition erkennbar ist, darf es für das Vorliegen von Massenkommunikation zu keinem oder bestenfalls zu einem einfachen Rollenwechsel zwischen Anbieter und Empfänger kommen, da der doppelte Rollenwechsel Charakteristikum der Individualkommunikation ist. Eine beliebige Öffentlichkeit ist dann gewährleistet, wenn das Angebot jedem Interessenten zugänglich ist. Auf die Anzahl der wahrhaft Interessierten kommt es dabei nicht an. Ein weiteres Merkmal der Massenkommunikation und des Rundfunks, das bisher noch keine weitere Beachtung gefunden hat, ist der Empfang. *Maletzke* fordert eine räumliche oder zeitliche oder raumzeitliche Distanz zwischen den Kommunikationspartnern[202]. Diese Empfangsart, die für Hörfunk und Fernsehen wie auch für das Internet sicherlich gegeben ist, bedarf der weiteren Konkretisierung, um den Rundfunk von anderen massenmedialen Übertragungsformen, die sich ebenfalls elektromagnetischer Wege bedienen, abgrenzen zu können.

4. Der zusammenhängende Empfang

Besinnt man sich auf die ursprüngliche Form des Rundfunks, die zu schützen die Rundfunkfreiheit in das Grundgesetz aufgenommen wurde, fällt auf, daß Hörfunk und Fernsehen bislang durch den Empfang zusammenhängender

201 *Hoffmann-Riem*, AfP 1996, 9/11.

202 Vgl. Definition oben 3.a).

Übertragungen gekennzeichnet sind. Mit anderen Worten heißt dies, daß der Anbieter den Programmverlauf vorgibt. Das Merkmal des zusammenhängenden Empfangs fällt nun aber dem technischen Fortschritt immer mehr zum Opfer. Sei es, daß einzelne Programmteile nur noch durch Pay-per-view zu empfangen sind oder daß mit zunehmender Digitalisierung das Programm zeitlich und inhaltlich selber gestaltet werden kann. Beim Internet, das bis zu dieser Stelle noch allen Merkmalen des Rundfunks entspricht, gestaltet sich jede Abfrage vollkommen individuell, da ein vorgegebenes Programm nicht existiert. Gleichwohl hat das Internet wie der Rundfunk den Charakter eines Massenkommunikationsmittels, welches gleiche Informationen unterschiedslos für alle Rezipienten bereithält. Es bleibt daher zu untersuchen, welche Aussagekraft die Art des Empfangs für den Rundfunk im Sinne des Art. 5 Abs. 1 Satz 2 GG hat.

Ausgangspunkt ist die Überlegung, daß es bei allen massenkommunikativen Freiheitsrechten um die meinungsbildende Wirkung geht. Nun ließe sich argumentieren, daß der Schutzbereich der Pressefreiheit den Druck und die Veröffentlichung einzelner Seiten wie etwa Flugblätter umfaßt. Es muß sich nicht um periodische oder umfangreiche Druckerzeugnisse handeln[203]. Also könnte auch die Rundfunkfreiheit einschlägig sein, selbst wenn nur kurze Bildsequenzen oder einzelne Bilder zu empfangen sind. Gegen diese pauschale Betrachtung sprechen zwei Argumente. Zum einen begründet sich der weite Pressebegriff aus der Geschichte. Weil die restriktiven Pressevorschriften vor allem des frühen 19. Jahrhunderts alle Arten der Massenvervielfältigung von Ideen erfaßten, mußten später auch die freiheitlichen Presseregeln Freiheit für alle Arten von Druckschriften gewähren[204]. Insoweit ist die Weite des Pressebegriffs nicht auf den Rundfunk zu übertragen, der diese Historie nicht kennt. Zum zweiten wird dem Rundfunk gerade deshalb besondere meinungsbildende Wirkung zugesprochen, weil seine Meinungsmacht auf laufenden Bildern und der daraus gefolgerten Authenzität beruht. Diese besondere Wirkung geht bei Einzelbildern oder kurzen, sich wiederholenden Bildsequenzen verloren. Auf das Argument, daß man auch den Bildschirmtext nicht unter den verfassungsrechtlichen Rundfunkbegriff subsumiert hat, kann hier nicht Bezug genommen werden, weil dieser als Individualkommunikation eingeordnet und nicht wegen der stehenden Bilder vom Rundfunkbegriff ausgenommen worden ist[205]. Fest-

---

203 *Starck* in: von Mangoldt/Klein/Starck, GG, Rz. 58 zu Art. 5 Abs. 1, 2; *Schulze-Fielitz* in: Dreier, GG, Rz. 68 zu Art. 5 I, II.

204 *Bullinger* in: Löffler, Presserecht, Rz. 68 zu § 1 LPG.

205 Vgl. § 1 Satz 2 des ehemaligen Btx-Staatsvertrages; *Hartstein/Ring/Kreile/Dörr/Stettner*, RStV, Rz. 14 zu § 2; *Degenhart* in: Bonner Kommentar, Rz. 519 zu Art. 5 Abs. 1 u. 2.

zuhalten ist jedenfalls, daß den Rundfunk nach wie vor das mit Bewegtbild fortlaufende Programm kennzeichnet[206].

Die zunehmenden Eingriffsmöglichkeiten des Zuschauers in das Programm erschweren die Abgrenzung, ob es sich noch um ein vom Anbieter gestaltetes Programm handelt, wenn der Rezipient das Programm zeitlich wie auch inhaltlich beeinflussen kann. Möglicherweise verändert die zunehmende Interaktivität den Empfang so, daß nicht mehr von einem fortlaufenden Programm im Sinne des Rundfunkverfassungsrechts gesprochen werden kann.

a) Der vorherbestimmte Sendeablauf

Anders als im Internet genügt bisher beim Rundfunk das Ein- und Ausschalten und das Programm läuft „automatisch" ab. Diese grundsätzliche Struktur ändert auch das digitale Fernsehen nicht. Im Unterschied zur hergebrachten Übertragung erfolgt der Zugang zu einer Sendung beim digitalen Fernsehen nicht mehr wie üblich über die Wahl eines Kanals, sondern über die Wahl des interessierenden Genres. Hat sich der Zuschauer für das Genre Spielfilm oder Sport entschieden, existiert unter der jeweiligen Rubrik wie bisher ein vorgegebener Sendeverlauf. Selbst wenn im Wege des Pay-per-view eine bestimmte Übertragung gewählt wird, wird der Zuschauer im Programm des Free-TV weitergeleitet, um ein Umschalten zu einem anderen Anbieter zu vermeiden. Es besteht also ein filmisches Angebot, ohne daß der Rezipient tätig wird. Der Zuschauer kann und braucht nicht jede zu übertragende Informationseinheit per Befehl zu veranlassen, sondern er empfängt vorgegebene Informationspakete. Dennoch kann er zeitlich und inhaltlich auf das Programm Einfluß nehmen.

b) Die zeitliche Einflußnahme

Bereits die Gleichzeitigkeit des Empfangs kann für die rundfunkrechtliche Beurteilung einer Übertragung von Interesse sein. Geht man davon aus, daß der Rundfunk noch größeren Einfluß auf die öffentliche und individuelle Meinungsbildung ausübt als das Massenkommunikationsmittel Presse, weil bei ersterem die Information an alle gleichzeitig erfolgt, so dürfte dem Rundfunk dann keine Sonderbehandlung mehr zuteil werden, wenn Ausstrahlungen zeitversetzt abgerufen oder auf sie zu unterschiedlichen Zeiten zugegriffen werden kann. Das BVerfG steht allerdings auf dem Standpunkt, daß Abruf- und Zugriffdienste nicht anders zu beurteilen sind als der herkömmliche, zeitein-

---

206 *Starck* in: von Mangoldt/Klein/Starck, GG, Rz. 63 zu Art. 5 Abs. 1, 2;

heitlich ausgestrahlte Rundfunk[207]. Unter dem Blickwinkel der massenkommunikativen Wirkung ist dem zuzustimmen. Der Einfluß eines klassischen Fernsehprogramms auf die Bevölkerung ist kein anderer, nur weil der Abruf der Informationen zeitversetzt erfolgt. Entscheidend ist insofern, daß auch bei Abruf- und Zugriffsdiensten die elektronisch gespeicherten Sendungen zur Übermittlung an die Allgemeinheit geeignet und bestimmt sind[208]. Für das Normziel des Art. 5 Abs. 1 Satz 2 GG ist letztlich die massenmediale Wirkung der Kommunikation entscheidend, die immer dann vorliegt, wenn vorbereitete und vor allem zusammenhängende Darbietungen an eine unbestimmte Vielzahl von Zuhörern und Zuschauern übermittelt werden, unabhängig davon, ob der Rezipient den Zeitpunkt des Empfangs selbst bestimmen kann[209]. Zugriffs- und Abrufdienste verlieren nicht an Meinungsbildungsmacht, nur weil sie zeitversetzt zum Rezipienten gelangen. Man könnte im Gegenteil sogar annehmen, daß die meinungsbildende Wirkung bei einer selbst gewählten Sendung größer ist als bei bloß passivem Konsum des vorgegebenen Programms.

Die Gleichzeitigkeit des Empfangs spielt somit keine Rolle für die Beurteilung, ob eine Übertragung Rundfunkqualität besitzt, da die massenkommunikative Wirkung einer Ausstrahlung auch bei zeitversetztem Empfang erhalten bleibt.

c) Die inhaltliche Einflußnahme

Bei der inhaltlichen Einflußnahme sind zwei Formen der Zuschauerbeteiligung zu unterscheiden: die einfache und die interaktive.

aa) Die einfache Zuschauerbeteiligung

Denkbar ist, daß der Grad der Beeinflussungsmöglichkeit des Sendeinhaltes durch den Rezipienten darüber entscheidet, ob noch von einer publizistischen Wirkung gesprochen werden kann. Sicher ist, daß nicht bereits jede Art der Teilnahmemöglichkeit des Rezipienten ausreicht, um einer Übertragung die Rundfunkeigenschaft abzusprechen. In den letzten Jahren hat die Hörer- und Zuschauerbeteiligung bei Hörfunk und Fernsehen merklich zugenommen. Zuschauerbefragungen und -bewertungen oder telefonische Quiz sind zum festen Bestandteil vieler Sendungen geworden. Auch wenn der Zuschauer durch sei-

---

207 BVerfGE 74, 297/351f; zustimmend: *Jarass* in: Jarass/Pieroth, GG, Rz. 29 zu Art. 5; *Herzog* in: Maunz/Dürig, GG, Rz. 196 zu Art. 5 Abs. I, II.

208 *Gersdorf*, AfP 1995, 565/570f.

209 *Gersdorf*, Rundfunkbegriff, S. 135f.

nen Beitrag aktiv die einzelne Sendung mitgestalten kann, hat er dennoch keinen Einfluß auf den Verlauf der Sendung oder gar des gesamten Folgeprogramms. Die Möglichkeit der Zuschauerbeteiligung ist vielmehr von den Veranstaltern in den Sendeverlauf eingeplant. Diese Art der Beteiligung ist keineswegs geeignet, die publizistische Wirkung des Fernsehens zu verändern, weil der Sendefluß für alle Empfänger gleich bleibt und damit in gleicher Weise Einfluß auf die Rezipienten nimmt. Der Beitrag eines einzelnen Zuschauers, der von der Sendeleitung nicht in Einzelheiten geplant werden kann, bei dem der Beitragende die Kommunikation also selber gestaltet, stellt sich für die Masse der Zuschauer als allgemein empfangbares Programm dar.

bb) Die interaktive Zuschauerbeteiligung

Mit Hilfe des digitalen Fernsehens wachsen die Teilnahmemöglichkeiten des Rezipienten beständig. Über Rückkanäle kann der Empfänger beispielsweise selber entscheiden, aus welcher Perspektive er ein Autorennen verfolgen möchte, oder er wird zukünftig den Ausgang eines Spielfilms, ob glücklich oder tragisch, wählen können. Wenn der Sendeinhalt für jeden einzelnen gestaltbar ist, geht die Wirkung des Massenmediums Rundfunk, daß nämlich alle Rezipienten gleiche Informationen erhalten, verloren. Jedoch darf man sich die Manipulationsmöglichkeiten beim interaktiven Fernsehen nicht so weitgehend vorstellen, daß der Zuschauer seine Vorstellungen frei realisieren kann. Vielmehr hat der Zuschauer nur die Wahlmöglichkeit zwischen Alternativen, die der Sender ihm anbietet. So kann der Empfänger zwar über die Kameraperspektive bei einem Autorennen selber entscheiden, hat allerdings lediglich die Wahl zwischen den Perspektiven, die ihm durch entsprechende Kamerainstallationen zur Verfügung gestellt werden. Der Charakter der herkömmlichen Rundfunkübertragung bleibt hier erhalten, denn selbst bei unterschiedlicher Kameraeinstellung bleibt der Sendeinhalt gleich und entsprechend vorgegeben. Das selbe gilt für die Wahlmöglichkeit bei verschiedenartigen Ausgängen von Spielfilmen. Auch hier kann der Rezipient lediglich unter den vorgeschlagenen Möglichkeiten wählen. Er kann nicht selber frei die Handlung des Films bestimmen. Für die Zuschauer wird es sich im Ergebnis so darstellen, als würden zwei Spielfilme ausgestrahlt, einer mit gutem und einer mit schlechtem Ausgang. Der Informationsgehalt bleibt für alle Zuschauer des einen Films wie für alle Zuschauer des anderen Films jeweils der gleiche und damit bleibt auch der publizistische Charakter eines Massenkommunikationsmittels gewahrt.

Zusammengefaßt ergibt die Untersuchung daher, daß das interaktive Fernsehen seine massenmediale Wirkung nicht schon dadurch verliert, daß eine individuellere Gestaltung der Rezeptionsmodalitäten zugelassen ist oder dem Zuschauer technisch festgelegte Eingriffe in den Sendungsverlauf ermöglicht werden[210]. Die Funktion dieser Ausstrahlungen im Prozeß der Meinungsbildung ist prinzipiell keine andere als die des herkömmlichen Rundfunks. Eine elektromagnetische Übertragung verliert ihren Charakter als Rundfunksendung erst dann, wenn die massenmediale Wirkung verloren gegangen ist. Massenmediale Wirkung besteht erst dann nicht mehr, wenn die Informationsfolge von jedermann völlig frei selbst bestimmt wird. Wenn allerdings ein vorgegebener Ablauf existiert, schadet es der massenmedialen Wirkung nicht, wenn der Rezipient Manipulationsmöglichkeiten in einem vorgegebenen Rahmen wahrnimmt. Es ist unerheblich, welche Kameraperspektive oder welches Filmende der Rezipient wählt, da dies auf den publizistischen Erfolg ohne Auswirkungen bleibt. Im Effekt ist diese technische Möglichkeit so zu beurteilen, als würde das Autorennen auf mehreren Kanälen aus unterschiedlichen Perspektiven gezeigt, oder als würden zwei verschiedene Filme gezeigt. Entscheidend ist nur, daß alle Varianten weiterhin allgemeinzugänglich und nur im Rahmen des Vorgegebenen beeinflußbar sind. Freie Steuerbarkeit besteht gerade nicht.

d) Die freie Bestimmung des Sendeablaufs: das Internet

Freie Steuerbarkeit des Programms ist im Gegensatz zu den vorgenannten Darstellungen im Internet gegeben. Die Angebote des Internet eröffnen sich dem Rezipienten nur, wenn er Seite für Seite aufruft. Von seiner Entscheidung hängt es ab, wie lange eine Seite auf dem Bildschirm sichtbar bleibt und welche die Folgeseite sein wird. Die Wahlmöglichkeiten bestehen dabei nicht nur zwischen den unzähligen Angeboten, sondern bereits innerhalb der geöffneten Homepage, da zumeist mehrere Seiten zur Verfügung stehen, mit denen der Empfänger sein „Surfen" fortsetzen kann. Häufig bestehen zusätzlich Links zu anderen Angeboten und Servern, welche dem Gestalten des eigenen Programms unendlich viele Möglichkeiten geben. Das Internet verfügt gerade nicht über ein fortlaufendes Programm und seinen Angeboten kann daher keine Rundfunkqualität zugestanden werden. Auch wenn die Seiten im Internet nicht mehr so statisch sind wie sie es noch vor kurzer Zeit waren, reichen die sehr kurzen, sich ständig wiederholenden Bildsequenzen[211] nicht aus, um dem Internet einen gestalteten Programmablauf und damit eine rundfunkgleiche, meinungsbildende Wirkung zuzugestehen. Da der zusammenhängende Empfang ein unabding-

---

210 *Hoffmann-Riem/Vesting*, MP 1994, 382/388.

211 Besonders häufig findet man diese in Form von fremden Werbeeinblendungen, die durch sich bewegende Symbole oder Laufbandschrift besondere Aufmerksamkeit erregen sollen.

bares Element des verfassungsrechtlichen Rundfunks ist, fallen die Angebote des Internet nicht in den Gewährleistungsbereich der Rundfunkfreiheit.

5. Zusammenfassung

Der verfassungsrechtliche Rundfunkbegriff läßt sich anhand von vier Elementen, die kumulativ gegeben sein müssen, beschreiben und eingrenzen:

1. Der Rundfunk bedarf eines physikalischen Übertragungsweges.
2. Die Berichterstattung durch den Rundfunk erfaßt neben Tatsachenberichten auch Meinungen, weil Tatsachen und Meinungen gleichermaßen zur privaten und öffentlichen Meinungsbildung geeignet sind.
3. Der Rundfunk als Massenkommunikationsmittel zeichnet sich durch einen einseitigen Informationsfluß vom Veranstalter zum Rezipienten aus. Zusätzliche Voraussetzung ist die Öffentlichkeit der Massenkommunikation, die im Umkehrschluß dann gegeben ist, wenn sich eine Sendung nicht an einen besonderen Personenkreis richtet.
4. Rundfunk erlaubt zeitversetzten Empfang ebenso wie inhaltliche Variationen. Entscheidend für die massenkommunikative und damit für die publizistische Wirkung ist, daß Informationseinheiten übermittelt werden, die in einen vorgegebenen Sendeablauf eingegliedert sind. Da es den Angeboten des Internets an einem festgelegten Sendeablauf fehlt, fallen diese nicht in den Schutzbereich der Rundfunkfreiheit des Art. 5 Abs. 1 Satz 2 GG.

II. Der Rundfunkbegriff und die unterschiedlichen Formen des Teleshopping

Die ermittelten Elemente zur Beschreibung des verfassungsrechtlichen Rundfunkbegriffs ermöglichen es nunmehr zu beurteilen, ob und welche Formen von Teleshoppingangeboten unter den Schutz der Rundfunkfreiheit im Sinne des Art. 5 Abs. 1 Satz 2 GG fallen. Wie im folgenden zu zeigen sein wird, bereiten die Merkmale des Übertragungsweges, der öffentlichen Massenkommunikation und des zusammenhängenden Empfangs keine wesentlichen Schwierigkeiten bei der Einordnung von Teleshopping. Als problematisch wird sich allein das Kriterium der Berichterstattung erweisen, welches letztlich eine Wertung unumgänglich macht, ob Teleshopping hinlänglich geeignet ist, zur privaten und öffentlichen Meinungsbildung beizutragen.

1. Der Übertragungsweg

Soweit es sich um den Übertragungsweg handelt, genügt das Teleshopping den grundgesetzlichen Anforderungen an einen elektronischen Übertragungsweg, da er sich bei allen Sendeformen der gleichen Sendemöglichkeiten bedient wie herkömmliche Voll- und Spartenprogramme. Für den Teleshoppingkanal beschränken sich die Übertragungsformen allerdings auf Kabel und Satellit; eine terrestrische Ausstrahlung existiert nicht.

2. Das Teleshopping als öffentliche Massenkommunikation

Nach der oben vorgestellten kommunikationswissenschaftlichen Theorie zur Massenkommunikation ist Teleshopping ein massenkommunikatives Angebot, weil bei allen Formen des Teleshopping die Übertragung allein vom Sender an die Zuschauer erfolgt[212]. Die Bestellung findet außerhalb der Sendung statt und ist von ihr rechtlich unabhängig[213], so daß diese Individualkommunikation der Ausstrahlung des Teleshopping nicht zugerechnet werden kann. Zugleich ist das Teleshoppingangebot an die Öffentlichkeit gerichtet, da der Rezipientenkreis unbestimmt ist. Dieses Ergebnis steht außer Frage für die Teleshopping-Spots und -fenster, die jeweils Teil eines anerkannten Rundfunkprogramms sind. Es hat aber auch Bestand für den reinen Teleshoppingkanal. Nicht einmal der Umstand, daß die beiden Teleshoppingkanäle H.O.T. und QVC im Versuchsstadium lediglich in begrenzten Gebieten über Kabel zu empfangen waren, machte den Kreis der Empfänger bestimmt oder bestimmbar. Zum einen läßt die regionale Begrenzung einer Kabelausstrahlung deren Empfänger noch nicht zu einem bestimmbaren Personenkreis werden. Zum anderen sind die Teleshoppingkanäle zusätzlich über Satellit zu empfangen, ein Umstand, der deutlich werden läßt, daß sich das Angebot an die Öffentlichkeit richtet. Gerade für das Teleshopping ist bedeutsam, daß mit dem Kreis der Empfänger auch der Kreis der potentiellen Verbraucher steigt. Im übrigen entsteht auch durch den Abschluß eines Kauf-, Leasing- oder Mietvertrages keine Bestimmbarkeit des Adressatenkreises, da auch Nichterwerber zu den Empfängern gehören und sich das Angebot auch an diese richtet[214].

---

212 So auch *Schroeder*, ZUM 1994, 471/476; *Stettner/Tresenreiter*, ZUM 1994, 669/672.

213 *Degenhart*, ZUM 1995, 353/355; *Hök*, MDR 1989, 769; *Ory*, AfP 1988, 120; *Schroeder*, ZUM 1994, 471/474; siehe schon Teil 1 2. Kapitel, II.

214 *Hoffmann-Riem*, AfP 1996, 9/11; im Ergebnis ebenso *Stettner/Tresenreiter*, ZUM 1994, 669/672.

3. Der zusammenhängende Empfang von Teleshopping

Wie bei herkömmlichen Rundfunkprogrammen zeichnet sich das Programm eines Teleshoppingkanals durch eine vorgegebene Sendefolge aus, die vom Zuschauer grundsätzlich nicht beeinflußt werden kann. Eine Beeinflussung erfolgt lediglich mittelbar durch die Beliebtheit oder Unbeliebtheit eines Produktes, weil entsprechend des Zuspruchs ein Produkt weiterhin angeboten oder aus dem Sortiment genommen wird. Bei dieser Programmanpassung handelt es sich jedoch um eine wirtschaftliche Konsequenz aufgrund des Kaufverhaltens der Mehrheit und nicht um eine dem Rundfunk immanente Beeinflussungsmöglichkeit des Sendeablaufs durch den einzelnen. Für die Teleshopping-Spots und -fenster gilt im Ergebnis nichts anderes.

4. Die Berichterstattung

Teleshopping ist kein Sendeinhalt, den man bereits vom Wortsinn unmittelbar unter den Terminus der „Berichterstattung durch Rundfunk“ fassen würde. Wie bereits unter I.2. dieses Kapitels gezeigt, fallen unter die Berichterstattung jedoch nicht nur nüchterne Tatsachenberichte, sondern alle Inhalte, die meinungsrelevant sind. Besteht der Sendeinhalt von Teleshopping aus Meinungsäußerungen und Tatsachenmitteilung, die zur privaten und öffentlichen Meinungsbildung geeignet sind, so handelt es sich um Rundfunk im Sinne des Art. 5 Abs. 1 Satz 2 GG. Um dies beurteilen zu können, bedarf es zunächst einer näheren Bestimmung des Angebotsinhalts.

a) Der Werbecharakter von Teleshopping

Bei der Betrachtung von Teleshoppingangeboten drängt sich unmittelbar der Gedanke auf, daß Teleshopping Werbung in seiner direktesten Form ist. Diese Vermutung beruht nicht nur darauf, daß Teleshopping laut Rundfunkstaatsvertrag eine „Werbeform“[215] ist, sondern sie läßt sich auch durch die Heranziehung von Werbedefinitionen unterschiedlicher Disziplinen erhärten:

Das Interesse des Teleshoppinganbieters ist darauf gerichtet, zur Förderung des Umsatzes die angebotenen Waren und Dienstleistungen in möglichst großer Zahl abzusetzen. Um dieses Ziel zu erreichen, muß bei den Zuschauern Kaufinteresse geweckt werden, indem ein Produkt mittels Bewegtbilddarstellung und Ton zum Kauf empfohlen, also beworben wird. Mit dieser Ausrichtung

[215] Siehe § 18 und § 45 Abs. 3 RStV 1997.

entspricht das Teleshopping der wettbewerbsrechtlichen Definition vom Wesen der Werbung als „jede an eine andere Person gerichtete geschäftliche Anpreisung von Waren oder Leistungen“, deren Ziel „die Förderung des Absatzes (...) durch Abschluß von Geschäften mit Kunden“ ist[216]. Der Verwirklichung dieses Ziels dient es, das Publikum auf die Ware oder Dienstleistung aufmerksam zu machen und inhaltlich zu informieren, wobei als Werbemaßnahmen alle Mittel in Betracht kommen, die geeignet sind, das Interesse für bestimmte Erzeugnisse und Leistungen zu wecken und dadurch ihren Absatz zu steigern oder zu erhalten[217]. Da sich der wettbewerbsrechtliche Werbungsbegriff ausdrücklich auf die Erkenntnisse der Betriebswirtschaftslehre bezieht[218], decken sich die Ansätze beider Disziplinen weitgehend. In der Betriebswirtschaftslehre heißt es, daß Werbung dann vorliegt, „wenn von Werbemitteln Gebrauch gemacht wird, um bestimmte Absatzleistungen zu erzielen“[219]. Im Ergebnis ist auch die rein wirtschaftswissenschaftlich angelegte Definition von Werbung auf die Absatzförderung durch den Einsatz von Werbemitteln ausgerichtet. Nimmt man zum Vergleich den sozialwissenschaftlichen Denkansatz für die Werbung hinzu, so unterscheidet sich dieser von den bisherigen Definitionen durch seine disziplinimmanente Schwerpunktsetzung, nicht jedoch durch seinen Inhalt. Werbung versteht sich dort als versuchte Verhaltensbeeinflussung mittels besonderer Kommunikationsmittel[220], die erfolgt, um bestimmte Kaufhandlungen zum „Zwecke des Absatzes von Produkten und Dienstleistungen“[221] zu stimulieren. Den genannten Disziplinen ist damit gemein, daß sich die Definitionen zum Begriff Werbung im Ergebnis auf das durch die Werbung zu erreichende Ziel gründen: die Förderung des Produktabsatzes durch den Einsatz von Werbemitteln. Und dieses Ziel verfolgt auch das Teleshopping gleich welcher Form: durch den Einsatz des Mediums Fernsehen als Werbeträger soll der direkte Ab-

---

216 *Baumbach/Hefermehl*, Rz. 1 vor §§ 3-8 UWG.

217 *Baumbach/Hefermehl*, Rz. 2 vor §§ 3-8 UWG.

218 Vgl. *Gloy-Kreft*, in Handbuch des Wettbewerbsrecht, Rz. 1 zu § 14.

219 *Gutenberg*, Grundlagen der Betriebswirtschaftslehre, S. 356. Vorsichtiger ausgedrückt soll Werbung die „beabsichtigte Beeinflussung von marktrelevanten Einstellungen und Verhaltensweisen ohne formellen Zwang unter Einsatz von Werbemitteln und bezahlten Medien sein (so *Schweiger/Schrattenecker*, Werbung, S. 9). In dieser Definition schwingt die neuere Erkenntnis mit, daß es sich bei dem Einsatz eines Werbemittels lediglich um einen Versuch der Absatzförderung handeln kann (*Behrens*, Werbung, S. 4). Laut *Wittmann/Kern/Köhler*, Handwörterbuch der Betriebswirtschaft, Stichwort „Marketing-Kommunikation“, Sp. 2726f., soll Werbung nicht immer unmittelbar die Absatzförderung eines Gutes zum Ziel haben, sondern es darf auch zunächst die Präferenzbildung beim Konsumenten hinsichtlich einer Marke oder eines Anbieters im Vordergrund stehen.

220 *Kroeber-Riel*, Strategie und Technik der Werbung, S. 29.

221 *Hillmann*, Wörterbuch der Soziologie, Stichwort „Werbung“, S. 926.

satz der beworbenen Produkte gefördert werden. Es gibt also kaum ein konkreteres Beispiel für Werbung als die Direktvermarktung von Waren und Dienstleistungen per Teleshopping[222]. Daher kann auch *Micklitz* nicht zugestimmt werden, der das Teleshopping nicht zur Werbung zählt, weil es nur Vorspiel zu dem eigentlichen Zweck, dem Vertragsschluß, sei[223], denn dies gilt für jede Vermarktungsstrategie.

b) Die Werbung als Finanzierungselement des Rundfunks

Vorab ist festzuhalten, daß klassische Werbung als Finanzierungsinstrument für den Rundfunk an der Gewährleistung der Rundfunkfreiheit teilnimmt, ohne daß es auf den Aspekt der Meinungsrelevanz ankommt[224]. Der grundrechtliche Schutz beschränkt sich auf Werbung in Form von Drittwerbung, welche die wirtschaftliche Basis des privaten Rundfunks darstellt und der Finanzierung von Voll- oder Spartenprogrammen dient. Für das Teleshopping bedeutet dies, daß es in Form des Spots und des Fensters in den Gewährleistungsbereich des Art. 5 Abs. 1 Satz 2 GG fällt, ohne selber Rundfunk sein zu müssen, da es als Werbeeinheit Teil eines anderen Programms ist und dieses mitfinanziert. Dagegen erfüllen Direktangebote in eigenen Teleshoppingkanälen nicht die Funktion, ein anderes Rundfunkprogramm zu finanzieren. Teleshopping im eigens dafür bestimmten Kanal ist Eigenwerbung, die nicht in den Gewährleistungsbereich des Art. 5 Abs. 1 Satz 2 GG fällt, weil sie nicht der Finanzierung eines anderen Rundfunkprogramms dient[225].

Daß Teleshopping-Spot und -fenster als Finanzierungselemente in den Schutzbereich der Rundfunkfreiheit fallen, schließt nicht aus, daß Teleshopping in Form von Spot, Fenster und Kanal nicht auch als eigenständiges Element freier, grundrechtlich zugeordneter Kommunikation Rundfunk sein kann, wenn es selber meinungsbildend wirkt.

---

222 Zu dem gleichen Ergebnis gelangen *Degenhart*, ZUM 1995, 353/355; *Schroeder*, ZUM 1994, 471/474; *Stettner/Tresenreiter*, ZUM 1994, 669/674.

223 *Micklitz*, NJW 1990, 1569/1571.

224 BVerfGE 74, 297/342; *Degenhart* in: Bonner Kommentar, Rz. 513 und 707 zu Art. 5 I u. II; *Degenhart*, ZUM 1995, 353/355; *Hoffmann-Riem* in: Alternativkommentar zum GG, Rz. 130 zu Art. 5; auch *Jarass* in: Jarass/Pieroth, GG, Rz. 31 zu Art. 5.

225 *Degenhart*, ZUM 1995, 353/356.

c) Die Werbung als Tatsachenmitteilung

Verfassungsrechtlich geschützt ist nach Art. 5 Abs. 1 Satz 2 GG die Berichterstattung durch den Rundfunk als Übermittlung von Meinungen und Tatsachen. Werbung muß also entweder Meinungsäußerung oder Tatsachenmitteilung sein oder Elemente von beidem besitzen. Werbung besteht regelmäßig aus Produktbeschreibung und wertenden Äußerungen. Zur Produktbeschreibung zählt beispielsweise die Darstellung der Wirkungsweise eines Waschpulvers oder Angaben über die Inhaltsstoffe eines Lebensmittels. Da für eine Tatsachenmitteilung „jede Vermittlung von Information“[226] ausreicht, wird auch die sich auf Fakten stützende Produktbeschreibung diesen Anforderungen gerecht.

d) Die Werbung als Meinungsäußerung

Zu den wertenden Äußerungen der Werbung und damit zu den Meinungsäußerungen gehören vor allem solche, die das Konsumbegehren stimulieren sollen, etwa weil man mit „Krönung light“ besser durch den Tag gelangt. Auch die Anpreisung eines Mini-Trimmer für den „gesunden Weg zur fitten Traumfigur“ oder des Epilier-Sets und des Sommer-Make-up für die „perfekte Strandbeauty“[227] enthalten Aussagen darüber, was als erstrebenswert gilt. Es wird heute nicht mehr bezweifelt, daß Meinungsäußerungen, mit denen der einzelne wirtschaftliche Interessen verfolgt, insbesondere also Äußerungen zum Zwecke der Werbung, den unverkürzten Grundrechtsschutz der Meinungsäußerungsfreiheit genießen[228]. Daß Werbung gerade im Bereich des Rundfunks nicht immer als Meinung gewertet wurde[229], lag gerade an dem hohen Rang der Rundfunkfreiheit als schlechthin konstituierendes „Element einer freiheitlichen Demokratie“[230]. Diese Einstellung begünstigte die ideelle Überhöhung der

226 BVerfGE 12, 205/260; 31, 314/326; 35, 202/222f.; 57, 295/319.

227 Angebot von *H.O.T.*, abgedruckt in „H.O.T. für Sie“, Heft 3/98, S. 42 und S. 17.

228 *Jarass* in: Jarass/Pieroth, GG, Rz. 31 zu Art. 5; *Starck* in: von Mangoldt/Klein/Starck, GG, Rz. 18 zu Art. 5 Abs. 1, 2; *Hoffmann-Riem* in: Alternativkommentar zum GG, Rz. 130 zu Art. 5 Abs. 1, 2; *Bethge* in: Sachs, GG, Rz. 108 zu Art. 5; *Hartstein/Ring/Kreile/Dörr/Stettner*, RStV, Rz. 11 zu § 7.

229 *Herrmann*, Fernsehen und Hörfunk, S. 90; vgl. zusätzlich *Hartstein/Ring/Kreile/Dörr/Stettner*, RStV, Rz. 11 zu § 7 mit Nachweisen; auch heute noch wird Werbung im Rahmen des Rundfunks teilweise kritisch betrachtet und darauf hingewiesen, daß sie nicht den „absoluten Bestandsschutz“ genieße, so *Bethge* in: Sachs, GG, Rz. 108 zu Art. 5; *Jarass* in: Jarass in: Jarass/Pieroth, GG, Rz. 48 zu Art. 5, spricht von einem „geringeren Stellenwert“ der Werbung im Bereich der Meinungsfreiheit.

230 So seit dem Lüth-Urteil, BVerfGE 7, 198/208.

Kommunikationsfreiheiten und verhinderte damit, daß sie auf die profane Ebene des wirtschaftlichen Wettbewerbs herabgezogen wurden[231]. Meinungsgrundrechte als liberale Freiheitsrechte kennen keine thematische Eingrenzung ihres Grundrechtsschutzes[232]. Die Zweifel an der Geeignetheit von Werbeäußerungen als Meinung im Sinne des Grundgesetzes beruhen noch auf dem Verständnis der Weimarer Verfassungsdogmatik, als überwiegend die Ansicht vertreten wurde, daß weder Tatsachen noch überhaupt jede Äußerung irgendwelchen geistigen oder Empfindungsinhalts als Meinung in Betracht kamen[233]. Vielmehr waren Meinungen nur grundsätzliche Äußerungen, mit denen geistige Ziele verfolgt wurden[234]. Mit Blick auf den Schutzzweck der Rundfunkfreiheit mag ein Ausschluß der Werbung aus dem Schutzbereich des Grundrechts heute nicht mehr zu überzeugen, denn Art. 5 Abs. 1 Satz 2 GG will umfassend freie Meinungsbildung sichern, unabhängig vom jeweiligen Inhalt. Es ist daher unerheblich, ob eine Äußerung „wertvoll" oder „wertlos", „richtig" oder „falsch" ist[235]. Abgesehen davon kann Werbung je nach konkreter Gestaltung informatorischen, unterhaltenden, manchmal sogar bildenden oder künstlerischen Charakter haben[236]. Eine Unterscheidung zwischen wertvollen und weniger wertvollen Kommunikationsbeiträgen ist jedenfalls im Tatbestand des Grundrechts unzulässig[237].

Ebensowenig wie eine Bewertung des Inhalts einer Meinung verfassungsrechtlich möglich ist, ist eine grundsätzliche Differenzierung nach der Motivation einer Meinungsäußerung zulässig[238]. Der Schutz der Rundfunkfreiheit gilt dem kommunikativen Inhalt selbst und entfällt nicht dadurch, daß die Meinungsäußerung neben dem kommunikativen Zweck sonstigen, etwa kommerziellen Zielen dient[239]. Dies würde, im Gegenteil, zu einem Aushebeln des Grundrechts führen. Meinungsäußerungen verfolgen typischerweise das Ziel, den Adressa-

---

231 *Degenhart* in: Bonner Kommentar, Rz. 149 zu Art. 5 Abs. 1 u. 2; sinngemäß auch *Friauf/Höfling*, AfP 1985, 249.

232 *Friauf/Höfling*, AfP 1985, 249/251.

233 *Wacke*, Werbeaussagen, S. 197 mit entsprechenden Nachweisen; ebenso *Friauf/Höfling*, AfP 1985, 249/251 m.w.N.

234 *Wacke*, Werbeaussagen, S. 197; *Friauf/Höfling*, AfP 1985, 249/251.

235 BVerfGE 61, 1/7; *Winter*, Werberecht, S. 353/376.

236 *Hartstein/Ring/Kreile/Dörr/Stettner*, RStV, Rz. 11 zu § 7.

237 So ebenfalls *Winter*, Werberecht, S. 353/376.

238 *Starck* in: von Mangolt/Klein/Starck, GG, Rz. 18 zu Art. 5 Abs. 1, 2.

239 BVerfGE 30, 336/352; ähnlich *Hoffmann-Riem* in: Alternativkommentar zum GG, Rz. 23 zu Art. 5 Abs. 1, 2; *Friauf/Höfling*, AfP 1985, 249/253; *Degenhart*, ZUM 1995, 353/356; *Winter*, Werberecht, S. 353/376.

ten zielgerichtet zu beeinflussen. Durch Art. 5 Abs. 1 Satz 2 GG ist folglich jegliche Meinungsäußerung geschützt und damit auch diejenige Stellungnahme, die sich auf Vorgänge des Wirtschaftslebens bezieht[240]. Wenn eine Äußerung ihrem Inhalt nach dem Tatbestand des Art. 5 Abs. 1 Satz 2 GG zuzuordnen ist, kann wegen der zugrundeliegenden Motivation, z.B. kommerzielle Absichten, diese Äußerung nicht wieder aus dem Grundrechtstatbestand herausfallen[241]. Nicht verkannt werden darf, daß lediglich der kommunikative Inhalt einer Werbeaussage in den Schutz der Rundfunkfreiheit fällt, nicht aber der kommerzielle Zweck selbst[242]. Letzterer wird vielmehr als Mittel der Gewerbeausübung durch andere Grundrechtsnormen wie z.B. Art. 12 GG geschützt[243].

Trotzdem muß die Qualifizierung der Werbung als Meinungsäußerung und Tatsachendarstellung noch nicht bedeuten, daß damit dem Merkmal der Berichterstattung genüge getan ist, da für die Rundfunkfreiheit von größerer Bedeutung ist, ob die Werbung auch zur privaten und öffentlichen Meinungsbildung geeignet ist.

e) Die Meinungsbildung durch Werbung

Gegenstand der öffentlichen Meinung kann jedes Thema sein, über das sich ein selbständiges Urteil aus Gründen bilden läßt[244], weshalb auch Werbung und damit Teleshoppingangebote die Meinung des einzelnen prägen können. Der einzelne Zuschauer bildet sich „seine Meinung" sowohl aus Tatsachenkenntnissen über das Produkt selber wie auch aus den meinungsrelevanten Umfeldbeschreibungen und Anpreisungen. Historisch betrachtet wurde die öffentliche Meinung zwar immer als eine politische Meinung angesehen, als die kritische

---

240 *Hoffmann-Riem* in: Alternativkommentar zum GG, Rz. 130 zu Art. 5 Abs. 1, 2.

241 *Degenhart* in: Bonner Kommentar, Rz. 150 zu Art. 5 Abs. 1 u. 2.

242 *Hoffmann-Riem* in: Alternativkommentar zum GG, Rz. 130 zu Art. 5 Abs. 1, 2.

243 *Hoffmann-Riem* in: Alternativkommentar zum GG, Rz. 23 zu Art. 5 Abs. 1, 2.

244 *Krüger*, Allgemeine Staatslehre, S. 446; definiert die öffentliche Meinung als nicht nur eine Summe oder einen Querschnitt von „Meinungen", da die Eigenschaft der Selbständigkeit aus den einzelnen „Meinungen" nicht ein Ganzes schaffen wolle. Die öffentliche Meinung entstehe aus den unzähligen individuellen Meinungen, die sich nicht auf bestimmte, ursächliche und daher verantwortlich zu machende Urheber zurückführen ließen. Die Unendlichkeit der Zahl und der Wechsel der Zugehörigkeit der am Kommunikationsprozeß Teilnehmenden seien Ursache der Unbeständigkeit der öffentlichen Meinung, a.a.O., S. 440.

Haltung der Bürger gegenüber dem Staat[245]. Heute jedoch wird jedes gesellschaftliche Thema einer öffentlichen Meinung für fähig erachtet[246], da jedes gesellschaftliche Ereignis und jeder gesellschaftliche Zustand einer Beurteilung zugänglich sind. Für eine Gleichstellung von politischen und gesellschaftlichen wie auch wirtschaftlichen Zuständen spricht ohnehin, daß diese Gehalte praktisch kaum voneinander zu trennen sind[247]. Die öffentliche Meinung orientiert sich nicht allein an politischen Ereignissen, sondern sie existiert über die Gesellschaft selbst wie auch über die Fülle der Einzelthemen, die eine Gesellschaft ausmachen. Sie besteht in einem Bildnis über die Lebensverhältnisse der unterschiedlichen Gesellschafts-gruppierungen ebenso wie in der Kenntnis ihrer materiellen Ziele und Wünsche. Insofern gibt Werbung einen beachtlichen Aufschluß über die wirtschaftlichen Verhältnisse eines Landes und bildet hierdurch eine komplementäre Informationsquelle zu den übrigen Inhalten der Presse und des Rundfunks[248]. Werbung verwendet schließlich für die Präsentation des Produktes ein Umfeld, das von dem Großteil der Bevölkerung als wünschenswert empfunden wird. In der öffentlichen Meinung entsteht dadurch ein bestimmtes Bild der Gesellschaft und ihrer Lebensformen. Auf der anderen Seite stiftet Werbung Identität, indem sie aus Menschen Käufer macht, die sich zu einer Marke bekennen, und dadurch eine Gruppe schafft. Durch den Einsatz von Werbemitteln wird ein Horizont hinter dem Produkt gezeichnet, zu welchem sich der Käufer bekennt[249] und welcher Identifikation ermöglicht[250]. Die Summe dieser Einzelbilder wiederum schafft die Identität einer Gesellschaft. Es gibt heutzutage keine sogenannte Oberschicht mehr, an welcher der Rest der Gesellschaft ablesen könnte, was derzeit Mode oder Stand des guten Benehmens ist. Eher ist es umgekehrt, daß auch diese Oberschicht sich selbst in dem, was sie begehrt, nach dem Geschmacksdiktat der Werbung richtet[251]. Ebenso wie die Politik für Ideen wirbt und die Meinung bildet, so prägt daher die Wirtschaftswerbung als Werbung für Ware die öffentliche Meinung[252]. Heute kann man nicht einmal mehr davon sprechen, daß Wirtschaftswerbung allein für Ware wirbt, da häufig für einen gesamten Lebensstil und damit für eine Idee ge-

---

245 In diesem Sinn *Herrmann*, Fernsehen und Hörfunk, S. 218f.; *Krüger*, Allgemeine Staatslehre, S. 437f.

246 So auch *Krüger*, Allgemeine Staatslehre, S. 437; *Lerche*, Werbung und Verfassung, S. 78.

247 *Lerche*, Werbung und Verfassung, S. 78.

248 *Pieper/Wiechmann*, ZUM 1995, 82/89.

249 *Luhmann*, Die Realität der Massenmedien, S. 93.

250 *Luhmann*, Die Realität der Massenmedien, S. 93.

251 *Luhmann*, Die Realität der Massenmedien, S. 90.

252 *Pieper/Wiechmann*, ZUM 1995, 82/90.

worben wird[253]. In diesem Sinn hat das Bundesverfassungsgericht bereits 1967[254] geurteilt, als es zugestand, daß der Anzeigenteil einer Zeitung einen gewissen Schluß auf die kulturelle, politische und wirtschaftliche Lage im Bereich des Verbreitungsgebietes der Zeitung zuläßt. Mit dieser Entscheidung hat das Bundesverfassungsgericht zu erkennen gegeben, daß auch Werbung zur öffentlichen Meinungsbildung geeignet ist[255]. Wird dieser Gedanke auf das Medium Fernsehen übertragen, muß zuerkannt werden, daß Werbung und somit auch Teleshopping in der Lage ist, die öffentliche Meinung über die Lebens- und Wirtschaftsformen einer Gesellschaft zu prägen.

Diese Ansicht ist nicht unwidersprochen. So negieren *Müller-Using/Lücke* jede meinungsbildende Wirkung eines eigenständigen Verkaufskanals, da bei diesem elektronischen Versandhauskatalog, der den traditionellen Versandhauskatalog subsituiert, selbst dann die für ein rundfunkrelevantes Angebot erforderliche Eignung zur öffentlichen Meinungsbildung nicht vorliege, wenn „ein publizistisch irrelevanter unterhaltender Rahmen“ um die Präsentation der Waren gezogen werde[256]. Zu unterschätzen scheinen die Autoren, daß Teleshopping mehr ist als ein „elektronischer Versandhauskatalog“, weil Produkte nicht nur abgefilmt werden. Es wird nicht nur das Produkt als solches vorgeführt und beschrieben, sondern der Zuschauer wird zusätzlich über das Umfeld informiert, um die gesellschaftliche Dimension aufzuzeigen und Identifikationswünsche hervorzurufen[257], um beim Rezipienten also Meinung über eine Sache oder eine Idee zu bilden. Da somit bereits die Bewerbung des Produktes meinungsbildend wirkt, ist auch der unterhaltende Rahmen niemals „publizistisch irrelevant“, sondern verstärkt die Eignung zur Meinungsbildung. Bei ihrer Feststellung berücksichtigen *Müller-Using/Lücke* nicht hinreichend, daß jede Unterhaltungssendung - gleichgültig ob anspruchsvoll oder weniger anspruchsvoll - zur Bildung einer öffentlichen Meinung geeignet ist und damit eine publizistische Wirkung hat[258]. Gleiches gilt auch für das Teleshopping, denn nur

---

253 *Lerche*, Werbung und Verfassung, S. 79.

254 BVerfGE 21, 271/279; wiederholt in E 64, 108/114.

255 Diese Ansicht hat sich nur zögernd durchgesetzt, vgl. Nachweise bei *Friauf/Höfling*, AfP 1985, 249/251 und *Degenhart*, Meinungs- und Medienfreiheit in Wirtschaft und Wettbewerb, S. 187; *Winter*, Werberecht, S. 373/375; insbesondere *Drettmann*, Wirtschaftswerbung und Meinungsfreiheit, S. 46ff.; ablehnend *Leisner*, Werbefernsehen und Öffentliches Recht, S. 100.

256 *Müller-Using/Lücke*, ArchPT 1995, 32/44. Daß Teleshopping nicht meinungsbildend sei, weil es nicht den gesellschaftspolitischen Pluralismus gefährde, meint auch *Schroeder*, ZUM 1994, 471/477.

257 Vgl. *Luhmann*, Die Realität der Massenmedien, S. 93.

258 BVerfGE 12, 205/260; 31, 314/326; 57, 295/323.

bei unterhaltsamer Präsentation der Ware findet Teleshopping Zuschauer und damit mögliche Käufer. Aus dem gleichen Grund ist auch die pauschale Aussage von *Stettner/Tresenreiter*, daß Wirtschaftswerbung im Rundfunk „wegen der Verquickung von Information, Unterhaltung und Kommerz" nicht zur Meinungsbildung geeignet sei[259], unzutreffend. Vielmehr kann bereits durch die Art der Präsentation, d.h. schon durch die Auswahl der Produkte, auf den Informationsstand, das Orientierungswissen und den Wertehaushalt Einfluß genommen werden[260]. Vor allem kommt es nicht auf die Zwecksetzung des Teleshoppinganbieters an, seine Produkte verkaufen zu wollen, sondern die Wirkung auf den Rezipienten entscheidet über die Eignung zur Meinungsbildung[261].

f) Die meinungsbildende Wirkung von Teleshopping außerhalb der Werbung

Im Rahmen der bisherigen Darstellung wurde bereits deutlich, daß Teleshopping nicht nur durch die eigentliche Werbung zur Meinungsbildung geeignet ist. Zusätzlich meinungsbildend wirkt auch der unterhaltsam gestaltete Rahmen der Präsentation. Je nach Darbietungsform sind die meinungbildenden Elemente stärker oder weniger stark ausgeprägt. Das Infomercial besteht definitionsgemäß aus Werbung und Information, während die Verkaufsshow mit Werbung und Unterhaltung arbeitet. Information und Unterhaltung gehören zu den Darbietungen, die auch das Bundesverfassungsgericht[262] als meinungsbildend ansieht. Auf zusätzliche, über die bloße Werbung hinausgehende Elemente verzichtet allein das Direct-response-TV, der Kurzspot also. Selbst der reine Teleshoppingkanal, dessen Möglichkeiten der Präsentation durch den Mediendienste-Staatsvertrag und Vereinbarungen mit den Landesmedienanstalten sehr eingegrenzt sind, bedient sich zusätzlicher, über die reine Produktbeschreibung hinausgehender Darstellungsformen[263]. Eine Beschreibung von Land und Kultur gehört ebensowenig zum Verkaufsprodukt Reise wie die Beschreibung der Abbaugebiete von Edelsteinen zum Produkt Schmuck gehört. Beide Male erhält der Zuschauer zusätzliche Informationen, die dafür ursächlich sind, daß dem Gesamtangebot Teleshopping meinungsbildende Wirkung zuerkannt werden muß. Deshalb fällt Teleshopping nicht nur in seiner Funktion als Werbung,

---

259 *Stettner/Tresenreiter*, ZUM 1994, 669/673.

260 *Hoffmann-Riem*, AfP 1996, 9/12.

261 *Hoffmann-Riem*, AfP 1996, 9/12.

262 Siehe Fn. 258.

263 Für H.O.T. ausführlich in Teil 1, 1. Kapitel, II.

sondern auch als originäres Programm in den Gewährleistungsbereich der Rundfunkfreiheit[264].

g) Zusammenfassung

Alle Formen des Teleshopping sind Werbung und als solche meinungsbildend, da Werbung Meinungs- und Tatsachenäußerungen enthält, die zur privaten und öffentlichen Meinungsbildung geeignet sind[265]. Die meinungsbildende Qualität von Teleshopping kann durch zusätzliche informierende und unterhaltende Elemente verstärkt werden, wie es bei einem Infomercial oder einer Verkaufsshow gut erkennbar ist. Auch die Produktmoderation enthält über die Produktbeschreibung hinausgehende informierende und unterhaltende Elemente, welche die Meinungsbildung beim Zuschauer beeinflussen. Die einzig reine Werbeform des Teleshopping ist das Direct-response-TV. Die Eignung zur Meinungsbildung führt dazu, daß alle Formen des Teleshopping in ihrer Werbeeigenschaft in den Schutzbereich der Rundfunkfreiheit fallen. Die ausführlicheren Formen des Teleshopping wie Infomercial, Verkaufsshow und Produktmoderation stehen darüber hinaus auch als eigenständige Programmangebote unter dem Schutz des Art. 5 Abs. 1 Satz 2 GG, soweit das konkrete Teleshoppingangebot mit publizistischen Elementen neben der reinen Werbung angereichert ist.

5. Ergebnis

Teleshopping erfüllt in allen bekannten Spielarten die Anforderungen, welche die Verfassung an den Rundfunk stellt, da es alle Merkmale des hier vertretenen weiten Rundfunkbegriffs aus Art. 5 Abs. 1 Satz 2 GG erfüllt. Insbesondere ist für das kritische Merkmal der Berichterstattung anzumerken, daß Teleshopping in Form des reinen Kanals ebenso wie als Fenster oder Spot auf die private und öffentliche Meinungsbildung einwirkt. Teleshopping ist daher im verfassungsrechtlichen Sinn Rundfunk.

Als Rundfunk fällt das Teleshopping in den Gewährleistungsbereich der Rundfunkfreiheit im Sinne des Art. 5 Abs. 1 Satz 2 GG. Von besonderem Interesse ist es folglich zu ergründen, welche Anforderungen dieses Grundrecht an die Gesetzgebung im Bereich des Rundfunks stellt. Zu Klärung dessen ist der dogmatische Hintergrund der Rundfunkfreiheit zu ergründen.

---

[264] Im Ergebnis ebenso *Betzler*, Finalität des Rundfunkbegriffs, S. 155/162.

[265] Zum gleichen Ergebnis gelangt *Degenhart*, ZUM 1995, 353/356.

2. Kapitel: Die Vorgaben des Art. 5 GG für die innerstaatliche Rechtsetzung im Bereich des Rundfunks

Von grundlegender Bedeutung für die verfassungsrechtliche Einordnung der einfachgesetzlichen Regelungen zum Teleshopping ist neben dem eigentlichen Rundfunkbegriff vor allem das Verständnis des Art. 5 Abs. 1 GG insgesamt sowie die Schrankenregelung des Art. 5 Abs. 2 GG. Wie noch zu zeigen sein wird, führt die Rechtsprechung des Bundesverfassungsgerichts dazu, daß die Rundfunkfreiheit dogmatisch anders behandelt wird als andere Grundrechte, bei denen nicht im gleichen Maß der institutionelle Gehalt in den Vordergrund gestellt wird. Da sich dieser Unterschied, aus dem das Bundesverfassungsgericht eine umfassende Ausgestaltungsbefugnis für die Rundfunkfreiheit ableitet[266], vor allem im Rahmen der Gesetzgebungsmöglichkeiten auswirkt, ist eine detaillierte Herausarbeitung der Dogmatik des Art. 5 Abs. 1 Satz 2 GG unerläßlich, um die Zulässigkeit der bestehenden medienrechtlichen Regelungen des Rundfunkstaats-vertrages, des Mediendienste-Staatsvertrages und des Teledienstegesetzes überprüfen zu können[267]. Sollte sich herausstellen, daß Art. 5 Abs. 1 Satz 2 GG nicht für alle Rundfunkformen ein einheitliches Regelungsregime verlangt, könnte es bei neuen Angeboten wie dem Teleshopping möglich sein, alternative Regelungsmechanismen im Vergleich zum „klassischen“ Rundfunk zu etablieren. Eine abgestufte Regelungsdichte hätte zum Vorteil, daß für die Veranstaltung neuer Angebote einerseits der Schutz des Grundrechts auf Rundfunkfreiheit bestehen würde, andererseits aber auf die typischen rundfunkrechtlichen Zulassungsbeschränkungen und Auflagen verzichtet werden könnte. Denn tatsächlich würden viele Unternehmer auf die Gewährleistungen der Rundfunk„freiheit“ gerne verzichten, solange diese Freiheit eher beschränkt als befreit[268].

I. Die Geschichte des Rundfunks

Die verfassungsrechtliche Beurteilung des Rundfunks fällt seit dem Mißbrauch dieses Mediums als Propagandamittel der Nationalsozialisten schwer. Um dies

[266] BVerfGE 57, 295/321; 83, 238/296.

[267] Siehe dazu Teil 3.

[268] Das BVerfG drückt sich in der E 83, 238/315 folgendermaßen aus: „Die Rundfunkfreiheit des Art. 5 Abs. 1 Satz 2 GG ermächtigt ihren Träger nicht zu beliebigem Gebrauch. Als dienende Freiheit wird sie nicht primär im Interesse der Rundfunkveranstalter, sondern im Interesse freier individueller und öffentlicher Meinungsbildung gewährleistet.“

zu verdeutlichen sei hier eine kurze Darstellung der Entwicklung des Rundfunks vorangestellt. 1923 führte die Deutsche Reichspost in Berlin den ersten regelmäßigen Hörfunkprogrammdienst in Deutschland ein. Zwar stand dieser unter staatlichem Einfluß, um Funkwellen zu ordnen und auch um Umsturzversuchen vorzubeugen. Abgesehen davon gelang es der Reichspost, den Rundfunk zunächst von der Politik fernzuhalten, indem sie seine kulturelle Seite betonte. Dieser Umstand ist mitverantwortlich, daß Rundfunk in Deutschland von Beginn als „öffentliche Aufgabe" gesehen wurde, die der Allgemeinheit, aber nicht dem einzelnen verpflichtet war[269]. Sehr bald wurde die publizistische Wirkung des Rundfunks erkennbar, so daß schon 1926 das Reichsministerium des Innern seine Beteiligung am Rundfunk in Form einer ihm mehrheitlich gehörenden Nachrichtenagentur durchsetzen konnte, deren Nachrichten allein gesendet werden durften. Die staatliche Einflußnahme während der Weimarer Republik gipfelte in der 1932 beschlossenen Umstrukturierung der Reichsrundfunkgesellschaft und der Regionalgesellschaften, von denen das Reich jeweils 51% übernahm. Diese Entwicklung setzte sich unter den Nationalsozialisten fort, die den Hörfunk wie auch das 1935 entstehende Fernsehen vollständig zentralisierten und als Propagandamittel instrumentalisierten. Dazu wurden auf der Senderseite nur linientreue Mitarbeiter eingesetzt, während auf Seiten der Empfänger jeder Empfang ausländischer Sendungen unter härteste Strafe gestellt wurde. Nach Ende des Zweiten Weltkriegs wurde der Rundfunk unter den westlichen Alliierten wiederaufgebaut und in sechs Rundfunkanstalten aufgeteilt, die als Anstalten des öffentlichen Rechts von staatlichem Einfluß unabhängig waren, um ähnlichen Mißbrauch als Mittel staatlicher Beeinflussung für die Zukunft zu vermeiden und Meinungspluralismus zu garantieren. Mit dem Grundgesetz von 1949 wurde durch die Aufnahme der umfassenden Informationsfreiheit garantiert, daß künftig der Empfang ausländischer Rundfunksendungen auch durch Gesetz nicht verboten werden darf. Nicht geregelt wurde hingegen die Frage der Organisation der Sendeanstalten und der Landes- oder Bundeskompetenz[270] für den Rundfunk[271].

---

269 *Hesse*, Rundfunkrecht, S. 2.

270 Dies führte 1961 zum 1. Fernsehurteil des Bundesverfassungsgerichts, bei dem in einem Bund-Länder-Streit auf die Zuständigkeit der Länder für die Regelung der Organisation der Veranstaltung und der Veranstalter von Rundfunksendungen erkannt wurde, BVerfGE 12, 205; siehe Teil 3, 2. Kapitel, I.1.a).

271 Siehe zu allem Vorstehenden *Hesse*, Rundfunkrecht, S. 3ff.; *Herrmann*, Rundfunkrecht, Rz. 3ff. zu § 4.

II. Die Freiheit der Berichterstattung durch Rundfunk

Was landläufig als „Rundfunkfreiheit" bezeichnet wird, heißt im verfassungsgetreuen Wortlaut „Freiheit der Berichterstattung durch Rundfunk" und bezeichnet nur eines von fünf Kommunikationsgrundrechten[272].

1. Die Stellung der Rundfunkfreiheit im Gesamtgefüge des Art. 5 Abs. 1 GG

Die Rundfunkfreiheit als spezielles Freiheitsgrundrecht findet zusammen mit der Presse- und der Filmfreiheit erst im Satz 2 des Art. 5 Abs. 1 GG Erwähnung. Ihnen vorangestellt sind in Satz 1 die Grundrechte der Meinungs- und Informationsfreiheit. Es ist daher nicht möglich, über die Rundfunkfreiheit zu sprechen, ohne ihr Zusammenspiel mit den übrigen Grundrechtsgewährleistungen des Art. 5 Abs. 1 GG zu berücksichtigen.

a) Die besondere Bedeutung der Meinungs- und Informationsfreiheit

In Art. 5 Abs. 1 Satz 1 GG heißt es zunächst, daß *jeder das Recht hat, seine Meinung in Wort, Schrift und Bild frei zu äußern und zu verbreiten und sich aus allgemein zugänglichen Quellen ungehindert zu unterrichten.* Geschützt ist in Satz 1 des Art. 5 Abs. 1 GG also sowohl die Meinungs- wie auch die Informationsfreiheit. Mit Meinungsfreiheit ist zunächst die Meinungsäußerungsfreiheit gemeint. Die Freiheit, eine Meinung zu äußern, ist dann möglich, wenn zuvor die Freiheit besteht, sich unbeeinflußt eine eigene Meinung bilden zu können[273]. Denn nur wer sich eine Meinung gebildet hat, kann eine solche verbreiten. Da die Meinungsbildung sich im forum internum abspielt, bedarf sie grundsätzlich keines Grundrechtsschutzes, da ein solcher immer nur dann notwendig ist, wenn menschliche Tätigkeiten von außen bedrohbar sind. Die Tätigkeit der Meinungsbildung gewinnt jedoch dann Außenbezug, wenn gewonnene Informationen gesammelt, geordnet, archiviert, kombiniert und sonst verarbeitet werden[274]. Mit dem Außenbezug muß dann auch die Meinungsbildungsfreiheit grundrechtlichen Schutz genießen und wird daher von der Meinungsfreiheit mit erfaßt, da sie zu dieser einen engeren Bezug aufweist als zur

---

[272] Zu dieser Bezeichnung siehe BVerfGE 27, 71/79; *Herzog* in: Maunz/Dürig, GG, Rz. 1 zu Art. 5 Abs. I, II.

[273] *Schulze-Fielitz* in: Dreier, GG, Rz. 48 zu Art. 5 I, II; *Starck* in: von Mangoldt/Klein/Starck, GG, Rz. 25 zu Art. 5 Abs. 1, 2.

[274] *Starck* in: von Mangoldt/Klein/Starck, GG, Rz. 25 zu Art. 5 Abs. 1, 2.

Informationsfreiheit[275]. Das Verhältnis zwischen Meinungsbildung und Meinungsäußerung besteht nicht linear in eine Richtung, sondern die Zusammenhänge zwischen der Meinungsbildungsfreiheit und der Meinungsäußerungsfreiheit sind wechselseitig. Die Meinungsäußerung wird um der Meinungsbildung willen und die Meinungsbildungsfreiheit als Voraussetzung der Meinungsäußerungsfreiheit geschützt[276]. *Herzog*[277] bezeichnet die Meinungsfreiheit anschaulich als „Urgrundrecht aller anderen Verbürgungen des Art. 5 Abs. 1“ GG.

Um der Meinungsfreiheit willen wird auch die Informationsfreiheit gewährleistet, denn die Freiheit der Meinungsbildung setzt unbedingt die Freiheit zur Informationsgewinnung voraus[278]. Um sich eine Meinung bilden zu können, bedarf es zuvor der Möglichkeit, von Fakten und Umständen Kenntnis zu erlangen. Die Informationsfreiheit ist also keine Folge, sondern eine Voraussetzung der Meinungsfreiheit[279] und ebenso durch Art. 5 Abs. 1 Satz 1 GG geschützt wie das Grundrecht der Meinungsfreiheit.

Meinungs- und Informationsfreiheit dienen damit der Entfaltung der individuellen Persönlichkeit im Sinne des Art. 2 Abs. 1 GG. Art. 5 Abs. 1 Satz 1 GG verleiht dazu der Menschenwürde des Art. 1 Abs. 1 GG Ausdruck, weil der Mensch gerade dort besonders empfindlich getroffen wird, wo seine Rechte staatlichen Interessen geopfert werden und ihm die Denkfreiheit dadurch beschnitten wird, daß er Gedachtes nicht mehr frei äußern kann[280]. „Das Grundrecht auf freie Meinungsäußerung ist als unmittelbarster Ausdruck der menschlichen Persönlichkeit in der Gesellschaft eines der vornehmsten Menschenrechte überhaupt“[281]. Neben diese individualrechtliche Komponente des Art. 5 Abs. 1 GG tritt noch eine weitere. Meinungs- und Informationsfreiheit haben zusätzlich grundlegende Bedeutung für den freiheitlich demokratischen Staat. So hat das Bundesverfassungsgericht in seiner ersten Grundsatzentscheidung zu Art. 5 Abs. 1 GG folgendes ausgeführt: „Darüber hinaus ist das Grundrecht für die freiheitlich demokratische Grundordnung schlechthin konstituierend,

---

[275] anders *Bethge* in: Sachs, GG, Rz. 24 zu Art. 5, der die Meinungsbildungsfreiheit als Teil der Informationsfreiheit ansieht.

[276] *Hoffmann-Riem* in: HbVerfR, Rz. 1 zu § 7.

[277] *Herzog* in: Maunz/Dürig, GG, Rz. 1 zu Art. 5 Abs. I, II.

[278] *Jarass*, Freiheit der Massenmedien, S. 186; *Schulze-Fielitz* in: Dreier, GG, Rz. 29 zu Art. 5 I, II.

[279] *Herzog* in: Maunz/Dürig, GG, Rz. 82 zu Art. 5 Abs. I, II.

[280] *Herzog* in: Maunz/Dürig, GG, Rz. 7, 8 zu Art. 5 Abs. I, II.

[281] BVerfGE 7, 198/208.

indem es den geistigen Kampf, die freie Auseinandersetzung der Ideen und Interessen gewährleistet, die für das Funktionieren dieser Staatsordnung lebensnotwendig ist."[282] Schließlich liegt in der Bildung einer öffentlichen Meinung eine Mitwirkung an der politischen Willensbildung, weil die öffentliche Meinung großen Einfluß auf die Entscheidungen der Regierung und die Beschlüsse des Parlaments hat. Sie bewirkt zugleich eine „Vorformung des politischen Willens"[283], weil sich in der öffentlichen Diskussion herausstellt, welche Fragen und Probleme als relevant angesehen werden[284]. Ohne Freiheit der Einzel- und Masseninformation und ohne Freiheit der Meinungsäußerung und damit der geistigen Einflußnahme auf andere gibt es keine öffentliche Meinung und keine Demokratie[285].

b) Die Rundfunkfreiheit als lex specialis zu Art. 5 Abs. 1 Satz 1 GG

In der Struktur des Art. 5 Abs. 1 GG folgt auf die Meinungs- und Informationsfreiheit des Satzes 1 die Rundfunkfreiheit als eines der speziellen Kommunikationsgrundrechte in Satz 2. Die Normkonstruktion könnte darauf hinweisen, daß die Rundfunkfreiheit der Meinungs- und Informationsfreiheit auch inhaltlich nachgeordnet ist. *Hoffmann-Riem* sieht in den Sätzen 1 und 2 des Art. 5 Abs. 1 GG jeweils getrennte Grundrechte verankert. Er gibt jedoch zu, daß die Grundrechte einen inhaltlichen Bezug zueinander haben[286]. Die Herstellung einer einfachen Bezugsverknüpfung erscheint jedoch zu schwach, wenn man berücksichtigt, daß der Inhalt aller Berichterstattung im Rundfunk die Übertragung von Berichten und Meinungen ist, also dessen, was in der Regel bereits in den Schutzbereich des Art. 5 Abs. 1 Satz 1 GG fällt[287]. Daher ist die Rundfunkfreiheit als Sonderfall der Meinungs- und Informationsfreiheit aus Satz 1 zu sehen: Zwar stehen alle Grundrechte, die in Art. 5 Abs. 1 Satz 1 und 2 GG verbürgt werden, tatsächlich selbständig[288] und auch gleichwertig[289] nebeneinan-

282 BVerfGE 5, 85/205 und wiederholt in E 7, 198/208.

283 BVerfGE 20, 56/98.

284 *Hesse*, Rundfunkrecht, S. 53.

285 *Herzog* in: Maunz/Dürig, GG, Rz. 5 zu Art. 5 Abs. I, II.

286 *Hoffmann-Riem* in: Alternativkommentar zum GG, Rz. 15 zu Art. 5 Abs. 1, 2; *Schulze-Fielitz* sieht in den Freiheiten des Art. 5 I GG zunächst ebenfalls gleichwertig nebeneinander stehende Rechte, sagt jedoch weiter unter, daß die Rundfunkfreiheit lediglich auf eine besondere Verbreitungsform abstelle: *Schulze-Fielitz* in: Dreier, GG, Rz. 27 zu Art. 5 I, II einerseits und Rz. 29, 65 zu Art. 5 I, II andererseits.

287 *Herrmann*, Fernsehen und Hörfunk, S. 60.

288 *Wendt* in: von Münch, GG, Rz. 1 zu Art. 5.

289 *Schulze-Fielitz* in: Dreier, GG, Rz. 27 zu Art. 5 I, II.

der, allerdings ist auch festzustellen, daß die Grundrechte des Satzes 1 mit denen des Satzes 2 in einem inneren Zusammenhang stehen[290] und sich teilweise überschneiden[291]. Der Rundfunk ist nichts anderes als ein besonderes Medium der Meinungsäußerung und Information. Der Unterschied im Gewährleistungsgefüge des Art. 5 Abs. 1 Satz 1 und Satz 2 GG besteht in der Differenzierung zwischen den Freiheiten der Individualkommunikation und denen der Massenkommunikation[292]. Die Rundfunkfreiheit stellt insofern für den Rundfunk selbst und die in ihm Tätigen ein tatbestandlich enger gezogenes Spezialgrundrecht[293] zur allgemeinen Meinungs- und Informationsfreiheit dar und nicht nur einen nachgeordneten Unterfall[294] zu diesen Grundrechten.

c) Die Rundfunkfreiheit als „dienende Freiheit"

Die Rundfunkfreiheit wird nach überwiegender Ansicht primär als eine der Freiheit der Meinungsbildung in ihren subjektiv- und objektivrechtlichen Elementen *dienende* Freiheit verstanden[295]: „Sie bildet unter den Bedingungen der modernen Massenkommunikation eine notwendige Ergänzung und Verstärkung dieser (Meinungs-)Freiheit; sie dient der Aufgabe, freie und umfassende Meinungsbildung durch den Rundfunk zu gewährleisten". *Burmeister*[296] zufolge erklärt sich die Herkunft dienender Freiheiten aus der Wahrnehmung öffentlicher Aufgaben. Freiheitsrechte seien insoweit dienender Natur, als sie das Korrelat grundrechtsgeschützter staatlicher Aufgabenwahrnehmung darstellen[297]. Im Unterschied zu dem stark objektivrechtlich eingestellten Bundesverfassungs-gericht scheint *Burmeister* dienende Freiheitsgewährleistungen aus

---

290 Nach *Herrmann*, Fernsehen und Hörfunk, S. 60, konkurrieren die Inhalte des Art. 5 Abs. 1 Satz 2 GG nicht mit denen des Absatz 1, sondern es handelt sich lediglich um eine verstärkende Wiederholung und Weiterbildung.

291 *Klein*, Rundfunkfreiheit, S. 34, der dabei jedoch von „partieller Konkurrenz" spricht; *Schulze-Fielitz* in: Dreier, GG, Rz. 27 zu Art. 5 I, II.

292 *Schulz*, ZUM 1996, 487/488.

293 *Herrmann*, Rundfunkrecht, Rz. 19 zu § 5; *Wendt* in: von Münch, GG, Rz. 1 zu Art. 5.

294 *Bethge* in: Sachs, GG, Rz. 47 zu Art. 5.

295 BVerfGE 57, 295/320; 59, 231/257; 83, 238/295f.; zustimmend: *Hartstein/Ring/Kreile/ Dörr/Stettner*, Rz. 10 vor § 10; *Herrmann*, Rundfunkrecht, Rz. 117 zu § 4; *Jarass*, Gutachten 56. DJT, Rz. 8 zu G; *Bethge* in: Sachs, GG, Rz. 92 zu Art. 5.

296 *Burmeister*, Der Rundfunk unter der Herrschaft der technischen Entwicklung, S. 38/55ff.

297 *Burmeister*, Der Rundfunk unter der Herrschaft der technischen Entwicklung, S. 38/57.

einer mehr individualrechtlich geprägten Perspektive zu betrachten, zudem er nicht ausdrücklich ausschließt, daß das individuelle Freiheitsrecht in seiner Wirkungsweise nicht über die Korrelatfunktion hinausreichen kann[298]. Es fragt sich allerdings, ob die Schlußfolgerungen, die aus der dienenden Natur des Rundfunks gezogen werden, sich wirklich so selbstverständlich aus dieser Annahme ergeben.

Faktisch betrachtet sorgt der Rundfunk für die Verbreitung von Informationen zur Meinungsbildung, so daß er neben Medium auch Faktor[299] der Meinungs- und Informationsfreiheit ist. Dem Bundesverfassungsgericht zufolge dient der Rundfunk der Meinungsbildung in der Funktion des Faktors als notwendige Ergänzung unter den Bedingungen der modernen Massenkommunikation[300], und zwar in einem umfassenden, nicht auf bloße Berichterstattung oder die Vermittlung politischer Meinungen beschränkten Sinn[301]. Der Rundfunk habe vielmehr die Aufgabe, in größtmöglicher Breite und Vollständigkeit zu informieren, um dem einzelnen und den gesellschaftlichen Gruppen Gelegenheit zu meinungsbildendem Wirken zu geben, wodurch er selbst am Prozeß der Meinungsbildung beteiligt sei[302]. Vereinfacht ausgedrückt verschafft der Rundfunk als Medium der Meinungsbildung dem einzelnen die Informationen, deren er zu seiner Meinungsbildung bedarf, die er sich aber aufgrund der Informationsfülle nicht selber beschaffen kann. Als Faktor der Meinungsbildung beeinflußt der Rundfunk schließlich selber die öffentliche Meinungsbildung sowohl durch die von ihm getroffene Auswahl des gesendeten Materials wie auch durch die Darbietung politischer Sendungen und Kommentare[303]. Diese Doppelfunktion macht die Rundfunkfreiheit zu einer dienenden Freiheit, denn sie dient der individuellen und öffentlichen Meinungsbildung[304]. Bis hierher kann der Rechtsprechung und Lehre zugestimmt werden. Indes ergibt sich daraus nicht zwangsläufig, daß durch diese Situation das Dienen zum obersten normativen Richtwert für die Rundfunkfreiheit wird[305].

---

298 Vgl. *Burmeister*, Der Rundfunk unter der Herrschaft der technischen Entwicklung, S. 38/55 und 57.

299 BVerfGE 83, 238/296.

300 BVerfGE 57, 295/320; 74, 297/323f.

301 BVerfGE 31, 314/326; 35, 202/222; 57, 295/319; 83, 238/295.

302 BVerfGE 35, 202/222; 59, 231/257f; 73, 118/152.

303 *Hesse*, Rundfunkrecht, S. 54.

304 BVerfGE 57, 295/319; 35, 202/222; 87, 181/197.

305 *Stock*, Der neue Rundfunkstaatsvertrag, RuF 1992, S. 189/194.

Die dienende Natur des Rundfunks ergibt sich allein aus dem Umstand, daß ein Massenkommunikationsmittel, welches Meinungen und Informationen in vervielfältigter Form verbreitet[306], aus der Natur der Sache heraus der Meinungsbildung und Information dient, weil es eine Vielzahl von Menschen erreicht. Das Massenkommunikationsmittel zeichnet sich gerade dadurch aus, daß es als Multiplikator wirkt. Aus diesem naturgegebenen Umstand des Massenmediums schließt das Bundesverfassungsgericht, daß der Rundfunk neben der Medium- und Faktorfunktion keine weitere, eigenständige Funktion habe. Er diene eben nur der Meinungs- und Informationsfreiheit. Abgesehen davon, daß das Bundesverfassungsgericht bei seiner Sichtweise von einem Bild des Integrationsrundfunks ausgeht, das der Wirklichkeit nicht mehr standhält[307], bedeutet dies auch, die natürliche Begleiterscheinung des Dienens zum alleinigen Zweck der Rundfunkfreiheit zu machen. Der Rundfunk wäre demnach nicht als solcher durch Art. 5 Abs. 1 Satz 2 GG geschützt, sondern nur und ausschließlich in seiner dienenden Funktion, womit die Freiheit zum bloßen Mittel verfremdet ist[308]. *Kull* spricht in diesem Zusammenhang anschaulich von der „Entkernung" der Rundfunkfreiheit[309]. Vor diesem Hintergrund ist es selbstverständlich, daß die Rundfunkfreiheit ihren Trägern nicht zum Zweck der Persönlichkeitsentfaltung oder Interessenverfolgung eingeräumt sein kann[310], daß es also kein umfassendes subjektives Recht auf Rundfunkfreiheit geben kann. Ebenso läßt sich damit begründen, daß die Rundfunkfreiheit einer positiven, vom Gesetzgeber zu schaffenden Ordnung bedürfe[311], welche sicherstelle, daß der Rundfunk die Vielfalt der in der Gesellschaft diskutierten Themen aufnehme und wiedergebe. Für eine derartige Reduktion der Rundfunkfreiheit besteht im Grunde kein Bedürfnis. Der Rundfunk wirkt auch dann noch als Medium und Faktor, wenn ihm darüber hinaus Eigenständigkeit zugebilligt wird. Ein Grundrecht hingegen als bloß noch funktionale, „dienende Freiheit" zu verstehen, ist ein Widerspruch in sich selbst[312]. Bei unvoreingenommener Betrachtung handelt es sich bei der Rundfunkfreiheit um ein selbständiges Grundrecht, das wie alle anderen Kommunikationsfreiheiten einen eigenen subjektiven und objektiven Schutzbereich haben kann. Wird unter dieser Betrachtung der dienende Charakter der Rundfunkfreiheit darauf reduziert, daß das Dienen eine natürliche Begleiter-

306 So im Grunde auch *Burmeister*, Der Rundfunk unter der Herrschaft der technischen Entwicklung, S. 38/56,

307 *Schoch*, VVDStRL 57, 158/193.

308 *H. Klein*, DVBl. 1994, 489/494.

309 *Kull*, „Dienende Freiheit" - dienstbare Medien?, S. 663/669.

310 *Hartstein/Ring/Kreile/Dörr/Stettner*, RStV, Rz. 40 zu AE.

311 BVerfGE 83, 238/296.

312 *H. Klein*, DVBl. 1994, 489/494.

scheinung jedes Massenkommunikationsmittels ist, so wäre es möglich, die eigene Bedeutung der Rundfunkfreiheit freizulegen. Unter diesen Umständen ließe das Grundrecht der Rundfunkfreiheit möglicherweise auch eine umfassende subjektive Seite erkennen.

2. Art. 5 Abs. 1 Satz 2 GG als subjektives Recht

Die subjektivrechtliche Seite der Rundfunkfreiheit wird von der Rechtsprechung und einem Teil der Lehre[313] zwar nicht vollständig geleugnet, sie wird allerdings bis heute restriktiv verstanden. Wie bereits anklang, wird vielfach aus der dienenden Natur des Rundfunks herausgelesen, daß es sich bei der Rundfunkfreiheit nicht um ein Recht handele, „das seinem Träger zum Zweck der Persönlichkeitsentfaltung oder Interessenverfolgung eingeräumt"[314] sei. Zu dieser Ansicht gibt es allerdings viele kritische Stimmen, welche die Rundfunkfreiheit umfassend im Sinne einer Rundfunkveranstalterfreiheit verstanden wissen wollen[315]. Ein umfassendes subjektives Freiheitsrecht wäre für den Veranstalter eines reinen Teleshoppingkanals von entscheidender Bedeutung, da dieses Recht seine Position beim Konkurrieren um Kabelplätze stärken würde.

Einigkeit über den subjektiven Schutzbereich der Rundfunkfreiheit besteht nur in bezug auf einen recht kleinen gemeinsamen Nenner: Träger der Rundfunkfreiheit ist zumindest jeder, der als Rundfunkveranstalter oder beim Rundfunk

---

313 *Hoffmann-Riem* in: Alternativkommentar zum GG, Rz. 143 zu Art. 5 Abs. 1, 2; *Bethge* in: *Fuhr/Rudolf/Wasserburg*, Recht der Neuen Medien, S. 109; *Böckenförde/Wieland*, AfP 1982, 77/81f; *Wieland*, Die Freiheit des Rundfunks, S. 138ff.

314 BVerfGE 87, 181/197.

315 *Starck* in: von Mangoldt/Klein/Starck, GG, Rz. 68 zu Art. 5 Abs. 1, 2; *Wendt* in: von Münch, GG, Rz. 50 zu Art. 5; *Herrmann*, Hörfunk und Fernsehen, S. 119ff.; *H. Klein*, Rundfunkfreiheit, S. 41f.; *Scheuner*, Das Grundrecht der Rundfunkfreiheit, S. 22ff.; *Rudolf*, Privater Rundfunk, S. 21ff., der zugesteht, daß die Rundfunkfreiheit zur Sicherung des überragenden Gemeinschaftsguts der Meinungsfreiheit unter bestimmten Umständen „eingefroren" sein kann; *Schulze-Fielitz* in: Dreier, GG, Rz. 80f. zu Art. 5 I, II, der die Rundfunkfreiheit als Individualgrundrecht durch großzügige Ausgestaltungsregeln beschränkt sehen will; mit der gleichen Einschränkung auch *von Jarass* in: Jarass/Pieroth, GG, Rz. 33 zu Art. 5; etwas abgemildert *Degenhart* in: Bonner Kommentar, Rz. 657 zu Art. 5 Abs. 1 u. 2; im Gegensatz zu Fn. 313 wohl auch *Bethge* in: Sachs, GG, Rz. 106ff. zu Art. 5, mit der Einschränkung, daß ein Anspruch nur im Rahmen der (ausgestaltenden) Gesetze bestehen kann; das zwingende Erfordernis einer Rundfunkordnung sehen auch *Ricker/Schiwy*, Rundfunkverfassungsrecht, Abschn. B, Rz. 133ff.

tätig ist[316]. Legt man die sprachliche Formulierung des Art. 5 Abs. 1 Satz 2 GG zugrunde, die von „Freiheit der ..." spricht, so liegt die Annahme eines subjektiven Rechts nahe[317]. Auch bei systematischer Betrachtung fällt es leichter, für den Rundfunk ein Individualrecht anzunehmen als dies abzulehnen, denn immerhin befindet sich die Rundfunkfreiheit am gleichen Ort mit den anderen individualrechtshaltigen Kommunikationsfreiheiten des Art. 5 Abs. 1 GG[318]. Vom Grundsatz her betrachtet geht das Grundrechtssystem von der Gewährung umfassender Individualrechte aus, da Einzelgrundrechte nach „ihrer Geschichte und ihrem heutigen Inhalt (...) in erster Linie individuelle Rechte"[319] sind. Der Ansatz, die Rundfunkfreiheit sei als Ausnahme der Regel nicht subjektivrechtlich auch als Veranstalterfreiheit zu qualifizieren, bedarf daher weiterer Beweise[320]. Wenig überzeugend ist die Behauptung von *Badura*, daß sich dem Art. 5 Abs. 1 Satz 2 GG Individualrechte „nicht schon deshalb entnehmen (lassen), weil es sich um ein Grundrecht handelt"[321]. Zu recht nennt *H. Klein* dies „eine erstaunliche Formulierung"[322]. Art. 5 GG ist seiner historischen Genese nach ein Grundrecht und seine Stellung im Grundrechtsteil des Grundgesetzes läßt keinen vernünftigen Zweifel an dieser Eigenschaft zu[323].

Gerade wenn man die „dienende" Bedeutung der Rundfunkfreiheit abschwächt, fällt es sehr schwer, der Rundfunkfreiheit ausgerechnet das Recht, das ihren eigentlichen Kern bildet, abzusprechen, sich selbständig und gegebenenfalls auch berufsmäßig zu äußern und diese Äußerungen zum Zwecke des Empfangs

---

[316] BVerfGE 77, 65/74 m.w.N.; *Bethge*, NVwZ 1997, 1/3; *Schulze-Fielitz* in: Dreier, GG, Rz. 80 zu Art. 5 I, II; *Herrmann*, Rundfunkrecht, Rz. 35 zu § 7; *Jarass* in: Jarass/Pieroth, GG, Rz. 32 zu Art. 5; *H. Klein*, Rundfunkfreiheit, S. 18; *Krause-Ablaß*, DÖV 1962, 249/252; *Pestalozza*, NJW 1981, 2158/2160; *Scheuner*, Das Grundrecht der Rundfunkfreiheit, S. 15; *Scholz*, JZ 1981, 561/563; *Starck*, NJW 1980, 1359/1360.

[317] So auch *Starck* in: von Mangoldt/Klein/Starck, GG, Rz. 68 zu Art. 5 Abs. 1, 2, der in NJW 1980, 1359/1360, Parallelen zur Formulierung der Filmfreiheit zieht, für welche noch niemand ein subjektives Recht bestritten habe; i.E. dem subjektiven Recht zustimmend *Wendt* in: von Münch, GG, Rz. 50 zu Art. 5.

[318] *Herrmann*, Fernsehen und Hörfunk, S. 123; *H. Klein*, Rundfunkfreiheit, S. 41; *Starck* in: von Mangoldt/Klein/Starck, GG, Rz. 68 zu Art. 5 Abs. 1, 2; *Scheuner*, Grundrecht der Rundfunkfreiheit, S. 22.

[319] BVerfGE 50, 290/337.

[320] Kritisch dazu *Alexy*, Theorie der Grundrechte, S. 448ff., der nicht glaubt, daß von der subjektiven Begründung einer Norm, also einer Begründung, die auf individuelle Freiheit abstellt, darauf zurückgeschlossen werden kann, daß diese Norm ein subjektives Rechts gewährt.

[321] *Badura*, Verfassungsrechtliche Bindungen, S. 22.

[322] *H. Klein*, Der Staat 20, 177/188.

[323] *Herzog* in: Maunz/Dürig, GG, Rz. 11 zu Art. 5 Abs. I, II.

durch Dritte zur verbreiten[324]. Da aufgrund von Wortlaut und Zusammenhang der Verfassung die Vermutung für ein umfassendes subjektives Recht der Rundfunkfreiheit besteht[325], bedarf es einer guten Begründung, warum dieses ausnahmsweise nicht bestehen sollte. Solange die Gründung und der Betrieb von Rundfunkunternehmen nicht kraft Verfassung eine staatliche Aufgabe ist, was die Materialien zum Grundgesetz gerade nicht hergeben[326], kann angesichts des Inhalts von Art. 5 Abs. 1 GG die subjektive Seite der Rundfunkfreiheit nicht ausgeschlossen sein[327]. Selbst das Bundesverfassungsgericht hat schon in seinem ersten Fernsehurteil bestätigt, daß „Art. 5 GG (...) mehr als nur das individuelle Grundrecht des Bürgers gegen den Staat auf Respektierung einer Freiheitssphäre (enthält), innerhalb welcher er seine Meinung ungehindert äußern kann“[328] und daß die „Bedeutung des Art. 5 GG für den Rundfunk (...) nicht ohne Rücksicht auf den eben dargelegten Inhalt des Art. 5 gewürdigt werden (kann)“[329]. Die Rundfunkfreiheit hat also neben dem institutionellen Charakter in jedem Fall auch einen individuellen Charakter. Ursprünglich hat das Bundesverfassungsgericht die Institutionalisierung der Rundfunkfreiheit damit begründet, daß „sowohl aus technischen Gründen als auch mit Rücksicht auf den außergewöhnlich großen finanziellen Aufwand für die Veranstaltung von Rundfunkdarbietungen die Zahl der Träger solcher Veranstaltungen verhältnismäßig klein bleiben muß“. Diese Sondersituation erfordere besondere Vorkehrungen zur Verwirklichung und Aufrechterhaltung der in Art. 5 GG gewährleisteten Freiheit des Rundfunks[330]. Diese Aussagen sind dahingehend zu verstehen, daß auch das Gericht im Ursprung von einem umfassenden Individualrecht - *Oppermann* spricht von einem „Vollgrundrecht“[331] - auf Rundfunkfreiheit ausging, welches nur aufgrund der Sondersituation besonderer Behandlung bedurfte[332]. Die Frequenzknappheit mag eine Sondersituation begründet haben, die den Individualrechtsgehalt der Rundfunkfreiheit verdrängen[333] oder

---

324 *H. Klein*, Rundfunkfreiheit, S. 41.

325 *Scheuner*, Grundrecht der Rundfunkfreiheit, S. 22; *H. Klein*, Rundfunkfreiheit, S. 41.

326 32. Sitzung des Grundsatzausschusses am Herrenchiemsee am 11.1.1949, in: *von Doemming/Füsslein/Matz,* JöR 1 (1951), 86.

327 *Herrmann*, Fernsehen und Hörfunk, S. 136.

328 BVerfGE 12, 205/259f.

329 BVerfGE 12, 205/260.

330 BVerfGE 12, 205/261.

331 *Oppermann*, JZ 1981, 721/726.

332 *Kröger*, NJW 1979, 2537/2542;

333 *Schulze-Fielitz* in: Dreier, GG, Rz. 81 zu Art. 5 I, II; *Bethge* in: Sachs, GG, Rz. 106 zu Art. 5; *Herrmann*, Fernsehen und Hörfunk, S. 128f., lehnt selbst dies ab, da dies bedeuten würde, daß eine Unternehmensart aus dem Bereich grundrechtlicher Freiheits-

„einfrieren" konnte, wie *Rudolf*[334] es bildhaft bezeichnet hat. Die Konsequenz daraus müßte sein, daß bei Wegfall der Sondersituation der überdeckte Individualrechtsgehalt vollumfassend zutage tritt[335]. Nach der Beseitigung der Sondersituation schlägt nämlich die damit verbundene „Blockade des Zugangsrechts Privater zum Rundfunk (...) vom begünstigenden, d.h. die Rundfunkfreiheit sichernden, Organisationsgesetz zum freiheitsbeschränkenden Sondergesetz um, das die Verfassung verbietet"[336]. Nach dem heutigen technischen Stand kann tatsächlich von einer Sondersituation des Rundfunks nicht mehr gesprochen werden[337], da selbst vor der endgültigen Digitalisierung und der dadurch bedingten Frequenzvermehrung keine echten Übertragungsengpässe mehr bestehen[338]. Das Ende der knappen Übertragungswege ist schließlich nicht erst dann gegeben, wenn allen Rundfunkwilligen der gewünschte Übertragungsweg zur Verfügung gestellt werden kann. Es reicht aus, wenn ein grundrechtlicher Anspruch auf Rundfunkveranstaltung im Rahmen des technisch Möglichen gewährt werden kann[339]. Schließlich gibt es auch auf anderen Gebieten sachlich zwingende markttechnische Gründe, die bestimmte Tätigkeiten nur in beschränkter Zahl zulassen, ohne daß daraus der Entzug verfassungsrechtlicher Grundfreiheiten zu folgern wäre[340].

Das Bundesverfassungsgericht geht bis heute nicht von einer umfassenden Rundfunkveranstalterfreiheit aus, hat aber dennoch inzwischen subjektivrechtliche Elemente des Grundrechts festgestellt[341]. Noch 1991 hatte das Bundesverfassungsgericht der originären grundrechtlichen Rundfunkveranstalterfreiheit vermeintlicherweise eine endgültige Absage erteilt[342], ohne sich dabei weiterhin auf die Sondersituation des Rundfunks zu berufen, aber auch ohne diese Entscheidung anders als mit der dienenden Funktion des Rundfunks zu

gewährleistung ausgeschlossen bleibe, weil sie relativ selten realisiert werden könne, wie es etwa bei Automobil- und Lokomitivfabriken der Fall sei.

334 *Rudolf*, Privater Rundfunk, S. 22.

335 *Starck* in: von Mangoldt/Klein/Starck, GG, Rz. 68 zu Art. 5 Abs. 1, 2; *H. Klein*, Der Staat 20, 177/183; kritisch bezüglich der Sonderstellung schon im Jahr 1971: *Rudolf*, Privater Rundfunk, S. 63ff und S. 73.

336 *H. Klein*, Der Staat 20, 177/197.

337 So auch *Herzog* in: Maunz/Dürig, GG, Rz. 227 zu Art. 5 Abs. I, II.

338 Von einem Ende der Frequenzengpässe geht implizit auch *Dörr*, „Multimedia" und der Rundfunkbegriff, S. 121/126, aus.

339 *Starck* in: von Mangoldt/Klein/Starck, GG, Rz. 68 zu Art. 5 Abs. 1, 2.

340 *Herrmann*, Fernsehen und Hörfunk, S. 129, der als Beispiel Bäcker, Fleischer und Schuster in kleinen Orten nennt.

341 BVerfG, DVBl. 1998, 469.

342 BVerfGE 83, 238/315.

begründen[343]. Anstelle der technischen Erforderlichkeiten wurde alleine die objektivrechtliche Seite der Rundfunkfreiheit bemüht, um weiterhin von einer Überlagerung des individualrechtlichen Charakters des Grundrechts ausgehen zu können[344]. In seiner jüngsten Entscheidung nun hat das Bundesverfassungsgericht ein Grundrecht der Rundfunkfreiheit für Programmveranstalter wie auch für Zulassungsbewerber angenommen[345]. Die Rundfunkfreiheit sei im Kern Programmfreiheit und als solche vor Gefahren zu schützen. Gerade aber im Verfahren um die Neu- oder Weiterzulassung als Rundfunkveranstalter sei die Gefahr der Einflußnahme auf die Programmfreiheit besonders groß, weil die Entscheidung für einen Bewerber vom Inhalt des Programms abhänge. Daher könne sich nicht nur ein bereits zugelassener Rundfunkveranstalter hinsichtlich der ihm eingeräumten Rechtsposition auf den Schutz der Rundfunkfreiheit berufen[346], sondern auch die Bewerber müßten das Grundrecht bezüglich der verfassungsrechtlich gebotenen Auswahl- und Zulassungskriterien geltend machen können. Hergeleitet wird die subjektive Grundrechtsposition nicht unmittelbar aus Art. 5 Abs. 1 Satz 2 GG, sondern aus dem Umweg über die Programmfreiheit[347] als objektivrechtlicher Grundrechtsgewährleistung. Der Gesetzgeber sei berufen, Auswahl- und Zulassungskriterien für Rundfunkbewerber zu schaffen, wobei diese objektivrechtliche Verpflichtung auch der Sicherung der grundrechtlichen Position der Rundfunkveranstalter im Rahmen der zulässigerweise geschaffenen Rundfunkordnung diene[348]. Wie weit das Recht des Rundfunkveranstalters im einzelnen geht, läßt das Gericht ausdrücklich offen[349]. Im Ergebnis rückt das Bundesverfassungsgericht damit von einer rein objektivrechtlichen Betrachtungsweise der Rundfunkfreiheit ab, ohne einen originären Zulassungsanspruch zu gewähren[350]. Diese Entscheidung kann als Bestätigung der hier vertretenen Ansicht aufgefaßt werden, daß die Rundfunkfreiheit über eine subjektivrechtliche Seite verfügt, auch wenn diese nur in Grenzen zugestanden wird. Wegen des Ergebnisses der Grundgesetzauslegung aus Wortlaut, Systematik und Entstehungsgeschichte ist weiterhing mit guten

---

343 BVerfGE 83, 238/316.

344 So auch *Jarass* in: Jarass/Pieroth, GG, Rz. 33 zu Art. 5; *Hoffmann-Riem* in: Alternativkommentar zum GG, Rz. 137 zu Art. 5 Abs. 1, 2.

345 BVerfG, DVBl. 1998, 469/471. Nach eigener Aussage hatte es bislang keinen Anlaß gesehen, zu klären, ob der objektivrechtlichen Pflicht des Staates, für Zulassungsvoraussetzungen zu sorgen, eine subjektivrechtliche Position des Programmveranstalters entspricht.

346 Vgl. BVerfGE 95, 220, 234.

347 BVerfG, DVBl. 1998, 469/470.

348 BVerfG, DVBl. 1998, 469/471.

349 BVerfG, DVBl. 1998, 469/471.

350 *Westphal*, Urteilsanmerkung, MMR 1998, 198/200.

Gründen von einer umfassenden subjektiven Gewährleistung der Rundfunkfreiheit auszugehen, welche gegebenenfalls im Namen des objektiven Gehalts eingeschränkt sein mag. Um darauf eine Antwort geben zu können, ist die Untersuchung des objektiven Gehalts der Rundfunkfreiheit vonnöten.

3. Der objektivrechtliche Gehalt der Rundfunkfreiheit

Wenn man der Rundfunkfreiheit einen umfassenden individualrechtlichen Gehalt zuspricht, bedeutet dies nicht, daß daneben nicht auch für einen objektiven Normgehalt Raum wäre. Subjektiver und objektiver Normgehalt sind - in unterschiedlicher Gewichtung zueinander - parallel verbürgt, so daß von einer Doppelnatur der Grundrechte gesprochen wird[351].

Die Idee, daß den Grundrechtsbestimmungen neben den subjektiven Rechten noch zusätzliche Rechtsgehalte innewohnen, erlebte erst seit Entstehung des Grundgesetzes ihren Durchbruch[352]. Es ist heute allgemein anerkannt, daß die Grundrechte neben der Gewährung eines subjektiven Abwehranspruchs gegen den Staat auch eine objektive Dimension besitzen[353], die soweit gehen kann, daß der Staat verpflichtet ist, tätig zu werden, um den Grundrechtsschutz aktiv zu fördern. Auch wenn die objektivrechtliche Dimension der Grundrechte nicht mehr bestritten wird, so ist ihr Gehalt und ihre Behandlung noch nicht in gleicher Weise gefestigt wie der subjektivrechtliche Grundrechtscharakter[354]. Hinzutritt, daß die einzelnen Grundrechte unterschiedlicher Natur sind, so daß auch bei Anlegung eines einheitlichen Maßstabes die Handlungs- und Förderpflichten des Staates unterschiedlich ausgeprägt sein können. Der objektve Gehalt kann so weit gehen, daß mit der Gewährleistung eines individuellen Grundrechts eine grundrechtsbezogene Einrichtungsgarantie[355] verbunden ist,

---

351 *Libertus*, Grundversorgungsauftrag, S. 25; allgemein: *Stern*, Staatsrecht, Bd. III/1, S. 906; *Häberle*, Wesengehaltsgarantie, S. 70.

352 *Stern*, Staatsrecht, Bd. III/1, S. 890f.

353 *Alexy*, Theorie der Grundrechte, S. 395ff.; *Dreier* in: Dreier, GG, Rz. 55ff. zur Vorb.; *Isensee* in: HbStR, Rz. 77ff. zu § 111; *Jarass* in: Jarass/Pieroth, GG, Rz. 8ff. zur Vorb. vor Art. 1; *Starck* in: von Mangoldt/Klein/Starck, GG, Rz. 126ff. zur Art. 1 Abs. 3; *von Münch* in: von Münch, GG, Rz. 16ff. zur Vorb. Art. 1-19; *Sachs* in: Sachs, GG, Rz. 19ff. vor Art. 1; *Stern*, Staatsrecht, Bd. III/1, S. 890ff.;

354 *Stern*, Staatsrecht, Bd. III/1, S. 907.

355 Im Unterschied zu den qualifizierten, nicht grundrechtsbezogenen Einrichtungsgarantien beispielsweise des Berufsbeamtentums (Art. 33 Abs. 5 GG) und der Selbstverwaltung der Gemeinden (Art. 28 Abs. 2 GG) und den objektivrechtlichen Einrichtungsgarantien wie etwa den Verfassungsorganen, siehe dazu ausführlich *Dörr*, Handelsflotte, S. 152ff.

wenn mit dem Grundrecht zugleich ein Sozialgefüge gewährleistet wird[356]. In anderen Fällen wird mit dem Schutzpflichtgedanken[357] gearbeitet oder dem Grundrechtsinhaber zumindest ein Recht auf Organisation und Verfahren[358] eingeräumt. Geht man im speziellen Fall davon aus, daß das Individualrecht beim Rundfunk nur eine untergeordnete Rolle spielt und dieser vielmehr die institutionelle Gewährleistung der Meinungsfreiheit innerhalb des Rundfunks sicherstellen soll, so ließe sich zunächst daran denken, daß für den Rundfunk eine Einrichtungsgarantie bestehen könnte. Eine solche grundgesetzliche Garantie führt dazu, daß für besonders ausgestaltungsbedürftige Grundrechte einfachgesetzliche Regelungskomplexe zu schaffen sind, die einen objektivrechtlichen Kernbestandsschutz des Grundrechts bedeuten[359]. Ob ein solcher Bestandsschutz für die Rundfunkfreiheit besteht, ist umstritten[360].

a) Die Einrichtungsgarantie

Die Einrichtungsgarantie sichert grundrechtliche Freiheitsgewährleistungen in einer Weise ab, daß bestimmten Regelungskomplexen des einfachgesetzlichen Rechts verfassungsrechtlicher Bestandsschutz zuerkannt wird, wie dies etwa im Privatrecht für Ehe und Familie, Eigentum und Erbrecht der Fall ist[361]. Wenn durch eine Einrichtungsgarantie bestimmte Elemente einer normativen Verhaltensordnung für einen bestimmten Lebensbereich gewährt werden[362], soll damit das subjektive Recht unterstützt und nicht etwa eingeschränkt werden[363]. Derartige Einrichtungen können sowohl öffentlich-rechtlich wie auch privatrechtlich ausgestaltet sein. Gerade im Bereich des Rundfunks ist es angezeigt, an der Differenzierung zwischen institutionellen Garantien, die durch öffentlich-rechtliche Einrichtungen verbürgt werden, und sogenannten Institutsgarantien, die durch privatrechtliche Einrichtungen gewährleistet werden, festzuhalten[364],

---

356 *Maunz-Zippelius*, Deutsches Staatsrecht, § 19 II 1.

357 Siehe unten b).

358 Siehe unten c).

359 *Dreier* in: Dreier, GG, Rz. 68 zur Vorb.

360 Befürwortend z.B. *Bethge* in: Sachs, GG, Rz. 72 zu Art. 5; ablehnend z.B. *Herzog* in: Maunz/Dürig, GG, Rz. 12ff. zu Art. 5 I, II.

361 *H. Klein*, DVBl. 1994, 489.

362 *Maunz-Zippelius*, Deutsches Staatsrecht, § 19 II 1.

363 *Stern* in: HbStR, Rz. 52 zu § 109; *Dörr*, Handelsflotte, S. 154, spricht sogar von einer dem subjektiven Recht „dienenden Funktion" bei grundrechtsbezogenen Einrichtungsgarantien.

364 Zur begrifflichen Differenzierung siehe *Stern* in: HbStR, Rz. 51 zu § 109; kritisch *Dörr*, Handelsflotte, S. 151f.

da sich diese mit dem öffentlich-rechtlichen und dem privatrechtlich organisierten Rundfunk gleichsetzen lassen.

Die Anerkennung einer Einrichtungsgarantie hat zur Konsequenz, daß einem Institut oder einer Grundfigur der qualifizierte Schutz der Verfassung zukommt, weil das Institut oder die Grundfigur einer Grundfreiheit zugehört oder ihr nahesteht[365]. Einrichtungarantien sind also ein spezifischer Modus verfassungsrechtlicher Sicherung. Weil sie verfassungsrechtlich gewährleistet sind, richtet sich ihre Schutzrichtung gegen alle drei Gewalten, wobei besonders der Schutz gegen den Gesetzgeber Gewicht hat. Dieser darf sie zwar ausgestalten, aber nicht abschaffen oder in ihrem Wesensgehalt antasten[366]. Als institutionelle Einrichtung hätte der öffentlich-rechtliche Rundfunk einen verfassungsrechtlichen Stellenwert, der es dem Gesetzgeber verbietet, die Anstalten des öffentlich-rechtlichen Rundfunks abzuschaffen oder wesentlich zu verändern. Von einer Bestandsgarantie des öffentlich-rechtlichen Rundfunks in seiner gegenwärtigen Ausgestaltung ist nicht auszugehen, da nicht einmal die Verfassungsväter die öffentlich-rechtliche Rundfunkanstalt als einzig mögliche Organisationsform für Rundfunkunternehmen festlegen wollten[367]. Vielmehr stellte der öffentlich-rechtliche Rundfunk die damals opportune Organisationsform dar, weil Rundfunk nur unter öffentlich-rechtlichem Regime technisch und finanziell zu ermöglichen war[368]. Der öffentlich-rechtliche Rundfunk hat dadurch jedoch keineswegs den unveränderlichen Status einer institutionellen Garantie erlangt[369]. Es bleibt die Frage, ob dennoch die Einrichtung „Rundfunk" unabhängig von ihrer Organisationsform verfassungsrechtlich gewährleistet ist, ob also Bestand und Funktionsfähigkeit des Rundfunks im Sinne einer Institutsgarantie Verfassungsrang genießen. Betrachtet man den Verfassungstext, in dem es heißt, daß die „Freiheit der Berichterstattung durch Rundfunk (...) gewährleistet" wird, so könnte zwar aus der Verwendung des Begriffs der

365 *Stern* in: HbStR, Rz. 51 zu § 109.

366 *Schmitt*, Freiheitsrechte und institutionelle Garantien der Reichsverfassung (1931), S. 140 (146); *Stern* in: HbStR, Rz. 54 zu § 109.

367 *Stern*, Staatsrecht, Bd. III/1, S. 843ff.; *Herrmann*, Rundfunkrecht, Rz. 141 zu § 7.

368 *Ossenbühl* spricht daher davon, daß die institutionelle Auffassung der Rundfunkfreiheit „angesichts der Sachgegebenheiten im Rundfunk (Knappheit der Frequenzen, Höhe notwendiger Investitionen) außer Streit steht", in: NJW 1976, 2100/2103.

369 Eine institutionelle Garantie ebenfalls ablehnend *Stern* in: HbStR, Rz. 53 zu § 109; wohl auch *Pieroth/Schlink*, Grundrechte Staatsrecht II, Rz. 72; a.A.: *Bethge*, Die Verfassungsrelevanz des föderalen Rundfunkfinanzausgleichs, S. 27f., der meint, daß der öffentlich-rechtliche Rundfunk im Gehalt einer institutionellen Garantie verbürgt sei, da damit eine spezifisch öffentlich-rechtlich strukturierte Einrichtung gewährleistet sei, die in der dualen Rundfunkordnung den Privatfunk im System halte.

„Gewährleistung" parallel etwa zu Art. 14 Abs. 1 Satz 1 GG auf eine Einrichtungsgarantie geschlossen werden. Entscheidend ist aber nicht allein der Wortlaut der Vorschrift, sondern daß ein durch einen Normenkomplex und tatsächliches Wirken formierte und abgegrenzte Einrichtung vorgefunden wird, die verfassungsrechtlich gewährleistet werden soll[370]. Zum einen ergibt sich weder aus der Verfassung noch aus der Historie ein Grund dafür, daß Rundfunk existieren muß. Bereits aus dieser Erwägung ist der Staat nicht verpflichtet, entsprechende Einrichtungen zu schaffen. Zum anderen ist es für die Tätigkeit des Rundfunks nicht einmal erforderlich, daß der Staat die dafür notwendigen Einrichtungen schafft, damit Rundfunk existieren kann. Dies beweist schon die Eroberung des Rundfunkmarktes durch private Veranstalter. Es besteht keine Einrichtungsgarantie und es bedarf keiner Einrichtungsgarantie, um ein funktionierendes Rundfunksystem zu gewährleisten.

b) Die Schutzpflicht

Die Anerkennung des objektivrechtlichen Gehaltes von Grundrechten in Form von Einrichtungsgarantien hat schließlich die Anerkennung staatlicher Schutzpflichten nach sich gezogen[371], die seitens des Bundesverfassungsgerichts mit dem Fristenlösungsurteil[372] in aller Deutlichkeit eingeführt und in der Folge von der Lehre[373] angenommen worden sind. Zuweilen wird der Schutzpflichtgedanke als Zentralbegriff aller objektivrechtlichen Grundrechtsdimensionen bezeichnet[374], in dem sich widerspiegele, daß ein Grundrecht nicht nur als Abwehrrecht, sondern zugleich auch als Wert oder objektivrechtliche Wertentscheidung zu verstehen sei[375]. Den dem Staat auferlegten Verpflichtungen sind nach dieser Vorstellung entsprechende Rechte der Grundrechtsträger zuge-

---

370 *Stern*, Staatsrecht, Bd. III/1, S. 791 und S. 837.

371 Zur Entwicklung siehe *H. Klein*, DVBl. 1994, 489f.

372 BVerfGE 39, 1/41f., seitdem st. Rspr.: E 46, 160/164; 49, 24/53; 49, 89/141; 53, 30/57; 56, 54/73; 69, 315/355; 75, 40/66; 88, 203/258ff.

373 *Dörr*, Handelsflotte, S. 172ff.; *Alexy*, Theorie der Grundrechte, S. 410ff; *Lübbe-Wolff*, Die Grundrechte als Eingriffsabwehrrechte, S. 16 und S. 136f.; *E. Klein*, NJW 1989, 1633ff.; *H. Klein*, DVBl. 1994, 489; *Isensee* in: HbStR, Rz. 77ff. zu § 111; *von Münch* in: von Münch, GG, Rz. 22 zur Vorb.; *Dreier* in: Dreier, GG, Rz. 62ff. zur Vorb; *Jarass* in: Jarass/Pieroth, GG, Rz. 8 zur Vorb. vor Art. 1; *Hesse*, Verfassungsrecht, Rz. 350.

374 *Dreier* in: Dreier, GG, Rz. 63 zur Vorb, m.w.N.

375 BVerfGE 7, 198/205; 35, 79/114; 39, 1/41; 49, 89/141f.

ordnet, die diese als Ansprüche durchsetzen können[376]. Leitet man, wie *Dörr*[377] ausgeführt hat, die Schutzpflicht unmittelbar aus der liberal-rechtsstaatlichen Grundrechtskonzeption ab, die nach neuzeitlichem europäischem Staatsdenken eine Friedensordnung sei, so entfällt der Umweg über die objektivrechtliche Wertordnung. Aus der Friedensordnung selber folgt die allgemeine Verpflichtung des Staates - wobei sich Staat nicht nur auf den Gesetzgeber bezieht, sondern auch die Exekutive und die Rechtsprechung betrifft -, seine Bürger vor rechtswidrigen Angriffen zu schützen. Unabhängig von der Herleitung bestehen die staatlichen Pflichten darin, durch positive Maßnahmen die Grundrechtsausübung vor Behinderungen durch Privatpersonen zu schützen[378]. Gemeint ist damit der Schutz vor Verletzungen oder Gefährdungen von Rechtsgütern durch Dritte[379]. Dieser Ansatz erklärt sich aus dem Ursprung des Schutzpflichtgedankens, der sich am Schutz von Leben und Gesundheit entwickelt hat, die der Staat im Hinblick auf die Bürger untereinander zu schützen beauftragt ist[380].

Konsequenz des Schutzpflichtgedankens ist, daß der Staat nicht lediglich zur Unterlassung im Sinne des subjektiven Abwehrrechts verpflichtet ist, sondern daß er zusätzlich zum Handeln aufgefordert ist[381]. Ihrem Inhalt nach umfassen die Schutzaufträge Schutz-, Erhaltungs- oder Sicherungspflichten oder auch bloße Vorbeuge- oder Förderpflichten[382]. Rechte auf Schutz sind nach *Alexy*[383] verfassungsmäßige Rechte darauf, daß der Staat die Rechtsordnung in bezug auf das Verhältnis gleichgeordneter Rechtssubjekte untereinander auf eine bestimmte Weise ausgestaltet und handhabt, auch wenn die Aufgabe des Staates nicht soweit gehen kann, daß er im Rahmen der Schutzpflichten die ungestörte Ausübung eines Freiheitsrechts zu gewährleisten hat. Die Maßnahmen müssen allein geeignet sein, Rechtsverletzungen zwischen Privaten zu vermeiden[384].

---

376 *H. Klein*, DVBl. 1994, 489/493; *Alexy*, Theorie der Grundrechte, S. 414; kritisch *Dörr*, Handelsflotte, S. 175.

377 *Dörr*, Handelsflotte, S. 174f; so wohl auch *Alexy*, Theorie der Grundrechte, S. 414; *H. Klein*, DVBl. 1994, 489/493; das Bundesverfassungsgericht hingegen leitet die Schutzpflicht aus der objektivrechtlichen Wertordnung her.

378 *Alexy*, Theorie der Grundrechte, S. 410; *Jarass* in: Jarass/Pieroth, GG, Rz. 8 zur Vorb. vor Art. 1; *Dreier* in: Dreier, GG, Rz. 62 zur Vorb.

379 *H. Klein*, DVBl. 1994, 489/490; *Dörr*, Handelsflotte, S. 175.

380 Ausführlich zu den Ursprüngen siehe *Isensee* in: HbStR, Rz. 86 und 93 zu § 111.

381 *Dreier* in: Dreier, GG, Rz. 62 zur Vorb; *Hesse*, Verfassungsrecht, Rz. 350.

382 *Stern*, Staatsrecht, Bd. III/1, S. 932.

383 *Alexy*, Theorie der Grundrechte, S. 411.

384 *Jarass* in: Jarass/Pieroth, GG, Rz. 8 zur Vorb.; *Dreier* in: Dreier, GG, Rz. 62 zur Vorb.

Bei der Erfüllung der konkreten Schutzpflicht steht dem Gesetzgeber ein weiter Einschätzungsspielraum zu, demzufolge nur das „Ob", nicht aber das „Wie" einer Schutzpflicht als grundrechtsgeboten qualifiziert werden kann[385]. Allerdings sind die zu treffenden Regelungen als Schranken zu behandeln und müssen sachgerecht, geeignet und zumutbar sein[386].

Für die Rundfunkfreiheit wurden Sinn und Bedeutung des objektivrechtlichen Grundrechtsgehalts in das Gegenteil verkehrt, indem dieser sich verselbständigt hat und zur staatlichen Aufgabe mutiert ist[387]. Die subjektive Freiheit soll der objektiven Aufgabe nurmehr „dienen". Aber auch in bezug auf die Rundfunkfreiheit, deren subjektive Seite in dieser Untersuchung festgestellt worden ist[388], kann den Schutzpflichten aus der Grundrechtsnorm nur insoweit Berechtigung zukommen, als sie sich den durch sie verbürgten Individualrechten schützend und fördernd zur Seite stellen[389]. Konkret auf die Rundfunkfreiheit bezogen verlangt die Schutzpflicht allein danach, daß staatlicherseits gewährleistet wird, daß sich der einzelne im Verhältnis zu anderen Grundrechtsträgern auf seine Rundfunkfreiheit berufen kann. Als Umkehr des subjektivrechtlichen Abwehrrechts erfaßt der Schutz die Gewähr für jeden einzelnen, daß seine Ausübung des Freiheitsrechts durch die Vorgabe entsprechender Strukturen wie beispielsweise die Schaffung von Frequenzordnung und -vergabekriterien ermöglicht wird. Es genügt, daß das „existenzielle Funktionieren"[390] des Rundfunks[391] im Verhältnis der Grundrechtsträger zueinander gegeben ist; staatliche Regulierungen müssen und dürfen nicht darüber hinaus gehen[392], weil jede Organisationsregel der Natur nach eine Einengung für die persönliche Gestaltungsfreiheit ist[393] und damit zu Lasten des individuellen Freiheitsrechts

---

385 *Dreier* in: Dreier, GG, Rz. 64 zur Vorb.

386 *Starck* in: von Mangoldt/Klein/Starck, GG, Rz. 68 zu Art. 5 Abs. 1, 2.

387 *Bullinger* in: HbStR, Rz. 147 zu § 142; *H. Klein*, DVBl. 1994, 489/494; zur dienenden Freiheit siehe auch oben 1.c).

388 Vgl. oben 2.

389 *H. Klein*, DVBl. 1994, 489/494.

390 *Lerche*, Verfassungsrechtliche Fragen zur Pressekonzentration, S. 40, der diese Aussage in bezug auf die Presse getroffen hat.

391 *H. Klein*, Rundfunkfreiheit, S. 55, überträgt die Aussage *Lerches* (Fn. 390) auf den Rundfunk.

392 *Herzog* in: Maunz/Dürig, GG, Rz. 194 mit Verweis auf Rz. 122 zu Art. 5 Abs. I, II, der ablehnt, daß aus der öffentlichen Funktion von Presse und Rundfunk auf eine Privilegierung oder Sonderbindung geschlossen werden kann.

393 *Herrmann*, Fernsehen und Hörfunk, S. 318.

geht[394]. Aufgabe der Schutzpflicht ist es daher nicht, zu gewährleisten, daß Rundfunk in ausgewogener Form stattfindet. Hierher gehört daher auch nicht, daß die potentielle und reale Meinungsmacht des Massenmediums Rundfunk rechtlich diszipliniert wird[395] oder daß Mindestanforderungen an die Programminhalte zu stellen sind[396], weil diese Forderungen mit der Grundrechtsausübung des einzelnen im Verhältnis zu Dritten nicht im Zusammenhang steht.

Die Idee der Schutzpflicht, die auf dem Individualgüterschutz beruht[397], würde überdehnt, wollte man nicht den einzelnen Inhaber des Grundrechts als Maßstab nehmen, sondern stattdessen die Masse aller Rundfunkempfänger mit Interesse an objektiver Berichterstattung. Es besteht für die Rundfunkfreiheit also eine Schutzpflicht, damit der Staat die Voraussetzungen für die Inanspruchnahme des Grundrechts schafft. Die Schutzpflicht bezieht sich auf die dem Grundrechtsträger nach objektivem Verständnis des Freiheitsrechts zustehenden Rechte. Er erfaßt indes nicht einen darüber hinausgehenden objektiven Gehalt des Grundrechts, der nicht in unmittelbarer Beziehung zu den Grundrechtsberechtigten steht. Ungeklärt ist daher weiterhin die Behandlung objektivrechtlicher Grundrechtsgehalte, die wie beispielsweise das Gebot der Meinungsvielfalt losgelöst von den Freiheitsrechten des einzelnen sind.

c) Der Ausgestaltungsvorbehalt für Organisation und Verfahren

Das Bundesverfassungsgericht nimmt dennoch einen über die Schutzpflicht hinausgehenden objektivrechtlichen Gehalt der Rundfunkfreiheit an, dem es im Wege der einfachgesetzlichen Ausgestaltung des Grundrechts Geltung verschafft[398]. Der wesentliche Unterschied zur Schutzpflicht besteht darin, daß eine Ausgestaltungsregelung nicht als Beschränkung eines Grundrechts angesehen wird, sondern als Ausformung des Grundrechts seiner Realisierung dient[399]. Das Bundesverfassungsgericht zieht den Kreis der zulässigen Ausgestaltungsbefugnisse sehr weit, da die Rundfunkfreiheit als Kommunikations-

394 *Hain*, Rundfunkfreiheit und Rundfunkordnung, S. 24; zur belastenden Wirkung von Ausgestaltungsrechten *Schulze-Fielitz* in: Dreier, GG, Rz. 168 zu Art. 5 I, II.

395 So aber *Schulze-Fielitz* in: Dreier, GG, Rz. 183 zu Art. 5 I, II.

396 *Schulze-Fielitz* in: Dreier, GG, Rz. 184 zu Art. 5 I, II.

397 *Dörr*, Handelsflotte, S. 175.

398 BVerfGE 57, 295/320f.; 83, 238/296.

399 Vgl. *Schulze-Fielitz* in: Dreier, GG, Rz. 167 zu Art. 5 I, II; *Degenhart* in: Bonner Kommentar, Rz. 542ff. zu Art. 5 Abs. 1 u. 2, spricht ausdrücklich von „Gestaltungsfreiheit", was Rückschlüsse auf die Weite der Ausgestaltungsbefugnisse zuläßt, die das Bundesverfassungsgericht gewährt.

grundrecht der regelnden Hand des Gesetzgebers bedürfe, um eine "positive Ordnung" im Sinne von materiellen, organisatorischen und Verfahrensregeln zu schaffen. Diese erst stelle eine freie und umfassende Meinungsbildung sicher[400].

aa) Die Grundsätze der Ausgestaltungslehre

Daß ein Grundrecht der Ausgestaltung durch den einfachen Gesetzgeber bedarf, damit es eine hinreichend klare Konturierung erfährt, ist durchaus nichts Ungewöhnliches. Die Verfassunggeber haben in der Regel auf eine ausführliche Beschreibung der Grundrechte verzichtet, weil dadurch ihr Charakter als plakativ und leicht verständlich geformte Rechte und Freiheiten gelitten hätte[401], ebenso wie sie ihre flächendeckende und lückenschließende Schutzfunktion eingebüßt hätten[402]. Daher hat der Gesetzgeber die ursprüngliche Aufgabe wahrzunehmen[403], daß er durch seine Rechtsakte dem einzelnen die Möglichkeit eröffnet, von einem Grundrecht Gebrauch zu machen[404]. Zahlreiche Grundrechtsfunktionen können nicht schon durch die Festlegung des jeweiligen grundrechtlichen Schutzbereichs allein hinreichend wirksam werden[405]. So stellt sich beispielsweise die Ermächtigung des Gesetzgebers zur Ausgestaltung des Eigentumsrechts in Art. 14 Abs. 1 Satz 2 GG als ausdrückliche Verpflichtung dar. Eine Ausgestaltungsermächtigung kann insbesondere aus einer Institutsgarantie[406], die notwendig eine rechtliche Ordnung verlangt, aber auch aus dem Gedanken von „Organisation und Verfahren" herrühren[407]. Mittels „Organisation und Verfahren" soll ein effektiver behördlicher und gerichtlicher Rechtsschutz gewährleistet werden[408], der den Grundrechten Wirksamkeit ver-

---

400 BVerfGE 57, 295/320.

401 *Stern*, Staatsrecht, Bd. III/1, S. 1298; sinngemäß auch *Bethge*, Der Staat 24, 351/357.

402 *Bethge*, Der Staat 24, 351/360 und 362.

403 *Lerche* in: HbStR, Rz. 1 zu § 121; *Bethge*, Der Staat 24, 351/365.

404 *Pieroth/Schlink*, Grundrechte Staatsrecht II, Rz. 209.

405 *Lerche* in: HbStR, Rz. 5 zu § 121; vgl. auch Beispiele bei *Schnapp*, JuS 1978, 729/731.

406 Diese verpflichtet beispielsweise zur Schaffung eines Ehegesetzes; vgl. BVerfGE 31, 58/69f.

407 *Lerche* in: HbStR, Rz. 5 zu § 121.

408 Vgl. Sondervotum *Böhmer* in: BVerfGE 49, 220/235; zustimmend *Stern*, Staatsrecht, Bd. III/1, S. 959.

schafft[409], weil die effektive Durchsetzbarkeit zu den wesentlichen Bestandteilen eines Grundrechts selbst gehört[410]. Die entsprechenden Verfahrens- und Organisationsrechte sind nicht als Eingriff oder Schranke des Grundrechts zu begreifen[411], und unterliegen in ihrem Ausmaß allein der Einschätzung des Gesetzgebers[412]. Gerade im Fall der Rundfunkfreiheit wird eine notwendige Absicherung des Grundrechts durch Verfahrens- und Organisationsformen sehr ausgedehnt verstanden[413]. Aus der objektivrechtlichen Wertentscheidung des Grundrechts folgt in derartigen Fällen die Aufgabe und Berechtigung des Gesetzgebers zu konkretisierenden Regelungen im Grundrechtsbereich[414], denn das was gewährt werden soll, muß erst einmal sichergestellt werden[415].

bb) Die Reichweite von Ausgestaltungsrechten

Nicht allen Grundrechten ist eine ausdrückliche Aufforderung nach Ausgestaltung zueigen wie dem Grundrecht auf Eigentum und nicht bei allen Grundrechten liegt der objektivrechtliche Gehalt in Form einer Institutsgarantie so klar auf der Hand wie bei der Ehe. Unsicherheiten bei der Feststellung der objektivrechtlichen Grundrechtsseite können vermieden werden, indem man allen Grundrechten ein umfassendes Ausgestaltungsrecht zuspricht, da sie immerhin keine „self-executing" Normen seien, sondern einer Vermittlung und gesetzlichen Ergänzung benötigten[416]. So spricht auch *Häberle* dem Gesetzgeber nicht nur für alle Grundrechte eine Befugnis, vielmehr sogar eine „verfassungsrechtliche Funktion" zu grundrechtsausgestaltender Tätigkeit zu,

---

409 Seit den 70er Jahren ist anerkannt, daß nahezu alle Grundrechte Bezüge zu Organisation und Verfahren aufweisen, vgl. BVerfGE 49, 89; 53, 30; 56, 216; 69, 315; *Stern* in: HbStR, Rz. 61 zu § 109; *Denninger* in: HbStR, Rz. 2ff. zu § 113; *Hesse*, EuGRZ 1978, 427/434; *Laubinger*, VerwArch 73, 60; *Bethge*, NJW 1982, 1; *Ossenbühl*, DÖV 1981, 1; kritisch *Dörr*, Faires Verfahren, S. 139f.

410 BVerfGE 39, 276/294.

411 *Starck* in: von Mangoldt/Klein/Starck, GG, Rz. 132 zu Art. 1 Abs.3.

412 Zudem bisher noch keine dogmatische Begründung für die Einwirkung der materiellen Grundrechte auf die Organisation gefunden wurde, siehe *Stern*, Staatsrecht, Bd. III/1, S. 970; auch *Alexy*, Theorie der Grundrechte, S. 429f., zeichnet nur in der Praxis der Rechtsprechung bereits vollzogene Entwicklungen nach.

413 BVerfGE 57, 295/320; 73, 118/152f.; 90, 60/88; *Hoffmann-Riem* in: HbVerfR, Rz. 9 zu § 7; ähnlich *Badura*, Verfassungsrechtliche Bindungen, S. 31; *Hesse*, EuGRZ 1978, 427/436.

414 *Jarass*, AöR 110, 363/390.

415 Vgl. BVerfGE 57, 295/320.

416 *Isensee* in: HbStR, Rz. 137 zu § 115.

um Verfassung und Gesetzgebung in ein inneres Verhältnis zueinander zu bringen[417]. Aus dem weiteren Zusammenhang ergibt sich, daß der Autor das Gebotensein gesetzgeberischer Tätigkeit insbesondere aus dem Eigentum des Art. 14 Abs. 1 Satz 2 GG herleitet[418]. Diese ausdrückliche Aufforderung an den Gesetzgeber, ausgestaltend tätig zu werden, stellt allerdings eine Ausnahme im Grundrechtskatalog dar und ist der Verallgemeinerung gerade nicht zugänglich. An anderer Stelle gesteht *Häberle* selber zu, daß von Ausgestaltung „nur dort die Rede sein (kann), wo etwas Auszugestaltendes vorhanden ist", auch wenn er im folgenden weiterhin von einem allgemeinen verfassungsrechtlichen Ausgestaltungsauftrag an den Gesetzgeber ausgeht[419].

Bedenklich ist, daß mit dieser Auffassung die Verfassung in die Hände des einfachen Gesetzgebers gegeben wird. Zwar besteht das Problem, daß Grundrechte bestimmte Güter gegen den Staat schützen sollen, daß es aber manche Güter ohne den Staat überhaupt nicht gibt, weil sie durch ihn - genauer durch die von ihm herrührende Rechtsordnung - erst geschaffen werden sollen[420]. Dieser Zirkelschluß besteht seit die Gesetzgebung über Art. 1 Abs. 3 GG an die Grundrechte gebunden ist. M.E. müssen jedoch - gerade um einen inflationären Rückgriff auf diesen Zirkelschluß zu vermeiden - Verfassungsgeber und einfacher Gesetzgeber so streng wie möglich voneinander getrennt werden. Dem einfachen Gesetzgeber darf es nicht für jeden Fall überlassen werden, Grundrechte auszugestalten. Ausgestaltung soll vielmehr nur „auf Aufforderung" durch das betroffene Grundrecht erfolgen. Als geeignete Aufforderung gilt naturgemäß der ausdrückliche Auftrag zum Tätigwerden an den einfachen Gesetzgeber, wie er bei Art. 14 Abs. 1 GG formuliert ist. Geeignete Grundlagen für ein Ausgestaltungsrecht bieten auch solche Grundrechte, die ohne gesetzliche Ausgestaltung im Rechtsleben nicht wirksam werden können: Ehe, Eigentum, Vereine, Gesellschaften, Erbrecht oder Staatsangehörigkeit[421]. Hier muß der Gesetzgeber eine Rechtsordnung hervorbringen, um das einfachgesetzliche Substrat der grundrechtlich geschützten Güter selbst zu schaffen[422]. Wo diese beiden Kategorien nicht eingreifen, kann sich die Aufforderung zum Tätigwer-

417 *Häberle*, Wesensgehaltgarantie, S. 181, wobei an anderer Stelle erkennbar wird, daß er nicht im strengen Sinn zwischen Auslegung und Ausgestaltung trennt; im Sinne umfassender Ausgestaltungsrechte wohl auch *Bleckmann*, Staatsrecht II, S. 232; zustimmend in bezug auf die Rundfunkfreiheit: *Jarass* in: Jarass/Pieroth, GG, Rz. 37 zu Art. 5.

418 *Häberle*, Wesensgehaltgarantie, S. 181, Fn. 346.

419 *Häberle*, Wesensgehaltgarantie, S. 182 oben und Mitte.

420 *Herzog*, Grundrechte aus der Hand des Gesetzgebers, S. 1415/1417, 1420.

421 *Stern*, Staatsrecht, Bd. III/1, S. 1301.

422 *Herzog*, Grundrechte aus der Hand des Gesetzgebers, S. 1415/1417.

den des Gesetzgebers noch aus den objektivrechtlichen Gehalten eines Grundrechts im Bereich von Organisation und Verfahren ergeben[423]. Unter diesem Begriff wird zusätzlich zur Bedeutung der Justizgrundrechte auch den übrigen Grundrechten der objektivrechtliche Inhalt zugesprochen, daß sie Maßstäbe für eine den Grundrechtsschutz effektuierende Organisations- und Verfahrensgestaltung setzen[424]. Allerdings ist gerade in diesem Fall Vorsicht geboten. Es darf nicht verkannt werden, daß - auch die auf Organisation und Verfahren beschränkten - Ausgestaltungsregeln die Bedeutung eines Grundrechts massiv reduzieren können, da die Ausgestaltung nach der weiten Einschätzung des Gesetzgebers[425] erfolgt und nicht wie die Grundrechtsschranke einer Verhältnismäßigkeitsprüfung unterliegt. Folge ist immer ein Einschnitt in das subjektive Freiheitsrecht. Bei der Heranziehung von Organisation und Verfahren als Begründung einer Ausgestaltungsbefugnis ist wegen der aufgezeigten Gefahr eine Konzentration allein auf das behördliche und gerichtliche Verfahren angezeigt, da dieses Konzept im Ursprung darauf beruht, daß eine effektive Durchsetzbarkeit der Grundrechte gewährleistet werden soll[426].

cc) Das Recht zur Ausgestaltung der Rundfunkfreiheit

Für die Rundfunkfreiheit des Art. 5 Abs. 1 Satz 2 GG ergibt sich daraus, daß dieses Grundrecht entsprechend dem Vorstehenden soweit ausgestaltet wird, wie es zu seinem wirksamen Schutz eine prozedurale Ergänzung im Sinne eines effektiven, individuellen Rechtsschutzes benötigt. In concreto bedeutet dies für die Wahrnehmung der Rundfunkfreiheit ein Behördenverfahren, welches über die Zulassung zu und die Vergabe von Übertragungswegen entscheidet und ein sich anschließendes gerichtliches Verfahren vor den Verwaltungsgerichten. Über Organisation und Verfahren hinausgehende Ausgestaltungsmöglichkeiten bestehen nicht, da Art. 5 Abs. 1 Satz 2 GG weder eine ausdrückliche Aufforderung zur Ausgestaltung an den Gesetzgeber enthält, noch der Rundfunk als Einrichtung, die es umzusetzen gälte, garantiert ist. Vielmehr ist auch hier zu berücksichtigen, daß das vorrangige Ziel der Grundrechte die Gewährung subjektiver Freiheit ist, bei deren Ausgestaltung „die Legislative (...) auch deren

---

423 *Hesse* in: HbVerfR, Rz. 44 zu § 5; *Dreier* in: Dreier, GG, Rz. 66 zur Vorb; *Denninger* in: HbStR, Rz. 3 zu § 113; kritisch *Sachs* in: Sachs, GG; Rz. 21 vor Art. 1.

424 BVerfGE 39, 276/294; 53, 30/69; 69, 315/355.

425 Vgl. *Jarass*, Gutachten 56. DJT, Rz. 36 zu G; *Pieroth/Schlink*, Grundrechte Staatsrecht II, Rz. 213, sehen die Grenze der Ausgestaltung dort erreicht, wo eine Regelung mit der Tradition bricht.

426 *Denninger* in: HbStR, Rz. 3 zu § 113.

Widerpart werden (kann), wenn sie die Befugnis zur Ausgestaltung überschreitet"[427].

Das Bundesverfassungsgericht[428] geht mit seiner Vorstellung von einem umfassenden Ausgestaltungsrecht über die aufgezeigten zulässigen Grenzen hinaus. Diese Ansicht mag zwar verfassungsrechtlich und gesellschaftspolitisch opportun sein, es bleibt dennoch zu bedenken, daß sich die Überlegungen zur Schaffung einer umfassenden positiven Ordnung nicht unmittelbar aus dem Grundrecht auf Rundfunkfreiheit ergeben, sondern dieses überinterpretieren. Wenn der einfache Gesetzgeber sich Gedanken über die besondere Rolle der Rundfunkfreiheit macht und sie in einen übergeordneten Zusammenhang setzen will, so geht diese Verfassungsinterpretation über den eigentlichen Normtext hinaus. Diese Interpretation heranzuziehen, um ein Ausgestaltungsrecht zu begründen, führt zu einem Zirkelschluß, da die Unbestimmbarkeit und folglich Ausfüllungsbedürftigkeit des Rundfunkbegriffs bereits auf einer Überdehnung der Rundfunkfreiheit selber beruht. So vorzugehen hieße, den Inhalt und die Tragweite der Rundfunkfreiheit nach politischen Handlungszielen zu bestimmen und dadurch den liberalen Gehalt der Grundrechte aufzugeben[429]. Die mittels der positiven Ordnung zu schaffende Prägung und Ausrichtung kann der Rundfunkfreiheit daher nur durch - gerechtfertigte - Eingriffsnormen[430] unter möglichster Schonung des Grundrechts vermittelt werden. Die Schonung eines Grundrechts wird erreicht, indem Eingriffe am Übermaßgebot und dem Gebot der Allgemeinheit im Sinne des Art. 5 Abs. 2 GG gemessen werden[431].

---

427 *Stern*, Staatsrecht, Bd. III/1, S. 1299.

428 BVerfGE 57, 295/319f.; 73, 118/152f.; 90, 60/88.

429 So im Grundsatz *Ossenbühl*, NJW 1976, 2100/2103 und 2106.

430 In diesem Sinn *Degenhart* in: Bonner Kommentar, Rz. 87 zu Art. 5 Abs. 1 u. 2.

431 *Bremer*, Freiheit durch Organisation?, S. 311/342; *ders.*, ORDO, Bd. 46, S. 361/372ff., sieht unter ordnungstheoretischen Gesichtspunkten die Gefahr, daß bei der Ausrichtung individueller Freiheit nach von außen gesetzten Zwecken die Offenheit des Gesamtsystems beeinträchtigt wird. Bei komplexen Systemen sei es nicht möglich, eine Rechtsordnung zu schaffen, die dieser Komplexität gerecht werden könnte, vielmehr sei eine sog. spontane Ordnung, die sich auf die einzelnen Individualrechte besinne leistungsfähiger, weil sie flexibler sei; siehe auch *ders.*, Die wettbewerbliche Ordnung des Rundfunks, S. 105/117ff.

dd) Die Folgen des Verzichts auf die Ausgestaltung der Rundfunkfreiheit: abgestufte Regelungsdichte

Der Verzicht, die Rundfunkfreiheit im bisher bekannten Maß ausgestalten zu wollen, wird nicht zu unüberschaubaren Konsequenzen führen, da zu erwarten ist, daß die meisten rundfunkspezifischen Regelungen auch Bestand haben werden, wenn man sie an den Schranken des Art. 5 Abs. 2 GG mißt. Der postulierte objektive Gehalt der Rundfunkfreiheit wird im Rahmen des Übermaßverbots ebenso zum Tragen kommen wie im Rahmen der Ausgestaltung und damit zur Rechtfertigung von Eingriffen in die Rundfunkfreiheit führen. Dennoch hat dieses Vorgehen den Vorteil, daß eine dogmatische Sonderbehandlung des Grundrechts der Rundfunkfreiheit entfällt und daß Eingriffe in die Rundfunkfreiheit nur noch schwerlich in Form von Ausgestaltungsregeln eingeführt werden können. Den Verfechtern einer Ausgestaltungsbefugnis für die Rundfunkfreiheit, die regelmäßig die institutionelle Seite des Art. 5 Abs. 1 Satz 2 GG betonen und das subjektive Recht in Abrede stellen[432], ist eigen, daß ihre Sichtweise noch aus den Anfängen der Rundfunkkommunikation herrührt und nicht auf der Basis der Geltung der Kommunikationsfreiheitsrechte, sondern auf der Basis der überkommenen medienpolitischen Verhältnisse beruht[433]. Daher ist davon auszugehen, daß mittelfristig der rundfunkspezifische Ausgestaltungsvorbehalt Schritt für Schritt an Bedeutung verlieren wird und die grundrechtsdogmatischen Besonderheiten des Art. 5 Abs. 1 Satz 2 GG in den Hintergrund treten werden. Vielmehr wird es eine Verschiebung von der Kategorie der Ausgestaltung zur Kategorie der Beschränkung geben, so daß sich die Rundfunkfreiheit nahtlos in das Modell klassischer Grundrechtsdogmatik einfügen wird[434].

Die Ablehnung eines umfassenden Ausgestaltungsrechts für die Rundfunkfreiheit führt darüber hinaus zu einer Konsequenz, die bislang noch nicht angesprochen worden ist: Sobald es keine einheitliche Ausgestaltung des Grundrechts mehr gibt und die aufzustellenden Vorschriften einzeln an den Schranken des Art. 5 Abs. 2 GG gemessen werden müssen, besteht keine Notwendigkeit und auch keine Rechtfertigung mehr für ein einheitliches Regelungsregime des Rundfunks. Für unterschiedliche Formen des Rundfunks sind entsprechend unterschiedliche Regelungen denkbar[435]. Da jeder Eingriff in

---

432 Statt vieler: *Gersdorf*, Rundfunkfreiheit, S. 32, Fn. 59.

433 *Starck*, NJW 1980, 1359/1362.

434 *Gersdorf*, Rundfunkfreiheit, S. 30 und 51.

435 So auch *Dörr*, Multimedia, S. 1417/1429; skeptisch *Gersdorf*, Rundfunkbegriff, S. 154f., der die Kommunikationsinhalte als wenig leistungsstarke Differenzierungskrite-

die Rundfunkfreiheit gerechtfertigt werden muß, aber nicht jedes Rundfunkangebot der gleichen Beschränkung bedarf, werden sich zwangsläufig unterschiedlich strenge oder milde Regelungen entwickeln. Ein dienstespezifisch abgestuftes Regelungssystem auf der Rechtsfolgenseite ist schon deshalb unentbehrlich, wenn wie vorliegend ein weiter Rundfunkbegriff vertreten wird[436]. Das entscheidende Merkmal, an dem sich die Eingriffsintensität orientiert, ist die Bedeutung eines Angebots für die individuelle und öffentliche Meinungsbildung, da mit der Zunahme der publizistischen Wirkung das Bedürfnis und insbesondere das Recht der Rezipienten auf umfassende und ausgewogene Information steigt[437]. Für das Teleshopping wird sich die Praktikabilität und Zulässigkeit von unterschiedlichen Regelungsintensitäten in den folgenden Teilen 3 und 4 zeigen.

4. Zusammenfassung

In Abweichung von der bundesverfassungsgerichtlichen Rechtsprechung wird dem objektivrechtlichen Gehalt der Rundfunkfreiheit im Sinne des Art. 5 Abs. 1 Satz 2 GG nicht die überragende Bedeutung beigemessen, die das Bundesverfassungsgericht dazu veranlaßt, den Rundfunk überwiegend institutionalisiert als der Meinungs- und Informationsfreiheit „dienende“ Freiheit zu betrachten. Vielmehr gewährt nach hier vertretener Ansicht die Rundfunkfreiheit ein - anderen Grundrechten vergleichbares - individuelles Recht auf Rundfunkveranstaltung.

Desweiteren folgt aus diesem Grundrecht zwar keine Einrichtungsgarantie, aber eine Schutzpflicht des Staates, die den Staat zur Schaffung von Regelungen verpflichtet, die rechtswidrige Grundrechtseingriffe der Grundrechtsträger untereinander verhindern. Eine Ausgestaltung der Rundfunkfreiheit ist nur im Rahmen von „Organisation und Verfahren“ möglich, soweit Regelungen dieser Art für eine effektive Grundrechtsdurchsetzung notwendig sind.

Das Verständnis der Rundfunkfreiheit als Individualgrundrecht hat zur Folge, daß von einer umfassenden Ausgestaltung des Grundrechts im Sinne der Schaffung einer „positiven Ordnung“ abgesehen werden kann und muß. Dementsprechend können sich die rundfunkrelevanten Bestimmungen an der Bedeutung

rien ansieht, *Kuch*, ZUM 1997, 225/227, fordert eine Differenzierung bei Regelungsinhalten und -dichte im Rahmen der Ausgestaltung.

436 *Schoch*, VVDStRL 57, 158/197; *Betzler*, Finalität des Rundfunkbegriffs, S. 155/169.

437 „Die Freiheit des Publikums ist (...) das notwendige Korrelat der Freiheit der Medien“, *H. Klein*, Der Staat 20, 177/193.

des einzelnen Angebots für die Rundfunk- und damit auch für die Informationsfreiheit ausrichten, ohne daß zwangsläufig ein einheitliches Regelungswerk bestehen muß. Im Gegenteil, die im nächsten Abschnitt zu untersuchenden Schranken fordern geradezu unterschiedlich starke Regelungen, die sich an den verschiedenen Rundfunkangeboten ausrichten. Gefordert sind daher abgestufte Regelungen entsprechend der Meinungsrelevanz eines Angebots und damit entsprechend den Auswirkungen auf die Informationsfreiheit des Rezipienten. Da alle über die ausgestaltenden Organisations- und Verfahrensregelungen hinausgehenden Bestimmungen als klassische Eingriffe in die Rundfunkfreiheit an der Schrankensystematik des Art. 5 Abs. 2 GG und dem Übermaßverbot zu messen sind, reguliert sich die Eingriffsintensität anhand der publizistischen Relevanz der einzelnen Angebotsform.

III. Die Schranken der Rundfunkfreiheit

Durch die Reduzierung der Ausgestaltungsbefugnis für die Rundfunkfreiheit nehmen die Schranken der Rundfunkfreiheit an Bedeutung zu, da Ausgestaltungsgesetze nun als Eingriffe in den Schutzbereich des Grundrechts der Rechtfertigung bedürfen. Eine „normative Umhegung“[438] der Rundfunkfreiheit ist in jedem Fall notwendig, nicht zuletzt weil sie in ihren Auswirkungen in weitem Umfang mit der Rechtssphäre anderer in Konflikt kommen kann[439]. Für das Grundrecht auf Rundfunkfreiheit, wie selbstverständlich für alle Grundrechte des Art. 5 Abs. 1 GG, ergeben sich einfachgesetzliche Beschränkungsmöglichkeiten aus Art. 5 Abs. 2 GG: Schranken bilden demnach die „allgemeinen“ Gesetze, die gesetzlichen Bestimmungen zum Schutze der Jugend und das Recht der persönlichen Ehre. Daneben bestehen die verfassungsimmanenten Schranken der Grundrechtsausübung - sofern diese nicht mit beschränkenden Gesetzen im Sinne von Art. 5 Abs. 2 GG deckungsgleich sind[440] -, denen selbst „schrankenlose“ Grundrechte unterliegen. Die mit Abstand wichtigste Schranke und damit die bedeutsamste Grundlage zur Rechtfertigung von Eingriffen in die Rundfunkfreiheit ist die der „allgemeinen“ Gesetze[441]. *Herzog* geht zu Recht soweit zu sagen, daß bei der Auslegung des Begriffs der allgemeinen Gesetze „die eigentliche Entscheidung über die prakti-

---

438 *H. Klein*, Rundfunkfreiheit, S. 62.

439 *Scheuner*, VVDStRL 22, 1/79.

440 *Schulze-Fielitz* in: Dreier, GG, Rz. 105 zu Art. 5 I, II.

441 *Jarass* in: Jarass/Pieroth, GG, Rz. 45 zu Art. 5; *Schulze-Fielitz* in: Dreier, GG, Rz. 106 zu Art. 5 I, II.

sche Bedeutung und das praktische Gewicht des Art. 5 I GG fällt"[442]. Eine Aussage, die noch an Gewicht gewinnt, wenn das Recht zur Ausgestaltung der Rundfunkfreiheit beschnitten wird.

1. Die „allgemeinen" Gesetze

Das Gesetz im Sinne des Art. 5 Abs. 2 GG ist jede Erscheinungsform staatlicher (Außen-)Rechtsetzung im formellen und materiellen Sinn, in jedem Fall also parlamentarische Gesetze, Rechtsverordnungen und Satzungen[443]. Das „Allgemeine" eines Gesetzes zu bestimmen, bereitet hingegen größere Schwierigkeiten.

a) Der Ansatz in der Rechtsprechung und seine Herleitung

Dem Bundesverfassungsgericht zufolge sind „allgemeine" Gesetze solche, „die sich nicht gegen die Äußerung der Meinung als solche richten, die vielmehr dem Schutze eines schlechthin, ohne Rücksicht auf eine bestimmte Meinung, zu schützenden Rechtsguts dienen, dem Schutze eines Gemeinschaftswerts, der gegenüber der Betätigung der Meinungsfreiheit Vorrang hat"[444]. Mit dieser Definition hat das Gericht zwei bestehende Ansätze verknüpft, die bis dahin alternativ vertreten wurden[445]: die Sonderrechtslehre[446] und die Abwägungslehre[447]. Die Sonderrechtslehre besagt, daß Gesetze als „allgemein" gelten, „die dem

---

442 *Herzog* in: Maunz/Dürig, GG, Rz. 249 zu Art. 5 Abs. I, II.

443 *Jarass* in: Jarass/Pieroth, GG, Rz. 45 zu Art. 5; *Schulze-Fielitz* in: Dreier, GG, Rz. 106 zu Art. 5 I, II, der mit Hinweis auf die Rechtsprechung des BVerwG (E 34, 269/292) auch das von Gerichten anhand von Rechtsnormen entwickelte „Richterrecht" dazu zählt; *Wendt* in: von Münch, GG, Rz. 73 zu Art. 5, der ausdrücklich Verwaltungsvorschriften ausnimmt.

444 BVerfGE 7, 198/209f.; 62, 230/243f.; 71, 162/175.

445 Zur Geschichte der „allgemeinen" Gesetze siehe *Lücke*, Die „allgemeinen" Gesetze; *Herzog* in: Maunz/Dürig, Rz. 249ff. zu Art. 5 Abs. I, II; zur Aufnahme des Begriffs in das Grundgesetz insbesondere *H. Klein*, Der Staat 10, 145/156ff.

446 Zurückgehend auf *Häntzschel*, AöR 10, 228/233.

447 Zurückgehend auf *Smend*, VVDStRL 4, 44/52, der meint, daß sich ein Gesetz, das ein höherwertiges Rechtsgut schützt als die Meinungsfreiheit, auch speziell gegen die Meinungsfreiheit richten darf (Staatsrechtliche Abhandlungen, S. 97f.); siehe auch *Häberle*, Wesengehaltsgarantie, S. 32; *Scheuner*, VVDStRL 22, 1/81; *Schnur*, VVDStRL 22, 101/125f., fordert, daß es sich bei dem höherwertigen Gut um ein von der Verfassung anerkanntes Gemeinschaftsrecht handeln müsse um der beliebigen Manipulierbarkeit der These einen ersten Riegel vorzuschieben.

Schutz eines schlechthin, ohne Rücksicht auf eine bestimmte Meinung zu schützenden Rechtsguts dienen“[448]. Ein „allgemeines“ Gesetz muß also dem Schutz eines anderen Rechtsguts als dem der Meinungsfreiheit dienen[449]. Die Schwäche dieses formalen Ansatzes besteht darin, daß mit der Berufung auf ein anderes Rechtsgut jedweder Eingriff in die Meinungsfreiheit gerechtfertigt werden kann[450]. Dadurch wird allen anderen Rechtsgütern zunächst ein Vorrang gegenüber der Meinungsfreiheit eingeräumt[451]. Außerdem hat diese Theorie zur Folge, daß für solche Meinungsäußerungsverbote, die tatsächlich auf den Inhalt abstellen (wie etwa das Verbot der Auschwitz-Lüge), keine Möglichkeit einer Rechtfertigung besteht, sondern immer mit einem Ausnahmetatbestand gearbeitet werden muß[452]. Dieses Ergebnis vermeidet die Abwägungslehre, die davon ausgeht, daß Gesetze nur dann „allgemein“ sind, wenn das in ihnen geschützte gesellschaftliche Gut material höherwertig ist als die Meinungsfreiheit[453]. Aber auch diese materiale Ansicht hat Defizite, da die Feststellung der Vor-/Nachrangigkeit zum einen auf eine - in jedem Fall erforderliche - Verhältnismäßigkeitsprüfung hinausläuft und zum anderen der besonderen Bedeutung des Begriffs „allgemeine Gesetze“ eben wegen dieser Verhältnismäßigkeitsprüfung nicht Rechnung trägt[454]. Zusätzlich ist die Bestimmung der Höherrangigkeit selten eindeutig, so daß eine Letztentscheidung darüber immer bei den Rechtsprechungsorganen verbleibt[455].

Die Formel des Bundesverfassungsgerichts[456], die beide Ansätze verbindet[457], will deren Schwächen möglichst ausgleichen. Auffälligerweise hat es das Bundesverfassungsgericht nicht bei einem abstrakten Vergleich zwischen dem Verfassungsgut der Meinungsfreiheit und dem allgemeinen Schrankengut belassen,

---

448 *Rothenbücher*, VVDStRL 4, 3/20.

449 *Wendt* in: von Münch, GG, Rz. 77 zu Art. 5; *Stern*, Ehrenschutz, S. 815/821; wohl auch *Hoffmann-Riem* in: HbVerfR, Rz. 41 zu § 7; *Degenhart* in: Bonner Kommentar, Rz. 103f. zu Art. 5 Abs. 1 u. 2.

450 *Schulze-Fielitz* in: Dreier, GG, Rz. 109 zu Art. 5 I, II.

451 *Herzog* in: Maunz/Dürig, GG, Rz. 251 zu Art. 5 Abs. I, II.

452 *Schulze-Fielitz* in: Dreier, GG, Rz. 108 zu Art. 5 I, II

453 Siehe Fn. 447.

454 *Wendt* in: von Münch, GG, Rz. 77 zu Art. 5.

455 *Schulze-Fielitz* in: Dreier, GG, Rz. 110 zu Art. 5 I, II.

456 Zu einem Überblick über die Rechtsprechung siehe *Schmitt Glaeser*, AöR 113, 52/89ff.

457 *Enders*, JuS 1997, L 9/10; *H. Klein*, Der Staat 10, 145/150, sieht Widersprüchlichkeiten zwischen beiden Ansätzen, die eine Verbindung verbieten würden.

sondern sich für eine konkrete Güterabwägung entschieden[458], so daß nicht die materiale Höherrangigkeit des einen oder anderen Rechtsguts beurteilt wird, sondern eine Interessenabwägung im Einzelfall stattfindet[459]. In späteren Urteilen hat das Gericht seine Formel im Hinblick auf die Meinungsfreiheit modifiziert, indem es ebenfalls auf das materiale Erfordernis, das eine inhaltliche Bewertung der Meinungsfreiheit erfordert, verzichtet hat[460]. Es wird seitdem stärker darauf abgestellt, daß Sonderrecht gegen den Prozeß freier Meinungsbildung, welches die geistige Wirkung von Meinungsäußerungen zu unterbinden sucht, ausgeschlossen werden soll[461]. Vielmehr sollen Gesetze „nicht eine Meinung als solche verbieten, (...) sich nicht gegen die Äußerung der Meinung als solche richten, sondern dem Schutz eines schlechthin, ohne Rücksicht auf eine bestimmte Meinung zu schützenden Rechtsgutes dienen“[462]. Die Schutzwürdigkeit der vom Gesetz wahrgenommenen Belange wird indes kaum je zu verneinen sein. Die konkrete Güterabwägung holt das Gericht an späterer Stelle nach, indem es anhand der Wechselwirkungslehre[463] als Schranken-Schranke versucht, der besonderen Bedeutung dieses Kommunikationsgrundrechts doch noch Gewicht zu verleihen[464]. Allein für die Rundfunkfreiheit scheint das Bundesverfassungsgericht noch auf der materialen Sicht beharren zu wollen, da diese auch in einer jüngeren Entscheidung wieder anklingt. Dort wird weiterhin gefordert, daß das „allgemeine“ Gesetz dem Schutz eines Rechtsgutes dienen müsse, „das dem Grundrechtsschutz der Medien nicht nachsteht“[465]. Es verwundert nicht, daß gerade in bezug auf die Rundfunkfreiheit die Höherrangigkeit anderer Rechtsgüter diskutiert wird, da die Rundfunkfreiheit aus Sicht des Bundesverfassungsgerichts - wie oben dargestellt - eine „dienende“ Freiheit ist, deren Charakter zu der Assoziation der Nachrangigkeit führt. Bei Betrachtung dieser Entscheidung stellt sich unmittelbar die Frage, ob der Begriff des „allgemeinen Gesetzes“ für die einzelnen Rechtsgüter des Art. 5 Abs. 1 GG variieren kann. Daß bei konsequenter Verfolgung des materialen Ansatzes das

---

458 BVerfGE 21, 239/243f.; 24, 278/282; 24, 202/225; kritisch dazu *Scholz*, Koalitionsfreiheit, S. 339; *Herzog* in: Maunz/Dürig, GG, Rz. 260 zu Art. 5 Abs. I, II.

459 *Lücke*, Die „allgemeinen“ Gesetze, S. 18f., hält eine abstrakte Güterabwägung für untauglich, da dem Grundgesetz keine die meisten oder sämtliche Verfassungsgüter einschließende abstrakte Rangordnung innewohne.

460 BVerfGE 71, 206; 93, 266. *Lücke*, Die „allgemeinen“ Gesetze, S. 22, stellt zu Recht fest, daß das Bundesverfassungsgericht trotz häufiger Beschränkung auf den ersten Teil seiner Definition regelmäßig noch die Gesamtformel aus dem Lüth-Urteil zitiert.

461 BVerfGE 71, 206/214.

462 BVerfGE 71, 206/214; 93, 266/291.

463 BVerfGE 7, 198/208f.

464 Besonders deutlich BVerfGE 71, 206/214f.

465 BVerfGE 91, 125/135.

Ergebnis der Güterabwägung unterschiedlich ausfallen kann, je nachdem, ob die Meinungs-, die Informations- oder die Rundfunkfreiheit betroffen sind, da diese Grundrechte unterschiedliche Wertigkeiten im Hinblick auf dritte Rechtsgüter haben können, ist grundrechtsspezifisch bedingt. Dogmatisch inkonsequent ist es hingegen, wenn das Bundesverfassungsgericht sich grundsätzlich auf eine formale Begriffsbetrachtung festgelegt hat und nur für eins oder einige Grundrechte des Art. 5 Abs. 1 GG Wertungselemente hineinnimmt. Die Schranke des Art. 5 Abs. 2 GG gilt einheitlich für alle Grundrechte des Absatzes 1 und kann daher nur auf eine Art und Weise verstanden werden.

b) Die Vorzüge des formalen Ansatzes

Vom Grundsatz her besteht also die Wahlmöglichkeit zwischen einem formalen oder einem materialen Herangehen an den Begriff der „allgemeinen" Gesetze, wobei die Ausformungen im einzelnen noch festzulegen sind. Obwohl beide Ansätze Schwächen haben, ist mit grundsätzlicher Systemkritik nichts gewonnen, da das Verfassungsrecht keinen Raum für eine vollständige Neuinterpretation läßt[466]. Klarheit könnte nur eine Verfassungsänderung schaffen. Bis es dazu kommt, besteht lediglich die Möglichkeit, dem einen oder anderen Lösungsansatz den Vorrang einzuräumen. Wird der Gegenstand der Betrachtung etwas weiter gefaßt und nicht nur auf die „allgemeinen Gesetze" konzentriert, werden Gründe erkennbar, die für eine Bevorzugung des formalen Ansatzes sprechen.

So hat *Scholz*[467] überzeugend nachgewiesen, daß eine formale Schrankenordnung mit dem formalen Wesen der Kommunikationsgrundrechte korrespondiert. Die Kommunikationsgrundrechte des Art. 5 Abs. 1 GG sind formale Ausübungsrechte, bei denen die Freiheit der Meinungs*äußerung* und weniger die des Meinungs*inhalts* betont wird. Art. 5 Abs. 1 Satz 1 GG garantiert wesentlich die *Form* der Meinung, auch wenn dies zunächst ungewohnt klingt, weil Meinung natürlicherweise mit Inhalten verknüpft wird. Betrachtet man die Schranke der „allgemeinen" Gesetze ebenso formal, wird erkennbar, daß sie sich am Tatbestand der formalen Grundrechtsausübung und nicht am Tatbestand des materiellen Ausübungszwecks orientiert[468]. Beschränkt werden kann nur die Form der Meinungsausübung, nicht aber deren Inhalt. Auf den Inhalt der Mei-

---

466 Wie auch die Neuinterpretation von *Lücke* (Die „allgemeinen" Gesetze - Versuch einer Neuinterpretation) zeigt, welche den engen Rahmen für neue Ansätze erkennbar werden läßt.

467 *Scholz*, Koalitionsfreiheit, S. 340.

468 *Scholz*, Koalitionsfreiheit, S. 340.

nung, die behindert oder untersagt werden soll, kommt es dabei nicht an[469]. Daher stellen die Anhänger des formalen Ansatzes darauf ab, daß durch „allgemeine“ Gesetze ein Verhalten des Bürgers ohne Rücksicht darauf behindert, beschränkt oder verboten wird, ob der Bürger ein Grundrecht aus Art. 5 Abs. 1 GG oder ein anderes Grundrecht ausübt[470]. Ein allgemeines Gesetz, das dem Schutz eines anderen Rechtsguts dient, greift naturgemäß gerade nicht unmittelbar in bestimmte Inhalte ein[471]. Bei dieser formalen Schrankeninterpretation gewinnen auch die Schranken des Jugend- und Ehrenschutzes, die sich durchaus gegen Meinungsinhalte wenden können, an eigenständiger Bedeutung. Da „allgemeine“ Gesetze nicht an den materialen Wertungsmaßstäben der Güterabwägung gemessen werden dürfen, erfolgt ein Durchgriff auf die materialen Schrankenzwecke nur in den ausdrücklich genannten Fällen des Jugend- und Ehrenschutzes. Zur Bestätigung dieser Auffassung kann das Argument hinzugenommen werden, daß die Schranke der „allgemeinen“ Gesetze schon begrifflich nichts über die vom einschränkenden Gesetzgeber vorzunehmende Güterabwägung aussagt. Am Wortlaut der Verfassung selbst scheitert daher die Auslegung, nach welcher der Begriff „allgemein“ von vornherein als „im Sinne der nötigen Wertabwägung“ geprägt zu verstehen ist[472].

Ohne zu dem materialen Ansatz der Abwägungslehre zurückzukehren, bedarf es dennoch erneut einer Klarstellung, ob es besonderer Rechtsgüter bedarf, zu deren Schutz das „allgemeine“ Gesetz dienen soll. *Lücke* hat an diesem Punkt angesetzt und daraus hergeleitet, daß es sich bei den Rechtsgütern, zu deren Schutz die „allgemeinen“ Gesetze bestimmt sind, um Verfassungsgüter handeln müsse, die denen der Jugend und der persönlichen Ehre gleichwertig/ebenbürtig seien und die in gleichartiger/ähnlicher Weise ein Gemeinschaftsanliegen bzw. Individualinteresse schützten, also nicht im Eigeninteresse des Staates stünden[473]. Bedenken bestehen gegen diese Ansicht insofern, als auch sie es erfordert, daß abstrakte Abwägungen zu treffen sind, die je nach Haltung des Beurteilers gegensätzlich ausfallen können: Zum einen kann es

---

469 *Starck* in: von Mangoldt/Klein/Starck, GG, Rz. 122 zu Art. 5 Abs. 1, 2.

470 *Bettermann*, JZ 1964, 601/603.

471 *H. Klein*, Der Staat 10, 145/153.

472 *Wendt*, AöR 104, 414/426.

473 *Lücke*, Die „allgemeinen“ Gesetze, S. 26ff; ein ähnlich angelegter Ansatz findet sich im übrigen bei *Herzog* in: Maunz/Dürig, GG, Rz. 268ff. zu Art. 5 Abs. I, II, der - allerdings im Rahmen einer klassisch material angelegten Auslegung der „allgemeinen Gesetze“ - ebenfalls den Jugend- und Ehrenschutz als Maßstab nimmt, an dem andere Individual- und Gemeinschaftsgüter zu messen seien.

bereits bei der Festlegung der Verfassungsgüter zu Uneinigkeiten kommen[474], zum anderen besteht wie bei der Abwägungslehre die Schwierigkeit, überhaupt eine Rangfolge der Verfassungsgüter festzulegen. Ob ein Verfassungsgut dem der Jugend oder der persönlichen Ehre ebenbürtig ist, ist nur schwerlich generell-abstrakt zu beantworten, da es nur unzureichende Maßstäbe gibt[475]. Für den Einzelfall allerdings kann man es auf die konkrete Verhältnismäßigkeitsprüfung ankommen lassen[476], wie sie für jeden Grundrechtseingriff erforderlich ist. Dort kommt es auf eine Gleichartigkeit von sich gegenüberstehenden Rechtsgütern allerdings nicht mehr an, da eine Entscheidung anhand des Einzelfalls getroffen wird.

Um das „allgemeine" Gesetz im Sinne des formalen Ansatzes näher zu fassen, muß noch ein weiterer Aspekt hinzutreten, der sich im Grunde selbstverständlich ausnimmt: Ein Gesetz ist „allgemein", weil es sich nicht gegen die Meinung als solche richtet, also weil es beschränkend wirkt, gleichgültig ob es kommunikativ oder nicht-kommunikativ ausgeübt wird[477]. *Scholz* bringt diese Überlegung auf die Formel, daß „allgemein" das Gesetz ist, „dessen freiheitsbeschränkender Erfolg unabhängig von der kommunikativen Freiheitsausübung ist"[478]. Das Regelungsziel eines „allgemeinen Gesetzes" ist also legitim, wenn es im Schutz eines Rechtsguts steht, das in der Rechtsordnung unabhängig davon geschützt wird, ob es durch Kommunikationsinhalte, durch Medien oder auf andere Weise gefährdet wird.

c) Die „allgemeinen Gesetze" für die Rundfunkfreiheit

Bislang wurde noch nicht berücksichtigt, daß die Schranke der „allgemeinen" Gesetze ursprünglich nur für die Meinungsfreiheit galt[479] und daß sich die Sonderrechtslehre allein daran entwickelt hat. Der erweiterte Anwendungsbereich der „allgemeinen" Gesetze auf zusätzlich Informations-, Presse-, Film- und Rundfunkfreiheit verlangt nach einer Modifizierung der Definition. Möglich ist

---

474 So muß man nicht wie *Lücke* (Die „allgemeinen" Gesetze, S. 63f.) aus der Neufassung der Präambel zum Grundgesetz herauslesen, daß die Wahrung der nationalen Einheit noch ein Verfassungsgut ist.

475 *Wendt* in: von Münch, GG, Rz. 76 zu Art. 5.

476 Für eine solche spricht, daß bei konkreter Abwägung der Einzelfall gerechter gelöst werden wird, so *Wendt* in: von Münch, GG, Rz. 76 zu Art. 5; *Ricker/Schiwy*, Rundfunkverfassungsrecht, Abschn. B, Rz. 171.

477 *Hoffmann-Riem* in: HbVerfR, Rz. 41 zu § 7; *Scholz*, Koalitionsfreiheit, S. 343.

478 *Scholz*, Koalitionsfreiheit, S. 344.

479 Vgl. Art. 118 Abs. 1 WRV.

es, die bestehende Formel um den Zusatz zu erweitern, daß sich ein Gesetz nicht gegen eine bestimmte Meinung und auch nicht speziell gegen die Informations-, Presse-, Film- und Rundfunkfreiheit als solche richten dürfe[480]. Das Bundesverfassungsgericht meint das gleiche, hat es aber einfacher formuliert: „allgemeine" Gesetze dürfen sich „nicht speziell gegen die Medien oder gegen eine bestimmte Meinung richten"[481]. Das bedeutet in Fortführung der anerkannten Formulierungen, daß Sonderrecht gegen den Prozeß freier Meinungsbildung aber auch gegen die Medien als solche ausgeschlossen werden soll. Es würde nicht ausreichen, das Sonderrecht nur für den Prozeß freier Meinungsbildung in den Medien Presse und Rundfunk zu unterbinden, da der Schutzbereich von Presse und Rundfunk weiter reicht. Geschützt sind beide Einrichtungen in ihren Tätigkeiten von der ersten Recherche bis zur Veröffentlichung[482]. Dies macht es erforderlich, auch sondergesetzliche Eingriffe in allen anderen Bereichen zu verhindern, da letztlich eine Beeinträchtigung freier Meinungsäußerung und Information auch auf andere Weise erreicht werden kann als durch unmittelbares Verbot einer bestimmten Meinung[483]. Selbstverständlich gilt auch für die Medien Presse, Film und Rundfunk, daß bei „allgemeinen" Gesetzen der freiheitsbeschränkende Erfolg unabhängig von der kommunikativen Freiheitsausübung sein muß.

d) Die Schrankenproblematik ohne Ausgestaltungsregulativ

Wird wie hier auf den Ausgestaltungsvorbehalt der Rundfunkfreiheit weitestgehend verzichtet, wirft das bisher geltende Verständnis der „allgemeinen" Gesetze die Frage auf, ob der herausgearbeitete Definitonsansatz noch Bestand hat. Da sehr viele Gesetze, die zuvor als Ausgestaltungsgesetze gewertet wurden, nun als Eingriffe in den Schutzbereich des Grundrechts auf Rundfunkfreiheit zu betrachten sind[484], kann ihre Existenz nur gerechtfertigt sein, wenn sie innerhalb der Schranken des Art. 5 Abs. 1 Satz 2 GG bleiben.

Gerade im Hinblick auf Gesetze wie den Rundfunkstaatsvertrag oder die Landesmediengesetze drängt sich der Verdacht auf, daß es sich dabei um gegen das Medium Rundfunk und damit gegen die Rundfunkfreiheit gerichtetes Sonder-

---

480 *Gornig*, JuS 1988, 274/276; ähnlich *Wendt*, AöR 104, 414/426.

481 BVerfGE 91, 125/135.

482 *Schulze-Fielitz* in: Dreier: GG, Rz. 73 und 80 zu Art. 5 I, II m.w.N.

483 *Wendt* in: von Münch, GG, Rz. 71 zu Art. 5; *Starck* in: von Mangoldt/Klein/Starck, GG, Rz. 123 zu Art. 5 Abs. 1, 2.

484 *Brugger*, EuGRZ 1987, 225/228.

recht handeln müsse. Schließlich haben diese Gesetze einzig den Rundfunk zum Gegenstand. Solange solche Gesetze, die ehemals als Ausgestaltungsgesetze der Rundfunkfreiheit entstanden sind, eine andere Schutzrichtung als den Rundfunk haben, sind sie bei Anwendung der Sonderrechtslehre als „allgemeine" Gesetze zu qualifizieren[485]. Als Beispiel sei hier nur § 42 Abs. 1 RStV 1997 angeführt, durch welchen die privaten Rundfunkveranstalter gezwungen sind, den Kirchen angemessene Sendezeiten für religiöse Sendungen zur Verfügung zu stellen. Nach Ansicht des Bundesverfassungsgerichts handelt es sich hierbei um eine (ehemalige) Ausgestaltungsregelung, da der Gesetzgeber durch sie der Verpflichtung nachkommt, dafür Sorge zu tragen, daß die Vielfalt der bestehenden Meinungen im Rundfunk in möglichster Breite und Vollständigkeit Ausdruck findet[486]. Als Ausgestaltungsgesetz führt die Vorschrift nicht zu einem Eingriff in die Rundfunkfreiheit. Bei Ablehnung des umfassenden Ausgestaltungsvorbehalts muß dieselbe Vorschrift jedoch an den Schranken des Art. 5 Abs. 2 GG gemessen werden. Die Beschränkung der Rundfunkfreiheit, die § 42 Abs. 1 RStV 1997 unter diesen geänderten Voraussetzungen verursacht, ist in diesem Fall gerechtfertigt, da diese Vorschrift als „allgemeines" Gesetz dem Schutz der Religionsfreiheit und des Meinungspluralismus dient und als verhältnismäßig anzusehen ist.

e) Der finale und der reflexhafte Eingriff durch „allgemeine Gesetze"

Die Einordnung des beispielhaft ausgewählten § 42 Abs. 1 RStV 1997 läßt augenfällig werden, daß diese ehemalige Ausgestaltungsnorm gezielt in die Rundfunkfreiheit eingreift, was nicht in gleicher Weise bei allen „allgemeinen" Gesetzen zu beobachten ist. Die als „allgemeine" Gesetze anerkannten Normen der §§ 823 Abs. 1[487] und 826 BGB[488], die deutlich erkennbar dem Schutz anderer Rechtsgüter - etwa dem Schutz des Lebens, der körperlichen Unversehrtheit und des Eigentums - dienen, sind ebenso wie § 42 Abs. 1 RStV 1997 geeignet, in die Rundfunkfreiheit einzugreifen. Während allerdings der Eingriff durch § 42 Abs. 1 RStV 1997 final ausgerichtet ist, erfolgt er durch die §§ 823 Abs. 1 und 826 BGB nur reflexhaft. Anders gewendet heißt dies, daß das Gesetz der ersten Fallgruppe so angelegt ist, daß es zweckbestimmt darauf ausgerichtet ist, in die Rundfunkfreiheit einzugreifen, während das Gesetz der zweiten Fallgruppe nur bei passenden Fallkonstellationen zu einem Eingriff in ein Schutz-

---

485 *Ricker/Schiwy*, Rundfunkverfassungsrecht, Abschn. B, Rz. 170.

486 So BVerfGE 57, 195/320.

487 BVerfGE 25, 256/263ff.; 82, 272/280.

488 BVerfGE 7, 298/214; 66, 116/138.

gut des Art. 5 Abs. 1 GG führt. Bei den finalen „allgemeinen" Gesetzen kommt es bei jeder Anwendung zu einem Eingriff in den Schutzbereich des Art. 5 Abs. 1 GG, bei den reflexhaften „allgemeinen" Gesetzen hingegen nur gelegentlich. Zu der ersten Fallgruppe sind vornehmlich solche Gesetze zu zählen, die der Gesetzgeber als Ausgestaltungsnormen der Rundfunkfreiheit geschaffen hat, da deren Ziel regelmäßig die Ordnung des Rundfunks und damit der Eingriff in die Rundfunkfreiheit ist. Zusätzlich gehören in diese Kategorie alle anderen Gesetze, deren unmittelbarer Regelungsgegenstand eines der Kommunikationsgrundrechte ist. Als Beispiele hierfür sind etwa die §§ 90ff. StGB zu nennen, welche die Verunglimpfung des Staates und von Staatsorganen unter Strafe stellen. Die zweite Fallgruppe erfaßt die übrigen „allgemeinen" Gesetze, die nur gelegentlich zu einem Eingriff in die Kommunikationsgrundrechte führen. Der entscheidende Unterschied zwischen den finalen „allgemeinen" Gesetzen und den reflexhaften „allgemeinen" Gesetzen besteht folglich in der Erkennbarkeit des regelmäßigen Eingriffs in die Kommunikationsgrundrechte. Ist unmittelbarer Regelungsgegenstand eines Gesetzes ein Gut des Art. 5 Abs. 1 GG, dann ist sowohl für den Gesetzgeber wie auch für den Gesetzesanwender offensichtlich, daß die Anwendung des Gesetzes in jedem Fall zu einem Eingriff führt.

Bei finalen Eingriffen in Schutzgüter des Art. 5 Abs. 1 GG mutet es leichtfertig an, lediglich formal zu prüfen, ob der Eingriff in die Kommunikationsgrundrechte dem Schutz eines anderen Rechtsgutes dient. Sobald ein Gesetz die alleinige Zielrichtung aufweist, zum Schutz eines anderen Rechtsguts in die Rundfunkfreiheit einzugreifen, muß das Rangverhältnis des Schutzguts im Verhältnis zur Rundfunkfreiheit Beachtung finden, um die Rundfunkfreiheit nicht allen anderen Schutzgütern zu opfern. Denn auf dieses Opfer würde es hinauslaufen, wenn nicht in jedem einzelnen Fall tatsächlich eine konkrete Abwägung durchgeführt würde. Nur die Prüfung eines final gegen die Rundfunkfreiheit gerichteten Gesetzes anhand materialer Maßstäbe kann verhindern, daß das als „allgemein" qualifizierte Gesetz nicht bei jeder Anwendung zu einem nicht gerechtfertigten Eingriff in die Rundfunkfreiheit führt. Daher ist bei „allgemeinen" Gesetzen, die final in Art. 5 Abs. 1 GG eingreifen, zu fordern, daß trotz dogmatischer Bevorzugung der Sonderrechtslehre eine materiale Abwägung der geschützten Rechtsgüter zu erfolgen hat. Diese materiale Abwägung hätte in diesen Fällen eine Schutzfunktion, da bei der Bewertung der „Allgemeinheit" eines Gesetzes bereits abstrakt und damit für alle Folgefälle allgemeingültig festgestellt werden könnte, ob das von ihm geschützte Rechtsgut den Kommunikationsgrundrechten zumindest gleichwertig ist.

2. Der Jugend- und Ehrenschutz

Die gesetzlichen Bestimmungen zum Schutz der Jugend stellen eine selbständige Grundrechtsschranke dar, die neben die „allgemeinen“ Gesetze tritt. Ihre Besonderheit liegt darin, daß Jugendschutzregelungen im Gegensatz zu den „allgemeinen“ Gesetzen auch gegen bestimmte inhaltliche Meinungen gerichtet sein dürfen, also Sonderrecht gegen die Grundrechtserscheinungen des Art. 5 Abs. 1 GG zulassen[489]. Diese Schranke gestattet Regelungen zur Abwehr von der Jugend drohenden Gefahren, wie sie vor allem von Medienprodukten ausgehen können, die Gewalttätigkeiten oder Verbrechen glorifizieren, Haß auf andere Menschen provozieren, den Krieg verherrlichen oder sexuelle Vorgänge in grob schamverletzender Weise darstellen und deswegen zu erheblichen, schwer oder gar nicht korrigierbaren Fehlentwicklungen führen können[490]. Die Schranke zielt primär nicht auf Unterdrückung entsprechender Meinungsgehalte, sondern auf einen Schutz der Jugendlichen vor jugendgefährdenden Einflüssen[491]. Daß der Jugendschutz ein Ziel von bedeutendem Rang und ein wichtiges Gemeinschaftsanliegen ist, kann der Wertung des Grundgesetzes selbst entnommen werden[492]. Die Auswahl der Mittel obliegt zunächst dem Gesetzgeber, wobei die getroffene Regelung ein gebotenes und adäquates Mittel zum Schutz der Jugend sein muß[493]. Die gesetzliche Bestimmung muß die grundlegende Bedeutung der in Art. 5 Abs. 1 GG garantierten Rechte für die freiheitliche demokratische Staatsordnung beachten und den Grundsatz der Verhältnismäßigkeit wahren[494]. Die Zulässigkeit der Mittel, mit denen der Gesetzgeber den Schutz der Jugend gewährleisten darf, hängt von einer Güterabwägung zwischen der Forderung nach umfassendem Grundrechtsschutz und dem verfassungsrechtlich hervorgehobenen Interesse an einem effektiven Jugendschutz ab[495].

---

489 *Bethge* in: Sachs, GG, Rz. 159 zu Art. 5.

490 BVerfGE 30, 336/347; zustimmend *Herzog* in: Maunz/Dürig, GG, Rz. 282 zu Art. 5 Abs. I, II.

491 *Starck* in: von Mangoldt/Klein/Starck, GG, Rz. 126 zu Art. 5 Abs. 1, 2.

492 BVerfGE 30, 226/348.

493 BVerfGE 30, 236/354.

494 BVerfGE 30, 336/348; *Herzog* in: Maunz/Dürig, GG, Rz. 283 zu Art. 5 Abs. I, II; *Starck* in: von Mangoldt/Klein/Starck, GG, Rz. 129 zu Art. 5 Abs. 1, 2.

495 BVerfGE 30, 226/347f.

Die Freiheiten des Art. 5 Abs. 1 GG können zusätzlich durch Gesetze zum Schutz der Ehre, die durch das allgemeine Persönlichkeitsrecht[496] ohnehin verfassungsrechtlich geschützt ist, beschränkt werden[497]. Es geht dabei immer um die Ehre des Menschen als einzelnen oder in Kollektiven im Sinne des inneren Wertes und der äußeren Geltung des Menschen[498]. Die besondere Erwähnung des Ehrenschutzes erlaubt die gezielte Unterdrückung von Meinungsäußerungen zum Schutz der Ehre[499]. Trotz des Wortlauts des Art. 5 Abs. 2 GG, der lediglich davon spricht, daß die Kommunikationsgrundrechte ihre Schranke „in dem Recht der persönlichen Ehre" finden, wird ganz überwiegend davon ausgegangen, daß es einer gesetzlichen Grundlage für den Ehrenschutz bedarf[500]. Diese findet sich vor allem in den Vorschriften des bürgerlichen Rechts und des Strafrechts, die sich des Ehren- und Persönlichkeitsschutzes im weitesten Sinn annehmen[501]. Eine Grundrechtseinschränkung ohne gesetzliche Konkretisierung würde gegen das geltende Grundrechsverständnis verstoßen, das Eingriffe in Freiheitsrechte nur auf gesetzlicher Grundlage zuläßt[502]. Auch hier ist bei der Anwendung des einschränkenden Gesetzes eine Interessenabwägung erforderlich[503]. Bei einer Abwägung des allgemeinen Persönlichkeitsrechts mit Art. 5 Abs. 1 GG ist zu beachten, daß das Verletzungspotential der Massenkommunikation erheblich größer als das der Individualkommunikation ist[504].

IV. Zusammenfassung

Die Rundfunkfreiheit, die eine besondere Bedeutung für die Meinungs- und Informationsfreiheit des einzelnen wie auch für die Demokratie im Staat genießt, ist wie andere Grundrechte primär ein individuelles Freiheitsrecht. Dementsprechend stellen - abgesehen von den Regelungen zu Organisation und

---

496 Mit ausführlicher Darstellung in bezug auf das Rundfunkrecht *Hartstein/Ring/Kreile/Dörr/Stettner*, RStV, Rz. 14ff. zu § 41.

497 *Jarass* in: Jarass/Pieroth, GG, Rz. 51 zu Art. 5.

498 *Starck* in: von Mangoldt/Klein/Starck, GG, Rz. 132 zu Art. 5 Abs. 1, 2.

499 *Starck* in: von Mangoldt/Klein/Starck, GG, Rz. 131 zu Art. 5 Abs. 1, 2.

500 BVerfGE 33, 1/17; *Jarass* in: Jarass/Pieroth, GG, Rz. 51 zu Art. 5; *Wendt* in: von Münch, GG, Rz. 82 zu Art. 5.

501 *Bethge* in: Sachs, GG, Rz. 162 zu Art. 5.

502 BVerfGE 33, 1/16.

503 BVerfGE 54, 129/136; mit Nachdruck *Herzog* in: Maunz/Dürig, GG, Rz. 292 zu Art. 5 Abs. I, II.

504 BVerfGE 93, 202/226f.; *Jarass* in: Jarass/Pieroth, GG, Rz. 55 zu Art. 5.

Verfahren - alle gesetzlichen Regelungen der Rundfunkfreiheit Eingriffe in dieselbe dar, die an den Schrankenregelungen des Art. 5 Abs. 2 GG zu messen sind. Bei der Schranke der „allgemeinen“ Gesetze ist zwischen finalen und reflexhaften Eingriffen in die Kommunikationsgrundrechte zu unterscheiden, da dies bestimmt, ob sich der Prüfungsmaßstab an der Sonderrechtslehre orientiert oder ob zusätzlich materiale Abwägungen gefordert sind.

3. Kapitel: Die Vorgaben des Art. 10 EMRK für die europaweite Rechtsetzung im Bereich des Rundfunks

Rundfunk läßt sich im Zeitalter beabsichtigter[505] grenzüberschreitender Übertragungswege nicht mehr allein innerstaatlich betrachten. Da der Rundfunk angesichts der technischen Veränderungen zunehmend eine europaweite Herausforderung darstellt, ist zusätzlich zu Art. 5 Abs. 1 Satz 2 GG auch die Rundfunkfreiheit des Art. 10 der Europaratskonvention zum Schutz der Menschenrechte und Grundfreiheiten (EMRK) heranzuziehen[506], um zu Lösungen im Hinblick auf die rechtliche Behandlung des Teleshopping zu gelangen.

Als Konvention des Europarates hat das Regelwerk in Deutschland zwar nur den Rang eines einfachen Bundesgesetzes[507], so daß ihr die Verfassung vorgeht[508]. Dennoch ist die Menschenrechtskonvention aus zwei Gründen von großer Bedeutung. Zum ersten bindet die Konvention als Bundesgesetz gemäß Art. 31 GG den Landesgesetzgeber, der nach bundesdeutscher Kompetenzverteilung[509] für die Rundfunkgesetzgebung zuständig ist[510], so daß die Grundsätze der Europäischen Menschenrechtskonvention bei der Gesetzgebung durch die Länder zu berücksichtigen sind. Zum anderen ist die Menschenrechtskon-

---

505 Daß Funkwellen sich auch schon zuvor nicht an Ländergrenzen hielten, stellte das BVerfG (E 12, 205/251) bereits 1961 fest.

506 Vgl. *Dörr*, Multimedia, S. 1417.

507 Zur Bedeutung der EMRK in Deutschland: *Dörr/Beucher/Eisenbeis/Jost*, Einflüsse europarechtlicher Entwicklungen, S. 131ff. und 149ff.; *Dörr*, Faires Verfahren, S. 90f.; *Bleckmann*, EuGRZ 1994, 149; *Frowein* in: Frowein/Peukert, EMRK, Rz. 6 zur Einf., *Bernhardt*, EuGRZ 1996, 339.

508 De facto zieht das BVerfG (E 74, 358/370) bei der Auslegung des Grundgesetzes Inhalt und Entwicklungsstand der EMRK in Betracht, solange dies nicht zu einer Einschränkung des Grundrechtsschutzes führt; vgl. auch *Dörr/Braml*, AfP 1997, 507/511.

509 BVerfGE 12, 205/238.

510 *Astheimer*, Rundfunkfreiheit, S. 48.

vention auch für die Europäische Gemeinschaft unentbehrlich geworden[511]. Sie gilt zwar nicht unmittelbar in der Gemeinschaftsrechtsordnung, weil die Europäische Gemeinschaft ihr nicht förmlich beigetreten ist[512]. Gleichwohl kommt der Konvention mittelbare Geltungskraft zu, da sie zu den allgemeinen Rechtssätzen zählt, die in der Rechtsordnung der Europäischen Union zu beachten sind[513]. Die gemeinsamen Verfassungsüberlieferungen der Mitgliedstaaten und die Europäische Menschenrechtskonvention bilden das Substrat für den gemeinschaftsrechtlichen Grundrechtsschutz[514]. Art. 6 EUV schreibt nunmehr fest, daß die Europäische Menschenrechtskonvention zu den allgemeinen Rechtssätzen zu zählen ist, die von der Europäischen Union zu beachten sind[515]. Für das Gemeinschaftsrecht ist es der Europäische Gerichtshof in Luxemburg, der letztverbindlich auslegt, welche Bedeutung die Grundrechte der Europäischen Menschenrechtskonvention im Bereich der Union enthalten und nicht der Europäische Gerichtshof für Menschenrechte in Straßburg[516]. Es ist zu erwarten, daß sich die Rechtsprechung des ersteren an der des letzteren orientieren wird[517], auch wenn der Luxemburger Gerichtshof in bezug auf innerstaatliche Grundrechte betont hat, daß die Gewährleistung von Grundrechten nur Beachtung finden würde, wenn sie sich in die Struktur und die Ziele der Gemeinschaft einfügen[518]. Im Fall *Hoechst* hat der Europäische Gerichtshof gleichwohl angedeutet, daß er im Hinblick auf die Auslegung der Europäischen Menschenrechtskonvention die Rechtsprechung des Europäischen Gerichtshofs für Menschenrechte beachtet[519].

---

511 Vgl. *Dörr/Braml*, AfP 1997, 507/511.

512 Vgl. *Oppermann*, Europarecht, Rz. 418; *Bröhmer*, Bedeutung von Art. 10 EMRK, S. 79/82.

513 EuGH (in st. Rspr.) Rs. 249/86 - Kommission/Deutschland -, Slg. 1989 , S. 1263/1290 m.w.N; Rs. C-260/89 - ERT -, Slg. 1991, 2926/2963 m.w.N; ausführlich *Dörr/Beucher/Eisenbeis/Jost*, Einflüsse europarechtlicher Entwicklungen, S. 143f.

514 *Bleckmann*, Europarecht, Rz. 102; *Gersdorf*, Rundfunkfreiheit, S. 57.

515 *Holznagel*, Rundfunkrecht, S. 150 und *Petersen*, Rundfunkfreiheit, S. 171, weisen ausdrücklich darauf hin, daß sich daraus noch keine unmittelbare Bindung der Gemeinschaftsorgane an die in der EMRK aufgeführten Grundrechte ergibt.

516 *Bröhmer*, Bedeutung von Art. 10 EMRK, S. 79/83; *Bleckmann*, Europarecht, Rz. 104.

517 So auch *Probst*, Art. 10 EMRK, S. 61.

518 EuGH, Rs. 11/70 - Internationale Handelsgesellschaft -, Slg. 1970, S. 1125f.

519 EuGH, Rs. 46/87 - Hoechst -, Slg. 1989, S. 2859/2924.

I. Die Qualität der gemeinschaftlichen Grundrechte

Wie es aus der deutschen Grundrechtsdogmatik bekannt ist, verstehen sich auch die Gemeinschaftsgrundrechte als Abwehrrechte, deren Verpflichteter die Gemeinschaft ist[520]. In diesem Sinne prüft der Europäische Gerichtshof Eingriffe in die gemeinschaftsrechtlich gewährten Grundrechte zu Lasten der Unionsbürger durch Rechtsakte der Organe oder Einrichtungen der Gemeinschaft[521]. Durch ihren abwehrrechtlichen Charakter setzen die Grundrechte den Gemeinschaftsorganen bei der Wahrnehmung ihrer Kompetenzen Grenzen und disziplinieren sie in ihrer Funktion[522]. Über diesen status negativus hinaus haben die Gemeinschaftsgrundrechte und insbesondere Art. 10 Abs. 1 EMRK keinen so weitgehenden positiven Gehalt, der einer Ausgestaltungsverpflichtung nahekäme[523]. Zwar hat der Europäische Gerichtshof in Luxemburg festgestellt, daß die Aufrechterhaltung eines pluralistischen Rundfunkwesens in Zusammenhang mit der durch Art. 10 EMRK garantierten Meinungsfreiheit steht[524] und damit erklärt, daß der Aussagegehalt dieses Grundrechts über einen schlichten Abwehrgehalt hinausgeht. Die Feststellung zielt auf einen zusätzlichen objektiven Gehalt des Art. 10 EMRK, da nicht nur das Recht des einzelnen, sich eine Meinung zu bilden und diese zu verbreiten, gewährleistet wird, sondern der Öffentlichkeit zugleich Informationsvielfalt garantiert wird[525]. Dieses Ergebnis ist insofern auch konsequent, als *Dörr* nachgewiesen hat, daß in den nationalen Rechtsordnungen vieler europäischer Mitgliedstaaten der Pluralismus im Bereich der öffentlichen Meinungsbildung und insbesondere des Rundfunkwesens als objektiver Verfassungswert erachtet wird[526]. Der Pluralismusgedanke als ein Leitprinzip mit verfassungsrechtlicher Bedeutung ist daher als allgemeiner Rechtssatz für das Gemeinschaftsrecht geeignet. Dennoch ergibt sich aus dieser Überlegung nicht wie im deutschen Recht eine Berechti-

---

520 *Schweitzer/Hummer*, Europarecht, Rz. 790; *Streinz*, Europarecht, Rz. 367.

521521 *Gersdorf*, Rundfunkfreiheit, S. 58.

522 *Oppermann*, Europarecht, Rz. 41ff.

523 Sehr überzeugend in seiner Herleitung *Gersdorf*, Rundfunkfreiheit, S. 57ff; *ders.* schon in: AöR 119, 400/412ff.; *Astheimer/Moosmayer*, ZUM 1994, 395/404, sehen allerdings Anzeichen, daß der Europäische Gerichtshof für Menschenrechte in Art. 10 Abs. 1 EMRK auch institutionelle Elemente sieht, die nach der Schaffung nationaler positiver Ordnungen verlangen.

524 EuGH, Rs. C-288/89 - Stichting Collectieve Antennevoorziening Gouda u.a./ Commissariaat voor de Media -, Slg. 1991, S. 4007/4043, Ziff. 23; EuGH, Rs. C- 353/89 - Kommission/Niederlande -, Slg. 1991, S. 4069/4097, Ziff. 30.

525 So *Gersdorf*, Rundfunkfreiheit, S. 60.

526 *Dörr*, Multimedia, S. 1417/1425f.; *ders.*, Medienrecht in den Staaten der EU, S. 234ff.

gung zur Ausgestaltung der Rundfunkfreiheit[527], sondern lediglich ein legitimer Zweck zu ihrer Beschränkung. Der individuelle Charakter der Kommunikationsgrundrechte bleibt insofern unberührt[528]. Die Betonung der individuellen Seite von Grundrechten hat im übrigen auch zur Folge, daß die gewährleistete Freiheit besteht, solange und soweit sie nicht durch Gesetz rechtmäßig eingeschränkt wird. Insoweit unterscheidet sich die Rundfunkfreiheit des Art. 10 EMRK in ihrer Struktur nicht von der des Art. 5 Abs. 1 Satz 2 GG, wie sie im Rahmen dieser Untersuchung vertreten wird.

II. Der Schutzbereich des Art. 10 Abs. 1 EMRK

Art. 10 Abs. 1 Sätze 1 und 2 EMRK[529] enthalten ein einheitliches Kommunikationsmenschenrecht, das auch die Rundfunkfreiheit miterfaßt, selbst wenn diese nicht ausdrücklich genannt ist[530]. Wortlaut und Systematik von Art. 10 Abs. 1 Satz 3 EMRK lassen deutlich werden, daß sich der Schutzbereich auch auf Hörfunk- und Fernsehunternehmen erstreckt[531].

---

527 Einen Ausgestaltungsvorbehalt auch für Art. 10 EMRK anerkennt lediglich *Hoffmann-Riem*, Erosionen des Rundfunkrechts, S. 54.

528 Vgl. *Gersdorf*, Rundfunkfreiheit, S. 62.

529 Art. 10 (Recht der freien Meinungsäußerung). Jeder hat Anspruch auf freie Meinungsäußerung. Dieses Recht schließt die Freiheit der Meinung und die Freiheit zum Empfang und zur Mitteilung von Nachrichten oder Ideen ohne Eingriffe öffentlicher Behörden und ohne Rücksicht auf Landesgrenzen ein. Dieser Artikel schließt nicht aus, daß die Staaten Rundfunk-, Lichtspiel- oder Fernsehunternehmen einem Genehmigungsverfahren unterwerfen.
(2) Da die Ausübung dieser Freiheiten Pflichten und Verantwortung mit sich bringt, kann sie bestimmten, vom Gesetz vorgesehenen Formvorschriften, Bedingungen, Einschränkungen oder Strafdrohungen unterworfen werden, wie sie vom Gesetz vorgeschrieben und in einer demokratischen Gesellschaft im Interesse der nationalen Sicherheit, der territorialen Unversehrtheit oder der öffentlichen Sicherheit, der Aufrechterhaltung der Ordnung und der Verbrechensverhütung, des Schutzes der Gesundheit und der Moral, des Schutzes des guten Rufes oder der Rechte anderer, um die Verbreitung von vertraulichen Nachrichten zu verhindern oder das Ansehen und die Unparteilichkeit der Rechtsprechung zu gewährleisten, unentbehrlich sind.

530 EGMR in EuGRZ 1990, 255; EuGRZ 1990, 261 und EuGRZ 1994, 549; *Engel*, Privater Rundfunk, S. 439f.; *Gersdorf*, Rundfunkfreiheit, S. 58; *Dörr/Beucher/Eisenbeis/Jost*, Einflüsse europarechtlicher Entwicklungen, S. 134ff.; *Holznagel*, Rundfunkrecht, S. 154; *Petersen*, Rundfunkfreiheit, S. 254f.

531 *Petersen*, Rundfunkfreiheit, S. 253; *Villiger*, HbEMRK, Rz. 606.

1. Der Umfang der Gewährleistung

Insgesamt ist das Recht auf freie Meinungsäußerung umfassend zu verstehen und bezieht sich sowohl auf die Meinungs- wie auch auf die Informationsfreiheit unter Einbeziehung der Kommunikationsformen Rundfunk, Presse und Film[532], es ist also unabhängig vom Übermittlungsträger[533]. Da die Rundfunkfreiheit als Unterfall der Meinungsäußerungsfreiheit gesehen wird[534], ist Art. 10 Abs. 1 EMRK auch geeignet, alle neuen Kommunikationsformen, die durch die Weiterentwicklung der Informationstechnologien entstehen, mit zu erfassen[535]. Diese Norm garantiert ohne Differenzierung ein einheitliches Kommunikationsgrundrecht[536]. Hinsichtlich des Inhalts fällt grundsätzlich jede Meinungsäußerung in den Schutzbereich dieses Menschenrechts, also auch Unterhaltung und nicht nur „Nachrichten und Ideen" wie der Wortlaut des Art. 10 Abs. 1 Satz 2 EMRK vorgibt[537].

Der Schutzbereich der Rundfunkfreiheit ist umfassend und erfaßt nach einhelliger Auffassung auch die Veranstalterfreiheit[538]. Diese beschränkt sich nicht auf die Programmveranstaltung selbst, sondern erfaßt auch die erforderlichen Vorbereitungshandlungen wie etwa Recherchen[539]. In diesem Hinblick gewährt Art. 10 Abs. 1 EMRK ein echtes Individualgrundrecht, das in seinem Ausmaß deutlich weiter geht[540] als der vergleichbare Art. 5 Abs. 1 Satz 2 GG nach dem noch vorherrschenden Verständnis[541]. Solange nach deutschem Verständnis die Rundfunkfreiheit noch als dienende Freiheit mit einem Grundversorgungsauftrag für den öffentlich-rechtlichen Rundfunk verstanden wird, kann dem Priva-

532 *Dörr/Braml*, AfP 1997, 507/511.

533 *Bullinger*, GYIL 28, 88/102; *Frowein* in: Frowein/Peukert, EMRK, Rz. 5 zu Art. 10.

534 *Gersdorf*, Rundfunkfreiheit, S. 55.

535 *Dörr*, Multimedia, S. 1417/1428; *Engel*, Privater Rundfunk, S. 439f.; *Probst*, Art. 10 EMRK, S. 41

536 *Gersdorf*, Rundfunkfreiheit als „Supergrundrecht", S. 137/140.

537 EGMR, EuGRZ 1990, 255/256, Zif. 55.

538 EGMR in EuGRZ 1990, 255 und EuGRZ 1994, 549; *Dörr*, Multimedia, S. 1417/1423; *Dörr/Beucher/Eisenbeis/Jost*, Einflüsse europarechtlicher Entwicklungen, S. 133ff.; *Gersdorf*, Rundfunkfreiheit, S. 60; *Gornig*, Äußerungsfreiheit, S. 294; *Astheimer*, Rundfunkfreiheit, S. 137; *Engel*, Privater Rundfunk, S. 39; *Probst*, Art. 10 EMRK, S. 41; ablehnend *Petersen*, Rundfunkfreiheit, S. 257.

539 *Engel*, Privater Rundfunk, S. 440.

540 A.A. *Kloepfer*, Produkthinweispflichten, S. 44, der zu Unrecht auf die Weite der Schranken verweist.

541 Deutlich *Dörr*, ZUM 1995, 14/17 und 18; siehe im Vergleich dazu oben 2. Kapitel, I.2.

ten nicht wie unter Art. 10 EMRK die Befugnis eingeräumt werden, sich des Mediums Rundfunk zur Verfolgung eigener Interessen zu bedienen[542].

2. Die Geltung für das Teleshopping

Art. 10 Abs. 1 EMRK ist ein einheitliches Kommunikationsgrundrecht, das alle Formen der Kommunikation schützt ebenso wie es alle Meinungsäußerungen schützt. Wie schon für den Schutzbereich des Art. 5 Abs. 1 Satz 2 GG[543] ist auch hier wieder zu ergründen, ob die reine Wirtschaftswerbung Schutzgut des Art. 10 Abs. 1 EMRK ist oder ob Teleshopping nur in solchen Formen, die zusätzliche unterhaltende oder informierende Elemente enthalten, von der europäischen Meinungsäußerungsfreiheit erfaßt wird. Die Menschenrechtskommission ging zunächst davon aus, daß die Meinungsäußerungsfreiheit zwar hauptsächlich den politischen Inhalt im weitesten Sinne zu schützen berufen ist, daß aber die Wirtschaftswerbung von dem Schutz nicht ausgeschlossen sei, sondern allenfalls schärferen Einschränkungen unterstellt sei[544]. Der Europäische Gerichtshof für Menschenrechte hat sich zunächst nicht festgelegt und nur für einen Einzelfall entschieden[545], daß der Schutz des Art. 10 EMRK bestehe, wenn eine informierende Äußerung auch werbende Bestandteile enthalte[546]. Schon bald aber hat sich der Gerichtshof dahingehend geäußert, daß Art. 10 EMRK nicht zwischen den verschiedenen Formen der Meinungsäußerung unterscheide, weshalb die Möglichkeit verbürgt sei, am öffentlichen Austausch von kulturellen, politischen und sozialen Informationen und Ideen aller Art teilzuhaben[547]. Zwar bezog sich diese Aussage zunächst auf eine künstlerische Äußerung und nicht auf Werbung, wurde aber später unter Hinweis auf diese Rechtsprechung auf Informationen kommerzieller Natur übertragen[548]. Damit hat der Gerichtshof lediglich bestätigt, was er in der *Groppera*-Entscheidung[549] schon speziell für Rundfunksendungen geäußert hatte. Demnach gelten alle Rundfunkprogramme, auch Werbung und leichte Musik[550], als durch Art. 10

---

542 Vgl. *Dörr*, Multimedia, S. 1417/1423; *ders.*, ZUM 1995, 14/17.

543 Siehe oben 1. Kapitel, III.4.

544 Nachweise bei *Bullinger*, GYIL 28, 88/101 und *Frowein* in: Frowein/Peukert, EMRK, Rz. 9 zu Art. 10.

545 Darauf weist er ausdrücklich hin: EGMR, EuGRZ 1985, 170/173, Zif. 42.

546 EGMR, EuGRZ 1985, 170/172, Zif. 39.

547 EGMR, EuGRZ 1988, 543/544, Zif. 27.

548 EGMR, EuGRZ 1996, 302/304, Zif. 26.

549 EGMR, EuGRZ 1990, 255/256, Zif. 55.

550 So ausdrücklich *Frowein* in: Frowein/Peukert, EMRK, Rz. 9 zu Art. 10.

EMRK geschützt, ohne daß die Notwendigkeit bestehe, nach Inhalten zu unterscheiden[551]. Die Einbeziehung der Werbung in den Schutzbereich des Art. 10 EMRK entspricht auch dem im übrigen weiten Verständnis dieser Grundrechtsgewährleistung, da Werbung auch und gerade Verbreitung von Informationen und Meinungen ist[552]. Dieses Ergebnis macht die Anwendung des Art. 10 EMRK auf das Teleshopping eindeutig, das somit in allen Darbietungs- und Erscheinungsformen uneingeschränkt geschützt ist. Da Art. 10 EMRK als Einheit zu verstehen ist, muß für die Untersuchung des Schutzbereichs weder zwischen Rundfunk und Nicht-Rundfunk noch zwischen Teleshopping als Drittwerbung und als eigenwerbendem Kanal unterschieden werden. Solange Teleshopping der Meinungsäußerung zugeordnet werden kann, ist der Schutzbereich des Art. 10 Abs. 1 EMRK eröffnet. Diese Gleichschaltung aller Kommunikationsformen hat den großen Vorteil, daß eine Differenzierung zwischen Teleshopping und Online-Shopping oder anderen fließenden Übergängen des Bildschirmeinkaufs entfällt. Unergiebige Abgrenzungsversuche werden somit vermieden, ohne daß der Grundrechtsschutz geschmälert würde. Eine Verkürzung des Grundrechts soll nämlich nicht bereits durch Einschränkung der technischen Möglichkeiten erfolgen[553]. Unterscheidungen werden erst auf der Ebene der Schrankensetzung gezogen, um den speziellen Regelungsanforderungen der verschiedenen Kommunikationsformen gerecht zu werden.

III. Die Schranken des Art. 10 EMRK

Auffallend ist, daß in Art. 10 EMRK zwei Möglichkeiten der Beschränkung der Grundrechtsgewährleistungen formuliert sind. Einerseits enthält Art. 10 Abs. 2 EMRK einen umfangreichen Beschränkungskatalog, der auf alle Kommunikationsgrundrechte Anwendung findet. Andererseits weist Art. 10 Abs. 1 Satz 3 EMRK eine zusätzliche Beschränkungsmöglichkeit für die Rundfunk- und die Filmfreiheit auf. Das Verhältnis dieser beiden Normen zueinander war lange Zeit ungeklärt, bis dem Europäischen Gerichtshof für Menschenrechte mit den

551 EGMR, Urteil vom 24.2.1994, HRLJ 15 (1994), 184/186, Ziff. 35, in dem der Gerichtshof auf alle zuvor ergangenen Entscheidungen verweist und nochmals klarstellt, daß Werbung in den Schutzbereich des Art. 10 EMRK fällt.

552 *Uwer*, Medienkonzentration, S. 89.

553 *Dörr/Braml*, AfP 1997, 507/512.

Fällen *Groppera*[554] und *Informationsverein Lentia*[555] eine Klarstellung gelungen ist, die weithin Anklang gefunden hat[556].

1. Das Rangverhältnis zwischen Art. 10 Abs. 1 Satz 3 und Abs. 2 EMRK

Art. 10 Abs. 1 Satz 3 EMRK ermöglicht den Staaten, Rundfunkunternehmen einem Genehmigungsverfahren zu unterwerfen. Art. 10 Abs. 2 EMRK hingegen erlaubt allgemein eine Beschränkung der in Absatz 1 gewährten Freiheiten und nennt die Voraussetzungen dafür. Ein Eingriff in die Meinungsfreiheiten ist gerechtfertigt, wenn er eine gesetzliche Grundlage hat und „in einer demokratischen Gesellschaft im Interesse der nationalen Sicherheit, der territorialen Unversehrtheit oder der öffentlichen Sicherheit, der Aufrechterhaltung der Ordnung und der Verbrechensverhütung, des Schutzes der Gesundheit und der Moral, des Schutzes des guten Rufes oder der Rechte anderer, um die Verbreitung von vertraulichen Nachrichten zu verhindern oder das Ansehen und die Unparteilichkeit der Rechtsprechung zu gewährleisten, unentbehrlich" ist. Aus den Normen selber geht nicht hervor, in welchem Verhältnis sie zueinander stehen[557]. Der Europäische Gerichtshof für Menschenrechte geht in seiner Entscheidung in überzeugender Weise von einer relativen Nachrangigkeit des Art. 10 Abs. 1 Satz 3 EMRK aus: Den Zweck des Absatzes 1 Satz 3 von Art. 10 EMRK sieht das Gericht darin, daß die Staaten durch ein Genehmigungsverfahren die Art und Weise der Organisation des Rundfunks auf ihrem Gebiet insbesondere hinsichtlich der technischen Aspekte regeln dürfen[558]. Das Gericht weist darauf hin, daß Satz 3 eine Ausnahme zu den in Art. 10 Abs. 1 Sätze 1 und 2 EMRK niedergelegten Grundsätzen ist, die auf seiner späten Einfügung in den Konventionsentwurf beruht und eindeutig auf technischen oder prakti-

---

554 EuGRZ 1990, 255.

555 EuGRZ 1994, 249.

556 *Dörr*, Multimedia, S. 1417/1427; *Probst*, Art. 10 EMRK, S. 48; *Villiger*, HbEMRK; Rz. 608; *Gersdorf*, Rundfunkfreiheit, S. 64 betont, daß Art. 10 Abs. 1 Satz 3 EMRK keinen dem Art. 5 Abs. 1 Satz 2 GG entsprechenden Ausgestaltungsvorbehalt enthalte; *Bröhmer*, Bedeutung von Art. 10 EMRK, S. 79/87 und 89; a.A. *Petersen*, Rundfunkfreiheit, S. 285f., kritisiert, daß Art. 10 Abs. 1 Satz 3 EMRK durch diese Auslegung auf eine Norm mit rein deklaratorischer Bedeutung reduziert wird; kritisch auch *Engel*, Privater Rundfunk, S. 54.

557 Für einen Vorrang des Art. 10 Abs. 1 Satz 3 EMRK: wohl *Degenhart* in: Bonner Kommentar, Rz. 648h zu Art.5 Abs. 1 u. 2; *Wittmann*, Rundfunkfreiheit, S. 182f.; für Ranggleichheit beider Schrankenregelungen: *Holoubek*, Rundfunkfreiheit und Rundfunkmonopol, S. 156; *Engel*, Privater Rundfunk, S. 54f.; *Gornig*, Äußerungsfreiheit, S. 309.

558 EuGRZ 1990, 255/257, Ziff. 61.

schen Überlegungen wie der beschränkten Zahl verfügbarer Frequenzen und dem beträchtlichen Kapitalaufwand für Rundfunkstationen fußt[559]. Daher - und das ist entscheidend - sei nicht vorgesehen, daß die Genehmigungsverfahren nicht den Bedingungen des Absatzes 2 unterlägen, denn dies wäre mit dem Ziel und Zweck von Art. 10 EMRK als Ganzem unvereinbar[560]. Mit anderen Worten muß jeder Eingriff in die Rundfunkfreiheit, der durch ein nationales Genehmigungsverfahren verursacht wird, den Anforderungen des Art. 10 Abs. 2 EMRK genüge tun, damit das Genehmigungserfordernis als Eingriff gerechtfertigt ist.

In der nachfolgenden Entscheidung *Informationsverein Lentia* wurde diese Aussage zwar im Grundsatz beibehalten, aber so modifiziert, daß der Art. 10 Abs. 1 Satz 3 EMRK wieder einen eigenständen Anwendungsbereich erhielt. Für ein Genehmigungsverfahren könnten nicht nur technische Aspekte wichtig sein, hat der Europäische Gerichtshof für Menschenrechte festgestellt, sondern auch solche Bedingungen, die Standort und Rolle audiovisueller Medien in einer modernen Gesellschaft regeln, wie beispielsweise die Art und Zielsetzung einer geplanten Station, deren potentielle Hörerschaft und ihre Bedürfnisse sowie die sich aus internationalen Verträgen ergebenden Verpflichtungen[561]. Die Erforderlichkeit eines Genehmigungsverfahrens ergibt sich also nicht mehr alleine aus den technischen Gegebenheiten, sondern kann auch weitergehende Gründe haben. Aufgrund dieser Überlegung gelangte der Gerichtshof in bezug auf die Rundfunkklausel des Art. 10 Abs. 1 Satz 3 EMRK zu der Erkenntnis, daß diese für Eingriffe in die Rundfunkfreiheit Rechtfertigungsgründe enthalte, die nicht mit den in Art. 10 Abs. 2 EMRK aufgeführten übereinstimmten. Die zuvor erwähnten erweiterten Möglichkeiten der Genehmigungserteilung bzw. -ablehnung könnten zu Eingriffen führen, „deren Ziele nach Abs. 1 Satz 3 gerechtfertigt sind, obwohl entsprechende Ziele im Abs. 2 nicht vorgesehen sind“[562]. Gleichwohl müssen Beschränkungen im Lichte der übrigen *relevanten* Anforderungen des Art. 10 Abs. 2 EMRK beurteilt werden, da die umstrittenen Eingriffsmaßnahmen „gesetzlich vorgesehen“ und „in einer demokratischen Gesellschaft notwendig“ sein müssen[563]. Erreicht wird mit dieser Vorgehensweise eine Erweiterung der Beschränkungsmöglichkeiten der Rundfunkfreiheit, indem Rundfunkveranstalter nicht nur technischen, sondern auch inhaltlichen Genehmigungsanforderungen unterworfen werden[564]. Vor Reglementierungen -

---

559 EuGRZ 1990, 255/257, Zif. 60.

560 EuGRZ 1990, 255/257, Zif. 61.

561 EuGRZ 1994, 549f., Zif. 30.

562 EuGRZ 1994, 549/550, Zif. 32.

563 EuGRZ 1994, 549/550, Zif. 33f.

564 *Holznagel*, Rundfunkrecht, S. 157.

die an die sehr weitgehende deutsche „positive Ordnung" erinnern könnten - schützt der Rückgriff auf die zusätzlichen Erfordernisse des Art. 10 Abs. 2 EMRK. Dogmatisch betrachtet ist diese Vorgehensweise nicht ganz einwandfrei[565], da sich bei Anerkennung der eigenständigen Bedeutung der Rundfunkklausel eine Implantation von Voraussetzungen von Absatz 1 Satz 3 in Absatz 2 (Erweiterung der zur Rechtfertigung geeigneten Ziele) oder umgekehrt (Vorliegen einer gesetzlichen Grundlage und der Notwendigkeit in einer demokratischen Gesellschaft) eigentlich verbietet. Dennoch muß man diesen Ansatz aus rundfunkpolitischen Gründen als gelungen bezeichnen, da dadurch sowohl der mißbräuchlichen Aufstellung von Genehmigungserfordernissen entgegengewirkt wird wie auch der Machtlosigkeit, nur bei technischen Erforderlichkeiten ein Lizenzierungsverfahren vorzusehen.

2. Die Anforderungen des Art. 10 Abs. 2 EMRK

Wie bereits gesehen, sind nach der Schrankenregelung des Art. 10 Abs. 2 EMRK Eingriffe in die Rundfunkfreiheit nur gerechtfertigt, wenn sie auf einer gesetzlichen Grundlage erfolgen, wobei an diese Voraussetzung keine zu hohen Anforderungen gestellt werden. Als gesetzliche Grundlage kann auch ungeschriebenes Recht wie Prinzipien des Common Law in Betracht kommen[566]. Wichtig ist, daß von der Norm nicht offenkundig unsachgemäß Gebrauch gemacht wurde und daß der Normtext hinreichend klar und bestimmt ist[567]. Beschränkungen der Rundfunkfreiheit müssen darüber hinaus mindestens einem der in Art. 10 Abs. 2 EMRK aufgezählten legitimen Zweck oder auch einem Ziel im Sinne des Art. 10 Abs. 1 Satz 3 EMRK dienen[568]. Vor allem der Ordnungsvorbehalt des Absatzes 2 kann sehr weitgehende Maßnahmen erlauben, so daß kommunikations- und kulturspezifische Ziele nicht nur im Rahmen der Rundfunkklausel ihre Rechtfertigung finden können[569].

Entscheidende Bedeutung kommt wegen der potentiellen Weite der legitimen Zwecke der Verhältnismäßigkeitsprüfung zu. Dem Wortlaut des Art. 10 Abs. 2 EMRK zufolge muß der Eingriff in einer demokratischen Gesellschaft notwendig sein. Der Europäische Gerichtshof für Menschenrechte hat diesem Merkmal

---

565 *Frowein/Peukert*, EMRK, Rz. 19 zu Art. 10, bezeichnen sie als „systematisch nicht leicht erklärbar".

566 *Holznagel*, Rundfunkrecht, S. 157f.

567 *Holznagel*, Rundfunkrecht, S. 158.

568 Siehe dazu *Astheimer*, Rundfunkfreiheit, S. 144ff.

569 Ausführlich *Petersen*, Rundfunkfreiheit, S. 274.

Kontur verliehen, indem er fordert, daß ein „dringendes soziales Bedürfnis“[570] an der Maßnahme besteht. Allerdings wird dem Staat bei der Beurteilung der Notwendigkeit ein gewisser Beurteilungsspielraum eingeräumt, so daß der Gerichtshof lediglich prüft, ob der nationale Gesetzgeber seinen Ermessensspielraum überschritten hat[571]. Jedoch sei insbesondere bei Art. 10 EMRK wegen der Bedeutung des gewährleisteten Rechts ein strenger Kontrollmaßstab anzulegen. Demnach sei die Notwendigkeit der Beschränkung nur überzeugend nachgewiesen, wenn der Eingriff grundsätzlich zu rechtfertigen und verhältnismäßig sei[572]. Im Vergleich zu der Verhältnismäßigkeitsprüfung bei der Beschränkung von Grundrechten des Grundgesetzes ist hier gewissermaßen eine qualifizierte Verhältnismäßigkeit erforderlich, da ein legitimer Zweck alleine nicht ausreicht, sondern in jedem Fall ein „dringendes soziales Bedürfnis“ vorliegen muß.

IV. Zusammenfassung

Art. 10 Abs. 1 EMRK normiert ein reines Freiheitsgrundrecht, das keinen Ausgestaltungsvorbehalten unterliegt, sondern allein dem Individualschutz verschrieben ist. Jede freiheitliche Tätigkeit, die in den weiten Bereich der Meinungsfreiheit im Sinne des Art. 10 EMRK fällt, ist zulässig, weswegen sowohl das Teleshopping wie auch das Online-Shopping erfaßt werden. Pluralismussichernde Vorschriften bilden Eingriffe in die Rundfunkfreiheit und bedürfen der Rechtfertigung anhand der Schranken des Art. 10 Abs. 1 Satz 3 und Abs. 2 EMRK. Die Rundfunkklausel des Art. 10 Abs. 1 Satz 3 EMRK ist der Schranke des Art. 10 Abs. 2 EMRK insoweit nachgeordnet, als auch dann die Merkmale „auf gesetzlicher Grundlage“ und „in einer demokratischen Gesellschaft notwendig“ des Absatzes 2 auf den Absatz 1 Satz 3 angewendet werden müssen, wenn letzterer einen eigenständigen Beschränkungszweck bietet.

---

570 In st.Rspr.: EuGRZ 1990, 255/259, Zif. 71 und 261/263, Zif. 60.

571 EGMR, EuGRZ 1990, 255/259, Zif. 72.

572 EuGRZ 1990, 261/263, Zif. 61; vgl. auch *Dörr*, JuS 1991, 1051/1053.

Teil 3: Die gegenwärtige Gesetzeslage

Die Gesetzeslage für das Teleshopping zeichnet sich heute dadurch aus, daß diese Angebotsform gleich mehrfach in unterschiedlichen Regelwerken Berücksichtigung gefunden hat. So bestehen europäische Regelungen neben innerstaatlichen Regelungen und dort zusätzlich Landesregelungen neben Bundesregelungen. Bemerkenswert ist diese Vorschriftenflut angesichts des Umstandes, daß die Ausstrahlung der ersten Teleshoppingangebote[573] ohne besondere rechtliche Absicherung erfolgte. Auch seitens der Landesmedienanstalten ließ man die Teleshoppinganbieter zunächst einmal gewähren[574]. Die ersten Regelungen in bezug auf das Teleshopping waren sowohl auf europäischer wie auch auf nationaler Ebene eher rudimentär und ließen Teleshopping grundsätzlich nur in eng gesteckten zeitlichen Rahmen zu. Erst 1997 wurden mit der neuen EG-Fernsehrichtlinie wie auch mit dem Mediendienste-Staatsvertrag und dem Teledienstegesetz ausführliche und großzügigere Bestimmungen für das Teleshopping geschaffen. Die einzelnen Regelwerke wie auch ihr Verhältnis zueinander werden im folgenden dargestellt. Es bietet sich an, mit der Erläuterung der europäischen Regelungen zu beginnen, da diese Grundlage der innerstaatlichen Gesetzgebung sind[575].

1. Kapitel: Die Gesetzeslage in Europa

Die Einbindung Deutschlands in den Europarat wie auch in die Europäische Gemeinschaft hat zur Folge, daß das Rundfunkrecht nicht isoliert national betrachtet werden kann. Internationale Abkommen und Richtlinien der Gemeinschaft müssen bei der deutschen Rechtsanwendung und Gesetzgebung beachtet werden.

---

573 So wurden beispielsweise die frühen Teleshoppingsendungen bei Eureka und Sat 1 vorsichtshalber als Dauerwerbesendungen gekennzeichnet (vgl. Teil 1, 1. Kapitel), Der Spiegel, Heft 41/1988, S. 96.

574 Der Spiegel, Heft 41/88, S. 91.

575 Zum Verhältnis von europäischen zu innerstaatlichen Regelungen siehe unten 1. Kapitel, I und II.1.

I. Die Regelungen durch den Europarat

Noch bevor die Europäische Gemeinschaft auf dem Gebiet des Fernsehens normgebend tätig werden konnte, ist dies dem Europarat gelungen. Dieser erließ am 15. Mai 1989 das Europäische Übereinkommen über das grenzüberschreitende Fernsehen (FsÜ)[576], welches am 1. Mai 1993 in Kraft getreten ist, nachdem es von sieben Staaten ratifiziert worden ist[577]. Die Umsetzung in innerstaatliches Recht erfolgte durch den Rundfunkstaatsvertrag 1991[578]. Wie die Bezeichnung bereits deutlich macht, beschäftigt sich die Konvention mit Fernsehprogrammen, die zur Verbreitung oder Weiterverbreitung in Drittstaaten geeignet oder bestimmt sind. Auf die technischen Mittel der Verbreitung oder Weiterverbreitung (terrestrische Sender, Kabel oder Satellit) kommt es dabei nicht an[579]. Hauptziel des Regelungswerkes ist es, durch die Schaffung eines rechtlichen Rahmens Hindernisse für den grenzüberschreitenden Fernsehverkehr zu beseitigen, die gegenseitige Verständigung der Mitgliedstaaten bzw. Vertragsparteien zu fördern und damit den „free flow of information" in Übereinstimmung mit Art. 10 Abs. 1 Satz 1 der Europäischen Menschenrechtskonvention (EMRK) zu sichern[580]. Da das Übereinkommen jedoch lediglich einen Rahmen bilden soll, in dem die grenzüberschreitende Verbreitung von Fernsehprogrammen zu fördern ist, besteht sein Zweck nicht darin, Rundfunktätigkeiten schlechthin zu regeln oder in die innerstaatlichen Rundfunkentscheidungen und -regelungen der Vertragsparteien einzugreifen. Diese bestimmen die Vertragsparteien weiterhin im Licht ihrer jeweiligen politischen, rechtlichen, kulturellen, sozialen und anderen Traditionen, so daß bestimmte Aspekte der Rundfunktätigkeit außerhalb des Geltunsgsbereichs des Übereinkommens bleiben[581]. Neben der Fernsehrichtlinie der Europäischen Gemeinschaft aus dem gleichen Jahr kommt dem Fernsehübereinkommen des Europarates nur geringe Bedeutung zu, da das Übereinkommen ihr in Art. 27 Abs. 1 FsÜ Vorrang einräumt. Bedeutung kommt dem Übereinkommen vor allem im Verhältnis zu Europa-

576 BGBl. 1992 II, S. 1251, überarbeitete Fassung BGBl. 1994 II, S. 638.

577 Voraussetzung gemäß Art. 29 FsÜ; siehe dazu auch *Hartstein/Ring/Kreile/Dörr/Stettner*, RStV, Rz. 112 der AE.

578 Die Länder wollten durch den Rundfunkstaatsvertrag 1991 das Europäische Fernsehübereinkommen umsetzen und nicht die EG-Fernsehrichtlinie 1989, vgl. *Hartstein/Ring/Kreile/Dörr/Stettner*, RStV, 2. Aufl., Rz. 25 zu § 27.

579 *Ring*, Medienrecht, Bd. IV, E-I 1; Abschn. III., 2.

580 Vgl. Erwägungsgründe der Präambel wie auch Art. 1 Satz 2 und Art. 4 des Übereinkommens; s. auch *Holznagel*, Rundfunkrecht in Europa, S. 189.

581 Aus: Hauptzüge des Übereinkommens, Nr. 30, abgedruckt bei: *Ring*, Medienrecht, Bd. IV, E-I 1.2, Abschn. IV.

ratsmitgliedern zu, die nicht Mitglied der Europäischen Union sind[582]. Da die EG-Fernsehrichtlinie aus dem Jahr 1989 mit dem Übereinkommen in wesentlichen Teilen übereinstimmt[583] und von den gleichen Überlegungen getragen wird, kann auf eine kurze Darstellung des Fernsehübereinkommens und die Erwägungsgründe seines Zustandekommens nicht verzichtet werden.

1. Der Regelungsgehalt für das Teleshopping

Neu am Fernsehübereinkommen war die Klarstellung, daß Teleshopping als neue „Werbeform" qualifiziert wird[584]. Entsprechend wird das Teleshopping bei der Bestimmung über die höchstzulässige Werbezeit behandelt.

a) Das Teleshopping als Werbeform

Das Wort „Teleshopping" findet man in der Konvention nicht, stattdessen wird diese Werbeform in Art. 12 FsÜ beschrieben:

> (1) Die Werbedauer darf 15 Prozent der täglichen Sendezeit nicht überschreiten. Dieser Prozentsatz darf jedoch auf 20 Prozent angehoben werden, wenn Werbeformen wie direkte Angebote an die Öffentlichkeit für den Verkauf, den Kauf oder die Miete oder Pacht von Erzeugnissen oder die Erbringung von Dienstleistungen eingeschlossen werden; die Dauer der Spotwerbung darf aber 15 Prozent nicht überschreiten.
> (2) Die Dauer der Spotwerbung innerhalb eines gegebenen Einstundenzeitraums darf 20 Prozent nicht überschreiten.
> (3) Werbeformen wie direkte Angebote an die Öffentlichkeit für den Verkauf, den Kauf oder die Miete oder Pacht von Erzeugnissen oder die Erbringung von Dienstleistungen dürfen eine Stunde am Tag nicht überschreiten.

Bei grenzüberschreitender Ausstrahlung eines Fernsehprogramms darf Teleshopping also als Werbeform in einem vorgegebenen zeitlichen Rahmen ausgestrahlt werden. Aus der Zusammenschau der Bestimmungen des Art. 12 FsÜ wird deutlich, daß Teleshopping zwar eine Werbeform ist, aber dennoch etwas anderes als der herkömmliche Teleshopping-Spot. So kann gemäß Art. 12 Abs. 1 FsÜ fünf Prozent mehr Werbung gezeigt werden, wenn darunter auch Teleshoppingbeiträge sind, wobei der Anteil der „Spotwerbung" die sonst üblichen 15% an der Gesamtsendezeit trotzdem nicht überschreiten darf. Im Erläu-

---

582 *Hartstein/Ring/Kreile/Dörr/Stettner*, RStV, Rz. 112 der AE.

583 *Hartstein/Ring/Kreile/Dörr/Stettner*, RStV, Rz. 112 der AE.

584 Siehe Wortlaut des Art. 12 Abs. 1 und 3 des Fernsehübereinkommens.

ternden Bericht zu Art. 12 FsÜ heißt es dazu, daß der zusätzliche Prozentsatz die Entwicklung neuer Werbeformen wie Teleshopping berücksichtigen soll, die im allgemeinen zeitaufwendiger sind als die herkömmliche Spotwerbung[585]. Es wurde zum damaligen Zeitpunkt nicht in Betracht gezogen, daß sich das Teleshopping als Werbeform auch schon für kurze Spots eignen kann. Nach der Vorstellung von Art. 12 Abs. 1 FsÜ soll es möglich sein, daß ein Programm 15% Spotwerbung und 5% Teleshopping, 10% Spotwerbung und 10% Teleshopping oder auch 20% Teleshopping und gar keine Spotwerbung sendet[586]. Nicht zu verkennen ist, daß in jedem Fall für das Teleshopping die Einstundengrenze des Art. 12 Abs. 3 FsÜ gilt, weswegen die vorgenannten Wahlmöglichkeiten nur in eingeschränkter Weise bestehen. Diese Grenze von einer Stunde als maximale tägliche Sendezeit beruht auf dem Gedanken, daß ein übermäßiger Anteil dieser vermeintlich zeitaufwendigeren Werbung innerhalb eines 24-Stundenzeitraums zu vermeiden ist[587].

Nach Art. 12 Abs. 2 FsÜ besteht für den Werbespot eine Limitierung von höchstens 20% Werbung innerhalb eines Einstundenzeitraums. Da diese Bestimmung ausdrücklich allein den Werbespot nennt, der im Absatz zuvor deutlich vom Teleshopping unterschieden wird, gilt diese Begrenzung für das Teleshopping nicht. Vielmehr erlaubt das Fernsehübereinkommen auch Teleshoppingfenster von bis zu einer Stunde Dauer. Dies bestätigt der Erläuternde Bericht zum Übereinkommen[588], dem zufolge Teleshopping nicht an die Zeitgrenze des Art. 12 Abs. 2 FsÜ gebunden sein solle, weil seine Darbietungen zeitaufwendiger seien als die Spotwerbung. Im übrigen hätten die damals erkennbaren Tendenzen gezeigt, daß Teleshopping eher außerhalb der Haupteinschaltzeit gesendet würde, so daß die Gefahr eines übermäßigen Anteils von Teleshopping in den zuschauerattraktiven Zeiten nicht bestünde.

Um den Sinn der Werberestriktionen nicht zu unterlaufen, müßte nach heutigem Erfahrungsstand davon ausgegangen werden, daß auch Teleshopping-Spots in die Kategorie der Spotwerbung fallen können und damit den gleichen zeitlichen Beschränkungen ausgesetzt sein müßten wie der herkömmliche Werbespot. Wenn der Teleshopping-Spot nämlich in derselben Kürze gesendet wird

---

585 Erläuternder Bericht zu Art. 12 FsÜ, Nr. 168, abgedruckt bei: *Ring*, Medienrecht, Bd. IV, E-I. 1.2.

586 Erläuternder Bericht zu Art. 12 FsÜ, Nr. 170, abgedruckt bei: *Ring*, Medienrecht, Bd. IV, E-I. 1.2.

587 Erläuternder Bericht zu Art. 12 FsÜ, Nr. 173, abgedruckt bei: *Ring*, Medienrecht, Bd. IV, E-I. 1.2.

588 Erläuternder Bericht zu Art. 12 FsÜ, Nr. 173f., abgedruckt bei: *Ring*, Medienrecht, Bd. IV, E-I. 1.2.

wie andere Spots und sich deshalb von diesen nur durch die zusätzliche Angabe einer Telefon- und Bestellnummer unterscheidet, besteht kein Grund für eine Unterscheidung zwischen diesem und dem herkömmlichen Spot. Indes treten die allgemeinen Gedanken, die Werbezeitbegrenzungen notwendig erscheinen lassen, in den Vordergrund: Wenn der Rezipient vor übermäßiger Werbung geschützt werden soll, gilt dies für Teleshopping- ebenso wie für andere Werbespots. Daher müssen für Teleshopping-Spots die gleichen Werberestriktionen gelten. Allerdings kann dieses Ergebnis, das auf neueren Erfahrungen beruht, nicht gegen den Wortlaut und gegen den Willen des Gesetzgebers in das Übereinkommen hineingelesen werden.

Eine Änderung ist daher erst mit der geänderten Fassung des Fernsehübereinkommens aus dem Jahr 1998 erfolgt, das zwar bislang noch nicht in Kraft getreten ist, das aber in Art. 12 Abs. 2 FsÜ 1998 klarstellt, daß der Anteil von Werbe- und Teleshopping-Spots innerhalb einer Stunde nicht mehr als 20% betragen darf.

Auf eine Darstellung der weiteren Änderungen des überarbeiteten Fernsehübereinkommens wird an dieser Stelle verzichtet und insoweit auf die Ausführungen zur EG-Fernsehrichtlinie 1997 verwiesen, die dem Übereinkommen als Vorlage dienten, da derzeit noch nicht absehbar ist, zu welchem Zeitpunkt das Übereinkommen in Kraft treten wird.

b) Das Teleshopping als eigener Kanal

Ausdrücklich geregelt wird durch das Fernsehübereinkommen allein das Teleshoppingangebot als Bestandteil eines Voll- oder Spartenprogramms, ohne daß damit eine offensichtliche Aussage über den reinen Teleshoppingkanal getroffen ist.

aa) Die Anwendbarkeit des Art. 12 Abs. 3 FsÜ auf den Teleshoppingkanal

Goerlich und *Möwes* folgern aus der Auslassung von Regelungen zu reinen Teleshoppingkanälen, daß diese im Rahmen des Fernsehübereinkommens unzulässig seien, weil die Werbezeitbegrenzungen für das Teleshopping keinen Raum für derartige Innovationen ließen[589]. Dieser Schluß ist jedoch nicht zutreffend. Auszugehen ist von der Überlegung, daß dem Europäischen Fernsehübereinkommen der Maßstab der Europäischen Menschenrechts-konvention

[589] *Goerlich/Möwes*, Jura 1991, 113/119.

zugrunde liegt[590]. Aus dem individualrechtlich geprägten Grundrechtsverständnis der Europäischen Menschenrechtskonvention heraus[591] kann nur unzulässig sein, was ausdrücklich verboten ist, da jede nicht untersagte Tätigkeit nach dieser Konzeption zunächst als erlaubt gilt[592]. Geht man von dieser Vorüberlegung aus, kann der Teleshoppingkanal nur unzulässig sein, wenn er - in Ermangelung spezieller Regelungen - ebenfalls unter die Einstundenbeschränkung des Art. 12 Abs. 3 FsÜ fällt. Von Sinn und Zusammenhang her betrachtet regelt Art. 12 FsÜ Werbung, die der Finanzierung öffentlicher und privater Rundfunkveranstalter dient. Die zeitliche Begrenzung der Werbung soll für eine gewisse Programmqualität Sorge tragen und zusätzlich verhindern, daß sich die Programmgestaltung dem Diktat der werbetreibenden Wirtschaft zu deutlich unterordnet[593]. Aus Gründen des Zuschauerschutzes soll verhindert werden, daß das eigentliche Programm mit Werbung überfrachtet oder durch sie manipuliert wird. Diese Begründungen entfallen jedoch für einen reinen Teleshoppingkanal. Zum einen handelt es sich bei einem Teleshoppingsender regelmäßig um einen Eigenwerbekanal, dessen Programm nicht vor Beeinflussung durch die werbetreibende Wirtschaft geschützt werden muß. Zum anderen enthält der Teleshoppingkanal außer Werbung keine anderen Programmteile, so daß es auch keines hervorgehobenen Rezipientenschutzes bedarf. Ein Zuschauer, der einen reinen Teleshopp-ingsender wählt, muß nicht gesetzlicherseits vor Werbung geschützt werden. Die Sendezeitbegrenzung von einer Stunde am Tag kann für einen bloßen Teleshoppingkanal daher nicht gemeint sein[594]. Entscheidend ist in jedem Fall, daß Werbung - und damit auch die Werbeform Teleshopping - gemäß Art. 2f) FsÜ ausdrücklich nur als Finanzierungsinstrument anderer Voll- oder Spartenprogramme geregelt ist, nicht aber als Selbstzweck[595]. In Ermangelung spezieller Regelungen für den Teleshoppingkanal ist seine Veranstaltung nicht etwa verboten, sondern umgekehrt durch den Schutz des Art. 10 Abs. 1 EMRK als erlaubt anzusehen. Als erlaubte Rundfunkveranstaltung finden auf den Teleshoppingkanal möglicherweise die

---

590 Siehe ausdrückliche Bezüge in der Präambel und in Art. 4 FsÜ sowie den Erläuternden Bericht zur Präambel, Nr. 40, abgedruckt bei: *Ring*, Medienrecht, Bd. IV, E-I. 1.2.

591 Siehe dazu Teil 2, 3. Kapitel, I.

592 Vgl. *Gersdorf*, Rundfunkfreiheit, S. 67.

593 Vgl. *Gersdorf*, Rundfunkfreiheit, S. 70.

594 A.A. noch in der 2. Aufl. in bezug auf den Rundfunkstaatsvertrag *Hartstein/Ring/Kreile/Dörr/Stettner*, RStV, Rz. 21 zu Art. 27.

595 Erläuternder Bericht zu Art. 2 FsÜ, Nr. 64 und 67, abgedruckt bei: *Ring*, Medienrecht, Bd. IV, E-I. 1.2; siehe auch *Gersdorf*, Rundfunkfreiheit, S. 67, der diese Feststellung anhand der EG-Fernsehrichtlinie in bezug auf den fast inhaltsgleichen § 27 RStV 1994 trifft.

allgemeinen Bestimmungen des Europäischen Fernsehübereinkommens Anwendung.

bb) Die Anwendbarkeit der allgemeinen Vorschriften auf den Teleshoppingkanal

Nur die Auslegung des Übereinkommens selbst kann ergeben, ob Teleshopping als eigenständiges Programm Fernsehen ist und als solches in den Anwendungsbereich des Übereinkommens fällt. Als originäres Fernseh-programm hätte das Teleshopping die Vorschriften des Übereinkommens wie jede andere grenzüberschreitende Verbreitung einzuhalten. Das Europäische Fernsehübereinkommen ist ein multilateraler Völkerrechtsvertrag, dessen Auslegung sich nach den völkerrechtlichen Regeln richtet[596]. Das Überein-kommen selber enthält keine Definition des Fernsehens. Es gibt nur insoweit Aufschluß, als es sich gemäß Art. 1 mit der Verbreitung und Weiterverbreitung von Programmen befaßt. Laut Art. 2 lit. a) FsÜ bedeutet:

> „Verbreitung" die Erstausstrahlung von Fernsehprogrammen, die zum Empfang durch die Allgemeinheit bestimmt sind, über terrestrische Sender, über Kabel oder über Satelliten jeder Art in verschlüsselter oder unverschlüsselter Form. Der Ausdruck schließt Fernmeldedienste, die auf individuellen Abruf geleistet werden, nicht ein.

Das Übereinkommen kennzeichnet Verbreitungen anhand der Übertragungsart und der Allgemeinzugänglichkeit. Wesentliches Kriterium[597] ist, daß Fernsehprogramme für den unmittelbaren oder mittelbaren Empfang durch die Allgemeinheit bestimmt sind[598]. Entsprechend sind alle Dienste vom Anwendungsbereich des Fernsehübereinkommens ausgeschlossen, die auf individuellen Abruf geleistet werden, weil diese nach der Logik des Vertrages nicht an die Allgemeinheit gerichtet sind[599]. Der Inhalt der Verbreitung spielt nach diesem Ansatz nur eine untergeordnete Rolle, auch wenn aus der Präambel hervorgeht, daß die Verbreitung hochwertiger Sendungen angestrebt wird, um dadurch den Erwartungen der Öffentlichkeit auf dem Gebiet der Politik, der Bildung und der Kultur Rechnung zu tragen. Das weite Verständnis des Kommunikationsgrundrechts aus Art. 10 EMRK voraussetzend, auf welches sich das Übereinkommen

---

596 *Seidl-Hohenveldern*, Völkerrecht, Rz. 571.

597 Mit der gleichen Wertung *Hartstein/Ring/Kreile/Dörr/Stettner*, RStV, Rz. 3 zu § 2.

598 Erläuternder Bericht zu Art. 2 FsÜ, Nr. 46, abgedruckt bei: *Ring*, Medienrecht, Bd. IV, E-I. 1.2.

599 Erläuternder Bericht zu Art. 2 FsÜ, Nr. 47f., abgedruckt bei: *Ring*, Medienrecht, Bd. IV, E-I. 1.2.

bezieht[600], kann „Fernsehen" in diesem Zusammenhang ebenfalls nur umfassend verstanden werden, so daß auch Teleshoppingprogramme erfaßt wären[601]. Unter die „Informationen und Ideen"[602], welche das Europäische Fernsehübereinkommen schützen will, läßt sich die Werbung mit ihrem Inhalt aus Meinungsäußerungen und Tatsachenmitteilungen ebenso gut fassen, wie unter die sinngemäß gleiche Formulierung in Art. 10 Abs. 1 EMRK, die von „Nachrichten und Ideen" spricht. Da sich das Europäische Fernsehübereinkommen zum Ziel gesetzt hat, das Absinken des Niveaus des Rundfunks zu verhindern und den Rundfunk als öffentlichen Dienst und kulturelles Erbe zu fördern[603], würde es einer kontrollierbaren Entwicklung zuwiderlaufen, würden durch einen engen Rundfunkbegriff neue Angebote aus dem Anwendungsbereich des Übereinkommens ausgeschlossen. Im Ergebnis fallen somit Teleshoppingkanäle in den allgemeinen Anwendungsbereich des Europäischen Fernsehüberein-kommens. Insofern gelten für sie beispielsweise die gleichen Weiterverbreitungs-rechte (Art. 4 FsÜ) wie sie auch den gleichen Anforderungen an die inhaltliche Verantwortlichkeit des Programmveranstalters (Art. 7 FsÜ), an die Werbeanforderungen (Art. 11 FsÜ) und Werbeverbote (Art. 15 FsÜ) unterworfen sind.

2. Zusammenfassung

Die Regelungen des Europäischen Fernsehübereinkommens zum Teleshopping lassen sich wie folgt zusammenfassen:

1. Die Ausstrahlung von Teleshopping als Spot- oder Fenstersendung richtet sich als eigene Werbeform nach Art. 12 Abs. 1 und 3 FsÜ.
2. Der Teleshoppingkanal ist grundsätzlich zulässig. Als originäres Fernsehprogramm unterfällt seine Verbreitung den allgemeinen Vorschriften, wie sie für jedes Fernsehangebot im Rahmen des Übereinkommens bestehen.

600 Vgl. oben aa).

601 Vgl. Teil 2, 3. Kapitel.

602 Siehe Präambel des FsÜ.

603 Erläuternder Bericht, Gründe für die Erarbeitung, Nr. 25, abgedruckt bei: *Ring*, Medienrecht, Bd. IV, E-I. 1.2.

II. Die Regelungen durch die Europäische Gemeinschaft

Von besonderer Bedeutung für den deutschen Rundfunk ist vor allem das Recht der Europäischen Gemeinschaft. Dies liegt nicht zuletzt daran, daß sich das zuvor dargestellte Europaratsabkommen in Art. 27 Abs. 1 selber für nachrangig erklärt, soweit die Mitgliedstaaten der Europäischen Gemeinschaft in ihren gegenseitigen Beziehungen eigenes Vertragsrecht anwenden. Die Wichtigkeit des Gemeinschaftsrechts für das nationale Recht erklärt sich aus ihrem grundsätzlichen Vorrang-/Nachrangverhältnis.

1. Das Verhältnis des Gemeinschaftsrechts zum Recht der Mitgliedstaaten

Bei Entstehung der Europäischen Gemeinschaft war es versäumt worden, eine ausdrückliche Regelung in den Vertrag aufzunehmen, die das Verhältnis von Gemeinschaftsrecht und nationalem Recht zueinander bestimmt. In der Folgezeit entbrannte um diese Frage daher eine heftige Diskussion, die sich heute auf im wesentlichen zwei Positionen reduziert[604]: einen völkerrechtlichen und einen speziell europarechtlichen Ansatz. Von jeher hatten jedoch alle Ansichten ein gemeinsames Ziel: Um die Aushöhlung des Gemeinschaftsrechts durch nationales Recht zu verhindern, muß eine einheitliche Geltung und Anwendung des Gemeinschaftsrechts in den Mitgliedstaaten durch eine Vorrangstellung des Gemeinschaftsrechts vor nationalem Recht gesichert sein[605].

a) Die völkerrechtliche Lösung

Dem klassisch völkerrechtlichen Ansatz[606] zufolge bestimmt sich der innerstaatliche Rang des Gemeinschaftsrechts nach dem nationalen Recht[607]. Die Umsetzung in nationales Recht geschieht durch Transformation des Völker-

---

604 Einen Überblick über die früher zusätzlich vertretenen Ansichten geben *Grabitz* in: Grabitz/Hilf, Europäische Union, Rz. 26f. zu Art. 189 und *Streinz*, Europarecht, Rz. 180ff.

605 *Borchardt*, Europäische Union, S. 56; *Oppermann*, Europarecht, Rz. 523; *Streinz*, Europarecht, Rz. 172.

606 Die völkerrechtliche Lösung favorisieren beispielsweise *Schweitzer/Hummer*, Europarecht, Rz. 851, die der Ansicht sind, daß es keines neuen Ansatzes bedürfe, wenn man im Rahmen der herkömmlichen völkerrechtlichen Lösung die Besonderheiten der EG-Verträge berücksichtige. Zu den unterschiedlichen Theorien im Völkerrecht vgl. *Graf Vitzthum (Hrsg.)*, Völkerrecht, 2. Abschn., Rz. 28ff.

607 *Schweitzer/Hummer*, Europarecht, Rz. 848.

rechts in innerstaatliches Recht, durch Inkorporation des Völkerrechts oder durch Vollzug des Völkerrechts durch das staatliche Recht[608]. Nachteilig an diesem völkerrechtlichen Ansatz ist, daß er keine Gewähr dafür bietet, daß bei Umsetzung des Völkerrechts diesem ein übergeordneter Rang im nationalen Recht zugestanden wird[609].

b) Die europarechtliche Lösung

Den Besonderheiten des Gemeinschaftsrechts kann nur eine spezifisch europarechtliche Lösung Rechnung tragen[610]. Diese geht von einem eigenständigen Rechtscharakter des Gemeinschaftsrechts mit einer autonomen Gemeinschaftsgewalt aus und sucht Kollisionsnormen ausschließlich im Gemeinschafts-recht[611]. Dabei wird vordringlich auf das teleologisch ermittelte Prinzip der Sicherung der Funktionsfähigkeit der Gemeinschaften nach dem „principe de l'effet utile" abgestellt, dem die maßgebliche Kollisionsregel zugunsten eines Vorranges des Gemeinschaftsrechts entnommen werden kann[612]. Als Kollisions- und nicht nur Sachnormen werden zudem Art. 10 EGV für das primäre und Art. 249 Abs. 2 EGV für das sekundäre Gemeinschaftsrecht gesehen[613], die exemplarische Belege des Prinzips der Funktionssicherung darstellen. Diesem Prinzip, das durch teleologische Auslegung gewonnen wurde, kann die maßgebliche Kollisionsregel zugunsten eines Vorranges des Gemeinschaftsrechts entnommen werden. Ein solches Vorgehen bringt es zwangsläufig mit sich, daß die Anwendung der herkömmlichen Regeln über das Verhältnis Völker-

---

608 *Graf Vitzthum (Hrsg.)*, Völkerrecht, 2. Abschn., Rz. 37ff.

609 So auch *Bleckmann*, Europarecht, Rz. 657 und 1047; *Grabitz* in: Grabitz/Hilf, Europäische Union, Rz. 26 zu Art. 189; *Schweitzer/Hummer*, Europarecht, Rz. 848.

610 So die h.M.: *Borchardt*, Europäische Union, S. 56; *Everling*, DVBl. 1985, 1201/1206 a.E.; *Grabitz* in: Grabitz/Hilf, Europäische Union, Rz. 27 zu Art. 189; *Herdegen*, Europarecht, Rz. 228f.; *König/Haratsch*, Europarecht, 4. Kap., Rz. 197; *Oppermann*, Europarecht, Rz. 525; *Ricker/Schiwy*, Rundfunkverfassungsrecht, Abschn. H, Rz. 1; *Schweitzer/Hummer*, Europarecht, Rz. 849 mit der Einschränkung, daß grundsätzlich auch der herkömmliche völkerrechtliche Ansatz ausreichen würde, wenn man dort die Besonderheiten der EG-Verträge berücksichtigen würde (Rz. 851); *Streinz*, Europarecht, Rz. 185ff., der zusätzlich unterscheidet zwischen der rein europarechtlichen Lösung und einer solchen, die auf fortbestehenden verfassungsrechtlichen Ermächtigungen beruht.

611 *Oppermann*, Europarecht, Rz. 525; *Schweitzer/Hummer*, Europarecht, Rz. 849; *Streinz*, Europarecht, Rz. 186.

612 *Grabitz* in: Grabitz/Hilf, Europäische Union, Rz. 27 zu Art. 189; *Schweitzer/Hummer*, Europarecht, Rz. 849; *Streinz*, Europarecht, Rz. 186.

613 *Streinz*, Europarecht, Rz. 186; *Oppermann*, Europarecht, Rz. 525.

recht/Staatsrecht für den gemeinschaftsrechtlichen Bereich abgelehnt wird, da - wie zuvor dargestellt - in diesem Fall der innerstaatliche Rang des Gemeinschaftsrechts vom nationalen Recht bestimmt würde[614].

aa) Die Rechtsprechung des Europäischen Gerichtshofs

Bahnbrechend für die Grundidee der europarechtlichen Lösung war die Rechtsprechung des Europäischen Gerichtshofs, der im Jahr 1964 mit der Entscheidung Costa/E.N.E.L.[615] die Theorie des Vorrangs des EG-Rechts kraft Eigenständigkeit begründet hat[616]. Die Eigenständigkeit des Gemeinschaftsrechts begründet der Gerichtshof damit, daß im Unterschied zu anderen internationalen Verträgen mit dem EG-Vertrag eine Rechtsordnung geschaffen worden sei und die Mitgliedstaaten - auf begrenztem Gebiet - ihre Souveränitätsrechte beschränkt und so einen Rechtskörper geschaffen hätten, der für sie selbst verbindlich sei. Der Vorrang des EG-Rechts ergebe sich aus der Überlegung, daß die Aufnahme der Bestimmungen des Gemeinschaftsrechts in das nationale Recht es den Mitgliedstaaten unmöglich mache, gegen eine von ihnen auf der Grundlage der Gegenseitigkeit angenommene Rechtsordnung nachträglich einseitige Maßnahmen ins Feld zu führen[617]. In einer späteren Entscheidung heißt es, daß die Gültigkeit von gemeinschaftsrechtlichen Handlungen nur nach dem Gemeinschaftsrecht beurteilt werden könne, denn wegen seiner Eigenständigkeit könnten ihm „keine wie immer gearteten innerstaatlichen Rechtsvorschriften vorgehen, wenn ihm nicht sein Charakter als Gemeinschaftsrecht aberkannt und wenn nicht die Rechtsgrundlage der Gemeinschaft selbst in Frage gestellt werden soll“ [618]. Der Vorrang des Gemeinschaftsrechts besteht nach der Rechtsprechung des Europäischen Gerichtshofs demnach sowohl gegenüber dem einfachgesetzlichen innerstaatlichen Recht als auch gegenüber dem Verfassungsrecht und damit auch gegenüber den vom Grundgesetz gewährleisteten Grundrechten.

---

614 *Schweitzer/Hummer*, Europarecht, Rz. 849; *Streinz*, Europarecht, Rz. 186.

615 EuGH, Rs. 6/64 - Costa/E.N.E.L. -, Slg. 1964, S. 1251/1269f.

616 *Oppermann* (Europarecht, Rz. 528) sieht die Rechtsprechung zum Vorrang des Gemeinschaftsrechts bereits in der EuGH-Entscheidung „Van Gend & Loos“ (Rs. 26/62, Slg. 1963, S. 1) begründet, was jedoch unzutreffend ist. In dieser Entscheidung hat der Europäische Gerichtshof sich vielmehr zu der Frage geäußert, inwiefern der einzelne Rechtssubjekt der Gemeinschaft als einer *neuen Rechtsordnung* des Völkerrechts ist (E S. 25). Die Anwendbarkeit des Vertrages nach den Grundsätzen nationalen Rechts hat der Gerichtshof zur Sache der nationalen Gerichte erklärt (E S. 23).

617 EuGH, Rs. 6/64 - Costa/E.N.E.L. -, Slg. 1964, S. 1251/1269.

618 EuGH, Rs. 11/70 - Internationale Handelsgesellschaft -, Slg. 1970, S. 1125/1135, Z. 3.

bb) Die Rechtsprechung des Bundesverfassungsgerichts

Obwohl das Bundesverfassungsgericht aus der Costa/E.N.E.L.-Rechtsprechung des Europäischen Gerichtshofs expressis verbis gefolgert hat und dem beigetreten ist, daß das Gemeinschaftsrecht weder Bestandteil der nationalen Rechtsordnung noch Völkerrecht sei, vertritt es nicht einen Vorrang des Gemeinschaftsrechts kraft Eigenständigkeit, sondern einen Vorrang kraft verfassungsrechtlicher Ermächtigung[619]. In bezug auf das Gemeinschaftsrecht hat das Gericht festgestellt, daß Art. 23 Abs. 1 n.F. GG (vormals Art. 24 Abs. 1 GG) es ermögliche, die Rechtsordnung der Bundesrepublik Deutschland derart zu öffnen, daß der ausschließliche Herrschaftsanspruch für ihr Gebiet zurückgenommen und der unmittelbaren Geltung und Anwendbarkeit eines Rechts aus anderer Quelle Raum gelassen werden kann[620]. Das Bundesverfassungsgericht geht grundsätzlich davon aus, daß das nationale Zustimmungsgesetz zum EG-Vertrag die rechtsstaatlichen Grenzen, die einer Übertragung von Hoheitsrechten nach Art. 23 Abs. 1 n.F. GG von Verfassungs wegen gesetzt sind, nicht überschreitet[621]. In Anlehnung an das Völkerrecht, bei welchem es keine Pflicht gebe, daß Staaten Verträge in innerstaatliches Recht inkorporierten, bedürfe es für das Gemeinschaftsrecht eines innerstaatlichen Rechtsanwendungsbefehls. Dieser ergebe sich aus Art. 23 Abs. 1 n.F. GG, der es von Verfassungs wegen ermögliche, dem Gemeinschaftsrecht Geltungs- und Anwendungsvorrang vor dem innerstaatlichen Recht zu geben[622]. Damit anerkennt das Gericht zwar einen Vorrang des EG-Rechts gegenüber nationalem Recht, dieser gründet allerdings nur auf verfassungsrechtlicher Ermächtigung und im Unterschied zur Rechtsprechung des Europäischen Gerichtshofs nicht auf der Eigenständigkeit des Gemeinschaftsrechts. Der Vorrang des EG-Rechts kann also nur so weit bestehen, wie die Ermächtigung reicht[623], so daß Rechtsakte der Gemeinschaftsorgane, die nicht mehr vom deutschen Zustimmungsgesetz gedeckt sind, im deutschen Hoheitsbereich unverbindlich sind und von den deutschen Organen daher nicht befolgt werden dürfen[624]. Letztlich führen beide Wege zum gleichen Ziel, zumindest solange nicht Rechtsetzungsakte zwischenstaatlicher

---

619 *Streinz*, Europarecht, Rz. 203.

620 BVerfGE 73, 339/374.

621 BVerfGE 75, 223/240.

622 BVerfGE 73, 339/375.

623 *Gersdorf*, DVBl. 1994, 674/678.

624 BVerfGE 89, 188/195 und 210.

Einrichtungen einen Einbruch in das Grundgefüge der bundesdeutschen Verfassungsrechtsordnung darstellen[625].

c) Der Anwendungs- oder Geltungsvorrang

So dem Gemeinschaftsrecht Vorrang gegenüber dem innerstaatlichen Recht zugesprochen wird, ist zu klären, wie sich diese Vorrangposition auswirkt. Nach der Lehre vom Geltungsvorbehalt führt das Gemeinschaftsrecht zur Nichtigkeit von entgegenstehendem nationalem Recht[626]. Die Lehre vom Anwendungsvorrang beschränkt sich hingegen darauf, daß das entgegenstehende nationale Recht lediglich im Kollisionsfall durch das Gemeinschaftsrecht verdrängt wird[627]. Für das angestrebte Ziel, dem Gemeinschaftsrecht Vorrang einzuräumen, ist es ausreichend, von einem Anwendungsvorrang auszugehen, da dieser dem Bedürfnis nach einheitlicher Geltung und Anwendung des Gemeinschaftsrechts hinreichend Rechnung trägt, ohne die nationalen Rechtsordnungen unnötig zu beeinträchtigen[628]. Das Fortbestehen bestimmter Regelungen kann nämlich im Verhältnis zu Drittstaaten durchaus sinnvoll sein. Im übrigen geht auch das Bundesverfassungsgericht ausdrücklich von einem Anwendungsvorrang aus[629].

2. Die Regelungskompetenz der Europäischen Gemeinschaft im Bereich des Rundfunks

Die Europäische Gemeinschaft ist ungleich einem souveränen Staat nicht mit einer unbegrenzten Rechtsetzungsgewalt ausgestattet. Vielmehr wird die Gemeinschaft gemäß Art. 5 Abs. 1 EGV[630] nur „innerhalb der Grenzen und der ihr in diesem Vertrag zugewiesenen Befugnisse und gesetzten Ziele tätig". Es bedarf also einer ausdrücklichen oder zumindest auslegungsmäßig nachweisbaren Kompetenzübertragung der Mitgliedstaaten auf die Gemeinschaft, damit diese auf einem bestimmten Gebiet tätig werden und Sekundärrecht setzen darf. Anders ausgedrückt ist es der EG untersagt, in einem Bereich Recht zu setzen, für

625 BVerfGE 73, 339/375; zu den möglichen Überschreitungen verfassungsrechtlicher Grenzen siehe *Ipsen*, EuR 1987, 1/4.
626 *Streinz*, Europarecht, Rz. 200.
627 *Streinz*, Europarecht, Rz. 200.
628 *Everling*, DVBl. 1985, 1201/1203; *Streinz*, Europarecht, Rz. 200.
629 Z.B. BVerfGE 75, 223/244.
630 In der Fassung vom 7.2.1992.

den es im Vertrag keine Ermächtigungsgrundlage gibt[631]. Es ist daher mit diesem Prinzip der begrenzten Einzelermächtigung[632] unvereinbar, allein aus Vertragszielbestimmungen Aufgaben und Befugnisse der Gemeinschaft zu begründen und zu erweitern[633]. Für den Bereich Rundfunk existiert eine ausdrückliche Ermächtigung der Gemeinschaft nicht, so daß die Regelungskompetenz aus anderen Bereichen herzuleiten ist.

a) Der Kulturbereich

Seit dem Maastricht-Vertrag ist das „Kulturleben in den Mitgliedstaaten" ausdrücklich in Art. 3 lit. q) EGV als Tätigkeitsfeld der Gemeinschaft aufgeführt. Die Ziele und Befugnisse in diesem Bereich werden durch den Art. 151 EGV konkretisiert[634], durch dessen Absatz 2 ausdrücklich der audiovisuelle Bereich, also Hörfunk und Fernsehen, in die Kultur einbezogen wird. Art. 151 Abs. 4 EGV enthält eine sog. Querschnittsklausel, die der Gemeinschaft bei der Tätigkeit in anderen Politikbereichen die Rücksichtnahme auf kulturelle Aspekte gebietet. Die Kompetenzen der Gemeinschaft werden durch diese Bestimmung allerdings nicht um ein eigenständiges Tätigkeitsfeld im kulturellen Bereich erweitert[635]. Vielmehr sieht Art. 151 Abs. 5 vor, daß die Rechtsetzungsbefugnis im Kulturbereich auf Fördermaßnahmen begrenzt ist und Harmonisierung im Kulturbereich durch Rechts- und Verwaltungsvorschriften explizit ausgeschlossen ist. Im Umkehrschluß besagt diese Vorschrift, daß die Gemeinschaft - abgesehen von Fördermaßnahmen - im Rundfunkbereich keine Maßnahmen ergreifen darf, die ihrem Schwerpunkt nach den kulturellen Sektor des Rundfunks berühren[636]. Regelungen für den Rundfunk darf die Gemeinschaft nur treffen, wenn der Schwerpunkt des Regelungsbereichs auf einem anderen Gebiet liegt, wobei kulturelle Aspekte in dem Fall über Art. 151 Abs. 4 EGV mitzuberück-

---

631 *Holznagel*, Rundfunkrecht, S. 128; *Dörr*, Auf dem Weg zur Europäischen Informationsgesellschaft?, S. 75; *ders.*, Europäische Medienordnung und -politik, A 35/37; *ders./Beucher/Eisenbeis/Jost*, Einflüsse europarechtlicher Entwicklungen, S. 5; *Martín-Pérez de Nanclares*, Die EG-Fernsehrichtlinie, S. 29; *Koenig/Haratsch*, Europarecht, 4. Kap., Rz. 42; *Oppermann*, Europarecht, Rz. 432; *Schweitzer/Hummer*, Europarrecht, Rz. 335; *Streinz*, Europarecht, Rz. 436.

632 Zum Begriff siehe BVerfGE 89, 155/192, 209.

633 *Hartstein/Ring/Kreile/Dörr/Stettner*, RStV, Rz. 83 der AE.

634 *Holznagel*, Rundfunkrecht, S. 129; *Schweitzer/Hummer*, Europarecht, Rz. 1657.

635 *Schweitzer/Hummer*, Europarecht, Rz. 1657.

636 *Dörr*, Auf dem Weg zur Europäischen Informationsgesellschaft?, S. 78.

sichtigen sind. Art. 151 Abs. 5 EGV enthält also keine umfassende Rundfunkkompetenz[637].

b) Die Dienstleistungsfreiheit

Die Regelungskompetenz zum Erlaß von harmonisierenden Rechts- und Verwaltungsvorschriften für den Rundfunk wird insofern grundsätzlich aus der Dienstleistungsfreiheit hergeleitet und auf Art. 55 iVm. Art. 47 Abs. 2 EGV gestützt[638]. Ist der Tatbestand der Freiheit des Dienstleistungsverkehrs erfüllt, haben die Organe der Gemeinschaft die in den Befugnisnormen festgelegten Kompetenzen[639]. Bereits mit der Sacchi-Entscheidung[640] hat der Europäische Gerichtshof im Jahr 1974 festgestellt, daß Fernsehsendungen Dienstleistungen seien. Für die Praxis ist an dieser Feststellung festzuhalten, denn durch das Auslegungsmonopol und die Jurisdiktionshoheit des Gerichtshofes sind seine Entscheidungen - auch Fehlentscheidungen - für alle Mitgliedstaaten verbindlich[641]. Der Europäische Gerichtshof hat nicht generell begründet, warum Fernsehsendungen (grenzüberschreitende) Dienstleistungen seien[642]. Er hat lediglich punktuell einzelne Fallkonstellationen positiv als Dienstleistungen bewertet[643], ohne eine Begründung dieser Feststellung für den Rundfunk insgesamt

637 *Hartstein/Ring/Kreile/Dörr/Stettner*, RStV, Rz. 84 der AE; *Holznagel*, Rundfunkrecht, S. 132.

638 Siehe Wortlaut der EG-Fernsehrichtlinie 1989.

639 *Kugelmann*, Rundfunk und Dienstleistungsfreiheit, S. 60; *Herdegen*, Europarecht, Rz. 317, kritisiert zur Recht, daß die Begründung der Gemeinschaftskompetenz schwierig ist, wenn Regelungen zur Gestaltung des Fernsehprogramms und zur Förderung europäischer Werke aufgestellt werden, da der EG-Vertrag keine hinreichende Grundlage für derartige kulturprotektionistische Vorschriften enthalte.

640 Rs. 155/73 - Sacchi -, Slg. 1974, S. 409/428, Rz. 6: Nach Ansicht des EuGH sind „Fernsehsendungen ihrer Natur nach als Dienstleistungen anzusehen", wohingegen „der Handel mit sämtlichen Materialien, Tonträgern, Filmen und sonstigen Erzeugnissen, die für die Ausstrahlung von Fernsehsendungen benutzt werden, den Bestimmungen über den freien Warenverkehr" unterliegt (Rz. 7/8).

641 *Hartstein/Ring/Kreile/Dörr/Stettner*, RStV, Rz. 81 der AE; *Dörr/Beucher/Eisenbeis/Jost*, Einflüsse europarechtlicher Entwicklungen, S. 23ff.

642 Vgl. EuGH, Rs. 155/73 - Sacchi -, Slg. 1974, S. 409/428, Rz. 6; EuGH, Rs. 52/79 - Debauve -, Slg. 1988, S. 833/855, Rz. 8.

643 Rs. 352/85 - Bond van Adverteerders -, Slg. 1988, S. 2085/2131, Rz. 14: Die Dienstleistung liegt zum einen in der Weiterleitung von Sendungen durch den Kabelnetzbetreiber von den Sendeanstalten an die Rezipienten. Zum anderen stellt die Verbreitung von Werbemitteilungen eine Leistung der Sendeanstalt zugunsten der Werbefirmen dar.

anzubieten. Allgemeine Begründungsansätze finden sich lediglich im Schlußantrag des Generalanwalts *Reischl* zu der Entscheidung Sacchi[644]. Dort heißt es, daß Fernsehsendungen anders zu beurteilen seien als elektrische Energie, welche als Ware gelte. Denn bei Fernsehsendungen gehe es um die Ausstrahlung der Mitteilungen, für welche die elektrische Energie nur das technische Mittel darstelle. Zusätzlich argumentiert *Reischl* pragmatisch, daß Fernsehsendungen wie Kinofilme unter die Dienstleistungsfreiheit gefaßt werden sollten, da sich so die meistens urheberrechtlichen Vorgänge am besten lösen ließen. Im Schlußantrag zu Debauve wird klarer herausgestellt, daß Dienstleistungen im Sinne des EG-Vertrages Leistungen sind, die in der Regel gegen Entgelt erbracht werden. Der Fernsehveranstalter erbringe daher mit seiner Fernsehsendung eine Leistung gegenüber dem Empfänger und diese Dienstleistung erfolge gegen Entgelt, unabhängig davon, ob die Fernsehsendung gebühren- und/oder werbefinanziert sei[645].

Voraussetzung der Freiheit des Dienstleistungsverkehrs im Sinne der Art. 49ff. EGV ist in jedem Fall das Merkmal der Grenzüberschreitung[646]. Für Fernsehsendungen ist typisch, daß nicht etwa Leistungserbringer oder Leistungsempfänger die Grenze überqueren, sondern die Leistung selber[647], was häufig bereits an dem naturgesetzlichen Umstand liegt, daß Funkwellen über Ländergrenzen hinwegreichen[648]. Bereits die bloße Empfangbarkeit in einem anderem Mitgliedstaat als dem Sendestaat hat grenzüberschreitende Relevanz, auch wenn sie nicht in jedem Fall von dem Rundfunkveranstalter bezweckt ist[649]. Wenn also eine Fernsehsendung, die nach ständiger Rechtsprechung eine (entgeltliche) Leistung darstellt, grenzüberschreitend ist, kommt den Organen

---

644 EuGH, Rs. 155/73 - Sacchi -, Slg. 1974, S. 409/441.

645 EuGH, Rs. 52/79 - Debauve -, Slg. 1988, S. 833/875f; ausführlich *Petersen*, Rundfunkfreiheit, S. 49ff. und 63ff.; *Troberg* in: von der Groeben/Thiesing/Ehlermann, Rz. 21ff. zu Art. 60.

646 *Petersen*, Rundfunkfreiheit, S. 55ff.; *Martín-Pérez de Nanclares*, Die EG-Fernsehrichtlinie, S. 59.

647 Vgl. Wortlaut des Art. 59 Abs. 1 EGV.

648 Vgl. BVerfGE 12, 205/251; *Dörr*, Auf dem Weg zur Europäischen Informationsgesellschaft?, S. 73.

649 *Kugelmann*, Rundfunk und Dienstleistungsfreiheit, S. 82f.; *Petersen*, Rundfunkfreiheit und EG-Vertrag, S. 60f. mwN.; a.A. *von der Horst*, Europäisiertes Rundfunkrecht, S. 53, der darauf abstellt, daß die Grenzüberschreitung bezweckt sein und daher ein bewußtes finales Element enhalten muß; ebenso *Bleckmann*, Freiheiten des Gemeinsamen Marktes, S. 665/673; ähnlich auch *Jarass*, EuR 1986, 75/79f.; *Bux*, EG-Kompetenzen für den Rundfunk, S. 116, der davon ausgeht, daß es eine „Dienstleistung" wider Willen nicht geben kann.

der Gemeinschaft gemäß Art. 55 iVm. Art. 47 Abs. 2 EGV Regelungskompetenz zu[650].

3. Die EG-Fernsehrichtlinie

Ihre Regelungskompetenz[651] hat die Gemeinschaft genutzt und für den Fernsehbereich die Richtlinie 89/552/EWG zur Harmonisierung bestimmter Rechts- und Verwaltungsvorschriften der Mitgliedstaaten über die Ausübung der Fernsehtätigkeit, die sog. EG-Fernsehrichtlinie, vom 3. Oktober 1989 erlassen[652]. Am 30. Juni 1997 haben das Europäische Parlament und der Rat die Richtlinie 97/36/EG[653] beschlossen, durch welche die bisherige EG-Fernsehrichtlinie geändert wird. Die Umsetzung dieser Änderungsrichtlinie sollte in den einzelnen Mitgliedstaaten bis zum 30. Dezember 1998 erfolgen.

Gerade in bezug auf das Teleshopping hat die überarbeitete Fassung der EG-Fernsehrichtlinie gravierende Änderungen mit sich gebracht. Zur Verdeutlichung der Entwicklung des Teleshopping und zum besseren Verständnis des derzeit geltenden Rundfunkstaatsvertrages[654], der noch auf der ursprünglichen Fernsehrichtlinie beruht, werden zunächst die Regelungen der ursprünglichen Richtlinie aus dem Jahr 1989 dargestellt und anschließend die Neuerungen durch die Änderungsrichtlinie veranschaulicht.

a) Die EG-Fernsehrichtlinie vom 3. Oktober 1989

Wie schon in dem fast inhaltsgleichen Europäischen Fernsehübereinkommen finden sich auch in der EG-Fernsehrichtlinie nur wenige Regelungen, die ausdrücklich auf das Teleshopping zugeschnitten sind, obgleich das Teleshopping zusammen mit der Fernsehwerbung in Art. 1 der Richtlinie (Fs-RL 1989) legaldefiniert ist:

---

650 Zum genauen Inhalt und den Grenzen einer solchen Regelungskompetenz vgl. *Dörr/Beucher/Eisenbeis/Jost*, Einflüsse europarechtlicher Entwicklungen, S.52ff. m.w.N.

651 Im 6. Absatz der Erwägungen zur EG-Fernsehrichtlinie heißt es: „Die Fernsehtätigkeit stellt unter normalen Umständen eine Dienstleistung im Sinne des Vertrages dar."

652 ABl. 1989, Nr. L 298, S. 23.

653 ABl. 1997, Nr. L 202, S. 60.

654 Siehe dazu unten 2. Kapitel, I.

Für die Zwecke dieser Richtlinie bedeutet:

b) „Fernsehwerbung“: jede Äußerung bei der Ausübung eines Handels, Gewerbes, Handwerks oder freien Berufs, die im Fernsehen von einem öffentlich-rechtlichen oder privaten Veranstalter gegen Entgelt oder eine ähnliche Gegenleistung gesendet wird mit dem Ziel, den Absatz von Waren oder die Erbringung von Dienstleistungen, einschließlich unbeweglicher Sachen, Rechte und Verpflichtungen, gegen Entgelt zu fördern.
Abgesehen von den Zwecken des Artikels 18 schließt dies nicht die direkten Angebote an die Öffentlichkeit im Hinblick auf den Verkauf, den Kauf oder die Miete bzw. Pacht von Erzeugnissen oder im Hinblick auf die Erbringung von Dienstleistungen gegen Entgelt ein.

aa) Das Teleshopping als Werbeform

Das Teleshopping wird in der zitierten Vorschrift nicht um seiner selbst legaldefiniert, sondern um es von der herkömmlichen Fernsehwerbung abgrenzen zu können. Obwohl die Definition der Fernsehwerbung das Teleshopping demnach nicht einschließt, handelt es sich dabei doch zumindest um eine eigene Werbeform[655]. Dies ergibt sich nicht nur aus der gemeinsamen Erwähnung von Fernsehwerbung und Teleshopping sowohl im Rahmen der Legaldefinition wie auch bei der Werbezeitbegrenzung des Art. 18 Fs-RL 1989. Neben diesem systematischen Anhaltspunkt ist vor allem der Wortlaut des Art. 18 Abs. 1 und Abs. 3 Fs-RL 1989 ausschlaggebend, in denen das Teleshopping beide Male als „Werbeform“ bezeichnet wird.

Art. 18 Fs-RL 1989, der die Werbezeitbegrenzung im Rahmen der Richtlinie bestimmt, entspricht inhaltlich trotz anderer Formulierungen dem Art. 12 FsÜ[656]. Auch hier kann gemäß Art. 18 Abs. 1 Fs-RL 1989 die Werbezeit von 15% auf 20% der täglichen Sendezeit erhöht werden, wenn neben herkömmlicher Fernsehwerbung Direktangebote ausgestrahlt werden. Ebenso gilt gemäß Art. 18 Abs. 3 Fs-RL 1989 für Teleshoppingangebote eine Sendezeitbegrenzung auf höchstens eine Stunde am Tag. Die zeitliche Beschränkung des Art. 18 Abs. 2 Fs-RL 1989 auf 20% Werbung innerhalb einer Stunde trifft in der Richtlinie ebensowenig auf das Teleshopping zu wie schon im Rahmen des Fernsehübereinkommens[657]. Von einer einheitlichen Auslegung ist insofern auszugehen, als beide Regelungswerke während ihrer Entstehung im Kompromißwege ausgeglichen worden sind[658].

---

655 So i.E. auch *Martín-Pérez de Nanclares*, EG-Fernsehrichtlinie, S. 97.

656 Siehe oben I.1.a).

657 Siehe oben I.1.a).

658 *Hartstein/Ring/Kreile/Dörr/Stettner,* RStV, Rz. 112 der AE.

bb) Das Teleshopping als eigener Kanal

In bezug auf den reinen Teleshoppingkanal enthält die EG-Fernsehrichtlinie 1989 wie das Fernsehübereinkommen keine ausdrücklichen Bestimmungen.

aaa) Die Anwendbarkeit des Art. 18 Abs. 3 Fs-RL 1989 auf den Teleshoppingkanal

Zur Anwendbarkeit der Einstundengrenze des Art. 18 Abs. 3 Fs-RL auf den reinen Teleshoppingkanal kann hier auf die Ausführungen unter I.1.b)aa) verwiesen werden. Teleshoppingkanäle gelten dort als nicht von der genannten Zeitgrenze erfaßt, weil die Werberegelungen nur die Werbung als Finanzierungsinstrument von Rundfunksendern erfassen und weil kein Schutzbedarf für die Rezipienten vor einem Übermaß an Werbung besteht[659]. Für die entsprechende Beschränkung der Regelung auf fremdwerbefinanzierte Programme spricht im Rahmen der EG-Fernsehrichtlinie zusätzlich, daß Art. 1 b) Fs-RL 1989 nur die „gegen Entgelt oder eine ähnliche Gegenleistung“ erbrachte Ausstrahlung von Spotwerbung und Teleshopping betrifft[660] und schon deswegen auf den Teleshoppingsender nicht paßt, wenn dieser, wie üblich, ein Eigenwerbekanal ist[661].

Also muß wiederum die Konsequenz der getroffenen Auslgegung sein, daß der Teleshoppingkanal durch die EG-Fernsehrichtlinie 1989 nicht geregelt ist. Das auch im Gemeinschaftsrecht geltende Prinzip der Normklarheit verlangt, daß nur auf der Grundlage hinreichend bestimmter Regelungen in die Freiheitsrechte des einzelnen eingegriffen werden darf[662]. Ein Eingriffsgesetz muß „ausreichend zugänglich und präzis sein, um jedermann zu ermöglichen, sein Verhalten darauf abzustimmen“[663]. Für den Teleshoppingkanal bestehen keine ausreichend klaren Bestimmungen, die es dem Gesetzesanwender möglich ma-

---

659 Zum gleichen Ergebnis kommt *Gersdorf*, Rundfunkfreiheit, S. 70.

660 So auch *Gersdorf*, Rundfunkfreiheit, S. 69; *Stettner/Tresenreiter*, ZUM 1994, 669/671.

661 *Degenhart*, ZUM 1995, 353/359; in diese Richtung geht auch die Argumentation der Independent Television Commission Großbritanniens, welche die Meinung vertreten hat, daß die Werbezeitbeschränkungen der EG-Richtlinie nicht für Kanäle gelte, die ihre eigenen Produkte vertrieben, sondern bestenfalls für solche, in denen Güter von Dritten angepriesen würden, vgl. *Ridder*, MP 1995, 414/419.

662 *Gersdorf*, Rundfunkfreiheit, S. 71; zum Grundsatz der Rechtssicherheit siehe auch *Zuleeg*, in: von der Groeben/Thiesing/Ehlermann, Rz. 47 zu Art. 1.

663 EKMR - M.N. / Spanien, EuGRZ 1994, 555/556.

chen, die Zulässigkeit oder Unzulässigkeit eines reinen Eigenwerbekanals zu beurteilen. Unzutreffend ist daher die Schlußfolgerung, daß der Teleshoppingkanal verboten sein soll, weil Art. 18 Abs. 1 Fs-RL 1989 reine Werbekanäle verhindern wolle[664], da sich dieses Verbot der Richtlinie nicht mit Bestimmtheit entnehmen läßt, sondern vielmehr der wörtlichen und der systematischen Auslegungsmethode zuwiderläuft. Unklarheiten bei der Geltungserstreckung einer Norm müssen zum Schutz der Freiheitsrechte und wegen der Bedeutung des Art. 10 EMRK regelmäßig zu Lasten des Gesetzgebers gehen. Dies gilt insbesondere, wenn der Gesetzgeber wider besseres Wissen auf die Regelung reiner Teleshoppingkanäle verzichtet, weil zunächst die Entwicklung des Teleshopping beobachtet werden sollte[665]. Der reine Teleshoppingkanal ist somit zulässig und fällt möglicherweise in den Anwendungsbereich der EG-Fernsehrichtlinie 1989, wenn sein Angebot unter den Begriff „Fernsehen" subsumiert werden kann.

bbb) Die Anwendbarkeit der allgemeinen Vorschriften auf den Teleshoppingkanal

Wie schon für das Europäische Fernsehübereinkommen ist abermals für die EG-Fernsehrichtlinie 1989 denkbar, daß das Angebot eines reinen Teleshoppingkanals unter den Begriff der Fernsehsendung subsumiert werden kann und als solche den allgemeinen Richtlinienbestimmungen unterfällt. Die „Fernsehsendung" wird in Art. 1 lit. a) Fs-RL 1989 legaldefiniert als „drahtlose oder drahtgebundene, erdgebundene oder durch Satelliten vermittelte, unverschlüsselte oder verschlüsselte Erstsendung von Fernsehprogrammen, die zum Empfang durch die Allgemeinheit bestimmt sind". Dieser Ansatz enthält keine Klarstellung dessen, was sich hinter dem Begriff des Fernsehens verbirgt und ob das Teleshopping darunter gefaßt werden kann. Im Grundsatz gilt, daß Begriffe des primären und sekundären Gemeinschaftsrechts nach gemeinschaftsrechtlichen Kriterien auszulegen und einheitlich zu definieren sind, da sonst der Rückgriff auf Bestimmungen der innerstaatlichen Rechtsordnung die Tragweite der Bestimmungen des Gemeinschaftsrechts begrenzen und im Ergebnis die Einheit und Wirksamkeit des Gemeinschaftsrechts beeinträchtigen könne[666]. Die Untersuchung der Definition aus Art. 1 lit. a) Fs-RL 1989 zeigt, daß wie schon beim Europaratsübereinkommen die Verbreitung an die Allgemeinheit

[664] Vgl. *Hartstein/Ring/Kreile/Dörr/Stettner*, RStV, Rz. 2 zu § 45.

[665] Erläuternder Bericht zu Art. 12 des Europäischen Fernsehübereinkommens - dem der Art. 18 der EG-Fernsehrichtlinie insoweit entspricht -, Rz. 175, abgedruckt bei *Ring*, Medienrecht, Bd. IV, E-I 1.2, S.34; so auch *Gersdorf*, Rundfunkfreiheit, S. 71.

[666] EuGH, Rs. 149/79 - Kommission/Belgien -, Slg. 1980, 3881/3903, Ziff. 19.

das entscheidende Kriterium des Fernsehens ist[667] und der Fernsehbegriff auf Inhalte nicht festgelegt ist[668]. Da die Richtlinie als spezifische gemeinschaftsrechtliche Ausprägung eines allgemeineren Prinzips, nämlich der Meinungsäußerungsfreiheit im Sinne des Art. 10 EMRK[669] zur sehen ist[670], ist der Fernsehbegriff inhaltlich umfassend und wertungsfrei zu verstehen. Demnach erfaßt das „Fernsehen" auch rein werbliche Meinungsäußerungen und Tatsachenmitteilungen, wie sie Inhalt eines Teleshoppingsenders sind. Zur Bekräftigung wird noch eine gemeinschaftsrechtliche Überlegung angefügt. Das Fernsehen gilt im Gemeinschaftsrecht als Dienstleistung, weshalb die Fernsehrichtlinie nicht die kulturelle Seite, sondern die vornehmlich wirtschaftliche Seite des Rundfunks regelt[671]. Die Richtlinie wurde mit der Absicht geschaffen, Hindernisse für den freien Dienstleistungsverkehr zwischen den Mitgliedstaaten zu beseitigen. Diesem Ziel liefe es zuwider, würde mittels eines eng verstandenen Anwendungsbereichs die Wirkung der Richtlinie gering gehalten, gerade wenn in einzelnen Mitgliedstaaten das Teleshopping als zum Rundfunk gehörig verstanden wird[672]. Letztlich Bestätigung - nicht eine zusätzliche Begründung - hat die vorstehende Auslegung des Fernsehbegriffs durch die Änderungsrichtlinie zur Fernsehrichtlinie gefunden, da in dieser das Teleshopping umfassend geregelt und seine Fernsehqualität dadurch anerkannt wird. Auf den reinen Teleshoppingsender finden demzufolge die allgemeinen Bestimmungen der EG-Fernsehrichtlinie 1989 Anwendung.

cc) Zusammenfassung

Die zuvor angestellten Überlegungen führen somit zu folgendem Ergebnis:

1. Teleshopping in Form von Spot- und Fenstersendungen ist eine eigene Werbeform und innerhalb des durch Art. 18 Abs. 1 und 3 Fs-RL 1989 vorgegebenen zeitlichen Rahmens zulässig.
2. Teleshopping in Form eines eigenen Kanals ist zulässig und unterliegt den allgemeinen Bestimmungen der EG-Fernsehrichtlinie.

---

667 *Hartstein/Ring/Kreile/Dörr/Stettner*, RStV, Rz. 3 zu § 2.

668 Die Präambel der EG-Fernsehrichtlinie 1989 spricht von „kulturellen oder sonstigen Inhalten" des Fernsehens.

669 Siehe dazu Teil 2, 3. Kapitel.

670 So die Präambel der EG-Fernsehrichtlinie 1989.

671 Vgl. *Herdegen*, Europarecht, Rz. 317.

672 Für Deutschland siehe oben Teil 2, 1. Kapitel, III; Die britische Independent Television Commission hat Teleshopping ebenfalls als Rundfunk lizenziert, vgl. MMR 1998, 219.

b) Die Änderungsrichtlinie zur EG-Fernsehrichtlinie vom 30. Juni 1997

Die Änderungsrichtlinie zur EG-Fernsehrichtlinie wurde notwendig, weil „bestimmte Begriffsbestimmungen oder Verpflichtungen der Mitgliedstaaten" klarer gefaßt werden mußten[673]. Zusätzlich erforderte die wachsende Bedeutung der audiovisuellen Dienste ein Anpassung der Fernsehrichtlinie[674]. Speziell im Hinblick auf das Teleshopping waren Änderungen der Sendezeiten angezeigt, weil seine wirtschaftliche Bedeutung für die Marktteilnehmer und sein originärer Absatzmarkt für Güter und Dienstleistungen in der Gemeinschaft erkannt worden sind. Zusätzliches Ziel war es, durch geeignete Vorschriften hinsichtlich Form und Inhalt der Sendungen ein hohes Maß an Verbraucherschutz zu gewährleisten[675]. Mit der Änderungsrichtlinie haben daher die Bestimmungen über das Teleshopping eine deutliche Präzisierung erfahren. Zunächst wurde mit dem Einzug des Wortes „Teleshopping" auch seine Definition neu gefaßt und eigenständig, ohne Verbindung zur Fernsehwerbung plaziert. Die Legaldefinition des Teleshopping in Art. 1 Fs-RL 1997 lautet nun:

> Für die Zwecke dieser Richtlinie bedeutet:
> f) „Teleshopping" Sendungen direkter Angebote an die Öffentlichkeit für den Absatz von Waren oder die Erbringung von Dienstleistungen, einschließlich unbeweglicher Sachen, Rechte und Verpflichtungen, gegen Entgelt.

Teleshopping wird nunmehr neutral als „Sendung" bezeichnet und nicht mehr als einfaches „Angebot" im Kontext der Fernsehwerbung. Diese Bezeichnung wertet die Stellung des Teleshopping auf und ist offen sowohl für den Teleshopping-Spot wie auch für das Teleshoppingfenster oder den Sender. Im Unterschied zur ursprünglichen Fassung stellt die neue Definition klar, daß der „Absatz von Waren oder die Erbringung von Dienstleistungen" auch „unbewegliche Sachen, Rechte und Verpflichtungen" einschließt, um die Aufzählung der einzelnen Vertragsarten Verkauf, Kauf, Miete oder Pacht zu vermeiden, da eine abschließende Aufzählung häufig unschön und lückenhaft ist.

Die bedeutendste Neuerung für das Teleshopping liegt darin, daß die Änderungsrichtlinie klar unterscheidet zwischen Teleshopping-Spots (Art. 18), Teleshoppingfenstern (Art. 18a) und reinen Teleshoppingsendern (Art. 19). Zusätzlich wurde ein eigener Artikel für den Eigenwerbekanal geschaffen (Art. 19a).

---

673 Erwägungsgrund Nr. 3 zur Änderungsrichtlinie vom 30. Juni 1997.

674 Erwägungsgrund Nr. 4ff. zur Änderungsrichtlinie vom 30. Juni 1997.

675 Erwägungsgrund Nr. 36 zur Änderungsrichtlinie vom 30. Juni 1997.

aa) Der Teleshopping-Spot

Der Teleshopping-Spot hat neben dem herkömmlichen Werbespot gleichberechigten Eingang in die Werberegelungen der geänderten Fernsehrichtlinie gefunden. Deutlich wird dies schon daran, daß in die Werbebestimmungen der Art. 10 bis 15 Fs-RL 1997 jeweils der Zusatz „und Teleshopping“ aufgenommen worden ist. Die Vorschriften zur Werbeunterbrechung, zum Verbraucher- und Minderjährigenschutz und zu den Werbeverboten gelten nun nicht mehr alleine für die hergebrachte Spotwerbung, sondern finden auch auf das Teleshopping Anwendung.

Die Werbezeitbeschränkungen für den Teleshopping-Spot nach Art. 18 Fs-RL 1997 wurden im wesentlichen dadurch neu gefaßt, daß eigene Bestimmungen für das Teleshoppingfenster und den Teleshoppingsender erstellt wurden. Für die eigentliche zeitliche Beschränkung des Teleshopping-Spots gilt gemäß Art. 18 Abs. 1 Fs-RL 1997 weiterhin, daß er zusammen mit anderen Werbespots 20% der täglichen Sendezeit nicht überschreiten darf, während herkömmliche Werbespots alleine nur maximal 15% der täglichen Sendezeit ausmachen dürfen[676]. Ausdrückliche Anwendung auf den Teleshopping-Spot findet nunmehr Art. 18 Abs. 2 Fs-RL 1997, der den Anteil von Sendezeit für Werbespots und Teleshopping-Spots innerhalb einer Stunde auf 20% beschränkt. Diese Vorschrift galt nach der ursprünglichen Fernsehrichtlinie allein für den Werbespot, weil Teleshoppingfenster nicht unzulässig sein sollten. Vollständig entfallen ist dagegen die in Art. 18 Abs. 3 Fs-RL 1989 enthaltene Einstundengrenze, die für alle Formen des Teleshopping galt.

bb) Das Teleshoppingfenster

In dem neu eingefügten Art. 18a Fs-RL 1997 finden sich eigene Regelungen für das Teleshoppingfenster:

> (1) Teleshopping-Fenster, die von einem Programm gesendet werden, das nicht ausschließlich für Teleshopping bestimmt ist, müssen eine Mindestdauer von 15 Minuten ohne Unterbrechung haben.

---

676 In Art. 18 Abs. 1 Fs-RL 1997 hat sich allein das Regel-Ausnahme-Verhältnis geändert: Ursprünglich waren 15% der Sendezeit für Werbung vorgesehen, die bei Verwendung von Teleshopping auf 20% erhöht werden konnten. Seit der Änderungsrichtlinie wird von regelmäßig 20% Werbezeit ausgegangen, die auf 15% reduziert werden, wenn ausnahmsweise allein Werbespots und kein Teleshopping ausgestrahlt wird.

(2) Es sind höchstens acht solcher Fenster täglich zulässig. Ihre Gesamtsendedauer darf drei Stunden pro Tag nicht überschreiten. Die Fenster müssen optisch und akustisch klar als Teleshopping-Fenster gekennzeichnet sein.

Anhand dieser Bestimmungen ist nicht nur die grundsätzliche Zulässigkeit von Teleshoppingfenstern klargestellt, sondern auch ihr zeitlicher Senderahmen benannt. Teleshoppingfenster werden nun nicht mehr wie zuvor in die einstündige Sendezeit, die für alle Teleshoppingformen zur Verfügung stand, eingerechnet. Stattdessen bestehen für Spot und Fenster jeweils eigene Zeitkontingente. Sinnvollerweise gilt im Rahmen von reinen Teleshoppingsendern nicht die Anforderung der fünfzehnminütigen Mindestdauer von Teleshoppingfenstern, wie der Wortlaut des Art. 18a Abs. 1 Fs-RL 1997 ergibt. Die Formulierung zeigt, daß darüber hinaus auch die Sendezeitbeschränkung von Teleshoppingfenstern auf maximal drei Stunden nicht für den Teleshoppingkanal gilt, weil Art. 18a Abs. 2 von „solchen“ Fenster, also Fenstern im Sinne des Absatzes 1 spricht.

cc) Der Teleshoppingsender

Mit Schaffung des Art. 19 Fs-RL 1997 erhielt auch der reine Teleshoppingsender seine ausdrückliche Legitimation. Zeitliche Grenzen bestehen für diesen Sender nicht, der sein Programm somit 24 Stunden am Tag verbreiten darf. Eingeordnet wird er als Sender eigener Art, auf den alle Kapitel der EG-Fernsehrichtlinie 1997 - abgesehen des einen über die Förderung der Verbreitung und Herstellung von Fernsehprogrammen - entsprechend anwendbar sind. Unmittelbare Anwendbarkeit findet nur Art. 18 Abs. 1 Fs-RL 1997, so daß innerhalb des Teleshoppingsenders Werbe- und Teleshopping-Spots im Rahmen ihrer täglichen Höchstgrenze zulässig sind. Die Geltung von Art. 18 Abs. 2 Fs-RL 1997, d.h. die Sendebeschränkung für Spots auf 20% innerhalb eines Einstundenzeitraumes, wird hingegen ausdrücklich ausgeschlossen. Hinsichtlich seines Inhalts ist für den Teleshoppingsender in den Erwägungsgründen zur geänderten EG-Fernsehrichtlinie klargestellt, daß dieser Sender „ohne herkömmliche Programmelemente wie Nachrichten, Sportsendungen, Spielfilme, Dokumentarfilme und Bühnenwerke“ auskommen muß[677].

Besondere Bedeutung erlangt Art. 19 Fs-RL 1997 im Zusammenspiel mit dem folgenden Art. 19a Fs-RL 1997, der den Eigenwerbekanal behandelt. Erst dadurch stellt sich die Frage nach dem erlaubten Inhalt des Teleshoppingsenders und seiner Abgrenzung zum Eigenwerbekanal. Die Erwägungsgründe zur Richtlinie geben Aufschluß darüber, daß es sich bei der Eigenwerbung um eine

---

677 Erwägungsgrund Nr. 38 zur Änderungsrichtlinie vom 30. Juni 1997.

besondere Form der Werbung handelt, bei welcher der Veranstalter seine eigenen Produkte, Dienstleistungen, Programme oder Sender vertreibt[678]. Im Umkehrschluß ergibt sich daraus, daß es innerhalb eines Teleshoppingsenders gestattet ist, neben eigenen Produkten auch Produkte dritter Anbieter in das Angebot aufzunehmen, indem beispielsweise Sendezeit verkauft wird. Es werden bemerkenswerterweise keine Angaben darüber gemacht, ob die Sendezeit nach Eigenprodukten und Fremdprodukten aufzuteilen ist. Der Veranstalter eines Teleshoppingsenders ist insofern nicht gehalten, überhaupt eigene Produkte anzubieten. Lediglich die zeitlichen Grenzen der Spotwerbung, gleich ob herkömmlicher oder Teleshopping-Spot, müssen eingehalten werden. Daß eine Verteilung der Spots innerhalb der zur Verfügung stehenden Sendezeit im Unterschied zu anderen Voll- oder Spartenprogrammen nicht eingeschränkt ist, liegt auch hier an dem fehlenden Hauptprogramm, das vor einem Übermaß an Werbung zu schützen wäre.

dd) Der Eigenwerbekanal

Art. 19a Fs-RL 1997 normiert den Eigenwerbekanal, der, wie oben gesehen, allein für die Bewerbung eigener Angebote genutzt werden darf. Wie schon für den Teleshoppingsender gelten auch für den Eigenwerbekanal alle Vorschriften außer einem Kapitel der EG-Fernsehrichtlinie 1997 in entsprechender Anwendung. Die Ausstrahlung von Werbe- und Teleshopping-Spots ist im Rahmen des Art. 18 Fs-RL 1997 zulässig, wobei im Unterschied zum Teleshoppingsender auch die Zeitgrenze von 20% Fremdwerbung innerhalb eines Einstundenzeitraumes zu berücksichtigen ist. Der Grund für die Anwendbarkeit des Art. 18 Abs. 2 Fs-RL 1997 ist sicherlich darin zu suchen, daß die Fremdwerbung innerhalb des Eigenwerbekanals gleichmäßig verteilt werden soll, um das Eigenwerbeerfordernis nicht aufzuweichen.

So sehr der Anbieter eines Eigenwerbekanals auf der einen Seite auf die Anpreisung eigener Produkte beschränkt ist, so ist es hinsichtlich der Darbietungsformen freier als der Anbieter eines Teleshoppingkanals. Dem Eigenwerbekanal ist es gestattet, Werbung für eigene Belange zu betreiben, ohne daß es sich um ein Teleshoppingangebot handeln muß. Wenn ein Veranstalter etwa in einem Eigenwerbekanal für einen anderen, ihm gehörenden Sender oder ein ihm gehörendes Programm werben möchte, ist es ihm erlaubt, Trailer und Programmauszüge zu zeigen[679]. Demnach ist ein Eigenwerbekanal nicht zwangsläufig ein reiner Teleshoppingkanal, auch wenn dies nicht ausgeschlossen ist.

---

678 Erwägungsgrund Nr. 39 zur Änderungsrichtlinie vom 30. Juni 1997.

679 Erwägungsgrund Nr. 39 zur Änderungsrichtlinie vom 30. Juni 1997.

Ein Eigenwerbekanal ist seiner Definition zufolge jedenfalls kein Teleshoppingsender. Deswegen ist er nicht nur hinsichtlich der Spotwerbung an die Zeitgrenzen des Art. 18 Fs-RL 1997 gebunden, sondern auch an die für Teleshoppingfenster, da Art. 18a Fs-RL 1997 gemäß seinem Wortlaut von der zeitlichen Limitierung der Teleshoppingfenster nur für reine Teleshoppingsender absieht. Zwar weist die Regelung zum Eigenwerbekanal nicht ebenso ausdrücklich auf die Anwendbarkeit des Art. 18a Fs-RL 1997 hin wie auf die des Art. 18 Fs-RL 1997. Jedoch gilt die Regelung des Art. 18a Fs-RL 1997 über Teleshoppingfenster auch für den Eigenwerbekanal, weil sie Teil des für entsprechend anwendbar erklärten Kapitels IV ist.

Nach heutigem Stand fallen die beiden in Deutschland bestehenden Teleshoppinganbieter H.O.T. und QVC sowohl in die Kategorie der reinen Teleshoppingsender wie auch in die der Eigenwerbekanäle: Beide Veranstalter haben sowohl nur Teleshoppingangebote in ihrem Programm, wie sie auch nur eigene Produkte bewerben.

ee) Zusammenfassung

Als Ergebnis der geänderten Fassung der Fernsehrichtlinie vom 30. Juni 1997 ist zusammenzufassen:

1. Teleshopping-Spots unterfallen gemäß Art. 18 Fs-RL 1997 weiterhin den gleichen Werbezeitbeschränkungen wie herkömmliche Werbespots im Rahmen der Ausgangsrichtlinie mit dem Unterschied, daß nunmehr auch die 20%-Werbezeitgrenze innerhalb eines Einstundenzeitraums auf Teleshopping-Spots anzuwenden ist.
2. Teleshoppingfenster sind gemäß Art. 18a Fs-RL 1997 zulässig. Pro Tag können bis zu acht Fenster bei einer Sendezeitbeschränkung auf insgesamt drei Stunden innerhalb eines Programms, welches nicht aussschließlich für Teleshopping bestimmt ist, ausgestrahlt werden.
3. Die EG-Fernsehrichtlinie 1997 regelt in Art. 19 Fs-RL 1997 ausdrücklich den reinen Teleshoppingsender, in dessen Programm Eigen- wie auch Fremdwerbung zulässig ist. Im übrigen gelten für ihn alle Kapitel der Richtlinie - mit Ausnahme des Kapitels III über die Förderung europäischer Werke - in entsprechender Anwendung.
4. Art. 19a Fs-RL 1997 erklärt den Eigenwerbekanal für zulässig, der ausschließlich eigene Produkte bewerben darf, dabei jedoch nicht auf das Teleshopping beschränkt ist. Auf ihn sind ebenso alle Kapitel der Richtlinie - mit Ausnahme des Kapitels III - entsprechend anwendbar.

c) Fazit für das Teleshopping

Für die Angebotsform Teleshopping hat die Novellierung der EG-Fernsehrichtlinie zu Klarheit und Rechtssicherheit geführt. Teleshopping-Spots und -fenster wurden in der Fernsehrichtlinie 1997 regelungstechnisch getrennt und von der gemeinsamen Sendezeitbegrenzung auf eine Stunde täglich befreit. Für den reinen Teleshoppingsender sind beim Übergang von der EG-Fernsehrichtlinie 1989 zu der Änderungsrichtlinie 1997 keine grundlegenden Veränderungen eingetreten, wenn seine Zulässigkeit schon unter der Richtlinie von 1989 anerkannt worden ist, wie es vorliegend vertreten wird. Seine Zulässigkeit ist nun allerdings positiv festgeschrieben ebenso wie die entsprechende Anwendbarkeit aller sinngemäß auf diese Angebotsform passenden Vorschriften der EG-Fernsehrichtlinie. Neu eingeführt wurde der Eigenwerbekanal, auf den sich auch der Teleshoppinganbieter berufen kann, der eigene Produkte anbietet.

2. Kapitel: Die Gesetzeslage in Deutschland

Die dargestellten Regelungen des Fernsehübereinkommens durch den Europarat wie auch die EG-Fernsehrichtlinien aus den Jahren 1989 und 1997 geben dem deutschen Rundfunkrecht den Rahmen vor. Auch wenn das Fernsehübereinkommen aufgrund seines Art. 27 Abs. 1 FsÜ für die Europäische Gemeinschaft hinter die fast inhaltsgleiche EG-Fernsehrichtlinie 1989 zurücktritt, so müssen erst recht die Gemeinschaftsrichtlinien in den einzelnen Mitgliedstaaten gemäß Art. 249 Abs. 3 EGV umgesetzt werden. Die Bestimmungen der EG-Fernsehrichtlinie von 1989 haben für die Bundesrepublik Deutschland Eingang in den Rundfunkstaatsvertrag der Länder aus dem Jahr 1992 gefunden[680]. Eine Umsetzung der EG-Fernsehrichtlinie 1997 ist durch den 4. Rundfunkänderungsstaatsvertrag erfolgt, der allerdings nicht fristgemäß zum 30. Dezember 1998 zustande gekommen ist, sondern erst zum 1. April 2000 in Kraft treten wird. Die Verzögerung der Umsetzung lag insbesondere an Unstimmigkeiten über den Rundfunkfinanzausgleich und die ARD-Strukturreform sowie an den

[680] Offiziell allerdings diente dieser Rundfunkstaatsvertrag nur dazu, das Fernsehübereinkommen, nicht aber die Fernsehrichtlinie umzusetzen, was seine Ursache darin hatte, daß die Bundesländer die Zuständigkeit der Europäischen Gemeinschaft zum Erlaß der Fernsehrichtlinie angezweifelt haben. Daher ist fraglich, ob eine Umsetzung im Sinne des Gemeinschaftsrechts jemals erfolgte. Vgl. *Hartstein/Ring/Kreile/Dörr/Stettner*, RStV, 2. Aufl., Rz. 25 zu § 27; *Holznagel*, Rundfunkrecht in Europa, S. 188; *Martín-Pérez de Nanclares*, EG-Fernsehrichtlinie, S. 213.

Neuerungen zum digitalen Fernsehen[681]. Weniger betroffen waren von den Unstimmigkeiten die Neuregelungen zum Teleshopping, die nach der geltenden, wenn auch noch nicht ratifizierten Fassung im wesentlichen die Bestimmungen der EG-Fernsehrichtlinie 1997 wiedergeben.

Da der Rundfunk in Deutschland in die Gesetzgebungskompetenz der Länder fällt[682], werden zunächst die für das Teleshopping relevanten Regelungen auf Länderebene dargestellt und im Anschluß daran das Teledienstegesetz des Bundes, das sich ebenfalls mit dem Bildschirmeinkauf befaßt.

I. Die Regelungen durch die Länder

Die Länder waren in dem Bereich, der für das Teleshopping von Interesse ist, gleich mehrfach tätig: Sowohl der Rundfunkstaatsvertrag vom 1. Januar 1997 wie auch der Mediendienste-Staatsvertrag vom 1. August 1997 enthalten Bestimmungen zum Teleshopping. Aber auch die unterschiedlichen Landesmediengesetze sind für das Teleshopping von Interesse, da die Verbreitung solcher (noch) neuen Angebotsformen zunächst in Form von Versuchszulassungen ermöglicht wurde.

1. Der Rundfunkstaatsvertrag

Genau genommen gibt es nicht nur einen, sondern mehrere Rundfunkstaatsverträge. Der ursprüngliche Rundfunkstaatsvertrag datiert vom 1./3. April 1987 und hat erstmals das duale Rundfunksystem gesetzlich etabliert, indem er Regelungen für den öffentlich-rechtlichen wie für den privaten Rundfunk in Deutschland enthielt[683]. Die Wiedervereinigung des getrennten Deutschland hat auch im Rundfunkbereich zu Veränderungen geführt, so daß die Länder sich vor die Aufgabe gestellt sahen, für einheitliche Rundfunkstrukturen zu sorgen[684]. Zu diesem Zweck wurde am 31. August 1991 durch die Ministerpräsidenten der Länder der „Staatsvertrag über den Rundfunk im vereinten Deutschland" geschlossen, der nach Billigung durch alle Länderparlamente am

---

681 Bericht „Noch keine Fortschritte beim Rundfunkstaatsvertrag" in: AfP 1998, 385.

682 Vgl. dazu unten a) und 2.a).

683 *Hartstein/Ring/Kreile/Dörr/Stettner*, RStV, Rz. 4 der AE.

684 *Stock*, RuF 1992, 189/190.

1. Januar 1992 in Kraft getreten ist[685]. Dieser Gesamtstaatsvertrag reiht als Artikel-Staatsvertrag sechs separate, jeweils in sich geschlossene Staatsverträge aneinander[686], wovon der eigentliche Rundfunkstaatsvertrag den Artikel 1 bildet[687]. Neben der Einbeziehung der neuen Bundesländer hatte der neue Rundfunkstaatsvertrag auch den Sinn, das deutsche Rundfunkrecht an die europäischen Regelungen des Fensehübereinkommens des Europarats und der EG-Fernsehrichtlinie 1989 anzugleichen[688].

Vornehmlich wegen der Diskussion über Gewaltdarstellungen im Fernsehen und mangelnden Jugendschutz haben die Länder sich darauf verständigt, diesen Rundfunkstaatsvertrag zu überarbeiten[689], so daß am 1. August 1994 der Erste Änderungsstaatsvertrag vom 2. Februar/ 1. März 1994[690] in Kraft trat. Dem Zweiten Änderungsstaatsvertrag vom 22. Juni 1995[691], der am 1. Januar 1996 in Kraft trat, wurde kaum Aufmerksamkeit zuteil, da er lediglich eine geringe Änderung hinsichtlich der Verwendung von Mitteln aus der Rundfunkgebühr durch die Landesmedienanstalten mit sich brachte[692]. Bedeutend waren hingegen die Änderungen des Dritten Rundfunkänderungsstaatsvertrages vom 26. August/11. September 1996[693], der zum 1. Januar 1997 in Kraft getreten ist. Der geänderte Rundfunkstaatsvertrag erhielt insbesondere eine materiell-, organisations- und verfahrensrechtliche Totalrevision der Bestimmungen zur Siche-

---

685 *Herrmann*, Rundfunkrecht, Rz. 135 zu § 4; *Hartstein/Ring/Kreile/Dörr/Stettner*, RStV, Rz. 1 der AE.

686 Die Wahl eines Artikel-Staatsvertrages als Form war geboten, um ein einheitliches Inkrafttreten aller einzelnen Staatsverträge zum 1. Januar 1992 zu gewährleisten und damit eine einheitliche Rahmenordnung auf dem Gebiet des Rundfunks in Deutschland zu schaffen, so die Amtl. Begründung zum Rundfunkstaatsvertrag 1992, abgedruckt in: LT-Drs. Rh.-Pf. 12/273, S. 39, A.

687 Art. 2: ARD-Staatsvertrag; Art. 3: ZDF-Staatsvertrag; Art. 4: Rundfunkgebührenstaatsvertrag; Art. 5: Rundfunkfinanzierungsstaatsvertrag und Art. 6: Btx-Staatsvertrag.

688 *Stock*, RuF 1992, 189/192.

689 *Dörr*, NJW 1995, 2263/2267.

690 Abgedruckt in: LT-Drs. Rh.-Pf. 12/4579, S. 10 und GVBl. Rh.-Pf. 1994, 276.

691 Abgedruckt in: LT-Drs. Rh.-Pf. 12/7098, S. 7.

692 Die Frist des § 29 Abs. 1 Satz 2 RStV 1994 zur Förderung von landesrechtlich gebotener technischer Infrastruktur wurde um weitere fünf Jahre verlängert.

693 Abgedruckt in: LT-Drs. Rh.-Pf. 13/559, S. 26.

rung der Meinungsvielfalt im privaten Rundfunk[694] und Neuerungen im Gebührenfestsetzungsverfahren[695].

Inzwischen liegt der Vierte Rundfunkänderungsstaatsvertrag vor, der die Bestimmungen der EG-Fernsehrichtlinie 1997 umsetzt. Da derzeit noch der Rundfunkstaatsvertrag, der am 1. Januar 1997 in Kraft getreten ist, Bestand hat, kann auf seine Darstellung nicht verzichtet werden. Dennoch werden auch die für das Teleshopping künftig geltenden Regelungen aus dem Vierten Rundfunkänderungsstaatsvertrag vorgestellt.

a) Die Gesetzgebungskompetenz

Die Streitfrage über die Verwaltungs- und Gesetzgebungskompetenz zwischen Bund und Ländern im Hinblick auf den Rundfunk hat das Bundesverfassungsgericht in seinem 1. Fernsehurteil vom 22. Februar 1961 zugunsten der Länder entschieden[696]. Das Gericht ist nach Auslegung der Bundeskompetenzen aus Art. 73 Nr. 7, 87 Abs. 1 GG nach Wortlaut, historischen und systematischen Gesichtspunkten zu dem Ergebnis gelangt, daß das Post- und Fernmeldewesen nur den sendetechnischen Bereich des Rundfunks unter Ausschluß der Studiotechnik, nicht aber den Rundfunk als Ganzes umfasse[697]. Auch der Aspekt der Überregionalität von Rundfunksendungen vermöge nicht, eine Bundeskompetenz kraft Sachzusammenhangs zu begründen, da Sendetechnik und Veranstaltung von Rundfunksendungen Sachbereiche seien, die sich trennen und gesondert regeln ließen[698]. An dieser Grundsatzentscheidung hat auch die Einführung des Begriffs „Telekommunikation“ in den Art. 73 Nr. 7 GG nichts geändert, da die Bundeskompetenz dadurch nicht erweitert werden sollte[699]. Insofern gilt in diesem Bereich - weiterhin - der Grundsatz der Länderkompetenz, da gemäß Art. 70 Abs. 1 GG der Bund Gesetzgebungsbefugnisse nur dort innehat, wo das Grundgesetz sie ihm verleiht.

---

694 *Dörr*, NJW 1997, 1341/1344f.

695 Das eigentliche Verfahren ist jedoch im Rundfunkfinanzierungsstaatsvertrag niedergelegt.

696 BVerfGE 12, 205.

697 BVerfGE 12, 205/225.

698 BVerfGE 12, 205/237.

699 *Kuch*, ZUM 1997, 225/228; *Schulz*, ZUM 1996, 487/495 unter Bezug auf BT-Drs. 12/7269, S. 4; nach *Degenhart* wurde durch die Umformulierung von „Post- und Fernmeldewesen“ in „Post und Telekommunikation“ nur der Trennung der Unternehmensbereiche Rechnung getragen, in: Sachs, GG, Rz. 30 sowie 32 und 35 zu Art. 73.

b) Der Rundfunkstaatsvertrag 1997

Der Rundfunkstaatsvertrag ist „Kern der dualen Rundfunkordnung in Deutschland“[700], der als länderübergreifendes Regelungswerk für alle Bereiche des Rundfunks, den öffentlich-rechtlichen ebenso wie den privaten Rundfunk, grundsätzliche Regelungen schafft[701]. Konkrete Regelungen für das Teleshopping enthält der Rundfunkstaatsvertrag 1997 allein in bezug auf das Teleshopping als Form der Fernsehwerbung, wie dies aus den europäischen Regelungen von 1989 bekannt ist. Noch keine ausdrückliche Regelung hat der reine Teleshoppingsender gefunden.

aa) Das Teleshopping als Werbeform

Der Rundfunkstaatsvertrag 1997 unterscheidet für die Werbeform Teleshopping nach öffentlich-rechtlichem Rundfunk und privatem Rundfunk. Für den ersten besteht ein vollständiges Verbot, Teleshopping als Werbeform einzusetzen. Für den zweiten bestehen Werbezeitgrenzen, wie sie aus dem Europäischen Fernsehübereinkommen und den EG-Fernsehrichtlinien bekannt sind.

aaa) Das Teleshopping im öffentlich-rechtlichen Rundfunk

Für den öffentlich-rechtlichen Rundfunk ist die Verbreitung von Teleshopping gemäß § 18 RStV 1997 unzulässig. Wörtlich heißt es:

> Werbesendungen in Form von direkten Angeboten an die Öffentlichkeit für den Verkauf, den Kauf oder die Miete oder Pacht von Erzeugnissen oder die Erbringungen von Dienstleistungen (Ferseheinkauf) finden im öffentlich-rechtlichen Rundfunk nicht statt.

Diese Norm enthält damit eine Legaldefinition des Teleshopping, die nicht zwischen den verschiedenen Teleshoppingformen unterscheidet und somit für den öffentlich-rechtlichen Rundfunk alle Formen ausnahmslos verbietet. Der Stellung des § 18 RStV 1997 innerhalb der Werberegeln zufolge bezieht sich diese Vorschrift allerdings ausschließlich auf Teleshopping als Werbeform, also auf Teleshopping-Spots oder -fenster innerhalb eines öffentlich-rechtlichen Voll- oder Spartenprogramms. Diese Norm ist nicht gedacht für reine Teleshoppingkanäle. Der ratio des § 18 RStV 1997 und der besonderen Stellung des öffent-

---

[700] *Hartstein/Ring/Kreile/Dörr/Stettner*, RStV, Rz. 3 der AE.

[701] *Hartstein/Ring/Kreile/Dörr/Stettner*, RStV, Rz. 4 der AE.

lich-rechtlichen Rundfunks entsprechend bedeutet das ausnahmslose Teleshoppingwerbeverbot im Erst-recht-Schluß auch ein absolutes Verbot für den öffentlich-rechtlichen Rundfunk, einen eigenen Teleshoppingkanal ins Leben zu rufen. In der amtlichen Begründung, wie sie auch dem heutigen § 18 RStV 1997 noch zugrunde liegt, heißt es, daß die Werbeform des Teleshopping auch in Zukunft nur dem privaten Rundfunk vorbehalten bleiben soll[702]. Daß sich die Legaldefinition des Teleshopping in dieser Vorschrift findet, ist insofern sinnvoll, als dem öffentlich-rechtlichen Rundfunk wegen des Verbots des Fernseheinkaufs eine exakte Abgrenzung zu den anderen erlaubten Werbeformen möglich sein muß[703]. Die Legaldefinition ist im übrigen angelehnt an europäische Regelungen und dabei insbesondere an Art. 12 Abs. 3 FsÜ[704].

bbb) Das Teleshopping im privaten Rundfunk

Die Regelung des Teleshopping im privaten Rundfunk findet sich im Unterabschnitt über Finanzierung und Werbung und damit innerhalb der Werberegelungen. Der 3. Rundfunkänderungsstaatsvertrag, der zum 1. Januar 1997 in Kraft getreten ist, konnte naturgemäß die Änderungen der EG-Fernsehrichtlinie vom 30. Juni 1997 noch nicht berücksichtigen, sondern knüpft inhaltlich an das Europäische Fernsehübereinkommen bzw. die EG-Fernsehrichtlinie aus dem Jahr 1989 an. Daher enthält der Rundfunkstaatsvertrag 1997 ebenso wie die europäischen Regelungen mit § 45 RStV 1997 nur eine Bestimmung, die das Teleshopping als besondere Erscheinungsform der Werbung einordnet und es zeitlich limitiert. Die Werbezeitbegrenzungen sind mit denen des Art. 12 FsÜ bzw. Art. 18 Fs-RL 1989 trotz leicht variierender Formulierungen identisch. Nach § 45 Abs. 1 RStV 1997 beträgt die Werbezeit für Werbe- und Teleshopping-Spots 20% der täglichen Sendezeit und reduziert sich auf 15%, wenn nur herkömmliche Spotwerbung ausgestrahlt wird. Die Begrenzung der Werbung auf 20% Werbezeit innerhalb eines Einstundenzeitraums gilt allein für die herkömmliche Spotwerbung, nicht aber für das Teleshopping. Durch die Aufhebung dieser Beschränkung für das Teleshopping wird die Ausstrahlung von Teleshoppingfenstern ermöglicht. Teleshopping-Spots und -fenster müssen sich zusammen an die zeitliche Grenze des § 45 Abs. 3 RStV 1997 halten, die bei einer Stunde Sendezeit pro Tag liegt. Diese Bestimmung greift die zeitliche Be-

---

[702] Amtl. Begründung zu § 17 RStV 1992, abgedruckt in: LT-Drs. Rh.-Pf. 12/273, S. 50.

[703] *Hartstein/Ring/Kreile/Dörr/Stettner*, RStV, Rz. 2 zu § 18.

[704] Amtl. Begründung zu § 17 RStV 1992 a.F., abgedruckt in: LT-Drs. Rh.-Pf. 12/273, S. 50; vgl. oben 1. Kapitel, I.1.a).

grenzung des Art. 12 Abs. 3 FsÜ und des Art. 18 Abs. 3 Fs-RL 1989 auf[705]. § 45 Abs. 3 RStV 1997 wiederholt im übrigen nochmals die Definition von Teleshopping, wie sie bereits in § 18 RStV 1997 erwähnt wird, und trifft damit eine Aussage über die grundsätzliche Zulässigkeit des Teleshopping als Werbeform im privaten Rundfunk[706].

bb) Das Teleshopping als eigener Kanal

Spezialgesetzliche Regelungen für den reinen Teleshoppingsender finden sich im Rundfunkstaatsvertrag 1997 nicht. Die Einstundengrenze des § 45 Abs. 3 RStV 1997 ist für den reinen Teleshoppingkanal ohne Bedeutung, da sich die Bestimmung lediglich mit dem Teleshopping als Mittel der Rundfunkfinanzierung befaßt[707], der Teleshoppingkanal aber als Selbstzweck betrieben wird. Es bleibt also wiederum zu prüfen, ob die Sendungen eines Teleshoppingkanals als Rundfunk in den Anwendungsbereich des Rundfunkstaatsvertrages 1997 fallen. Sobald die Rundfunkeigenschaft eines Medienangebotes im Sinne des § 2 RStV 1997 feststeht, ist automatisch der Anwendungsbereich des Rundfunkstaatsvertrages eröffnet, selbst wenn der Gesetzgeber bei dessen Schaffen das spezielle Angebot noch nicht berücksichtigt hat. Dies hat zur Folge, daß sämtliche Vorschriften des Rundfunkstaatsvertrages auch auf den Teleshoppingsender anzuwenden wären, zumindest soweit dieses sinngemäß möglich ist. Ausgeschlossen von der Übertragbarkeit auf den Teleshoppingsender wären daher Regelungen wie § 6 RStV 1997, der die vorrangige Verbreitung europäischer Produktionen von Spielfilmen, Fernsehspielen, Serien und Dokumentarsendungen fordert. Alle anderen Bestimmungen des Staatsvertrages, sowohl die allgemeinen Vorschriften des I. Abschnitts wie auch die für den privaten Rundfunk in den Abschnitten III und IV, wären ohne weiteres auf den Teleshoppingsender übertragbar, da auch ein Teleshoppingsender Jugendschutzbestimmungen, Programmgrundsätze oder Werbezeitbegrenzungen für Werbung Dritter beachten kann[708]. Es trifft daher nicht zu, daß die bisherigen Rundfunkstaatsverträge teilweise auf den Teleshoppingkanal nicht zugeschnitten seien[709] und daß daher der Teleshoppingkanal als Rundfunkangebot zulässig, aber un-

---

705 Amtl. Begründung zu § 27 RStV 1992 a.F., die sich allerdings nur auf Art. 12 FsÜ bezieht, abgedruckt in: LT-Drs. Rh.-Pf. 12/273, S. 55.

706 *Degenhart*, ZUM 1995, 353.

707 *Gersdorf*, Rundfunkfreiheit, S. .41.

708 Eine andere Frage ist, ob die Anwendung aller Normen auf den Teleshoppingsender sinnvoll oder verfassungsmäßig überhaupt zulässig ist, vgl. dazu unten Teil 4, 2. Kapitel, I.1.

709 *Gersdorf*, ZUM 1995, 841/846.

geregelt sei[710]. *Schroeder* begründet diese Ansicht damit, daß gesetzliche Beschränkungen, die für ein Medium entwickelt worden seien, nur bei einer vergleichbaren kommunikationstechnischen Situation auf andere Medien übertragen werden könnten[711]. Daß die Bestimmungen des Rundfunkstaatsvertrages 1997 auf den Teleshoppingkanal Anwendung finden können, beweist gerade die Vergleichbarkeit der kommunikationstechnischen Situation des Teleshopping mit dem herkömmlichen Rundfunk. Insoweit hängt die Anwendbarkeit des Rundfunkstaatsvertrages 1997 auf den Teleshoppingkanal davon ab, ob er Rundfunkeigenschaft im Sinne des Art. 2 Abs. 1 RStV 1997 besitzt.

aaa) Der Rundfunkbegriff des § 2 Abs. 1 RStV 1997

Der Staatsvertrag befaßt sich mit Rundfunk, wie er seit dem 2. Änderungsstaatsvertrag in § 2 Abs. 1 RStV[712] legaldefiniert wird:

> Rundfunk ist die für die Allgemeinheit bestimmte Veranstaltung und Verbreitung von Darbietungen aller Art in Wort, in Ton und in Bild unter Benutzung elektromagnetischer Schwingungen ohne Verbindungsleitung oder längs oder mittels eines Leiters. Der Begriff schließt Darbietungen ein, die verschlüsselt verbreitet werden oder gegen besonderes Entgelt empfangbar sind.

Mit dem eigendefinierten Rundfunkbegriff haben die Länder den Anwendungsbereich des Rundfunkstaatsvertrages festgelegt. Obwohl sie versucht haben, nahe am verfassungsrechtlichen Begriff des Rundfunks zu bleiben[713], sind die beiden Rundfunkbegriffe nicht zwangsläufig deckungsgleich, schon weil der verfassungsrechtliche Rundfunk nicht endgültig einfachgesetzlich definiert werden kann[714]. Der Rundfunkbegriff des § 2 Abs. 1 RStV 1997 knüpft an die grundlegende Definition des § 1 Abs. 2 des Rundfunkgebührenstaatsvertrags von 1968[715] an und orientiert sich an den Auslegungskriterien, auf welche sich

---

710 So aber *Degenhart*, ZUM 1995, 353/358; *Gersdorf*, Rundfunkfreiheit, S. 45; *ders.*, ZUM 1995, 841/848; *Schroeder*, ZUM 1994, 471/472.

711 *Schroeder*, ZUM 1994, 471/472.

712 In der Fassung des 3. Rundfunkänderungsstaatsvertrages 1997.

713 Vgl. Amtl. Begründung zu § 2 RStV 1991, abgedruckt bei *Hartstein/Ring/Kreile/Dörr/ Stettner*, RStV, vor Rz. 1 zu § 2.

714 Vgl. oben Teil 2, 1. Kapitel; beim verfassungsrechtlichen Rundfunkbegriff ist immer auch die Funktion der Rundfunkfreiheit und ihre systematische Einbettung in Art. 5 Abs. 1 GG zu beachten, so *Jarass*, AfP 1998, 133/134; siehe auch die Entscheidung des BVerfG (E 74, 297/351f.), in welcher Unterschiede zwischen dem verfassungsrechtlichen und dem einfachgesetzlichen Rundfunkbegriff festgestellt wurde.

715 *Herrmann*, Rundfunkrecht, Rz. 16f. zu § 17.

die Rundfunkreferenten der Länder 1975 im „Schliersee- Papier“[716] geeinigt haben. Da für das Teleshopping die Elemente der Übertragungsart und Ausrichtung an die Allgemeinheit außer Frage stehen, ist das für seine Einordnung entscheidende Element der Definition die „Darbietung“. Eine rundfunkrechtlich relevante Darbietung liegt nicht vor, wenn sie zur öffentlichen Meinungsbildung weder bestimmt noch geeignet ist und im Sinne der vom Bundesverfassungsgericht entwickelten Grundsätze zu Art. 5 Abs. 1 Satz 2 GG für die öffentliche Meinungsbildung nicht relevant ist[717] . Die Erkenntnis geht gegenwärtig dahin, daß eine Darbietung vorliege, wenn ein elektronisches Angebot Informationsinhalte habe, die bestimmt und geeignet seien, die individuelle oder öffentliche Meinungsbildung zu beeinflussen. Meinungsbildungsrelevanz hätten indessen, wenn auch mit unterschiedlicher Wirkungsintensität, so gut wie alle Inhalte[718].

Trotzdem werden seit Inkraftreten des Mediendienste-Staatsvertrages[719] alle Angebote, die zwar dem Erfordernis der Darbietung genügen, aber für die individuelle oder öffentliche Meinungsbildung nur wenig relevant sind, vom Anwendungsbereich des Rundfunkstaatsvertrages ausgenommen[720], da in Abgrenzung zum Rundfunk ein Mediendienst dann gegeben ist, wenn ein Angebot gar nicht oder nur gering zur Meinungsbildung geeignet ist. Auch die Formulierung des § 2 Abs. 2 Nr. 4 Mediendienste-Staatsvertrag (MDStV), die von „Text-, Ton- oder Bild*darbietungen*“ spricht, zeigt, daß ein Mediendienst vom Darbietungscharakter nicht vollständig frei sein muß. Es gilt also nicht mehr der Grundsatz, daß jede Darbietung den Rundfunk charakterisiert. Vielmehr kommt es auf die mehr oder weniger ausgeprägte Meinungsrelevanz der Darbietung an. Damit verliert das Merkmal der Darbietung für die Abgrenzung des Rundfunks im Sinne des Rundfunkstaatsvertrages an Unterscheidungskraft. Mit Hilfe dieses Merkmals läßt sich nurmehr feststellen, daß der Anwendungs-

716 Abgedruckt bei *Ring*, Medienrecht, Bd. 3, D-I.

717 So das „Schliersee-Papier“, B., II.c), abgedruckt bei *Ring*, Medienrecht, Bd. 3, D-I.

718 So die Direktorenkonferenz der Landesmedienanstalten (DLM), Erstes Strukturpapier über die Zuständigkeit der Landesmedienanstalten im Grenzbereich zwischen Rundfunk und Mediendienste und die Unterscheidung von Rundfunk und Mediendiensten vom 16. Dezember 1997 (im folgenden: Strukturpapier der DLM vom 16.12.1997), 2.1.1; abgedruckt bei: *Hartstein/Ring/Kreile/Dörr/Stettner*, RStV, Rz. 9 zu § 2; beibehalten im Ersten Strukturpapier zur Unterscheidung von Rundfunk und Mediendiensten vom Dezember 1998 (im folgenden Strukturpapier der DLM vom Dezember 1998), abzurufen unter: http://www.alm.de

719 Dazu im einzelnen unten 2.

720 Mediendienste dürfen in geringer Weise meinungsbildend wirken, vgl. Amtl. Begründung zum Mediendienste-Staatsvertrag, B., zu § 2.

bereich des Rundfunkstaatsvertrages in keinem Fall eröffnet sein kann, wenn keine Darbietung vorliegt. Liegt eine Darbietung vor, muß anhand ihres Einflusses auf die Meinungsbildung unterschieden werden, ob der Anwendungsbereich des Rundfunkstaatsvertrages oder des Mediendienste-Staatsvertrages eröffnet ist.

Zwischen dem einfachgesetzlichen und dem verfassungsrechtlichen Rundfunkbegriff besteht damit insofern ein Unterschied, als daß Art. 5 Abs. 1 Satz 2 GG nicht qualitativ differenziert, in welchem Maß ein Angebot auf die Meinungsbildung einwirkt, solange grundsätzlich die Eignung zur Meinungsbildung gegeben ist[721].

bbb) Die verschiedenen Formen des Teleshopping im Anwendungsbereich des § 2 Abs. 1 RStV 1997

Im Grunde scheint das Ergebnis der Einordnung von Teleshopping bereits vorweggenommen: Der Mediendienste-Staatsvertrag erklärt Teleshopping in § 2 Abs. 2 Nr. 1 MDStV zu einem Regelbeispiel für Mediendienste. Teleshopping wird also bereits vom Gesetzgeber als nur gering oder gar nicht zur Meinungsbildung geeignet eingestuft. Angesichts der unterschiedlichen Formen des Teleshopping greift diese pauschale Kategorisierung jedoch zu kurz. So nimmt auch die Direktorenkonferenz der Landesmedienanstalten an, daß ein Angebot, das einem der Regelbeispiele in § 2 Abs. 2 Nr. 1 - 4 MDStV entspricht, nicht stets ein Mediendienst sein muß, sondern daß vielmehr eine Gesamtbewertung vorzunehmen sei. Bei dieser Gesamtbewertung sei zu berücksichtigen, inwieweit ein Angebot neben der individuellen auch die öffentliche Meinungsbildung beeinflusse, ob es also über den Bereich der persönlichen Lebensführung hinausgehe und sich auf Themen beziehe, die den Menschen als Teil der Gesellschaft beträfen[722]. Aus dem gleichen Grund sieht § 20 Abs. 2 RStV 1997 ausdrücklich vor, daß Mediendienste, die dem Rundfunk zuzuordnen sind, in den Regelungsbereich des Rundfunkstaatsvertrages fallen.

Mediendienste seien nicht meinungsrelevant, weil sie inhaltlich eng begrenzt seien oder ihnen die Suggestivkraft der bewegten Bilder fehle[723], während sich der Rundfunk nach Ansicht des Bundesverfassungsgerichts dadurch auszeich-

---

721 Vgl. oben Teil 2, 1. Kapitel, II.2. und III.4.

722 Strukturpapier der DLM vom 16.12.1997 und vom Dezember 1998, 2.1.4.

723 So wird sowohl in der Amtl. Begründung zum Mediendienste-Staatsvertrag, B., zu § 2, wie auch im Strukturpapier der DLM vom 16.12.1997 und vom Dezember 1998, 2.1.4., argumentiert.

net, daß er durch seine Breitenwirkung, seine Aktualität und Suggestivkraft besondere Meinungsbildungsrelevanz erhält[724]. Für die unterschiedlichen Teleshopping-angebote ist bei der Meinungsbildungsrelevanz zu differenzieren. Sobald das Programm eines 24-stündigen Teleshoppingangebots in der Hauptsache aus Infomercials und Verkaufsshows besteht, die Werbung mit stark informierenden und unterhaltenden Elementen mischen[725], ist der Einfluß auf die Meinungsbildung bei den Rezipienten nicht geringer als bei anderen Unterhaltungs- oder Informationssendungen. Unterhaltung und Information gehören aber eindeutig in den Anwendungsbereich des Rundfunkstaatsvertrages[726]. Zudem verfügen Infomercial und Verkaufsshow über dieselbe Suggestivkraft bewegter Bilder wie herkömmliche Rundfunksendungen. Ein qualitativer Unterschied in der Eignung zur Meinungsbildung besteht bei solchen Teleshoppingangeboten, die sich auf Produktmoderationen oder bloße Produktbeschreibungen beschränken. Solange es nur um das Produkt selbst und sein Umfeld geht, ist das Teleshoppingangebot als Werbung zwar grundsätzlich geeignet, die private wie auch die öffentliche Meinung des Rezipienten zu beeinflussen[727]. Im Vergleich aber zu politischen, kulturellen, informativen oder auch allein unterhaltenden Beiträgen ist die Eignung zur Meinungsbildung als relativ geringer einzuschätzen[728], da Meinung nur über einzelne Produkte erzeugt wird, ohne ein gesellschaftlich relevantes Gesamtbild zu vermitteln. Gerade dieser Qualitätsunterschied in der Eignung zur Meinungsbildung gibt den Ausschlag, ob ein Angebot dem Rundfunkstaatsvertrag oder dem Mediendienste-Staatsvertrag zuzurechnen ist. Allgemeingültige, objektive Kriterien lassen sich für diese Abgrenzung nicht aufstellen, weil für jeden Fall eine Wertung vorzunehmen ist. Diese läßt sich jedoch nicht umgehen, da von Seiten des Gesetzgebers keine eindeutigeren Abgrenzungskriterien vorgesehen sind[729].

Nur schwer sind daher solche Teleshoppingangebote einzuordnen, die sich nicht in den Reinformen von Verkaufsshow, Infomercial, Produktmoderation oder Produktpräsentation darstellen. Aus § 20 Abs. 2 RStV 1997 ergibt sich, daß über die Zulassung als Mediendienst oder Rundfunk für das Gesamtangebot entschieden wird. Über die Einordnung entscheidet also nicht die Meinungsrelevanz der einzelnen Sendung. Als Beurteilungsgrundlage kann entwe-

---

724 BVerfGE 90, 60/87.

725 Siehe dazu auch *Mayer/Motz*, ZUM 1998, 133/137.

726 *Hartstein/Ring/Kreile/Dörr/Stettner*, RStV, Rz. 19 zu § 2.

727 Vgl. oben Teil 2, 1. Kapitel, III.4.

728 Vgl. die Amtl. Begründung zum Mediendienste-Staatsvertrag, B., zu § 2.

729 Ebenfalls kritisch die DLM im Strukturpapier vom 16.12.1997 und vom Dezember 1998, 2.1.1.

der der objektiv meinungsbildende Gehalt des Gesamtangebots zugrunde gelegt werden oder die meinungsbildende Wirkung aus der Sicht des Zuschauers. Da beim Rundfunk gerade entscheidend ist, welche Breitenwirkung, Aktualität und Suggestivkraft ihm zukommt, ist die Wirkung auf den Zuschauer das entscheidende Kriterium. Ist das Gesamtangebot als nur gering auf die Meinungsbildung einwirkend einzustufen, ist es für die Qualifizierung als Mediendienst unerheblich, ob vereinzelte Teile stärker darbietend sind. Zeigt beispielsweise ein Teleshoppinganbieter, der sich grundsätzlich auf Produktpräsentationen spezialisiert hat, täglich auch ein Infomercial, hat das Gesamtangebot nur geringe Meinungsrelevanz und bleibt ein Mediendienst. Entscheidend für die Zuerkennung des Status als Mediendienst ist, daß der Verkaufscharakter durchgehend eindeutig im Vordergrund steht[730].

Kritisch zu betrachten sind Angebote, die das Zuschauerinteresse nicht vornehmlich mit Kaufangeboten wecken, sondern die durch die Titel der Sendung[731] oder die Sendeankündigung[732] beim Zuschauer den Eindruck entstehen lassen, daß es sich um Unterhaltungs- oder Informationssendungen handelt. Gerade wenn die als informativ oder unterhaltend angekündigten Sendungen einen festen Sendeplatz innehaben, wie etwa ehemals der Fußballfanshop „Die Bundesliga" bei H.O.T. samstags von 17 bis 18 Uhr, verfestigt sich beim Rezipienten die Erwartungshaltung, daß es sich um eine regelmäßige Fußballsendung mit aktuellen Berichten handelt. Diese Erwartungshaltung wird auch bewußt gefördert, da die Fußabllfanartikel - teilweise als limitierte Angebote - von Fußballprofis angeboten werden, die über den Fußball berichten und durch Call-Ins von Zuschauern telefonisch befragt werden können. Derartige Sendungen können dem Gesamtangebot den Anschein eines Rundfunkprogramms geben, so daß insgesamt nicht mehr von geringer Meinungsrelevanz gesprochen werden kann. Für das Umschlagen des Mediendienstes in ein Rundfunkangebot genügen, wie oben festgestellt, noch nicht vereinzelt eingestreute unterhaltende oder informierende Angebote, solange der weitaus überwiegende Anteil der Sendungen aus Produktmoderationen besteht und dies den Eindruck des Zuschauers von einem Verkaufskanal prägt.

Als Ergebnis kann festgehalten werden, daß der Teleshoppingkanal, dessen Angebot aus Verkaufsshows und Infomercials besteht, so weit auf die private

---

730 Vgl. Strukturpapier der DLM vom 16.12.1997, 2.2.2.1.2.

731 Bei H.O.T. beispielsweise: „Schätze unserer Erde" am 7.5.1998 oder „Monte Carlo - Das Fürstentum an der Côtes d'Azur zieht Prominente aus aller Welt an" am 1.6.1998.

732 Bei H.O.T. beispielsweise: „Neuer Fußballfanshop 'Die Bundesliga' mit viel Fußballprominenz und exklusiven Fanartikeln startet live am 17. November bei H.O.T", abrufbar unter: http://www.hot.de, Stand: Dezember 1998.

und öffentliche Meinungsbildung einwirkt, daß er dem Rundfunk zuzurechnen ist. In dem Fall finden auf ihn die herkömmlichen Bestimmungen des Rundfunkstaatsvertrages Anwendung. Teleshoppingkanäle, die sich auf die Produktmoderation oder gar auf die reine Produktbeschreibung beschränken, gelten auch noch bei Einstreuung vereinzelter Unterhaltungs- oder Informationssendungen als Mediendienste im Sinne des Mediendienste-Staatsvertrages, solange beim Zuschauer der Eindruck vorherrscht, es handele sich um einen reinen Verkaufssender.

cc) Zusammenfassung

Die wesentlichen Ergebnisse der Untersuchung zum Rundfunkstaatsvertrag 1997 lassen sich folgendermaßen zusammenfassen:

1. Im öffentlich-rechtlichen Rundfunk ist Teleshopping verboten. Werden Teleshopping-Spots oder -fenster als Werbeform in Voll- oder Spartenprogrammen des privaten Rundfunks eingesetzt, gelten die Werbezeitbeschränkungen des § 45 Abs. 1 und 3 RStV 1997.
2. Der Rundfunkstaatsvertrag 1997 erfaßt den Teleshoppingkanal, der Infomercials und Verkaufsshows sendet, als originären Rundfunk mit der Folge, daß auf ihn die herkömmlichen Regelungen des Rundfunkstaatsvertrages anwendbar sind. Auf einen Teleshoppingsender, der sich auf Produktmoderation oder bloße Produktbeschreibung beschränkt, findet der Mediendienste-Staatsvertrag Anwendung. Bei gemischten Angeboten erfolgt die Einordnung anhand des Gesamteindrucks und der Wirkung auf den Zuschauer.

c) Der Vierte Rundfunkänderungsstaatsvertrag

Mit dem Vierten Rundfunkänderungsstaatsvertrag (4. RÄndStV) werden sich für das Teleshopping die grundlegenden Änderungen ergeben, die bereits durch die EG-Fernsehrichtlinie 1997 angekündigt sind.

Die erste Änderung betrifft die Einfügung einer neuen Legaldefinition des Teleshopping in die allgemeinen Begriffsbestimmungen des § 2 Abs. 2 des 4. RÄndStV:

> (2) Im Sinne dieses Staatsvertrages ist
>
> 8. Teleshopping die Sendung direkter Angebote an die Öffentlichkeit für den Absatz von Waren oder die Erbringung von Dienstleistungen, einschließlich unbeweglicher Sachen, Rechte und Verpflichtungen, gegen Entgelt.

An die Stelle des deutschen Wortes „Fernseheinkauf“ in der bisherigen Legaldefinition des § 18 RStV 1997 hat man nun den inzwischen allgemein gebräuchlichen Ausdruck „Teleshopping“ gesetzt. Ausgewechselt wurde auch die Bezeichnung von Teleshopping als Werbeform gegen die Bezeichnung „Sendung“, die umfassender ist. Entsprechend dem Vorbild des Art. 1 lit. f) Fs-RL 1997 wurde die Definition vereinfacht, indem man „den Verkauf, den Kauf oder die Miete oder Pacht von Erzeugnissen oder die Erbringungen von Dienstleistungen“ generalklauselartig zusammengefaßt hat zum „Absatz von Waren oder die Erbringung von Dienstleistungen, einschließlich unbeweglicher Sachen, Rechte und Verpflichtungen“. Die zuvor ausdrücklich genannten Vertragsarten Miete und Pacht werden nun durch den Einschub „Rechte und Verpflichtungen“ erfaßt. Die neue Fassung der Definition von Teleshopping ist wegen der abstrakteren Formulierungsweise weiter und deckt nicht nur die bisher ausdrücklich genannten Vertragsarten ab.

Wie auch bei der EG-Fernsehrichtlinie 1997 liegen die bedeutendsten Neuerungen in der Aufgliederung der Teleshoppingangebote in Teleshopping-Spots (§ 45 des 4. RÄndStV), Teleshoppingfenster (§ 45a des 4. RÄndStV) und Eigenwerbekanäle (§ 45b des 4. RÄndStV).

aa) Die Gleichstellung von Werbe- und Teleshopping-Spots

Daß die Werbeform Teleshopping inzwischen allgemeine Anerkennung erfahren hat, zeigt sich vor allem darin, daß in alle Bestimmungen des Rundfunkstaatsvertrages, die zuvor ausschließlich die herkömmliche Fernsehwerbung geregelt haben, der Zusatz „und Teleshopping“ aufgenommen wurde. Regelungen über die zulässigen Inhalte von Werbung, über ihre Plazierung und zeitliche Begrenzung im öffentlich-rechtlichen wie auch im privaten Rundfunk gelten in Zukunft für „Werbung und Teleshopping“ gleichermaßen.

bb) Das Teleshopping im öffentlich-rechtlichen Rundfunk

Bemerkenswerterweise wird mit dem Vierten Rundfunkänderungsstaatsvertrag das absolute Teleshopping-Verbot im öffentlich-rechtlichen Rundfunk fallen, da § 18 des 4. RÄndStV vorsieht, daß Teleshopping *mit Ausnahme von Teleshopping-Spots* im öffentlich-rechtlichen Rundfunk nicht stattfindet. Die Aufhebung des vollständigen Teleshoppingverbots zeigt, daß diese Werbeform heutzutage auf breiter Basis akzeptiert wird und sich - abgesehen von der Direktbestellmöglichkeit - nicht von den herkömmlichen Werbespots unterscheidet; er stellt lediglich eine modernere Form der bisher üblichen Fernsehwerbung dar. Für den Teleshopping-Spot bedeutet dies, daß er zukünftig die gleiche Stellung einnimmt wie der herkömmliche Werbespot.

cc) Das Teleshopping im privaten Rundfunk

Die umfangreichsten Änderungen hinsichtlich des Teleshopping finden sich in dem Abschnitt über die Werbung im privaten Rundfunk. Die Bestimmungen des Vierten Rundfunkänderungsstaatsvertrages zum Teleshopping geben den Inhalt der entsprechenden Artikel der EG-Fernsehrichtlinie 1997 nur zum Teil wieder. Wörtlich übernommen wurden die Vorschriften für den Teleshopping-Spot und das Teleshoppingfenster, so daß für diese Normen auf die Darstellung zur EG-Fernsehrichtlinie 1997 verwiesen werden kann[733]. Ferner wurde die Regelung über den Eigenwerbekanal (Art. 19a Fs-RL 1997) durch § 45b des 4. RÄndStV in innerstaatliches Recht umgesetzt. Ausgelassen wurde im Rahmen des Rundfunkstaatsvertrages die Umsetzung des Art. 19 Fs-RL 1997, welcher den reinen Teleshoppingsender regelt.

aaa) Der Eigenwerbekanal

Die Regelung des Eigenwerbekanals ist nicht nur in der EG-Fernsehrichtlinie 1997 ein Novum, sondern auch für den Rundfunkstaatsvertrag. Aus der Werbedefinition des § 2 Abs. 2 Nr. 7 des 4. RÄndStV geht hervor, daß die Eigenwerbung das Gegenstück zur entgeltfinanzierten Werbung für dritte Anbieter ist, also nur die Werbung für eigene Produkte und Angebote aller Art meint. Die sprachliche Fassung gibt somit die inhaltliche Beschränkung vor. Wie schon in Art. 19a Fs-RL 1997 ist der Eigenwerbekanal in der Wahl der Werbeformen nicht beschränkt, so daß sein Angebot für alle erdenklichen Werbeformate offen ist, aber auch allein aus Teleshopping bestehen kann[734]. Voraussetzung ist, daß das Teleshopping im eigenen Namen betrieben wird, weil es sich andernfalls nicht mehr um die Bewerbung eigener Produkte handelt. Entgeltfinanzierte Werbung in Form der Spotwerbung ist daher lediglich im Rahmen der allgemeinen Werbezeitbeschränkungen des § 45 Abs. 1 und 2 des 4. RÄndStV erlaubt.

Der Veranstalter eines Teleshoppingsenders hat mit der zusätzlichen Bestimmung des Eigenwerbekanals die Wahl, ob er seinen Sender als echtes, zulassungspflichtiges Rundfunkangebot im Rahmen Rundfunkstaatsvertrages be-

---

733 Siehe oben 1. Kapitel, II.3.b)aa) und bb).

734 Vgl. 1. Kapitel, II.3.b)dd).

treiben möchte und inhaltlich frei zu sein, solange es sich bei seinem Angebot um Eigenwerbung handelt. Oder er kann seinen Teleshoppingsender als Mediendienst gestalten mit der Folge, daß er der geringeren Dichte des Mediendienste-Staatsvertrages unterliegt und zulassungsfrei senden darf. Allerdings bestehen unter dem Regime des Mediendienste-Staatsvertrages inhaltliche Beschränkungen[735].

Für den Eigenwerbekanal erklärt § 45b des 4. RÄndStV die allgemeinen Werbebestimmungen nach § 7 des 4. RÄndStV, das Sponsoring nach § 8 des 4. RÄndStV, die Vorschriften über die Einfügung und die Dauer der Werbung nach § 44 und § 45 des 4. RÄndStV sowie über das Teleshoppingfenster nach § 45a des 4. RÄndStV für entsprechend anwendbar. Diese Regelung entspricht nicht der Bestimmung der EG-Fernsehrichtlinie 1997, die mit wenigen Ausnahmen alle Vorschriften der Richtlinie wie insbesondere die Vorschriften über den Schutz Minderjähriger und der öffentlichen Ordnung auf den Eigenwerbekanal für entsprechend anwendbar erklärt. Deshalb wirft der Vierte Rundfunkänderungsstaatsvertrag im Hinblick auf den Eigenwerbekanal die Frage auf, ob Art. 19a Fs-RL 1997 durch die Vorschrift des § 45b des 4. RÄndStV zutreffend umgesetzt ist. § 45b des 4. RÄndStV verweist ausdrücklich allein auf die Normen zu Werbung und Sponsoring und bleibt damit hinter den Vorgaben der Richtlinie erkennbar zurück. Art. 249 Abs. 3 EGV beläßt zwar den Mitgliedstaaten die Freiheit bei der Wahl der Mittel und Wege zur Durchführung der Richtlinie, doch läßt diese Freiheit die Verpflichtung der einzelnen Mitgliedstaaten unberührt, im Rahmen ihrer nationalen Rechtsordnung alle erforderlichen Maßnahmen zu ergreifen, um die vollständige Wirksamkeit der Richtlinie entsprechend ihrer Zielsetzung zu gewährleisten[736]. Auch Art. 3 Fs-RL 1997 fordert, daß die Richtlinienbestimmungen in den einzelnen Mitgliedstaaten einzuhalten sind. Ein Verzicht des § 45b des 4. RÄndStV etwa auf die allgemeinen Begriffsbestimmungen des § 2 des 4. RÄndStV ist für den Betrieb eines Eigenwerbekanals nicht essentiell. Zu den gravierenden Versäumnissen bei der Umsetzung gehört allerdings der Verweis auf ein Recht der Gegendarstellung, welcher in Art. 19a Fs-RL 1997 ausdrücklich erwähnt ist. Diese fehlende Verweisung ist gerade für den Eigenwerbekanal von Bedeutung, da das deutsche Rundfunkgegendarstellungsrecht, das in den Landesmediengesetzen geregelt ist, die Gegendarstellung gegen Tatsachenbehauptungen in Werbesendungen zum Teil noch ausdrücklich ausschließt[737] oder unter den Vorbehalt der Ent-

---

735 Siehe unten 2. Kapitel, I., 2.

736 EuGH, Rs. 14/83 - von Colson und Kamann -, Slg. 1984, S. 1891/1909, Zif. 26.

737 § 56 Abs. 2 RStV Berlin-Bb.; § 61 Abs. 3 LMG BW.

geltlichkeit stellt[738]. Es ist zu überlegen, ob diese Umsetzungslücke durch richtlinienkonforme Auslegung des nationalen Rechts geschlossen werden kann. Eine Auslegung des § 45b des 4. RÄndStV im Lichte des Wortlauts und des Zwecks der Richtlinie, wie sie in derartigen Situationen gefordert wird[739], scheidet hier jedoch aus, da Grenze der Auslegung der eindeutige Wortlaut ist und § 45b des 4. RÄndStV konkret nur auf gewisse Normen verweist. Wegen des aufgezeigten Umsetzungsdefizits muß die EG-Fernsehrichtlinie 1997 als in diesem Bereich nicht zutreffend umgesetzt gelten.

bbb) Der reine Teleshoppingsender

Wie eingangs bereits erwähnt, wurde auf die Umsetzung der Vorschrift über den reinen Teleshoppingsender in Art. 19 Fs-RL 1997 verzichtet. Dies war möglich, da der Teleshoppingsender für das deutsche Recht bereits seit August 1997 im Mediendienste-Staatsvertrag geregelt ist. In Abweichung von Art. 19 Fs-RL 1997 sieht der Mediendienste-Staatsvertrag jedoch nicht vor, daß im wesentlichen alle Regelungen der EG-Fernsehrichtlinie 1997 bzw. ihre Umsetzungsnormen im innerstaatlichen Recht für den Teleshoppingsender in entsprechender Anwendung gelten. Vielmehr enthält der Mediendienste-Staatsvertrag ein eigenes Regelungsregime.

dd) Zusammenfassung

Der Vierte Rundfunkänderungsstaatsvertrag wird für das Teleshopping zu Klarstellungen führen:

1. Übereinstimmend mit der EG-Fernsehrichtlinie 1997 findet das Teleshopping neben der Fernsehwerbung in allen werberelevanten Vorschriften Erwähnung. Der Teleshopping-Spot wird dem Werbespot durch § 45 des 4. RÄndStV gleichgestellt[740], während sich die Zulässigkeit von Teleshoppingfenstern aus § 45a des 4. RÄndStV ergibt, der zugleich die zeitliche Limitierung dieser Werbeform regelt.
2. Teleshopping als eigener Sender kann in Form eines Eigenwerbekanals, wie es § 45b des 4. RÄndStV vorsieht oder als Mediendienst im Rahmen des Mediendienste-Staatsvertrages.

---

738 § 23 Abs. 5 BremLMG; § 28 Abs. 2 HPRG; § 18 Abs. 5 LRG NW; § 42 Abs. 5 LRG RP; § 24 Abs. 2 TPRG.

739 EuGH, Rs. C-106/89 - Marleasing -, Slg. 1990, S. 4135/4159, Zif. 8; Rs. C-334/92- Wagner Miret -, Slg. 1993, S. 6911/6932, Zif. 20.

740 Abgesehen von der 5%igen Werbezeiterkürzung für Werbespots alleine.

2. Der Mediendienste-Staatsvertrag

Bereits vor den Beratungen zum 3. Rundfunkänderungsstaatsvertrag wurde offensichtlich, daß der Wandel in der Informations- und Kommunikationstechnologie, der gerne mit dem Schlagwort „Multimedia" belegt wird, sich nicht allein durch Anpassungen im reinen Rundfunkbereich auffangen ließ[741]. Daher haben die Länder „in erstaunlich kurzer Zeit"[742] und in Absprache mit dem Bund[743] den Mediendienste-Staatsvertrag entworfen, der vom 20. Januar bis 12. Februar 1997 von den Regierungschefs der Länder unterzeichnet und rechtzeitig ratifiziert wurde, so daß er planmäßig zum 1. August 1997 in Kraft treten konnte[744]. Ziel des Staatsvertrages ist es, im Rahmen der Länderkompetenzen eine verläßliche Grundlage für die Gestaltung der sich dynamisch entwickelnden Angebote im Bereich der Informations- und Kommunikationstechnologie zu bieten, um die freie Entfaltung der Marktkräfte in diesem Bereich und einheitliche wirtschaftliche Rahmenbedingungen zu gewähren[745].

a) Die Gesetzgebungskompetenz

Ihre Gesetzgebungsbefugnis für die im Staatsvertrag geregelten Mediendienste leiten die Länder aus ihrer Regelzuständigkeit nach Art. 30 und 70 GG ab. Für die Frage der Regelungskompetenz der Länder sei daher die Zuordnung einzelner Mediendienste unter den verfassungsrechtlichen Rundfunkbegriff ohne Bedeutung[746]. Diese Sichtweise ist durchaus nicht unumstritten und die Uneinigkeit über die Zuständigkeit zwischen Bund und Ländern war ausschlaggebend dafür, daß sich der Bundeskanzler und die Ministerpräsidenten der Länder am 18. Dezember 1996 auf eine gemeinsame Erklärung[747] geeinigt haben. Um notwendige Regelungen nicht an unterschiedlichen Auffassungen in Kompetenzfragen scheitern zu lassen, kamen beide Seiten überein, daß die Länder in ihrem Mediendienste-Staatsvertrag für solche Mediendienste zuständig sein

---

741 Vgl. Amtl. Begründung zum Mediendienste-Staatsvertrag, A. Allgemeines; *Kuch*, ZUM 1997, 225.

742 Mit dieser Randbemerkung: *Gounalakis*, NJW 1997, 2993.

743 Zu dem zeit- und teilweise inhaltsgleich entstandenen Teledienstegesetz des Bundes siehe unten V.

744 Amtl. Begründung zum Mediendienste-Staatsvertrag, A. Allgemeines; *Gounalakis*, NJW 1997, 2993; zum gleichen Zeitpunkt trat der Btx-Staatsvertrag außer Kraft.

745 Amtl. Begründung zum Mediendienste-Staatsvertrag, A. Allgemeines; s. auch § 1 MDStV.

746 Amtl. Begründung zum Mediendienste-Staatsvertrag, A. Allgemeines, a.E.

747 Wortlaut der Erklärung bei: *Engel-Flechsig*, ZUM 1997, 231.

sollen, die sich an die Allgemeinheit richten. Der Bund hingegen besitzt nach dieser Verständigung die Kompetenz für die sogenannten Teledienste, die sich auf die Individualkommunikation beschränken. Mediendienste wie auch Teledienste sind vereinbarungsgemäß zugangsfrei[748]. Der Bund hat zeitgleich mit dem Mediendienste-Staatsvertrag der Länder zum 1. August 1997 das Informations- und Kommunikationsdienstegesetz in Kraft gesetzt, ein Artikelgesetz, dessen Artikel 1 die Teledienste regelt. Abgesehen von der Unterscheidung, daß die Dienste entweder massenkommunikativ oder individualkommunikativ ausgerichtet sind, bestehen zwischen den Medien- und den Telediensten keine weiteren wesentlichen Differenzierungsmerkmale: beide befassen sich mit Informations- und Kommunikationsdiensten in Text, Ton oder Bild (§ 2 Abs. 1 Satz 1 MDStV) bzw. Zeichen, Bildern oder Tönen (§ 2 Abs. 1 Teledienstegesetz - TDG), die der technischen Übertragung bedürfen.

Einerseits war es im Sinne der Anbieter und Nutzer von Medien- und Telediensten, daß durch entsprechende Gesetze eine gewisse Planungssicherheit geschaffen wurde[749]. Andererseits ist es verfassungsrechtlich bedenklich, daß Bund und Länder über ihre respektiven Gesetzgebungskompetenzen verhandeln und die Zuständigkeiten im Wege der Vereinbarung regeln. Denn grundsätzlich bestehen Kompetenzen von Verfassungs wegen, sind also gerade nicht verhandelbar[750]. Daher ist eine Überprüfung angezeigt, ob die Länder für Mediendienste aufgrund ihrer Regelzuständigkeit nach Art. 30, 70 GG tatsächlich gesetzgebungsbefugt sind oder ob nicht eine der verfassungsmäßig festgelegten Kompetenzen des Bundes auf diesem Gebiet einschlägig ist. Jedenfalls sollte es sich nicht nur um einen „politisch-pragmatischen Weg zur Einordnung von neuen Diensten“[751] handeln, um Kompetenzstreitigkeiten und eine Klage vor dem Bundesverfassungsgericht[752] zu vermeiden.

---

748 In der Erklärung vom 18. Dezember 1996 heißt es: „Bund und Länder haben in wichtigen Fragenkomplexen einvernehmliche Ergebnisse erzielt. Dies gilt für die zentrale Frage der Zugangsfreiheit, die wortgleich geregelt ist“.

749 *Stettner* in: Dreier, GG, Rz. 32 zu Art. 73, spricht in diesem Zusammenhang von einer „mehr oder weniger pragmatischen Aufteilung des Feldes“.

750 *Gounalakis*, NJW 1997, 2993/2994; *Pernice* in: Dreier, GG, Rz. 20 zu Art. 30; *Stettner* in: Dreier, GG, Rz. 32 zu Art. 73.

751 *Engel-Flechsig*, ZUM 1997, 231/237; von möglicher „politischer Opportunität“ sprechen auch *Müller-Using/Lücke*, ArchPT 1997, 101/103.

752 Mit einer Klage vor dem Bundesverfassungsgericht hatte zunächst sowohl der rheinland-pfälzische Ministerpräsident Beck als Vorsitzender der Rundfunkkommission der Länder gedroht (zit. in: FK 1996, Nr. 21, S. 9) wie auch NRW-Wirtschaftsminister Clement (in: Süddeutsche Zeitung vom 22. April 1996).

Zur Klarstellung sei darauf hingewiesen, daß es zunächst lediglich um die inhaltliche Regelung der Materie Multimedia selber geht. Die Aspekte Urheberrecht[753], Straf- und Ordnungswidrigkeitenrecht[754], Daten[755]- oder Jugendschutz[756] sind insoweit zu vernachlässigen, als für sie insoweit eine Zuständigkeit des Bundes gegeben ist[757] oder sie in so engem Zusammenhang mit der inhaltlichen Regelung stehen, daß die bestehende Kompetenz sich darauf erstreckt[758].

aa) Der Ausschluß einer Doppelzuständigkeit von Bund und Ländern

Steht bei einem Regelungsgegenstand wie Multimedia die Anwendbarkeit von mehreren Gesetzgebungskompetenzen zur Debatte, weil die Länder ihre Rundfunkkompetenz als einschlägig reklamieren, während der Bund sich auf seine Wirtschafts-, Telekommunikations- oder auch Pressekompetenz beruft, so muß diese „Kompetenzkonkurrenz" aufgelöst werden, denn für die Kompetenzaufteilung kommt es noch stärker als in anderen Bereichen auf klare Abgrenzungskriterien an[759]. Eine „Doppelzuständigkeit", auf deren Grundlage Bund und Länder ein und denselben Gegenstand in unterschiedlicher Weise regeln könnten, ist dem System der verfassungsrechtlichen Kompetenznorm fremd und wäre mit ihrer Abgrenzungsfunktion (Art. 70 Abs. 2 GG) nicht vereinbar[760]. Ein teilweises Nebeneinander wie etwa bei Grundrechtskonkurrenzen ist nicht denkbar, soweit es sich nicht um einen Fall der Rahmengesetzgebung handelt[761]. Insofern stünde auch ein Bund-Länder-Staatsvertrag, wie er verschie-

---

753 Gemäß Art. 73 Nr. 9 GG für die Umsetzung der EU-Richtlinie 96/9/EG über den rechtlichen Schutz von Datenbanken im Urheberrechtsgesetz, vgl. *Bröhl*, CR 1997, 73/74.

754 Gemäß Art. 74 Abs. 1 Nr. 1 GG, vgl. *Koch*, NJW-CoR 1997, 302.

755 Gemäß Art. 74 Abs. 1 Nr. 11 GG.

756 Gemäß Art. 74 Abs. 1 Nr. 7 GG.

757 So z.B. für das bürgerliche und Strafrecht gemäß Art. 74 Abs. 1 Nr. 1 GG; zu möglichen Querschnittskompetenzen vgl. *Müller-Using/Lücke*, ArchPT 1997, 101/103; ähnlich auch *Bullinger/Mestmäcker*, Multimediadienste, S. 143f.

758 So z.B. für den Datenschutz, vgl. auch *Bullinger/Mestmäcker*, Multimediadienste, S. 143f., nach deren Ansicht für einzelne Regelungen der größere Sachzusammenhang mit dem Rundfunk zu einer Länderkompetenz führen kann.

759 So auch *Maunz* in: Maunz/Dürig, GG, Rz. 9 zu Art. 74 mit Hinweis auf entgegenstehende Ansichten.

760 BVerfGE 36, 193/202f; 61, 149/204.

761 Vgl. *Bullinger/Mestmäcker*, Multimediadienste, S. 138.

dentlich angeregt wurde, nicht mit der Verfassung in Einklang[762]. Da eine Verfassungsänderung nicht in Vorbereitung ist[763], ist es also notwendig, Abgrenzungskriterien für die Länder- und Bundeskompetenzen zu finden und diese möglichst eindeutig zu fassen. Die Länder können sich für den hier interessierenden Bereich auf ihre Regelzuständigkeit oder auch auf die ihnen eigene Kulturkompetenz berufen, die auch den Rundfunk trägt. Ist festzustellen, daß der Bund erfolgreich eine ihm zugewiesene Kompetenz geltend machen kann, wird die Regelzuständigkeit der Länder zurückgedrängt. In diesem Stadium können die Länder allenfalls noch ihre Kulturkompetenz entgegenhalten, die insoweit eine eigene ausschließliche Kompetenz ist[764].

Kommt wegen der Komplexität der Materie eine Regelungsbefugnis sowohl der Länder wie auch des Bundes in Betracht, so ist die Entscheidung nach der wesensmäßigen und historischen Zugehörigkeit einer Materie zu dem einen oder anderen Bereich zu suchen oder, falls dies noch keinen Erfolg gezeitigt hat, über das Kriterium des stärkeren Sachzusammenhanges[765]. Der Sachzusammenhang vermag keinen neuen Kompetenzgrund zu schaffen; er sorgt lediglich dafür, daß einheitliche Lebenssachverhalte insgesamt einem Gesetzgeber unterstellt werden[766]. Da dies zu einer Kompetenzbeschneidung entsprechend beim jeweils anderen Gesetzgeber führt, ist die Unterstellung einer Regelungsmaterie unter nur einen Gesetzgeber solange zu vermeiden, wie eine Aufteilung praktikabel erscheint. Geht die Aufteilung hingegen zu Lasten der Rechtssicherheit, kann aus dem Prinzip der Bundes- bzw. Landestreue ein Verzicht auf die eigene Gesetzgebungsbefugnis erwartet werden.

---

762 Beispielsweise von *Ridder* in: Frankfurter Rundschau vom 22.5.1996; mit kritischer Anmerkung *Kröger/Moos*, AfP 1997, 675/676, Fn. 6.

763 Zur Zeit der Entstehung von Teledienstegesetz und Mediendienste-Staatsvertrag war eine Änderung der Verteilung der Gesetzgebungskompetenzen durch Grundgesetzänderung politisch aussichtslos, so *Roßnagel*, NVwZ 1998, 1/2; für eine Verfassungsänderung als einziges Mittel zur Schaffung sinnvoller Regelungen im Multimediabereich plädieren *Kröger/Moos*, AfP 1997, 675/680.

764 *Maunz* in: Maunz/Dürig, GG, Rz. 7 zu Art. 74; *Pestalozza* in: von Mangoldt/Klein/Starck, Rz. 469 zu Art. 73; *Degenhart* in: Sachs, GG, Rz. 34 zu Art. 73, spricht von eigenständiger Kompetenzmaterie.

765 *Maunz* in: Maunz/Dürig, GG, Rz. 11 und 12 zu Art. 74; *Bullinger/Mestmäcker*, Multimediadienste, S. 138ff.

766 Diese von *Bullinger* (AöR 96 [1971], 237/246ff.) entwickelte Lehre hat in der Rechtsprechung des Bundesverfassungsgerichts bislang noch nicht ausdrücklich eine Rolle gespielt und darf auch schon deshalb nicht überbewertet werden, weil es gerade zweifelhaft sein kann, zu welchem Kompetenzbereich die größere Sachnähe besteht.

bb) Die Gesetzgebungskompetenz des Bundes für die Telekommunikation

Auffälligerweise stützt sich der Bund beim Erlaß des Informations- und Kommunikationsdienstegesetzes nicht auf seine ausschließliche Gesetzgebungsbefugnis für den Bereich der Telekommunikation, im Gegenteil, er erwähnt sie nicht einmal. Dennoch ist zu prüfen, ob Art. 73 Nr. 7 GG nicht in Betracht zu ziehen ist. Es läßt sich zwar leicht die Auffassung vertreten, daß Art. 73 Nr. 7 GG nur den sendetechnischen Bereich regele und daher weder für den Rundfunk, wie es das Bundesverfassungsgericht entschieden hat[767], noch für andere Dienste eine Bundeskompetenz bezüglich inhaltlicher Anforderungen darstellen könne[768]. Allerdings könnte dieses Urteil übereilt sein. So vertreten beispielsweise *Bullinger* und *Mestmäcker* die Ansicht, daß neben der Bundeskompetenz im Wirtschaftsbereich auch die der Telekommunikation einschlägig sei, da nichtwirtschaftliche Informationsdienste wie z.B. viele Informationsmöglichkeiten im Internet dem individuellen Zugriff auf gespeicherte Informationen im Rahmen der Individualkommunikation nahestünden, welche traditionell *auch dem Inhalt nach* unter die Telekommunikationskompetenz des Bundes fielen[769]. Die neue Verfassungsgarantie für den Bereich des Postwesens und der Telekommunikation in Art. 87 f GG gewährleiste, daß zu den privatwirtschaftlichen Dienstleistungen sowohl die Netzleistungen wie auch die Kommunikationsdienste gehörten. Durch die Privatisierung der Telekommunikation bekomme diese einen wirtschaftlichen Charakter, so daß für Multimediadienste die Wirtschaftsgesetzgebungskompetenz des Bundes nach Art. 74 Abs. 1 Nr. 11 GG zur Telekommunikationskompetenz als zweite Hauptkompetenz hinzutrete[770]. Für die Kommunikationsdienste beschränke sich die Vorschrift nicht auf Dienste der Individualkommunikation, sondern erfasse auch die Dienste der überindividuellen Kommunikation, soweit sie nicht verfassungsrechtlich einem Sonderregime unterlägen wie etwa der Rundfunk[771].

Um Position beziehen zu können, bedarf es der Festlegung, was der Verfassungsgeber unter dem Begriff der Telekommunikation dem Bund zur Gesetzgebung zuweisen wollte. Im Rahmen des 41. Änderungsgesetzes zum Grundgesetz hat der Begriff der Telekommunikation den des Fernmeldewesens ersetzt, ohne daß damit ein inhaltlicher Wandel und eine Kompetenzerweiterung ver-

---

767 BVerfGE 12, 205/226.

768 *Kuch*, ZUM 1997, 225/228.

769 *Bullinger/Mestmäcker*, Multimediadienste, S. 175, Nr. 5c).

770 *Bullinger/Mestmäcker*, Multimediadienste, S. 160.

771 *Bullinger/Mestmäcker*, Multimediadienste, S. 80f. und S. 161.

bunden waren[772]. Telekommunikation ist in Anlehnung an das Fernmeldewesen zu definieren als die Übermittlung von Informationen auf fernmeldetechnischem Wege, also mittels elektromagnetischer Schwingungen, analog oder digital, leitungsgebunden oder drahtlos[773]. Unbestrittenerweise erfaßt das Fernmeldewesen nicht nur die bei Entstehung des Fernmeldeanlagengesetzes bekannten Arten der Nachrichtenübertragung, sondern auch neuartige Übertragungstechniken, sofern es sich um körperlose Übertragung von Nachrichten in der Weise handelt, daß diese am Empfangsort „wiedergegeben" werden[774]. Aus dem Begriff des Fernmeldewesens oder der Telekommunikation geht nicht unmittelbar hervor, ob er nur das technische Moment der Übertragung erfaßt oder auch den Inhalt. Für den Rundfunk hat das Bundesverfassungsgericht in seinem 1. Fernsehurteil[775] klargestellt: „Bei einer dem natürlichen Wortverständnis und dem allgemeinen Sprachgebrauch folgenden Auslegung gehören zum Fernmeldewesen nur die technischen Vorgänge des Sendens der Rundfunkdarbietungen. (...) Das Fernmeldewesen hat es mit den Fernmeldeanlagen, also mit technischen Einrichtungen zu tun, mit deren Hilfe Signale 'in die Ferne' gemeldet oder übermittelt werden". Wo der Bund also für die Sendetechnik zuständig ist, bleiben die Länder für die Studiotechnik und vor allem für die Inhalte des Rundfunks zuständig.

Damit ist verfassungsgerichtlich zwar entschieden, daß das Fernmeldewesen bzw. heutzutage die Telekommunikation nicht für Inhalte im Rundfunkbereich gilt, weil sich die dienende Funktion der fernmelderechtlichen Kompetenz gegenüber den rundfunkrechtlichen Belangen auf die Besonderheiten der Massenkommunikation stützt[776]. Dies sagt allerdings nur etwas über die Begrenzung der Kompetenz für Telekommunikation im Bereich der Rundfunkübertragung aus, enthält jedoch keine positive Aussage über den Gehalt der Kompetenz[777]. Die entscheidende Frage ist daher, ob sich Art. 73 Nr. 7 GG auf die technische Seite der Telekommunikation beschränkt oder ob, anders herum betrachtet, die Telekommunikationskompetenz auch inhaltliche Regelungen erfaßt und nur der Rundfunkbereich ausnahmsweise bei den Ländern verbleibt. Gerade bei der Lösung von Kompetenzproblemen ist zu beachten, ob eine Materie „traditionell" oder „herkömmlich" in den Anwendungsbereich einer Norm

---

772 *Degenhart* in: Sachs, GG, Rz. 35 zu Art. 73; *Schulz*, ZUM 1996, 487/495.

773 *Degenhart* in: Sachs, GG, Rz. 32 zu Art. 73.

774 BVerfGE 46, 120/144.

775 BVerfGE 12, 205/226f. und vgl oben 1.a).

776 BVerfGE 12, 205/227.

777 *Schulz*, ZUM 1996, 487/495; in diesem Sinne auch *Ferger/Junker*, DÖV 1981, 439/441.

fällt[778]. Betrachtet man daher den Ursprung des Fernmeldewesens, also die Übermittlung von Informationen auf „körperlosem“ Weg, so ist damit vorrangig die Regelung der Errichtung von Fernmeldeanlagen, des Betriebes von Fernmeldeanlagen sowie der technischen Voraussetzungen gemeint, die für einen geordneten Ablauf der Übermittlung unerläßlich sind[779]. Historisch betrachtet erfaßt das „Fernmeldewesen“ somit allein die technische Seite der Übertragung[780] und weder der Kompetenznorm selber noch der Rechtsprechung des Bundesverfassungsgerichts lassen sich Hinweise auf den über die sendetechnische Seite hinausgehenden Gehalt der Telekommunikationskompetenz entnehmen[781]. Das Bundesverfassungsgericht hat in einem Fall lediglich klargestellt, daß die Gesetzgebungsbefugnis im Rahmen der Fernmeldetechnik dem Bund auch die Erstellung von Benutzungsregelungen erlaubt, „wenn dadurch eine bestimmungswidrige Benutzung“ der Anlagen vermieden werden soll[782]. Gemeint ist damit, daß der Bund durch Gesetze die Möglichkeit haben muß, die Nutzungsart technischer Fernmeldeanlagen festzulegen. Die Befugnis schließt aber keinesfalls ein, daß der Bund auch die Inhalte kontrollieren darf, die bei erlaubter Nutzung übermittelt werden. Das Fernmeldewesen befugt den Bund folglich nur dazu, Übertragungsmöglichkeiten zu schaffen und über deren technische Nutzbarkeit zu bestimmen. Kurz gefaßt: Erfaßt wird „nur der Signal-

---

778 BVerfGE 28, 21/32.

779 Vgl. BVerfGE 46,120/139 (mit Verweis auf E 28, 66/85), in welcher das Gericht darauf abstellt, daß sich der Begriff „Fernmeldewesen“ in Art. 73 Nr. 7 GG hinreichend deutlich aus der historischen Entwicklung und nach dem allgemeinen Sprachgebrauch ergebe. Jedenfalls gehörten zum Fernmeldewesen die Fernmeldeanlagen im Sinne des FAG.

780 Das Fernmeldewesen bezog sich auf das einstmals bestehende Fernmeldemonopol der Bundespost, das sich nach dem Fernmeldeanlagengesetz vom 14.1.1928 (RGBl. I S. 8) richtete. Im dortigen § 1 Abs. 1 hieß es: „Das Recht, Fernmeldeanlagen, nämlich Telegraphenanlagen für die Vermittlung von Nachrichten, Fernsprechanlagen und Funkanlagen zu errichten und zu betreiben, steht ausschließlich dem Reiche zu. Funkanlagen sind elektrische Sendeeinrichtungen sowie elektrische Empfangs-einrichtungen, bei denen die Übermittlung oder der Empfang von Nachrichten, Zeichen, Bildern oder Tönen ohne Verbindungsleitungen oder unter Verwendung elektrischer, an einem Leiter entlang geführter Schwingungen stattfinden kann.“; i.E. auch *Groß*, ZRP 1982, 232/234.

781 *Schulz*, ZUM 1996, 487/495. Insofern ist der Ansicht von *Ferger/Junker*, DÖV 1981, 439/440f., entgegenzutreten, die meinen, daß das Bundesverfassungsgericht in E 46, 120 den Kompetenzbereich des Art. 73 Nr. 7 GG für einschlägig erachtet hat, weil es sich in diesem Fall um reine Individualkommunikation gehandelt habe. Tatsächlich aber hat das Verfassungsgericht das Fernmeldewesen für einschlägig gehalten, weil es sich um technische Zusatzeinrichtungen zur Übertragung handelte (E 46, 120/144).

782 BVerfGE 46, 120/150.

transport, nicht dagegen das Transportierte"[783]. Art. 73 Nr. 7 GG ermöglicht dem Bund also nicht, die konkreten Inhalte festzulegen, weder für die Massenkommunikation noch für die Individualkommunikation[784]. Daß es bislang im Bereich der Individualkommunikation außer der technischen Vermittlung wenig Regulierungsbedarf gab[785], kann daher keinesfalls zu dem Ergebnis führen, daß die Regelung von Individualkommunikation per se unter die Hoheit des Bundes fällt[786]. Vor diesem Hintergrund betrachtet wird die Telekommunikationskompetenz von *Bullinger* und *Mestmäcker* zu weit ausgedehnt, wenn die Autoren ihr grundsätzlich eine Bedeutung für die Inhalte der Übertragung zusprechen[787]. *Bullinger* selbst war früher zurückhaltender und hat die abgeschwächte These vertreten, die Landeskompetenz gelte für die Inhalte aller neuartigen Formen überindividueller Kommunikation und dem „Bund stehe *allenfalls*[788] (...) eine inhaltliche Regelungskompetenz für die reine Individualkommunikation von Person zu Person zu"[789]. Dabei kann es sich naturgemäß nicht um die Bestimmung des Inhalts von privater Kommunikation handeln, sondern lediglich um die Bestimmung der Nutzungsart. Zusammengefaßt heißt dies: Der Bund ist für die Übertragung von Diensten der Massen- und Individualkommunikation zuständig, ohne eine inhaltliche Kompetenz zu besitzen.

Die Befugnis des Bundes zur inhaltlichen Regelung von Multimediadiensten kann sich nur nach anderen Kompetenzvorschriften als Art. 73 Nr. 7 GG richten.

cc) Die Gesetzgebungskompetenz des Bundes für das Recht der Wirtschaft

Art. 74 Abs. 1 Nr. 11 GG befähigt den Bund, in konkurrierender Gesetzgebung das Recht der Wirtschaft zu regeln. Der Bund selbst stützt seine Kompetenz zur

---

783 So *Stettner* in: Dreier, GG, Rz. 31 zu Art. 73.

784 *Schulz*, ZUM 1996, 487/495; *Bothe* in: Alternativkommentar zum GG, Rz. 20 zu Art. 73; *Stettner* in: Dreier, GG, Rz. 31 zu Art. 73; *Tettinger*, Neue Medien und Verfassungsrecht, S. 31f., der betont, daß der Bund „umfassende Regelungsbefugnisse (nur) für den Netzbereich auf dem gesamten Feld der Telekommunikation innehabe".

785 Dazu *Ferger/Junker*, DÖV 1981, 439/441, die darstellen, daß der Bund bei den individualkommunikativen Medien seine Kompetenz zur Regelung inhaltlicher Fragen früher „weitgehend nicht in Anspruch" genommen habe.

786 *Müller-Using/Lücke*, ArchPT 1995, 32/41, tendieren sogar dazu, „bundeslandüberschreitende Teledienste" insgesamt dem Bund zuzuweisen.

787 *Bullinger/Mestmäcker*, Multimediadienste, S. 152f.

788 Hervorhebung durch den Autor selbst.

789 *Bullinger*, AfP 1982, 69/73.

Regelung multimedialer Angebote und Dienste laut Begründung zum Informations- und Kommunikationsdienstegesetz[790] allein auf Art. 74 Abs. 1 Nr. 11 GG. Dieser Artikel verleihe ihm die Befugnis, in konkurrierender Gesetzgebung das „Recht der Wirtschaft" zu regeln, so daß sich daraus die Berechtigung ergebe, die Zugangsfreiheit, den Verbraucherschutz, den Datenschutz und die Datensicherheit für Multimediadienste zu regeln. Er ist der Ansicht, die Informations- und Kommunikationsdienste bildeten ein „eigenständiges Wirtschaftsgut", es gehe um „zusätzliche Formen wirtschaftlicher Betätigung" und „verbilligte Geschäftskommunikation"[791]. Die besondere Bedeutung der neuen Technologien für den Wirtschaftsstandort Deutschland und ihre grenzüberschreitenden Wirkungen machten einheitliche Rahmenbedingungen „unabdingbar notwendig", womit die bundesgesetzliche Regelung zur Wahrung der Rechts- und Wirtschaftseinheit im gesamtstaatlichen Interesse erforderlich im Sinne des Art. 72 Abs. 2 GG sei.

Gemäß der Rechtsprechung des Bundesverfassungsgerichts werden die Kompetenzen aus dem Katalog der konkurrierenden Gesetzgebung des Art. 74 GG regelmäßig in einem umfassenden Sinne ausgelegt[792]. Weit verstanden umfaßt das Recht der Wirtschaft alle das wirtschaftliche Leben und die wirtschaftliche Betätigung als solche regelnden Normen; vor allem diejenigen Vorschriften, die sich in irgendeiner Form auf die Erzeugung, Herstellung und Verteilung von Gütern des wirtschaftlichen Bedarfs beziehen[793]. Der Bund darf dazu auch Gesetze erlassen, die ordnend oder lenkend in das Wirtschaftsleben eingreifen[794]. In diesem Zusammenhang ist zu beachten, daß nicht wenige Normen des Wirtschaftsrechts mittelbar oder unmittelbar der Aufrechterhaltung der eigentlich beim Landesgesetzgeber verankerten öffentlichen Sicherheit und Ordnung[795] dienen, „ohne daß die betreffenden Normen um deswillen der Gesetzgebungskompetenz des Bundes entzogen wären"[796].

Inhaltlich betrachtet ist der Terminus „Recht der Wirtschaft" im Sinne eines umfassenden Oberbegriffs zu verstehen. Ob die Aufzählung in Art. 74 Abs. 1

---

790 BT-Drs. 13/7385, S. 17, A. Allgemeines, Gesetzgebungskompetenz des Bundes.

791 So zitiert aus der Begründung zum Referentenentwurf bei *Müller-Using/Lücke*, ArchPT 1997, 101/104.

792 *Maunz* in: Maunz/Dürig, GG, Rz. 44 zu Art. 74.

793 BVerfGE 8, 143/148f.; 26, 246/254; 28, 119/146; 29, 402/409; 55, 274/308f.

794 BVerfGE 29, 402/409; 55, 274/309.

795 *Pernice* in: Dreier, GG, Rz. 18 zu Art. 30; *Maunz* in: Maunz/Dürig, GG, Rz. 44 zu Art. 74.

796 BVerfGE 8, 143/149.

Nr. 11 GG beispielhaft[797] oder abschließend[798] gemeint ist, kann dahinstehen, da der Klammerzusatz zum Recht der Wirtschaft zeitbezogen zu interpretieren ist und nur das umfaßt, was sich der Verfassungsgeber damals unter dem Oberbegriff vorstellen konnte[799]. Selbst wenn also die Aufzählung in der Klammer eine abschließende ist (wofür der Wortlaut im übrigen spricht), so dürften bei extensiver Auslegung der Teilbereiche, insbesondere des Begriffs „Gewerbe“, keine Lücken bleiben[800], auch wenn den Klammerbegriffen nach heutigem Verständnis teilweise andere Bedeutung zukommt als zur Zeit der Verfassungsgebung[801]. Entscheidend ist, daß ein echter Bezug zur Wirtschaft besteht, was festzustellen heutzutage Schwierigkeiten bereitet, da im modernen Staat eine Vielzahl gesetzgeberischer Maßnahmen Bezüge zur Wirtschaft haben bzw. deren Rahmenbedingungen berühren[802].

Betrachtet man die Teledienste des Teledienstegesetzes, wie sie vor allem exemplarisch in § 2 Abs. 2 TDG aufgezählt sind, so ist bei allen Diensten eine deutliche Ausrichtung zum Gewerbe[803] oder Handel festzustellen. Entweder besteht die wirtschaftliche Ausrichtung indirekt, weil die Kosten für den elektronischen Service anderweitig auf die Nutzer umgelegt werden (so beim Tele-

---

797 *Rengeling* in: Bonner Kommentar, Rz. 15f. zu Art. 74 Nr. 11; *Degenhart* in: Sachs, GG, Rz. 37 zu Art. 74; *Bothe* in: Alternativkommentar zum GG, Rz. 21 zu Art. 74.

798 *Maunz* in: Maunz/Dürig, GG, Rz. 135 zu Art. 74; neuerdings wohl auch *Kunig* in: von Münch, GG, Bd. 3, 3. Aufl., Rz. 41 zu Art. 74 (in der Vorauflage war eine Stellungnahme offen geblieben: *von Münch* in: von Münch, Bd. 3, 2. Aufl., Rz 40a zu Art. 74).

799 BVerfGE 68, 319/331.

800 So fällt beispielsweise das ärztliche Gebührenwesen unter verfassungsrechtlichen Gesichtspunkten unter den Begriff des „Gewerbes“, auch wenn der ärztliche Heilberuf in der Aufzählung des Art. 74 Abs. 1 Nr. 11 GG nicht enthalten ist, BVerfGE 68, 319/331; *Kunig* in: von Münch, GG, Rz. 41 zu Art. 74, betrachtet den Streit daher als „eher akademischen“; in diesem Sinne auch *Rengeling* in: Bonner Kommentar, Rz. 16 zu Art. 74 Nr. 11.

801 Das Bundesverfassungsgericht hat immer wieder betont, daß es auf eine objektive Verfassungsinterpretation ankommt, die nicht bei der Ermittlung des Willens des Verfassungsgebers zu der damaligen Zeit stehen bleiben darf; Nachw. bei *Rengeling* in: Bonner Kommentar, Rz. 15 zu Art. 74 Nr. 11.

802 *Kunig* in: von Münch, GG, Rz. 43 zu Art. 74.

803 Der Begriff des Gewerbes wird nach traditioneller einfach-rechtlicher Ausformung definiert als eine selbständige, erlaubte, auf Dauer angelegte und auf Gewinnerzielungsabsicht gerichtete Tätigkeit mit Ausnahme der Gewinnung von Naturerzeugnissen und unter Ausklammerung der freien Berufe. Vgl. dazu *Rengeling* in: Bonner Kommentar, Rz. 66 zu Art. 74 Nr. 11; *Maunz* in: Maunz/Dürig, GG, Rz. 140 zu Art. 74; *Kunig* in: vom Münch, GG, Rz. 50 zu Art. 74; *Rengeling* in: HbStR, Rz. 175 zu § 100.

banking, § 2 Abs. 2 Nr. 1 TDG), oder sie ergibt sich aus der Erhebung einer Teilnahmegebühr für spezielle Informationsdienste (z.B. Bloomberg-TV, § 2 Abs. 2 Nr. 2 TDG), aus der Bereitstellungsgebühr für den Netzzugang (§ 2 Abs. 2 Nr. 3 TDG), aus der Erhebung von Entgelt für die Nutzung von Telespielen (§ 2 Abs. 2 Nr. 4 TDG) oder aus dem Direktverkauf von Angeboten (§ 2 Abs. 2 Nr. 5 TDG). Für die Beurteilung der wirtschaftlichen Ausrichtung ist unerheblich, daß § 2 Abs. 3 TDG vorsieht, daß die Nutzung von Telediensten auch ganz oder teilweise unentgeltlich möglich ist, da auch bei unentgeltlicher Nutzung des eigentlichen Dienstes regelmäßig Gewinnerzielungsabsichten bestehen, beispielsweise durch Werbebanner oder beim Online-Shopping. Bei Letztgenanntem werden die Umsätze nicht durch die Nutzung des Dienstes erzielt, sondern durch den Absatz von Ware. Auch für verschiedene Mediendienste gilt, daß sie wirtschaftlich ausgerichtet sind, wie etwa der Fernseheinkauf (§ 2 Abs. 2 Nr. 1 MDStV) oder entgeltpflichtige Abrufdienste wie das Video-on-demand[804] (§ 2 Abs. 2 Nr. 4 MDStV). Zweifel an der Gewinnerzielungsabsicht und damit an der gewerblichen Ausrichtung bestehen allein hinsichtlich der in § 2 Abs. 2 Nr. 3 und 4 MDStV erwähnten Dienste, da weder bei der Verteilung von Meßergebnissen und Datenermittlungen noch bei Fernseh- und Radiotext wirtschaftliche Aspekte im Vordergrund stehen. Abgesehen von diesen Beispielen sind alle anderen elektronischen Angebote wirtschaftlich geprägt und fallen damit in den Bereich der Bundesgesetzgebung nach Art. 74 Abs. 1 Nr. 11 GG. Dieses Ergebnis ist insofern nicht überraschend, als selbst dem Rundfunk im klassischen Sinn eine erhebliche wirtschaftliche Bedeutung zugestanden wird[805].

Das Tätigwerden des Bundes muß, da es sich um eine Kompetenz der konkurrierenden Gesetzgebung handelt, nach Art. 72 Abs. 2 GG erforderlich sein. Die Erforderlichkeit bundeseinheitlicher Gesetzgebung ist dann gegeben, wenn und soweit die Herstellung gleichwertiger Lebensverhältnisse im Bundesgebiet oder die Wahrung der Rechts- oder Wirtschaftseinheit im gesamtstaatlichen Interesse dies verlangen[806]. Konkrete Auswirkungen des Erforderlichkeitsprinzips zeigen sich hauptsächlich in Form einer exakten Begründungspflicht des Bun-

---

804 Als Beispiel genannt in der Amtl. Begründung zum Mediendienste-Staatsvertrag, B., zu § 2.

805 *Gersdorf*, Neue Dienste, S. 163/170f.

806 Diese Regelung bevorzugt *Gersdorf*, Neue Dienste, S. 163/179f. Er vertritt die Ansicht, daß die Länder durch den Staatsvertrag gezeigt haben, daß sie in der Lage sind, die „zweifelsfrei notwendige" bundeseinheitliche Regelung zu erlassen. Er braucht damit auch die Frage nicht abschließend zu klären, inwieweit Art. 74 Abs. 1 Nr. 11 GG für Multimediaangebote überhaupt einschlägig ist.

desgesetzgebers[807]. Wurde ein Bundesgesetz bereits erlassen, ist es den Ländern bei entgegengesetzter Ansicht nur möglich, vom Bund die Freigabe für eigene Gesetzgebungsmöglichkeiten im Sinne des Art. 72 Abs. 3 GG zu erfragen oder die Nichterforderlichkeit eines Bundesgesetzes gemäß Art. 93 Abs. 1 Nr. 2a) GG verfassungsgerichtlich überprüfen zu lassen. Die Feststellung der Erforderlichkeit ist insoweit voll justitiabel[808]. Allerdings muß die Erforderlichkeit allein im Zeitpunkt des Gesetzeserlasses bestanden haben, ein späterer Wegfall der Gründe bleibt ohne Auswirkungen[809]. Es bleibt auch zu bedenken, daß unbestimmte Rechtsbegriffe die Kriterien vorgeben, nach denen sich die Erforderlichkeit bemißt. Diese bedürfen einer politischen Vorentscheidung des Gesetzgebers, die nur beschränkt justitiabel ist[810]. Bis überhaupt ein stattgebendes Urteil erstritten ist, vergeht im Regelfall soviel Zeit, daß durch den Vollzug des Bundesgesetzes Fakten geschaffen worden sind, die für die Länder eine nachträgliche Regelung uninteressant sein lassen.

Zum Teil wird die Ansicht vertreten, daß die Erforderlichkeit für den Bund entfalle, wenn der Landesgesetzgeber koordiniert tätig werde[811]. Unter diesen Umständen ließe sich die Gesetzgebungsbefugnis der Länder für Mediendienste damit begründen, daß es wegen des Länderstaatsvertrages an der Erforderlichkeit einer bundeseinheitlichen Gesetzgebung im Sinne des Art. 72 Abs. 2 GG fehlen würde[812]. Dieses Ergebnis hat zwangsläufig zur Voraussetzung, daß die Gesetzgebungskompetenz des Bundes nach Art. 74 Abs. 1 Nr. 11 GG dem Grunde nach anerkannt wird. Zudem ist immer ein gemeinsames Handeln aller Länder erforderlich, damit die Befugnis zur Gesetzgebung erhalten bleibt. Es bestünde für alle Beteiligten einschließlich der Bürger mehr Planungssicher-

---

807 *Schmehl*, DÖV 1996, 724/731; *Degenhart* in: Sachs, GG, Rz. 15 zu Art. 72; *Stettner* in: Dreier, GG, Rz. 17 zu Art. 72.

808 *Schmehl*, DÖV 1996, 724/727f.

809 *Stettner* in: Dreier, GG, Rz. 15 zu Art. 72.

810 *Degenhart* in: Sachs, GG, Rz. 11 zu Art. 72.

811 *Gersdorf*, Neue Dienste, S. 163/179f.; *Pieroth* in: Jarass/Pieroth, GG, Rz. 7 zu Art. 72; *Stettner* in: Dreier, GG, Rz. 18 zu Art. 72; *Schmehl*, DÖV 1996, 724/726; *Kröger/Moos*, BayVBl. 1997, 705/712; ablehnend *Degenhart* in: Sachs, GG, Rz. 15 zu Art. 72, weil auch gleichlautende landesgesetzliche Regelungen keine gesicherte Rechtseinheit gewährleisten und sich die Koordinationsverfahren des kooperativen Föderalismus als schwerfällig erwiesen haben; *Pestalozza* in: von Mangoldt/Klein/Pestalozza, GG, Rz. 372 zu Art. 72 Abs. 2; *Rybak/Hofmanm*, NVwZ 1995, 230/232.

812 So ausdrücklich *Gersdorf*, Neue Dienste, S. 163/180; *Kröger/Moos*, BayVBl. 1997, 705/712.

heit, wenn die Gesetzgebungskompetenz auf Dauer bei einem Gesetzgeber liegen würde.

dd) Die Gesetzgebungskompetenz des Bundes für die allgemeinen Rechtsverhältnisse der Presse

Von offensichtlich geringerer Bedeutung für den Bereich Multimedia ist die Rahmenkompetenz des Bundes für die allgemeinen Rechtsverhältnisse der Presse gemäß Art. 75 Abs. 1 Nr. 2 GG, da sie überhaupt nur das Feld der Printmedien und der elektronischen Presse abdecken kann. Diese Kompetenznorm hat daher für das Teleshopping keine Relevanz. Bestenfalls für das Online-Shopping wäre zu überdenken, ob es in den Bereich der Presse fällt, wenn ein Verkaufskatalog über das Internet abgerufen werden kann. So wie die Programmzeitschriften der Rundfunkanstalten unter die Rundfunkfreiheit fallen[813], kann die ausschnittweise Verbreitung von Zeitungen oder Zeitschriften auf elektromagnetischem Wege als Annex zur Presse gesehen werden[814]. Die Zuordnung zu einem Medium erfolgt in diesem Fall nach dem Inhalt des Erzeugnisses unabhängig von der Art der Verbreitung, so daß dementsprechend die Verbreitung einer Zeitungs- wie auch einer Katalogseite im Internet ein Presseerzeugnis oder zumindest ein Annex zur Presse wäre. In der Folge wäre die Verbreitung von Presseerzeugnissen auf elektromagnetischem Weg dem Pressewesen und damit der Rahmenkompetenz des Bundes zuzusprechen[815]. An dieser Stelle ist unmittelbar zu bedenken, daß eine Rahmenkompetenz dem Bund gemäß Art. 75 Abs. 2 GG lediglich erlaubt, den gesetzgeberischen Rahmen für die Länder vorzugeben und nur in Ausnahmefällen in Einzelheiten gehende oder unmittelbar geltende Regelungen zu treffen. Art. 75 Abs. 1 Nr. 2 GG kann insofern nicht Kompetenzgrundlage des Bundes in bezug auf das Informations- und Kommunikationsdienstegesetz sein, weil dieses konkrete Einzelregelungen enthält und nicht als Grundlage für die Landesgesetzgebung dienen soll.

---

813 BVerfGE 83, 238/312.

814 So *Gersdorf*, Rundfunkbegriff, S. 147f.

815 *Bethge* in: Sachs, GG, Rz. 88 zu Art. 5; *Bullinger/Mestmäcker*, Multimediadienste, S. 168, mit der Begründung, daß materieller und kompetenzrechtlicher Pressebegriff deckungsgleich seien. Anderer Auffassung sind *Kuch*, ZUM 1997, 225/228, und im Ergebnis auch *Schulz*, ZUM 1996, 487/496, weil die für Online-Angebote typischen zusätzlichen Wahlmöglichkeiten und die körperlose elektronische Übermittlung der Angebote auf das heimische Empfangsgerät diese so sehr von der gedruckten Presse unterschieden, daß sie deutlich ein aliud zum Begriff der Presse darstellten. Wenn materiell-rechtlich der Schutzbereich der Presse nicht berührt sei, könne auch die dazugehörige Gesetzgebungskompetenz nicht einschlägig sein.

Demnach läßt sich die Situation für den Bund folgendermaßen zusammenfassen: Als Gesetzgebungskompetenz für ein Multimediagesetz kann der Bund allein die konkurrierende Kompetenz für den Bereich der Wirtschaft gemäß Art. 74 Abs. 1 Nr. 11 GG für sich in Anspruch nehmen. Das Recht zur Regelung der Telekommunikation hingegen befugt bei fernmeldetechnisch verbreiteten Angeboten nicht zu Regelungen inhaltlicher Art, auch nicht im individualkommunikativen Bereich, und auch die Pressekompetenz befähigt bestenfalls zu rahmensetzenden Regelungen für elektronische Dienste, die zur Presse zu zählen sind.

ee) Die Kulturkompetenz der Länder

Ausweislich der Begründung zum Mediendienste-Staatsvertrag berufen sich die Länder für eine Gesetzgebungskompetenz im Multimediasektor nicht auf ihre Kulturkompetenz, sondern allein auf ihre Regelzuständigkeit nach Art. 30, 70 GG. Sie lehnen den Versuch einer Zuordnung von Mediendiensten unter den verfassungsrechtlichen Rundfunkbegriff sogar ausdrücklich ab, weil sie erkennbar die strengen Vorgaben des Art. 5 Abs. 1 Satz 2 GG fürchten[816]. Die Rundfunkfreiheit, wie sie in der vorliegenden Untersuchung verstanden wird[817], könnte zu einer Stärkung der Länderposition führen, weil der Rundfunk in ihren Kompetenzbereich fällt, aber nicht an ein einheitliches Regelungsregime gekoppelt ist.

Im Rahmen der bisher vorliegenden Untersuchung wurde festgestellt, daß Teleshopping in jeder Form unter den verfassungsrechtlichen Rundfunkbegriff fällt und als Rundfunk demzufolge in die Gesetzgebungskompetenz der Länder. Bei Übertragung der dieser Auffassung zugrundeliegenden Kriterien[818] lassen sich auch die anderen Mediendienste zum Rundfunk zählen: Fernseh- und Radiotext gelten seit jeher als rundfunkzugehörig[819] ebenso wie Abrufdienste[820] zum Rundfunk zählen, die über Video-on-demand Spielfilme zur Verfügung stellen. Selbst Verteildienste für Meßergebnisse und Datenermittlung lassen sich unter den weiten Rundfunkbegriff fassen, auch wenn sich ihre Tatsachenmitteilung nur gering auf die Meinungsbildung auswirkt. Bei bestehender Rundfunkeigenschaft kommt es auf die kulturelle Bedeutung des einzelnen

---

816 Amtl. Begründung zum Mediendienste-Staatsvertrag, A. Allgemeines.

817 Vgl. Teil 2, 2. Kapitel.

818 Vgl. die Merkmale des Rundfunks oben Teil 2, 1. Kapitel, II.

819 *Herrmann*, Rundfunkrecht, Rz. 14 zu § 2.

820 Vgl. oben Teil 2, 1. Kapitel, II.4.

Dienstes für die Zuordnung der Kompetenzen nicht mehr an, da diese nur dazu führen könnte, den einheitlichen Rundfunkbegriff für die Gesetzgebung aufzuspalten. Wegen der massenkommunikativen Wirkung wurde für den Rundfunk die kulturelle Bedeutung als vorrangig angesehen, hinter der alle anderen, wie z.B. wirtschaftliche, Aspekte zurückzutreten haben. Das Bundesverfassungsgericht hat keinen Zweifel daran gelassen, daß kulturelle Angelegenheiten, soweit sie überhaupt staatlich verwaltet werden können, nach der Grundentscheidung der Verfassung in den Bereich der Länder fallen, soweit nicht besondere Bestimmungen des Grundgesetzes Begrenzungen oder Ausnahmen zugunsten des Bundes vorsehen[821]. Die Länder sind demnach ausschließliche Träger der Kulturhoheit[822], was im übrigen auch im Schrifttum so gesehen wird[823]. In diesen Bereich fällt nach allgemein anerkannter Rechtsprechung des Verfassungsgerichts auch der Rundfunk, der „jedenfalls ein *auch* kulturelles Phänomen" ist[824]. Will man nicht an der Rundfunkkompetenz der Länder insgesamt rütteln, hat diese Bewertung massenkommunikativer Dienste auch für wenig meinungsbildende Angebote Bestand, weil sie zum Rundfunk zu zählen sind.

Bei der Untersuchung der Teledienste zeigt sich das Problem, daß nach hier vertretener Ansicht nicht alle im Teledienstegesetz behandelten Angebote individualkommunikativ sind, wie es vom Bundesgesetzgeber[825] in Übereinstimmung mit den Landesgesetzgebern[826] beabsichtigt ist. Denn auch das Angebot zur Nutzung von Telespielen, § 2 Abs. 2 Nr. 4 TDG, ist nach dem kommunikationswissenschaftlichen Ansatz zur Feststellung der Massenkommunikation[827] als massenkommunikativ einzustufen, da es an die Allgemeinheit gerichtet ist und ohne doppelten Rollenwechsel auskommt. Zwar spielt der Nutzer scheinbar mit oder gegen einen Mitspieler, doch handelt es sich dabei um ein computergesteuertes Programm und nicht um individuelle Reaktionen einer natürlichen Person. Offensichtlicher ist der massenkommunikative Charakter bei den Angeboten zur Information und Kommunikation, § 2 Abs. 2 Nr. 2 TDG, und

---

821 BVerfGE 12, 205/229; 92, 203/238; zu den Ausnahmen siehe auch *Kunig* in: von Münch, GG, Rz. 11 zu Art. 70.

822 BVerfGE 6, 309/354.

823 *Bothe* in: Alternativkommentar zum GG, Rz. 18 zu Art. 30; *Isensee* in: HbStR, Rz. 219 zu § 98; *Hartstein/Ring/Kreile/Dörr/Stettner*, RStV, Rz. 68 der AE; *Pieroth* in: Jarass/Pieroth, GG, Rz. 11 zu Art. 70; *Pernice* in: Dreier, GG, Rz. 37 zu Art. 30; *Rikker/Schiwy*, Rundfunkverfassungsrecht, Abschn. B, Rz. 211.

824 BVerfGE 12, 205/229.

825 Vgl. § 2 Abs. 1 TDG: „individuelle Nutzung".

826 *Theis*, Die Multimedia-Gesetze, Erl. zu § 2 TDG, S. 151.

827 Vgl. oben Teil 2, 1. Kapitel, II.3.

bei den Angeboten des Online-Shopping[828], § 2 Abs. 2 Nr. 5 TDG. Wie zuvor gezeigt, scheitert die Rundfunkqualität dieser Angebote nicht daran, daß sie nicht massenkommunikativ seien, sondern an dem fehlenden zusammenhängenden Empfang[829]. Obwohl insofern die gewählte Unterscheidung von Mediendienste-Staatsvertrag und Teledienstegesetz nach massenkommunikativen und individualkommunikativen Angeboten nicht zutrifft, bleibt es für die Beurteilung der Gesetzgebungskompetenz dennoch bei einer Differenzierung zwischen Mediendiensten und Telediensten, weil nur Mediendienste verfassungsrechtlich dem Rundfunk zugehörig sind. Für die Teledienste kommt die Rundfunkkompetenz der Länder somit nicht in Betracht, sie beurteilen sich deshalb allein nach der konkurrierenden Gesetzgebungskompetenz für das Recht der Wirtschaft nach Art. 74 Abs. 1 Nr. 11 GG. Als erforderlich im Sinne des Art. 72 Abs. 2 GG ist die Bundesgesetzgebung für das Teledienstegesetz anzusehen, weil die Länder auf diesem Gebiet nicht tätig geworden sind.

Für den Bereich der Massenkommunikation hingegen stoßen die Gesetzgebungskompetenz des Bundes für das Recht der Wirtschaft und die Rundfunkkompetenz der Länder aufeinander, so daß eine Abwägung im Sinne des Sachzusammenhanges zugunsten des einen oder anderen Gesetzgebers vorzunehmen ist[830]. Dabei ergibt sich schon aus dem Primat der Länderzuständigkeit der Art. 30, 70 GG das Prinzip des Schutzes der Landesgesetzgebung, so daß bei der Abwägung besondere Vorsicht geboten ist, wenn die Bundeskompetenz einer ungeschriebenen Landeskompetenz gegenübersteht[831]. Bei einer Kollision der ausschließlichen Länderzuständigkeit für den Rundfunk mit dem „Gewerbe" und „Handel" im Sinne des Art. 74 Abs. 1 Nr. 11 GG geht die Rundfunkkompetenz vor[832], da der Rundfunk schon immer einen Bezug zur Wirtschaft hatte[833]. Aus diesem Grund kann der Rundfunk in Form der neuen Dienste nicht mit dem Argument des Wirtschaftsbezugs in die Zuständigkeit des Bundes gerückt werden[834].

828 Im Sinne von Teil 1, 3. Kapitel.

829 Vgl. oben Teil 2, 1. Kapitel, II.4., insbesondere c).

830 Zum Bundesverfassungsgericht, das auf den inneren, notwendigen, sachlichen, unmittelbaren oder sogar unerläßlichen Zusammenhang abstellt, vgl. den Überblick bei *Scholz*, Ausschließliche und konkurrierende Gesetzgebungskompetenz, S. 252/273.

831 Vgl. *Maunz* in: Maunz/Dürig, GG, Rz. 17 zu Art. 74; *Pestalozza* in: von Mangoldt/Klein/Pestalozza, GG, Rz. 528 zu Art. 74 Abs. 1 Nr. 11 GG.

832 *Pestalozza* in: von Mangoldt/Klein/Pestalozza, GG, Rz. 641 zu Art. 74 Abs. 1 Nr. 11 GG

833 Vgl. BVerfGE 90, 60/105.

834 *Gersdorf*, Neue Dienste, S. 163/174.

ff) Zusammenfassung

Angesichts ihrer strukturellen Vielfalt vertragen Multimediadienste keine „Totalannexion“[835] seitens des Bundes oder der Länder. Die bestehende grundgesetzliche Ordnung verursacht vielmehr eine kompetenzrechtliche Aufteilung von Multimediaangeboten zwischen Bund und Ländern. Die gewählte Unterscheidung nach individualkommunikativen und massenkommunikativen Diensten ist allerdings unzutreffend, da es auch massenkommunikative Teledienste gibt wie den Bildschirmeinkauf. Besser ist es, zwischen rundfunkrelevanten und nicht rundfunkrelevanten Diensten zu differenzieren. Diese Unterscheidung führt zwar zu der gleichen Abgrenzung nach Landes- und Bundesgesetzgeber wie auch die Unterscheidung zwischen massenkommunikativen und individualkommunikativen Diensten, was in keinem Fall wünschenswert ist. Eine einheitliche Regelung der Materie würde jedoch die Fortentwicklung der Regelungskompetenzen von Bund und Ländern jenseits der überkommenen Trennung von Rundfunk und wirtschaftlichen Aspekten voraussetzen[836]. Die dazu erforderliche Verfassungsänderung ist nicht ernsthaft in Angriff genommen worden. Im Ergebnis heißt das, daß ein grundlegender medienpolitischer Paradigmenwechsel nicht stattfinden konnte, sondern lediglich eine komplizierte Aufteilung medienrechtlicher Zuständigkeiten entstanden ist[837].

Kurz gefaßt lautet das Ergebnis der Untersuchung, daß die Länder aufgrund ihrer Gesetzgebungskompetenz für den Rundfunk Multimediaangebote regeln dürfen, soweit diese rundfunkrelevant sind. Da Mediendienste eine Form des Rundfunks sind, durften die Länder den Mediendienste-Staatsvertrag erlassen. Der Bund ist im Rahmen seiner Wirtschaftskompetenz nach Art. 74 Abs. 1 Nr. 11 GG für solche Multimediaangebote gesetzgebungsbefugt, die keine Rundfunkrelevanz besitzen und bei denen der wirtschaftliche Aspekt überwiegt. Ihm kommt daher die Gesetzgebungskompetenz für das Teledienstegesetz zu.

---

835 So auch *Bullinger*, JZ 1996, 385/387.

836 In diesem Sinne in bezug auf die Unterscheidung Individualkommunikation/ Massenkommunikation auch BT-Drs. 13/7937, Entschließungsantrag der Fraktion BÜNDNIS 90/DIE GRÜNEN, S. 2; von Vertretern marktwirtschaftlicher Ansätze wird in dem derzeitigen Rechtszustand auch ein labiles Zwischenstadium zwischen einer bereits verlassenen öffentlich-rechtlichen Telekommunikations- und Rundfunkordnung und einer noch nicht erreichten Privatrechts- und Marktordnung gesehen, so etwa *Ebsen*, DVBl. 1997, 1039/1040.

837 *Kurp*, FK 1997, Nr. 35, S. 3/4.

b) Der Inhalt des Mediendienste-Staatsvertrages

Der Mediendienste-Staatsvertrag ist für das Teleshopping dort von Bedeutung, wo er Regelungen für solche Angebotsformen trifft, die aus dem Anwendungsbereich des Rundfunkstaatsvertrages herausgenommen worden sind.

aa) Allgemeines

Die wesentliche Zielsetzung des Mediendienste-Staatsvertrages ist mit wenigen Worten umrissen: Mediendienste sind gemäß § 4 MDStV im Rahmen der Gesetze zulassungs- und anmeldefrei, um die Entwicklung der Informations- und Kommunikationstechnologie in Deutschland nicht zu behindern[838]. Danach bestehen Anmelde-, Lizenzierungs- oder Zulassungsvorschriften allenfalls nach dem allgemeinen Gewerbe- oder Wirtschaftsrecht[839] sowie nach dem Telekommunikationsgesetz[840]. Der Mediendienst definiert sich abstrakt gemäß § 2 Abs. 1 Satz 1 MDStV als ein an die Allgemeinheit gerichteter Informations- und Kommunikationsdienst in Text, Ton oder Bild, der unter Benutzung elektromagnetischer Schwingungen ohne Verbindungsleitung oder längs oder mittels eines Leiters verbreitet wird. Diese Legaldefinition unterscheidet sich von der Definition des Rundfunkbegriffs nach § 2 Abs. 1 RStV nur dahingehend, daß bei den Mediendiensten das Merkmal der „Darbietung" fehlt[841].

In § 2 Abs. 2 MDStV werden verschiedene Mediendienste exemplarisch („insbesondere") aufgeführt: der Fernseheinkauf (Nr. 1), die Verbreitung von Meßergebnissen und Datenermittlungen (Nr. 2), Fernsehtext, Radiotext und vergleichbare Textdienste (Nr. 3) und Text-, Ton- oder Bilddarbietungen aus elektronischen Speichern (Nr. 4). Der Grund für die nicht abschließende Aufzählung von Mediendiensten besteht darin, daß der Gesetzgeber den Mediendienste-Staatsvertrag offenhalten wollte für neue technische und inhaltliche

---

838 Allerdings war anfangs zumindest eine Anzeigepflicht vorgesehen, von der die Länder jedoch wieder abrückten, so die Süddeutsche Zeitung vom 22. April 1996 sowie die SZ-Technik-Beilage vom 18. Juni 1996. Insofern ist die Äußerung von *Hoeren* (in: JbTuG 1997, S. 131), daß dank des Informations- und Kommunikationsdienstegesetzes „der Alptraum einer Kontrolle des Internet etwa durch bayerische Landesmedienanstalten" vorüber sei, unrichtig und tendenziös, da auch auf Landesebene Zulassungs- und Anmeldefreiheit besteht.

839 *Gounalakis*, NJW 1997, 2993.

840 Der Mediendienste-Staatsvertrag läßt das Telekommunikationsgesetz gemäß § 2 Abs. 1 Satz 3 MDStV unberührt.

841 Amtl. Begründung zum Mediendienste-Staatsvertrag, B., zu § 2, Abs. 1.

Entwicklungen in diesem Sektor, die zur Zeit des Gesetzeserlasses noch nicht absehbar waren[842]. Die unter § 2 Abs. 2 Nr. 1 bis 3 MDStV beispielhaft beschriebenen Mediendienste werden als Verteildienste bezeichnet und nur das unter Nr. 4 genannte Angebot stellt einen Abrufdienst dar. Verteildienste gelten als die klassischen Erscheinungsformen der Massenkommunikation, die dadurch gekennzeichnet sind, daß Inhalte an eine unbestimmte Vielzahl von Empfängern übermittelt werden und der Zeitpunkt der Ausstrahlung vom Anbieter einseitig festgelegt wird[843]. Abrufdienste im Sinne des § 2 Abs. 2 Nr. 4 MDStV fallen nur solange unter den Mediendienste-Staatsvertrag, als bei ihnen nicht der individualkommunikative Charakter im Vordergrund steht, was für Angebote mit individuellem Leistungsaustausch in einem konkreten Individualverhältnis gelten soll[844].

bb) Das Teleshopping

Unter § 2 Abs. 2 Nr. 1 MDStV der exemplarisch aufgezählten Mediendienste findet sich das Teleshopping, das als Verteildienst „in Form von direkten Angeboten an die Öffentlichkeit für den Verkauf, den Kauf oder die Miete oder Pacht von Erzeugnissen oder die Erbringung von Dienstleistungen (Fernseheinkauf)" definiert wird[845]. In der Begründung zum Mediendienste-Staatsvertrag heißt es, daß die Begriffsbestimmung des Fernseheinkaufs der „EU-Fernsehrichtlinie" entspreche[846]. Gemeint ist damit die im Zeitpunkt des Inkrafttretens des Mediendienste-Staatsvertrages noch geltende Fernsehrichtlinie aus dem Jahr 1989. In § 2 Abs. 2 Nr. 1 MDStV wurde wortgleich die Formulierung des Teleshopping als Werbeform aus Art. 1 lit. b) Fs-RL 1989 übernommen. Bedauerlicherweise wurde nicht bereits die etwa zeitgleich verhandelte und wesentlich umfassendere Definition des Teleshopping aus Art. 1 lit. f) Fs-RL 1997 berücksichtigt[847]. Allerdings ist die Bezugnahme des

842 Amtl. Begründung zum Mediendienste-Staatsvertrag, B., zu § 2, Abs. 2.

843 Amtl. Begründung zum Mediendienste-Staatsvertrag, B., zu § 2, Abs. 2, Nr. 1 bis 3.

844 Amtl. Begründung zum Mediendienste-Staatsvertrag, B., zu § 2, Abs. 2, Nr. 4.

845 Diese Definition des Fernseheinkaufs entspricht der des Rundfunkstaatsvertrages 1997 mit dem Unterschied, daß der Rundfunkstaatsvertrag von einer „Werbeform" spricht, während im Mediendienste-Staatsvertrag von einem „Verteildienst" die Rede ist. *Kröger/Moos* (AfP 1997, 675/677) schließen daraus irrtümlich, daß die Aufnahme des Teleshopping in den Mediendienste-Staatsvertrag zeige, daß seine Einordnung als Werbeform nicht mehr gelten solle. Diese Ansicht läßt jedoch das Teleshopping in Form der Unterbrecherwerbung unberücksichtigt.

846 Amtl. Begründung zum Mediendienste-Staatsvertrag, B., zu § 2, Abs. 2 Nr. 1.

847 Vgl. oben 1. Kapitel, II.3.b).

Mediendienste-Staatsvertrages auf die Fernsehrichtlinie nach dem Verständnis der Länder wohl nicht so zu verstehen, daß die Länder dadurch die Vorgaben der Richtlinie - außerhalb des Rundfunkstaatsvertrages - umsetzen wollten. Denn die Richtlinie beschränkt ihren Regelungsgehalt ausdrücklich auf das Fernsehen, welches die Länder mit dem Mediendienste-Staatsvertrag gerade nicht berühren wollten.

Zusammenfassend ist festzuhalten, daß Teleshopping im Rahmen der Legaldefinition des § 2 Abs. 2 Nr. 1 MDStV ein Mediendienst und als solcher zugangsfrei ist, solange er nicht das Merkmal der „Darbietung" im rundfunkrechtlichen Sinn erfüllt.

c) Das Verhältnis des Mediendienste-Staatsvertrages zum Rundfunkstaatsvertrag

Um Kollisionen mit dem Rundfunkstaatsvertrag zu vermeiden, enthält der Mediendienste-Staatsvertrag mit § 2 Abs. 1 Satz 2 eine Bestimmung, wonach ersterer ausdrücklich „unberührt" bleibt. Zu unterscheiden sind Rundfunk und Mediendienst anhand des Merkmals der „Darbietung", durch das die besondere Rolle des Rundfunks als Medium und Faktor der öffentlichen Meinungsbildung gekennzeichnet werde[848].

Der Mediendienste-Staatsvertrag sieht in § 22 Änderungen von § 2 Abs. 1 RStV 1997 vor: Eine der Änderungen besteht laut § 22 lit. b) MDStV in der Anfügung eines Satzes 3 an den § 2 Abs. 1 RStV 1997, welcher lautet: „Dieser Staatsvertrag [der RStV also[849]] gilt nicht für Mediendienste im Sinne von § 2 des Mediendienste-Staatsvertrages; § 20 Abs. 2 dieses Staatsvertrages [wiederum des RStV[850]] bleibt unberührt." § 20 Abs. 2 Satz 1 RStV 1997 bestimmt, daß Anbieter von Mediendiensten einer Zulassung nach Landesrecht bedürfen, wenn und soweit solche Dienste dem Rundfunk zuzuordnen sind. Der Sinn dieser Regelung besteht darin, daß Mediendienste nachträglich als Rundfunk eingestuft werden können, wenn sich herausstellt, daß bei ihnen eine publizistische Wirkung vorhanden ist. Die Abgrenzung zwischen Rundfunk und Mediendiensten ist also inhaltlich vorzunehmen, auf die Bezeichnung des Dienstes etwa als „Mediendienst" kommt es nicht an[851]. Dem Grunde nach wä-

848 Amtl. Begründung zum Mediendienste-Staatsvertrag, B., zu § 2 Abs. 1.

849 Eigene Anmerkung.

850 Eigene Anmerkung.

851 Amtl. Begründung zum 3. Runfunkänderungsstaatsvertrag, abgedruckt in: MP Dokumentation I 1996, S. 38ff., zu § 20.

re diese Vorschrift nicht notwendig gewesen, da darbietende Mediendienste von sich aus Rundfunk im Sinne des Rundfunkstaatsvertrages darstellen[852], folglich nach Rundfunkrecht zu beurteilen und damit zulassungspflichtig sind. Der § 20 Abs. 2 Satz 1 RStV 1997 normiert damit zunächst eine Selbstverständlichkeit[853], zumal er keine materiellen Kriterien festlegt, wann ein Mediendienst in Rundfunk „umschlägt“[854]. Bedeutung erlangt der § 20 Abs. 2 RStV 1997 indes durch seinen Satz 2, demzufolge es des Einvernehmens *aller* Landesmedienanstalten bedarf, um einen Mediendienst dem Rundfunk zuzuordnen. Die Vorschrift normiert damit eine Zuständigkeit aller anderen Landesmedienanstalten im Sinne einer Beteiligung an der Entscheidung der zuständigen Landesmedienanstalt[855]. Dieses Erfordernis wird in der Praxis zu einer erheblichen Hürde, an welcher die Einordnung eines Mediendienstes als Rundfunk regelmäßig scheitern dürfte.

d) Kritische Beurteilung des Mediendienste-Staatsvertrages

An verschiedenen Stellen ist bereits angeklungen, daß der Mediendienste-Staatsvertrag konstruktionsmäßig wie auch inhaltlich Schwachstellen aufweist. Die von den Ländern für sich reklamierte Gesetzgebungskompetenz steht so lange auf wackligem Grund, wie die Länder sich nicht ausdrücklich auf ihre Rundfunkkompetenz stützen mögen. Ein Bekenntnis zu einem weiten verfassungsrechtlichen Rundfunkbegriff und die Geltendmachung der Gesetzgebungskompetenz für den Rundfunk würde die Position der Länder vereinfachen. Wohl um der wirtschaftlichen Bedeutung der neuen Dienste Rechnung tragen zu können, wurde der verfassungsrechtliche Rundfunkbegriff in den Hintergrund gerückt[856], damit nicht der - unzutreffende - Eindruck entsteht, Mediendienste seien an ähnlich strenge Zulassungskriterien gebunden wie der Rundfunk.

---

[852] Nach der Amtl. Begründung zum 3. Rundfunkänderungsstaatsvertrag ist ein funktionaler Rundfunkbegriff im Sinne der Rechtsprechung des Bundesverfassungsgerichts zu Grunde zu legen, wohingegen es auf die technische Verbreitungsart der Dienste nicht ankommt, vgl. Anm. zu § 20.

[853] *Engel-Flechsig*, ZUM 1997, 231/238 und *Gounalakis*, NJW 1997, 2993/2994, beurteilen den § 20 Abs. 2 Satz 1 RStV 1997 insofern zu Unrecht als potentielle Einschränkung der Zugangsfreiheit.

[854] *Kröger/Moos*, ZUM 1997, 462/465.

[855] Strukturpapier der DLM vom 16.12.1997 und vom Dezember 1998, 1.2.2.

[856] In diesem Sinne recht eindeutig die Amtl. Begründung zum Mediendienste-Staatsvertrag, A. Allgemeines.

Aus der Umgehung des Rundfunkbegriffs folgen neben der Unsicherheit hinsichtlich der Gesetzgebungskompetenz auch inhaltliche Ungenauigkeiten. Wie zuvor bereits erwähnt, darf für einen Mediendienst das Merkmal der „Darbietung" nicht erfüllt sein, weil dieses den Angeboten im Rahmen des Rundfunkstaatsvertrages vorbehalten bleibt[857]. Es wurde im Rahmen der Untersuchung des Rundfunkstaatsvertrages bereits konstatiert, daß schon ein Angebot, das nur in geringem Maße meinungsbildend ist, strenggenommen eine Darbietung darstellt, da für dieses Tatbestandsmerkmal nicht nach der Stärke der meinungsbildenden Wirkung unterschieden wird[858]. Mit dem Mediendienste-Staatsvertrag erfolgt also bereits auf der Tatbestandsseite eine Trennung der weniger von den mehr die öffentliche Meinung prägenden Darbietungen und damit eine Einteilung in Mediendienste und Rundfunk. Nicht zu verkennen ist, daß es sich bei dieser Unterscheidung zwischen Mediendienst und Rundfunk lediglich um eine solche auf der einfachgesetzlichen Ebene handelt. Der verfassungsrechtliche Rundfunkbegriff differenziert hingegen nicht nach dem Maß der Einwirkung auf die individuelle und öffentliche Meinung. Würde sich der einfachgesetzliche Rundfunkbegriff deutlicher am verfassungsrechtlichen orientieren, wäre eine Unterscheidung zwischen Rundfunk und Mediendienst zumindest noch nicht bei der Feststellung der Tatbestandsmäßigkeit erforderlich. Vielmehr bliebe der Rundfunkstaatsvertrag zunächst anwendbar und bei Feststellung geringer Meinungsrelevanz würde eine Korrektur auf der Rechtsfolgenseite über die Wahl des Mediendienste-Staatsvertrages als dem milderen Regelungsregime vorgenommen. Zwar kommt man auch mit dem hier vertretenen Ansatz letztlich nicht umhin, eine Abgrenzung zwischen Rundfunk und Mediendiensten am Maßstab der Meinungsrelevanz vorzunehmen. Allerdings geschieht dies anhand einer offenen Wertung im Rahmen der Frage, welche Regelungsintensität erforderlich ist, die des Rundfunkstaatsvertrages oder die des Mediendienste-Staatsvertrages, wobei besser darauf Rücksicht genommen werden kann, ob ein Angebot funktionell an die Stelle des klassischen Rundfunks tritt[859]. Wird hingegen der Anwendungsbereich des Begriffs „Darbietung" eingeengt, wird die gleiche Wertung vorgenommen, ohne sie als solche deutlich werden zu lassen.

Im Ergebnis wird dieses dogmatische Verständnis zunächst nicht zu spürbaren Unterschieden in der Behandlung von Rundfunk oder Mediendiensten führen.

---

857 Amtl. Begründung zum Mediendienste-Staatsvertrag, B., zu § 2, Abs. 1.

858 Dies gilt in gleicher Weise für den oben verwendeten Begriff der Berichterstattung und dessen Eignung zur Meinungsbildung.

859 BVerfGE 83, 238/302; vgl. auch *Bullinger*, JZ 1996, 385/387; *Bermanseder*, ZRP 1997, 330/331.

Klargestellt ist lediglich, daß Mediendienste unter dem Schutz der verfassungsrechtlichen Rundfunkfreiheit stehen.

e) Ergebnis für das Teleshopping

Die tatsächliche Bedeutung des Mediendienste-Staatsvertrages beschränkt sich für das Teleshopping auf Angebote in Form von Produktmoderation und -beschreibung, so wie sie derzeit von H.O.T. und QVC angeboten werden. Für das Teleshoppingfenster und den Teleshopping-Spot stellt sich die Frage nach ihrer Tauglichkeit als Mediendienst nicht, da sie regelmäßig Teil eines zugelassenen Rundfunkprogramms sind. Bedeutsam ist die Einordnung jedoch für den reinen Teleshoppingkanal mit einem durchgestalteten 24-Stunden-Werbeprogramm[860]. Der Vollständigkeit halber sei darauf hingewiesen, daß der Mediendienste-Staatsvertrag auf den Einkauf per Internet nicht anwendbar ist, da es sich dabei nicht um Verteildienste handelt, wie es für einen Mediendienst erforderlich ist.

3. Die Landesmediengesetze

Bislang war nur von den in allen Bundesländern gleichermaßen geltenden Staatsverträgen die Rede, weil diesen aufgrund ihrer einheitlichen Regelungen besondere Bedeutung zukommt. In Ergänzung zu den Staatsverträgen verfügt jedes Bundesland über ein eigenes Landesmediengesetz, das Regelungen über Aufbau und Aufgabe der Landesmedienanstalten, über Zulassung und Weiterverbreitung von privaten Rundfunkprogrammen wie auch allgemeine Regeln über Anforderungen an Rundfunkprogramme, Werbung und Datenschutz enthält. Inzwischen sind in allen Landesmediengesetzen Vorschriften zu finden, die sich nicht auf den klassischen Rundfunk beschränken, sondern darüber hinausgehend die endgültige[861] oder die lediglich versuchsweise[862] Zulassung rundfunkähnlicher Kommunikation regeln.

---

860 Vgl. dazu oben die Ausführungen zur Meinungsbildung durch Werbung, 4. Kapitel, III., 2.

861 § 1 Abs. 2 Nr. 2 LMG BW; § 46 iVm. § 2 Abs. 7 HmbMG; § 1 SächsPRG (auch zur Entwicklung und Anwendung neuer Techniken und Nutzungsformen, § 26).

862 So Art. 35a Satz 1 BayMG; § 67a HPRG; § 72 LRG NW; § 76 LRG RP; § 11 Nr. 4 TRG.

a) Die Gesetzgebungskompetenz

Zu Regelungen im Bereich rundfunkähnlicher Kommunikation sind die Länder befugt, solange es sich um Angebote im Rahmen des verfassungsrechtlichen Verständnisses von Rundfunk handelt. Insoweit gilt für die einzelstaatliche Rundfunkgesetzgebung die gleiche Grenze, wie sie für die staatsvertraglichen Regelungen für Mediendienste aufgezeigt worden ist. Diese Beschränkung gilt auch für Modellversuche mit neuen Angebotsformen[863], da bei vorläufigen Projekten der gleiche Grundrechtsbezug besteht und daher die Gesetzgebungskompetenzen zu beachten sind, selbst wenn der gesetzgeberische Gestaltungsspielraum bei Versuchen größer ist[864].

b) Der Inhalt

Zur Definition des Rundfunks stützen sich die Landesgesetze wie der Rundfunkstaatsvertrag[865] auf den Rundfunkbegriff aus § 1 Abs. 2 des Rundfunkgebührenstaatsvertrages von 1968[866]. Entweder verweisen die Landesmediengesetze auf die Definition in § 2 Abs. 1 des jeweils geltenden Rundfunkstaatsvertrages[867] oder sein Wortlaut wird in ähnlicher Form wiederholt[868].

aa) Allgemeines

Wie auch im Rundfunkstaatsvertrag selber dient der Rundfunkbegriff dazu, den Rundfunk von anderen elektromagnetischen Informationsübermittlungen abzugrenzen, um den Anwendungsbereich der Mediengesetze festzulegen[869]. Inzwischen regeln die Landesmediengesetze zusätzlich die Verbreitung von über den reinen Rundfunk hinausgehenden rundfunkähnlichen Angeboten, auch wenn diese teilweise nur als Versuch oder Modell zugelassen werden. Da 1995/96,

---

863 *Degenhart*, ZUM 1995, 353/358. Abzulehnen ist hingegen die Auffassung *Schippans*, NJW 1997, 3205/3207, der von den Versuchsregeln auch Angebote, die keine rundfunkrechtliche Relevanz besitzen, mitgeregelt sieht.

864 BVerfGE 57, 295/324.

865 Vgl. oben 1.b)bb)aaa).

866 *Herrmann*, Rundfunkrecht, Rz. 16f. zu § 17.

867 Beispielsweise § 1 LRG RP; § 2 Abs. 1 HmbMG (der zusätzlich den Wortlaut wiedergibt).

868 Beispielsweise Art. 1 Abs. 2 BayMG; § 2 Abs. 1 RStV Berlin-Bb.; § 2 Abs. 1 LRG NW; § 1a SächsPRG; § 2 Abs. 1 Nr. 1 TRG.

869 *Herrmann*, Rundfunkrecht, Rz. 18 zu § 17.

als die meisten Versuchsklauseln in die Landesmediengesetze eingefügt wurden, noch keine einheitliche Vorstellung über die verschiedenen Nutzungsformen und Techniken bei den Landesmedienanstalten vorhanden war, fallen die Vorschriften im Hinblick auf ihre Zielsetzungen, die zeitlichen und inhaltlichen Befristungen und den Umfang der Befugnis sehr unterschiedlich aus[870]. Wenn in den Landesmediengesetzen beispielsweise von der Veranstaltung von Ton- und Bewegtbilddiensten[871] oder von Versuchen mit neuen Techniken, Programmen und Diensten[872] die Rede ist, so stellt sich heute zudem die Frage, inwieweit diese Dienste auch Mediendienste im Sinne des Staatsvertrages darstellen[873]. Zum Teil haben sich die Landesmediengesetze in ihren Erprobungsregeln der Formulierung nach auf den Rundfunk beschränkt, wie beispielsweise § 72 LRG NW[874], wonach die „Durchführung von Modellversuchen mit neuen Rundfunktechniken, Rundfunkprogrammen oder Rundfunkdiensten“ zulässig ist, oder § 26 SächsPRG[875], demzufolge die „Verbreitung von Rundfunk durch Erprobung neuer Techniken oder neuer Nutzungsformen“ möglich ist. Dem Sinn und Zweck entsprechend erstrecken sich auch bei diesen Landesmediengesetzen die Erprobungsklauseln auf Angebote, die sich vom herkömmlichen Rundfunk unterscheiden. Für das nordrhein-westfälische Rundfunkgesetz wird dies bestätigt durch die 1. Medienversuchsverordnung NW (MVVO)[876], zu deren Erlaß der Landtag aufgrund des § 72 Abs. 2 LRG NW ermächtigt ist. In dieser Verordnung ist die Sprache von „digitalem Fernsehen und neuen digitalen Kommunikationsdiensten“, § 1 Abs. 1 der 1. MVVO NW, also nicht mehr alleine von Rundfunkdiensten. Ein zu erprobendes Rundfunkprogramm im Sinne der Medienversuchsverordnung ist etwa der Teleshoppingsender QVC[877], der zugleich als Mediendienst einzuordnen ist[878].

870 Dies zeigt sich bereits an der uneinheitlichen Terminologie: Pilotprojekte, Betriebsversuche, Art. 35a BayMG; Modellversuche mit neuen Rundfunktechniken, Rundfunkprogrammen oder Rundfunkdiensten, § 72 LRG NW; Versuche mit neuen Techniken, Programmen und Diensten, § 55 LRG RP; Rundfunkerprobung, § 26 SächsPRG; Vergabe von Übertragungskapazitäten an zugelassene Rundfunkveranstalter für Rundfunkversuche und zur vorübergehenden Nutzung, § 14 RGMV; siehe auch *Mayer/Motz*, ZUM 1998, 133.

871 § 46 HmbMG.

872 § 76 Abs. 1 LRG RP.

873 Zum Rangverhältnis der unterschiedlichen Gesetze siehe unten c) und d).

874 In der Fassung vom 7. Februar 1996 (GVBl. NW S. 75).

875 In der Fassung vom 9. März 1998 (SächsGVBl. S. 106).

876 In der Fassung vom 17. Juni 1997 abgedruckt bei *Bauer/Ory*, Recht in Hörfunk und Fernsehen, Bd. 3, 7.10.4.1.

877 Siehe Teil 1, 1. Kapitel, III.

878 Vgl. 2. Kapitel, I.2.e).

bb) Das Teleshopping

Die Angebotsform Teleshopping ist in keinem der Landesmediengesetze ausdrücklich erwähnt. Gerade da dieses Angebot noch relativ neu ist und nicht dem klassischen Rundfunk zugerechnet wird, ist es im Rahmen der Versuchsregelungen zu berücksichtigen. Die Erprobungsregeln wurden in die Landesmediengesetze aufgenommen, gerade um den Teleshoppingkanal als typisches Pilotprojekt zu ermöglichen[879]. Der Ansicht von *Degenhart*, der dem reinen Teleshoppingkanal die Rundfunkeigenschaft und damit den Ländern die Kompetenz abspricht, das Teleshopping in ihren Mediengesetzen mitzuregeln[880], kann insofern nicht zugestimmt werden, als in der vorliegenden Untersuchung die Rundfunkeigenschaft des Teleshopping und vor allem die Gesetzgebungskompetenz der Länder festgestellt worden ist[881]. Voraussetzung der landesrechtlichen Versuchsklauseln ist regelmäßig, daß eine Zulassung nur befristet erteilt wird, daß neue Techniken erprobt oder daß Erkenntnisse über die Akzeptanz bei den Nutzern gewonnen werden[882]. Dabei sind die Erprobungsklauseln ihrem Wortlaut nach so zu verstehen, daß entweder neue Techniken, neue Programme oder neue Nutzungsformen getestet werden sollen, daß diese Voraussetzungen also nicht kumulativ vorliegen müssen[883]. Die beiden Teleshoppingkanäle H.O.T. und QVC erhielten ihre befristeten Erstzulassungen jeweils, um die Akzeptanz neuer Programmformen zu erproben[884], da das Fernseh-Einkaufsverhalten der deutschen Konsumenten nicht ohne weiteres von dem der US-Amerikaner, Italiener oder Franzosen, wo Teleshopping länger verbreitet wird, abgeleitet werden kann. Neue Techniken wurden mit den beiden Teleshoppingsendern nicht sofort erprobt, obwohl sich die Versuchszulassungen zu der analogen auch auf die digitale Übertragung beziehen[885]. Seit Juni 1997 strahlt zumindest H.O.T. sein Programm auch digital aus und ist für alle

---

879 *Schippan*, NJW 1997, 3205/3208, Fn. 31, der neben H.O.T. und QVC fünf weitere Teleshoppingprojekte benennt.

880 *Degenhart*, ZUM 1995, 353/358.

881 Vgl. 2. Kapitel, I.2.ff).

882 *Schippan*, NJW 1997, 3205/3207.

883 Sehr deutlich bei § 72 Abs. 1 Satz 1 LRG NW: „Die Durchführung von Modellversuchen mit neuen Rundfunktechniken, Rundfunkprogrammen *oder* Rundfunkdiensten ist zulässig.“ (eigene Hervorhebung); zu Unrecht a.A. *Schippan*, NJW 1997, 3205/3207.

884 Aus der Präambel des Vertrages zwischen der BLM und H.O.T. vom 13.10.1997: „Ziel der Erprobung neuer Techniken, rundfunkähnlicher Dienste und anderer Mediendienste gemäß Art. 35a BayMG ist es, vor allem auch Erfahrungen im Hinblick auf deren Akzeptanz beim Nutzer zu gewinnen.“

885 Vgl. Teil 1, 1. Kapitel, II. und III.

DF-1-Abonnenten mittels d-box zu empfangen[886]. Bislang wurden noch keine Bestellmöglichkeiten mittels digitaler Rückkanaltechnik realisiert.

Für die Zulassung von Teleshoppingfenstern und Teleshopping-Spots sind die Erprobungsklauseln der Landesmediengesetze ohne Auswirkungen, da diese beiden Teleshoppingformate regelmäßig Bestandteil eines zugelassenen Rundfunkprogramms sind.

c) Das Verhältnis der Landesmediengesetze zum Rundfunkstaatsvertrag

Durch die Vielfältigkeit der landes- und bundesgesetzlichen Bestimmungen ist es erforderlich, die Rangfolge der einzelnen Regelwerke zu bestimmen. Dazu bedarf es vorab der Klarstellung, welche Stellung der Staatsvertrag in der Normenhierarchie der Länder einnimmt.

Um Wirksamkeit zu erlangen, bedürfen Staatsverträge der Umsetzung in Landesrecht, wobei die Umsetzung in Anlehnung an die Lehren des Völkerrechts erfolgt[887]. Die Grundsätze des Völkerrechts sind dabei nicht unmittelbar heranzuziehen, sondern finden nur entsprechende Anwendung, soweit die geschriebenen oder ungeschriebenen Grundsätze des nationalen Staatsrechts Lücken aufweisen[888]. Da das deutsche Bundesrecht keine Vorschriften über die Umsetzung von Staatsverträgen enthält, sind die Länder aufgrund ihrer Staatsqualität[889] frei, die Art der Umsetzung in ihren Verfassungen selber zu regeln[890]. So ist in den Landesverfassungen teilweise vorgeschrieben, daß die Zustimmung zum Staatsvertrag in Gesetzesform ergehen muß[891], wodurch für die Umsetzung auf die Lehre vom Transformationsgesetz[892] zurückgegriffen wird[893]. Der Rechtsprechung des Bundesverfassungsgerichts[894] zufolge genügt auch eine rein parlamentarische Zustimmung, um den normativen Teil von Staatsverträ-

---

886 Siehe *H.O.T.* Präsentationsbroschüre „Der erste Fernsehsender, der seine Sendungen auch verschickt.“, S. 9.

887 Kritisch dazu *Isensee* in: HbStR, Rz. 99 zu § 98.

888 *Hartstein/Ring/Kreile/Dörr/Stettner*, RStV, Rz. 4 zu § 1; *Stern*, Staatsrecht, Bd. II, S. 787.

889 *Rudolf* in: HbStR, Rz. 49 zu § 105.

890 *Vedder*, Intraföderale Staatsverträge, S. 170.

891 Z.B. Art. 101 S. 2 VerfRP.

892 Vgl. dazu m.w.N. *Graf Vitzthum (Hrsg.)*, Völkerrecht, 2. Abschn., Rz. 38 und 111

893 *Degenhart*, Staatsrecht I, Rz. 117a.

894 BVerfGE 37, 191/197.

gen zum Bestandteil des Landesrechts werden zu lassen[895]. Diese Konstruktion entspricht der Lehre vom innerstaatlichen Anwendungsbefehl im Völkerrecht, der bewirkt, daß die Regelungen des Staatsvertrages, die materiell vertragliche Regelungen bleiben, angewandt werden müssen[896]. Die demokratische Legitimation, wie sie für den Erlaß eines Gesetzes erforderlich ist, ist auch bei einem bloßen Zustimmungsbeschluß des Landtages vorhanden[897], zumal die Einflußmöglichkeiten des Parlaments beim Abschluß von Staatsverträgen ohnehin sehr eingeschränkt sind[898]. Erst nach Vorliegen der parlamentarischen Zustimmung ist der Vertrag abgeschlossen[899]. Der im Landesrecht anzuwendende Staatsvertrag steht im Range des Zustimmungsrechts, das heißt des Gesetzes[900].

Wegen der Gleichrangigkeit von Staatsverträgen und anderen Landesgesetzen enthält der Rundfunkstaatsvertrag 1997 mit § 1 Abs. 2 eine Bestimmung, die das Verhältnis dieses Staatsvertrages zu den Landesmediengesetzen klarstellen soll. Es heißt dort: „Soweit dieser Staatsvertrag keine anderweitigen Regelungen für die Veranstaltung und Verbreitung von Rundfunk enthält oder solche Regelungen zuläßt, sind die für die jeweilige Rundfunkanstalt oder den jeweiligen privaten Veranstalter geltenden landesrechtlichen Vorschriften anzuwenden." Auch wenn nicht von vornherein erkennbar ist, ob die Bestimmung des § 1 Abs. 2 RStV 1997 nur deklaratorische oder konstitutive Bedeutung hat, wäre es in jedem Fall zu kurz gedacht, daraus abzulesen, daß die Landesgesetze nur noch subsidiär gälten[901]. Das Verhältnis von staatsvertraglichen Regelungen zu anderen Landesgesetzen beurteilt sich nach den Grundsätzen der „lex posterior" und „lex specialis" [902], da der Staatsvertrag keinen höheren Rang als normale Landesgesetze besitzt[903]. So wie ein neuer Rundfunkstaatsvertrag entgegenstehendem älteren Landesrecht vorgeht, können umgekehrt Bestimmungen des Staatsvertrages durch späteres Landesrecht wirksam abgeändert werden[904].

---

895 So sieht es Art. 72 Abs. 2 BayVerf vor.

896 *Hartstein/Ring/Kreile/Dörr/Stettner*, RStV, Rz. 7 zu § 1; *Graf Vitzthum (Hrsg.)*, Völkerrecht, 2. Abschn., Rz. 39.

897 *Rudolf* in: HbStR, Rz. 54 zu § 105.

898 *Vedder*, Intraföderale Staatsverträge, S. 170.

899 *Rudolf* in: HbStR, Rz. 54 zu § 105.

900 *Stern*, Staatsrecht, Bd. II, S. 786; *Rudolf* in: HbStR, Rz. 55 zu § 105.

901 So aber *Herrmann*, Rundfunkrecht, Rz. 7 zu § 17.

902 *Rudolf* in: HbStR, Rz. 55 zu § 105; *Hartstein/Ring/Kreile/Dörr/Stettner*, RStV, Rz. 4 zu § 1.

903 *Schneider*, VVDStRL 19, 1/14; *ders.*, Staatsverträge, in: Erg. Lexikon, 5/710, S. 2.

904 Eine Ausnahme sieht die Hessische Verfassung vor, die in Art. 67 S. 2 festschreibt, daß kein Gesetz gültig ist, das mit einem Staatsvertrag in Widerspruch steht.

Wegen dieser Abänderungsmöglichkeit ist Staatsverträgen immanent, daß einseitige Änderungen untersagt sind[905] und bei Verstoß Ansprüche der übrigen Vertragsparteien wegen Vertragsbruchs auslösen[906], wie beispielsweise ein Recht auf vorzeitige Kündigung[907]. Zudem ist zu beachten, daß älteres spezielles Recht bestehen bleibt, wenn die neueren Regelungen allgemeiner sind, was insbesondere für Staatsverträge bedeutsam ist, da sich staatsvertragliche Regelungen meistens als die spezielleren gegenüber einem späteren, nicht auf die Vertragslage konzentrierten Landesgesetz darstellen[908]. Da trotz dieser Einschränkungen nicht ausgeschlossen ist, daß der Rundfunkstaatsvertrag durch späteres Landesrecht wirksam abgeändert werden kann, muß § 1 Abs. 2 RStV 1997 ein eigenständiger und damit konstitutiver Regelungsgehalt zuerkannt werden, der dem Staatsvertrag Vorrang gegenüber späteren Landesregelungen verschafft[909].

Trotz des grundsätzlichen Vorranges des Rundfunkstaatsvertrages 1997 sind die Bestimmungen der Landesmediengesetze, soweit ihre Versuchsregelungen das Teleshopping erfassen, als leges speciales zum Rundfunkstaatsvertrag 1997 einzuordnen, da dieser Staatsvertrag bislang keine ausdrücklichen Regelungen für den reinen Teleshoppingsender und keine Bestimmungen über versuchsweise Zulassungen enthält.

d) Das Verhältnis der Landesmediengesetze zum Mediendienste-Staatsvertrag

Der Staatsvertrag über Mediendienste beurteilt sich nach den gleichen Regeln wie der Rundfunkstaatsvertrag, d.h. er genießt durch die parlamentarische Zustimmung die gleiche Stellung wie gewöhnliche Landesgesetze und damit auch wie der Rundfunkstaatsvertrag. Auch der Mediendienste-Staatsvertrag kann mit den Landesmediengesetzen in Kollision geraten, da die Landesmediengesetze

905 So auch *Schneider*, VVDStRL 19, 1/15, der davon ausgeht, daß der einschlägige Staatsvertrag immer schon vor Erlaß des abweichenden Landesgesetzes erloschen, angefochten oder gekündigt sei.

906 *Rudolf* in: HbStR, Rz. 55 zu § 105; *Schneider*, VVDStRL 19, 1/15, der hinzufügt, daß das bundesstaatliche Prinzip der wechselseitigen Rücksichtnahme nicht ohne weiteres durch vertragswidriges Verhalten eines Landes verletzt werde, nur weil ein Verstoß gegen eine zusätzliche, erhöhte, freiwillig übernommene Zusage des Landes vorliege.

907 *Hartstein/Ring/Kreile/Dörr/Stettner*, RStV, Rz. 9f. zu § 1.

908 *Schneider*, Staatsverträge, in: Erg. Lexikon, 5/710, S. 2; *Hartstein/Ring/Kreile/Dörr/Stettner*, RStV, Rz. 11 zu § 1.

909 So wohl auch *Hartstein/Ring/Kreile/Dörr/Stettner*, RStV, Rz. 12 zu § 1.

rundfunkähnliche Kommunikation mitregeln, welche den Tatbestand des Mediendienstes erfüllen kann. Im Unterschied zum Rundfunkstaatsvertrag 1997 enthält der Mediendienste-Staatsvertrag keine Kollisionsregelung hinsichtlich der Landesmediengesetze[910]. Bestimmungen zum Vorrang des Mediendienste-Staatsvertrages enthalten dafür die Landesmediengesetze zum Teil selbst. Art. 35a BayMG, die Erprobungsklausel des Bayerischen Mediengesetzes, spricht ausdrücklich von Mediendiensten und stellt im neu gefaßten Satz 4[911] klar, daß für die Mediendienste im Rahmen von Pilotprojekten und Betriebsversuchen die Bestimmungen des Staatsvertrages über Mediendienste entsprechend gelten. Auch das Sächsische Privatrundfunkgesetz findet nach § 1 Abs. 1 Nr. 5 SächsPRG Anwendung auf Entwicklung und Nutzung neuer Techniken und neuer Nutzungsformen des Rundfunks und von Mediendiensten. § 1 Abs. 3 SächsPRG bestimmt ausdrücklich, daß daß die Staatsverträge über Rundfunk und Mediendienste unberührt bleiben, soweit das Privatrundfunkgesetz widersprechende Regelungen trifft. Unklar bleibt jedoch, wie sich die Anmelde- und Zulassungsfreiheit von Mediendiensten mit dem Erfordernis der Zulassung zur Teilnahme an Pilotprojekten oder Betriebsversuchen vereinbart. Das Zulassungserfordernis für Versuchsanordnungen steht zur Zulassungsfreiheit für Mediendienste in einem lex specialis-Verhältnis[912], weil von der Zulassungspflicht nur Mediendienste in einem bestimmten Zusammenhang, nämlich im Rahmen von Pilotprojekten und Betriebsversuchen betroffen sind. Zudem geht es bei der Zulassungsanforderung zu Versuchszwecken nicht um die Zulassung des Dienstes selber, sondern um seine Eignung als Versuchsprojekt und um die Zuweisung einer Übertragungsmöglichkeit. Allerdings besteht auf diesem Weg die Gefahr, daß die Zulassungsfreiheit des Mediendienstes selber zweitrangig wird. Tatsächlich kann es eine echte Zulassungsfreiheit für Mediendienste solange nicht geben, wie sich Rundfunk und Mediendienste Frequenzen teilen müssen[913].

e) Kritische Beurteilung der Landesmediengesetze

Das Konfliktpotential, das sich aus einer möglichen doppelten und dabei verschiedenartigen Regelung von Rundfunk oder Mediendiensten ergeben kann, wurde zuvor aufgezeigt. Es ist allerdings zu erwarten, daß es zu wesentlichen

910 Nach § 2 Abs. 1 MDStV bleiben nur die Bestimmungen des Rundfunkstaatsvertrages, des Teledienstegesetzes und des Telekommunikationsgesetzes unberührt.

911 In der Fassung des BayMG vom 27.12.1997 (BayGVBl. S. 843).

912 Auf die lex posterior-Regel, die auf das BayMG ebenfalls zutrifft, kommt es insofern nicht mehr an.

913 Vgl. VG Berlin, AfP 1998, 544.

Diskrepanzen nicht kommen wird, da die Länder mit den Landesmediengesetzen nicht willentlich gegen die gemeinsamen Regelwerke Rundfunkstaatsvertrag und Mediendienste-Staatsvertrag verstoßen werden, wie es die Kollisionsregeln des neu gefaßten Bayerischen Mediengesetzes und des Sächsischen Privatrundfunkgesetzes zeigen. Trotz der grundsätzlichen Zulassungsfreiheit für Mediendienste behalten die Landesmediengesetze ihre Bedeutung, da viele Mediendienste, wie beispielsweise H.O.T.[914], auch nach dem Inkrafttreten des Mediendienste-Staatsvertrages weiterhin im Rahmen von befristeten Erprobungen zugelassen waren.

f) Ergebnis für das Teleshopping

Bislang haben die Landesmediengesetze gerade für die Zulassung von Teleshoppingkanälen eine große Rolle gespielt, da die beiden in Deutschland zugelassenen Teleshoppingsender H.O.T. und QVC erstmals über Versuchs- bzw. Erprobungsklauseln auf der Grundlage der Landesmediengesetze im Oktober 1995 bzw. Dezember 1996 zugelassen wurden. Heute sind beide Sender grundsätzlich unabhängig von landesrechtlichen Rundfunkzulassungen, da sie sich auf die Anmelde- und Zulassungsfreiheit des Mediendienste-Staatsvertrages berufen können. Dennoch kann es für Anbieter von Mediendiensten auch heute noch von Interesse sein, eine Zulassung im Rahmen der landesweiten Versuchsprojekte anzustreben, weil für Versuche eigene Übertragungswege reserviert sind und damit die Zuteilung eines Kabelplatzes, von denen noch nicht genug für alle Interessenten zur Verfügung stehen, erleichtert wird[915].

II. Die Regelungen durch den Bund: Das Informations- und Kommunikationsdienstegesetz

Das bundesgesetzliche Informations- und Kommunikationsdienstegesetz (IuKDG) vom 22. Juli 1997[916], das zeitgleich mit dem Mediendienste-Staatsvertrag zum 1. August 1997 in Kraft getreten ist, befaßt sich, wie bereits angesprochen wurde, mit der Regelung von Multimediaangeboten, die nicht rundfunkrelevant sind. Das Mantelgesetz Informations- und Kommunikationsdienstegesetz enthält drei neue Gesetze: das Gesetz über die Nutzung von Teledien-

---

[914] Vgl. Teil 1, 1. Kapitel, II.

[915] Vgl. den Vertrag zwischen der BLM und H.O.T. vom 13.10.1997, oben Teil 1, 1. Kapitel, II.

[916] BGBl. 1997 I, S. 1870.

sten (Teledienstegesetz - TDG), das Teledienstedatenschutzgesetz und das Signaturgesetz. In sechs weiteren Artikeln werden bestehende Bundesgesetze im Bereich der Straf- und Ordnungswidrigkeiten, der Verbreitung jugendgefährdender Schriften, des Urheberrechts, des Preisangabengesetzes und der zugehörigen Verordnung angepaßt. Das Teledienstegesetz in Art. 1 IuKDG stellt den grundlegenden rechtlichen Rahmen für die neuen Dienste.

1. Die Gesetzgebungskompetenz

Bei der Behandlung der Länderbefugnisse für Mediendienste wurde bereits die Frage nach der Gesetzgebungskompetenz des Bundes für die Teledienste beantwortet. Der Bund kann sich insoweit auf Art. 74 Abs. 1 Nr. 11 GG berufen, um das Recht der Wirtschaft zu regeln, da sich die Kulturkompetenz der Länder nur auf rundfunkrelevante Angebote erstreckt[917].

2. Der Inhalt des Teledienstegesetzes

Das Teledienstegesetz bezweckt die Schaffung einheitlicher wirtschaftlicher Rahmenbedingungen für die verschiedenen Nutzungsmöglichkeiten der elektronischen Informations- und Kommunikationsdienste (§ 1 TDG), um die internationale Wettbewerbsfähigkeit Deutschlands sicherzustellen, Wettbewerbsverzerrungen zu vermeiden und Investitionshemmnisse durch Überregulierung zu verhindern[918].

a) Allgemeines

Ebenso wie der Mediendienste-Staatsvertrag normiert das Teledienstegesetz eine Zulassungs- und Anmeldefreiheit für Teledienste (§ 4 TDG), welche die Zulassungs- oder Anmeldeerfordernisse des allgemeinen Rechts unberührt läßt[919]. Teledienste werden in § 2 Abs. 1 TDG abstrakt definiert als „elektronische Informations- und Kommunikationsdienste, die für eine individuelle Nutzung von kombinierbaren Daten wie Zeichen, Bilder oder Töne bestimmt sind und denen eine Übermittlung mittels Telekommunikation zugrunde liegt". Wie der Mediendienste-Staatsvertrag benennt auch das Teledienstegesetz in § 2 Abs. 2 TDG Beispiele dafür, welche Arten von Diensten erfaßt sein

---

917 Vgl. oben I.2.a).

918 BT-Drs. 13/7385, Begründung zu § 1, S. 18.

919 *Engel-Flechsig/Maennel/Tettenborn*, NJW 1997, 2981/2984.

sollen: Angebote im Bereich der Individualkommunikation wie Telebanking und Datenaustausch (Nr. 1), Angebote zur Information und Kommunikation ohne überwiegende redaktionelle Gestaltung wie Verkehrs-, Wetter-, Umwelt-, Börsendaten (Nr. 2), Angebote zur Nutzung des Internets oder anderer Netze (Nr. 3), Angebote zur Nutzung von Telespielen (Nr. 4) sowie die hier interessierenden Angebote von Waren und Dienstleistungen in elektronisch abrufbaren Datenbanken mit interaktivem Zugriff und unmittelbarer Bestellmöglichkeit (Nr. 5). Die exemplarische Aufzählung von Diensten soll auch hier den künftigen Entwicklungen Rechnung tragen[920]. Das Teledienstegesetz spricht nicht von Verteil- oder Abrufdiensten, sondern verwendet das neutrale Wort „Angebote"[921]. Aus der Auflistung in § 2 Abs. 2 TDG wird deutlich, daß das Gesetz bei der Bestimmung dessen, was unter „Dienst" zu verstehen ist, vom konkreten Angebot einer einzelnen, in sich abgeschlossenen Informations- und Kommunikationsdienstleistung ausgeht und nicht vom Gesamtspektrum der Angebote eines Diensteanbieters[922].

b) Das Teleshopping

Zu den beispielhaft aufgezählten Telediensten gehören „Angebote von Waren und Dienstleistungen in elektronisch abrufbaren Datenbanken mit interaktivem Zugriff und unmittelbarer Bestellmöglichkeit", § 2 Abs. 2 Nr. 5 TDG. Mit dieser Regelung soll ein breites Spektrum wirtschaftlicher Betätigung mittels der neuen Dienste erfaßt werden[923]. § 2 Abs. 2 Nr. 5 TDG soll sowohl die elektronischen Bestell-, Buchungs- und Maklerdienste als auch interaktiv nutzbare Bestell- und Buchungskataloge, Beratungsdienste und ähnliche Formen wirtschaftlicher Betätigung betreffen. Wesentliches Kennzeichen dieser Dienste ist, daß diese Angebote unmittelbar, d.h. ohne Medienbruch, in Anspruch genommen werden können[924]. Wie beim klassischen Teleshopping sieht diese Regelung vor, daß Waren und Dienstleistungen bestellt bzw. in Auftrag gegeben werden können. Im Unterschied zum Teleshopping im Rundfunk soll im Rahmen des Teledienstegesetzes die Bestellung mittels desselben Mediums erfolgen. Das Teledienstegesetz erfaßt also keine Angebote, die telefonisch bestellt werden müssen. Fraglich ist, wie lange die Differenzierung anhand einer elektronischen oder interaktiven Bestellmöglichkeit noch von Bedeutung ist, da im

---

920 BT-Drs. 13/7385, Begründung zu § 2 Abs. 2, S. 18.

921 Vgl. Wortlaut des § 2 Abs. 2 Nr. 1 bis 5 TDG.

922 *Engel-Flechsig/Maennel/Tettenborn*, NJW 1997, 2981/2982.

923 BT-Drs. 13/7385, Begründung zu § 2 Abs. 2 Nr. 5, S. 19.

924 BT-Drs. 13/7385, Begründung zu § 2 Abs. 2 Nr. 5, S. 19.

Zuge der Digitalisierung auch für das Fernsehen Zuschauerreaktionen über Rückkanal möglich sein werden.

3. Das Verhältnis des Teledienstegesetzes zu anderen Gesetzen

Eine Kollision des Teledienstegesetzes mit dem Rundfunkstaatsvertrag wird vermieden, indem § 2 Abs. 4 Nr. 2 TDG ausdrücklich festhält, daß das Teledienstegesetz nicht für Rundfunk im Sinne des § 2 RStV gilt. Solange also ein Dienst die Anforderungen an den Rundfunkbegriff erfüllt, wie er im Rundfunkstaatsvertrag definiert ist, scheidet die Anwendbarkeit des Teledienstegesetzes aus. Der Unterschied zwischen Rundfunk und Telediensten wird ansatzweise dadurch beschrieben, daß Teledienste „individuell, autonom und interaktiv ausgestaltete Abrufangebote" seien, die durch stückweise Verbreitung von Informationen gekennzeichnet seien, während sich der Rundfunk durch „die Verbreitung von zeitlich planmäßig ablaufendem Gesamtprogramm" auszeichne[925]. Diese Unterscheidung trifft die Abgrenzung zwischen Rundfunk und Telediensten besser als das alleinige Abstellen auf die Individualkommunikation.

Handelt es sich bei einem Multimediaangebot um einen Mediendienst im Sinne des § 2 MDStV, ist die Anwendbarkeit des Teledienstegesetzes ebenfalls ausgeschlossen. In § 2 Abs. 4 Nr. 3 TDG heißt es dazu: „Dieses Gesetz [das Teledienstegesetz[926]] gilt nicht für inhaltliche Angebote bei Verteildiensten und Abrufdiensten, soweit die redaktionelle Gestaltung zur Meinungsbildung für die Allgemeinheit im Vordergrund steht, nach § 2 des Mediendienste-Staatsvertrages in der Fassung vom 20. Januar bis 7. Februar 1997." Bemerkenswerterweise hat der Bund also nicht schlicht auf die Definition der Mediendienste verwiesen, wie er es entsprechend für den Rundfunkstaatsvertrag getan hat, sondern er hat die Definition nach eigener Auslegung präziser und damit enger gefaßt. Er stützt sich auf sein eigenes Verständnis von Mediendiensten, um diese von Telediensten abzugrenzen, weil seiner Meinung nach „die Unterscheidungsmerkmale nicht ausreichten, unterschiedlich verstanden wurden und deshalb der Präzisierung bedurften"[927]. Damit bestimmt der Bund nicht nur über den Anwendungsbereich des Teledienstegesetzes, sondern auch über den des Mediendienste-Staatsvertrages. Es ist bezeichnend, daß die Kollisionsklausel des § 2 Abs. 4 Nr. 3 TDG im Gesetzentwurf der Bundesregierung noch nicht

---

925 *Engel-Flechsig/Maennel/Tettenborn*, NJW 1997, 2981/2983.

926 Eigene Anmerkung.

927 *Engel-Flechsig/Maennel/Tettenborn*, NJW 1997, 2981/2983.

enthalten war[928] und erst aufgrund der Stellungnahme des Bundesrates in die letzte Fassung des Gesetzestextes aufgenommen wurde[929]. Es kann vermutet werden, daß die Bundesregierung vor einer derartigen Kollisionsklausel zurückschreckte, weil sie durch diese die Gesetzgebungskompetenz der Länder im Bereich der Mediendienste anerkennt. Der in der Klausel enthaltene Begriff „soweit" stellt klar, daß der in § 2 TDG festgelegte Anwendungsbereich maßgeblich für die Bestimmung dessen ist, was unter Mediendiensten im Sinne des Mediendienste-Staatsvertrags zu verstehen ist[930]. Es wird die Absicht des Bundesgesetzgebers deutlich, über die Formulierung des Staatsvertrages hinaus nach dem Grundsatz „Bundesrecht bricht Landesrecht" (Art. 31 GG) den dem Landesrecht verbleibenden Regelungsumfang zu begrenzen[931]. Es ist zu erwarten, daß die Gratwanderung zwischen Rundfunkstaatsvertrag, Mediendienste-Staatsvertrag und Teledienstegesetz statt für Rechtssicherheit wohl eher für eine Prozeßflut um Kompetenz- und Zuständigkeitsfragen sorgt[932].

4. Kritische Beurteilung des Teledienstegesetzes

Mit der eigenen Definition der Mediendienste unterstreicht der Bund das Dilemma um die Abgrenzung der Anwendungsbereiche von Rundfunkstaatsvertrag, Mediendienste-Staatsvertrag und Teledienstegesetz nochmals. Wie oben bereits ausgeführt sind neue Dienste nur dann Mediendienste, wenn sie gar nicht oder nur in geringem Maße zur Meinungsbildung geeignet sind, da sie sonst als Rundfunk im Sinne des Rundfunkstaatsvertrages zu behandeln sind. Im Verhältnis zu den Telediensten hingegen müßte bei den Mediendiensten die „redaktionelle Gestaltung zur Meinungsbildung für die Allgemeinheit im Vordergrund" stehen. So will es zumindest der Wortlaut des § 2 Abs. 4 Nr. 3 TDG. Abgesehen von der Frage, ob der Bund den Anwendungsbereich des Mediendienste-Staatsvertrages verbindlich festlegen kann, indem er Multimediadienste abweichend von § 2 Abs. 1 MDStV definiert, ist eine derartige Abgrenzung in der Praxis nicht durchführbar[933]. Es ist bereits schwierig genug, Mediendienste vom Rundfunk zu unterscheiden, zumal bereits dort zu befürchten ist, daß die

---

928 Im Referentenentwurf des IuKDG vom 8. November 1996 war die Kollisionsklausel zugunsten des Mediendienste-Staatsvertrages ursprünglich enthalten.

929 BT-Drs. 13/7385, S. 51.

930 *Engel-Flechsig/Maennel/Tettenborn*, NJW 1997, 2981/2984.

931 *Heyl*, ZUM 1998, 115/117; *Theis*, Die Multimedia-Gesetze, Erl. zu § 2 TDG, S. 153.

932 *Theis*, Die Multimedia-Gesetze, Erl. zu § 2 TDG, S. 153; *Kurp*, FK 1997, Nr. 35, S. 3/4; ebenso auch der Entschließungsanstrag der SPD-Fraktion, BT-Drs. 13/7936, S. 2, die zusätzliche Folgekosten für Wirtschaft und Staat befürchten.

933 So auch der Entschließungsanstrag der SPD-Fraktion, BT-Drs. 13/7936, S. 3.

Abgrenzung mittels des Merkmals „zur Meinungsbildung geeignet“ nicht allein unter sachlichen sondern auch unter wirtschaftspolitischen Gesichtspunkten erfolgen wird[934]. Es ist hingegen unmöglich, praktikable Abgrenzungskriterien zu finden, die gering oder gar nicht die öffentliche Meinung prägenden Dienste von denen zu unterscheiden, bei denen die redaktionelle Gestaltung zur Meinungsbildung für die Allgemeinheit nicht im Vordergrund steht. Demzufolge darf bei der Diensteabgrenzung nicht vorrangig auf die Eignung zur Meinungsbildung abgestellt werden, wie es das Teledienstegesetz in § 2 Abs. 4 Nr. 3 TDG suggeriert. Abgrenzendes Merkmal muß die stückweise Verbreitung im Unterschied zum zusammenhängenden Empfang bleiben. In jedem Fall werden alle Abgrenzungsversuche zu Rechtsunsicherheit führen[935].

5. Ergebnis für das Teleshopping

Zur Festlegung des Anwendungsbereichs des § 2 Abs. 2 Nr. 5 TDG kann nicht allein darauf verwiesen werden, daß das Teledienstegesetz Abrufangebote zur individuellen Nutzung regelt, weil das Online-Shopping kein individualkommunikatives Angebot darstellt, sondern sich an die Allgemeinheit richtet. Der elektronische Versandhauskatalog, der über eine Internet-Adresse jedermann zugänglich ist, ist ein Angebot an die Allgemeinheit, aus diesem Katalog Produkte zu bestellen. Daß der Kunde jede Internetseite durch Mausklick selber aufrufen muß, läßt aus dem Angebot noch keine Individualkommunikation werden, da diese Tätigkeit lediglich dem Seitenblättern in einem realen Katalog entspricht. Hinzutreten muß für das Online-Shopping daher der Aspekt, daß es sich im Unterschied zu den Mediendiensten um ein nicht rundfunkrelevantes Angebot handelt, weil es am zusammenhängenden Empfang fehlt.

Individualkommunikative Angebote liegen nur dann vor, wo der Nutzer um ein bestimmtes Objekt oder eine bestimmte Dienstleistung nachsucht und ihm individuell zugeschnittene Angebote übermittelt werden, wie dies beispielsweise der Fall ist, wenn ein Immobilienmakler einem Interessenten auf entsprechende Nachfrage gezielt Projektvorschläge auf elektronischem Weg unterbreitet. In einem solchen Fall bedienen sich die Beteiligten moderner Techniken zur Vorbereitung des Vertragsabschlusses, wo früher eine persönliche Begegnung, ein Telefonat oder ein Zusenden auf dem Postweg erforderlich gewesen wäre.

---

[934] In diesem Zusammenhang gewinnt vor allem der bereits erwähnte § 20 Abs. 2 Satz 2 RStV besondere Bedeutung, demzufolge es des Einvernehmens aller Länder bedarf, um einen Mediendienst als Rundfunk zu qualifizieren.

[935] So *Esser-Wellié*, AfP 1997, 608/609, für die Abgrenzung Individualkommunikation/ Massenkommunikation unter Bezugnahme auf eine Expertenanhörung.

III. Gesamtergebnis für das Teleshopping in Deutschland

Die Untersuchung der Rundfunkqualität von Teleshopping in Teil 2 hat ergeben, daß das Teleshopping als Werbung in allen Erscheinungsformen, dem Direct-response-TV, der Produktmoderation, dem Infomercial und der Verkaufsshow, den Merkmalen des verfassungsrechtlichen Rundfunks genügt und damit in den Schutzbereich Rundfunkfreiheit des Art. 5 Abs. 1 Satz 2 GG fällt.

Einfachgesetzlich unterscheiden die Landesgesetzgeber zwischen Rundfunk einerseits und Mediendienst andererseits. In den direkten Anwendungsbereich des Rundfunkstaatsvertrages 1997 fällt das Teleshopping in der Sendeform des Spots und des Fensters in seiner Funktion als Fernsehwerbung und damit als Finanzierungsmittel für Voll- oder Spartenprogramme. Diese Form des Teleshopping wird von dem Marketingunternehmen Dominion betrieben. Auf den reinen Teleshoppingkanal findet der Rundfunkstaatsvertrag 1997 dann Anwendung, wenn ihm die gleiche meinungsbildende Wirkung zuerkannt wird wie herkömmlichen Fernsehprogrammen. Diese Beurteilung ist für das Gesamtprogramm anhand der Wirkung auf den Rezipienten zu treffen. Um ein Rundfunkprogramm handelt es sich in jedem Fall, wenn das Programm des Teleshoppingsenders aus Verkaufsshows und Infomercials besteht.

Teleshopping ist dann als Mediendienst im Sinne des Mediendienste-Staatsvertrages einzustufen, wenn ihm eine nur geringe meinungsbildende Wirkung attestiert werden kann. Als gering meinungsbildend gelten Angebote in Form von Produktbeschreibungen und Produktmoderationen, wie sie derzeit von den beiden Teleshoppinganbietern H.O.T. und QVC verbreitet werden. Sendebeiträge mit unterhaltendem oder informierendem Charakter ändern die Einstufung als Mediendienst nicht, solange für den Zuschauer der Gesamtcharakter als Verkaufskanal bestehen bleibt.

Die Landesmediengesetze spielen für den reinen Teleshoppingsender trotz seiner Einordnung als Mediendienst ein Rolle, wenn das Angebot als Versuchs- oder Pilotprojekt zugelassen wird und ihm dafür zur Verfügung stehende Übertragungskapazitäten zugewiesen werden, wie das für H.O.T. in Bayern und QVC in Nordrhein-Westfalen geschehen ist.

Das Teledienstegesetz des Bundes regelt nur den Bildschirmeinkauf in Form des Online-Shopping, da sich sein Anwendungsbereich auf nicht rundfunkrelevante Angebote beschränkt. Für den Teleshoppinganbieter H.O.T. ist auch dieses Gesetz von Bedeutung, da er seit dem 1. Dezember 1998 seine Waren zusätzlich unter der Adresse http://www.hot.de im Internet anbietet. Obwohl auch für Produkte von QVC Bestellmöglichkeiten im Internet unter http://www.qvc.com bestehen, findet das Teledienstegesetz keine Anwendung, da es sich um ein Diensteangebot der US-amerikanischen Muttergesellschaft QVC Inc. handelt.

Teil 4: Die Rundfunkfreiheit als Verfassungsmäßigkeitsmaßstab für europäische und deutsche Rundfunkregelungen

Für den Anbieter eines Teleshoppingangebotes ist es vornehmlich von Interesse zu wissen, ob er als Rundfunkveranstalter oder nur als Anbieter eines Medien- oder sogar Teledienstes tätig wird und wie sich die jeweiligen Bestimmungen auf seine Tätigkeit auswirken. Über die Verfassungsmäßigkeit der bestehenden Gesetze nachzudenken, bleibt häufig wenig Gelegenheit, da eine Nichtigkeitserklärung durch das Verfassungsgericht zu lange auf sich warten lassen würde. Zumeist gebietet das unternehmerische Denken daher, sich mit den bestehenden Verhältnissen zu arrangieren. Im Gegensatz dazu ist es Aufgabe der Wissenschaft, die Verfassungsmäßigkeit von gesetzlichen Bestimmungen zu überprüfen. Gerade in zukunftsorientierten Bereichen wie dem Rundfunk- und Multimediarecht mit seinen sich rasch verändernden tatsächlichen Verhältnissen ist eine praxisnahe Untersuchung geboten. Maßstab für die Überprüfung von Vorschriften der EG-Fernsehrichtlinie, des Rundfunkstaatsvertrages und des Mediendienste-Staatsvertrages sind die Vorgaben der europäischen bzw. grundgesetzlichen Rundfunkfreiheit, wie sie in Teil 2 herausgearbeitet worden sind. Im einzelnen wird sich die Prüfung darauf konzentrieren, ob das geltende Recht den Anforderungen an eine gerechtfertigte Beschränkung der Freiheitsgewährleistungen im Sinne von Art. 10 EMRK bzw. Art. 5 GG genügt. Gegenstand der Untersuchung sind die speziell auf das Teleshopping zugeschnittenen Bestimmungen.

1. Kapitel: Die Vereinbarkeit der EG-Fernsehrichtlinie 1997 mit Art. 10 EMRK

Die Europäische Gemeinschaft hat mit Erlaß der EG-Fernsehrichtlinie 1989 den Rundfunk zulässigerweise zu ihrer Angelegenheit gemacht, jedenfalls soweit es sich um grenzüberschreitende Übertragungen handelt[936]. Im Rahmen der ihr zustehenden Regelungskompetenzen verfügt die Europäische Gemeinschaft regelmäßig über einen weiteren Gestaltungsspielraum als der nationale Gesetzgeber, weil er im strengen Sinn nicht verpflichtet ist, eine „Gemeinschaftsverfassung" zu beachten. Dennoch gibt es, wie an früherer Stelle gezeigt[937], allgemeine Rechtsgrundsätze, die von den Organen der Gemeinschaft vor allem auch bei der Gesetzgebung zu berücksichtigen sind. Da

---

[936] Siehe Teil 3, 1. Kapitel, II.2.

[937] Siehe Teil 2, 3. Kapitel.

das gemeinschaftliche Primärrecht die Rundfunkfreiheit nicht selber regelt, wird für den weiten Bereich der Meinungsfreiheit anerkannterweise auf Art. 10 EMRK als allgemeinen Rechtsgrundsatz zugegriffen[938]. Art. 10 EMRK und insbesondere seine Schranken zeigen die Grenzen gemeinschaftlicher Gesetzgebung auf und bilden somit den Zulässigkeitsmaßstab für den Inhalt der EG-Fernsehrichtlinie. Geltend gemacht werden kann eine Verletzung des Art. 10 EMRK[939] durch die Vorschriften der EG-Fernsehrichtlinie 1997 seitens des Mitgliedstaates, des Rates oder der Kommission im Wege einer Nichtigkeitsklage, Art. 230 Abs. 2 EGV. Ziel der Klage ist die Aufhebung des angegriffenen Aktes[940]. Eine individuelle Klagemöglichkeit auf Nichtigkeit, wie sie für Entscheidungen und Verordnungen nach Art. 230 Abs. 4 EGV grundsätzlich möglich ist, scheidet mangels individueller und unmittelbarer Betroffenheit des Einzelnen durch die Richtlinienbestimmungen aus[941].

Die heute maßgebliche Fernsehrichtlinie aus dem Jahr 1997 enthält vier Bestimmungen zum Teleshopping: Art. 18 und Art. 18a Fs-RL 1997, welche die Sendezeit für Teleshopping-Spots und Teleshoppingfenster regeln, und Art. 19 und Art. 19a Fs-RL 1997 für den reinen Teleshoppingsender bzw. Eigenwerbekanal.

I. Art. 18 und Art. 18a Fs-RL 1997

Der Teleshopping-Spot wie auch das Teleshoppingfenster kommen nur als Bestandteile des Programms eines Voll- oder Spartensenders vor und dienen der Finanzierung dieses Senders. In dieser Funktion werden sie zeitlichen Begrenzungen unterworfen[942]. Unter den Voraussetzungen des Art. 10 Abs. 1 EMRK ist das Teleshopping als Rundfunk und als Kommunikationsform Gegenstand des Schutzbereichs dieser Freiheitsgewährleistung. Da jegliche Freiheitsbeschränkung, also auch jegliche Beschränkung des Rechts der freien Meinungsäußerung an den Schranken des Art. 10 EMRK zu messen ist, muß auch nach der Rechtmäßigkeit einer zeitlichen Begrenzung von Teleshopping-Spots und -fenstern gefragt werden. Der Grund für die zeitliche Begrenzung von

---

938 Siehe Teil 2, 3. Kapitel, I.

939 *Bleckmann*, Europarecht, Rz. 545; *Borchardt* in: Lenz, EGV, Rz. 75 zu Art. 173.

940 *Herdegen*, Europarecht, Rz. 207; *Bleckmann*, Europarecht, Rz. 532.

941 *Wenig* in: Grabitz/Hilf, Europäische Union, Rz. 18 zu Art. 173; *Borchardt* in: Lenz, EGV, Rz. 28ff. zu Art. 173; *Bleckmann*, Europarecht, Rz. 586.

942 Zu den Einzelheiten siehe Teil 3, 1. Kapitel, II.3.b).

Teleshopping in seiner Finanzierungsfunktion ist darin zu suchen, daß durch seine Limitierung ebenso wie durch die Begrenzung anderer Werbung für eine gewisse Programmqualität Sorge getragen werden soll[943]. Zu verhindern ist, daß sich die Programmgestaltung dem Diktat der werbetreibenden Wirtschaft unterordnet und der Rundfunk damit seinen umfassenden Informationsauftrag verfehlt. So jedenfalls lautet die Begründung zu Art. 12 FsÜ, dem Vorläufer der Werberegelungen der EG-Fernsehrichtlinie[944]. Diese Argumentation hat auch heute noch Bestand, da sich die Situation insofern nicht geändert hat. Sie erhält lediglich eine Anpassung, als sie auch auf alle neuen Werbeformen angewendet werden muß. Zugleich dienen die Werbezeitbeschränkungen dem Schutz des Verbrauchers, der vor einem Übermaß an Werbung geschützt werden soll.

Zieht man die allgemeine Schranke des Art. 10 Abs. 2 EMRK[945] in Betracht, so eignet sich vor dem Hintergrund des Pluralismus- und Verbraucherschutzgedankens als legitimer Zweck für eine Werbezeitbeschränkung das Ziel der „Aufrechterhaltung der Ordnung“ und der Schutz der „Rechte anderer“. Die Beschränkungszwecke des Art. 10 Abs. 2 EMRK bedürfen einer inhaltlichen Konkretisierung durch den nationalen bzw. den Gemeinschaftsgesetzgeber[946], die gerade für den Zweck der „Aufrechterhaltung der Ordnung“ schwer zu treffen ist. So sieht *Engel* den Ordnungsvorbehalt mit Hinweis auf niederländische und belgische Rechtsprechung beschränkt auf die „Ordnung im Äther“, also beschränkt auf technische Aspekte, damit der Ordnungsvorbehalt nicht zum Politikvorbehalt werde[947]. *Astheimer* erkennt eine andere Tendenz und entnimmt dem Begriff der „Aufrechterhaltung der Ordnung“, daß immer die öffentliche Ordnung im polizeirechtlichen Sinne gemeint sei, so daß mit diesem Begriff keinesfalls Beschränkungen der Rundfunkfreiheit umfaßt sein könnten, die mit dem Ziel der Aufrechterhaltung einer bestimmten Rundfunkstruktur oder der Sicherung bestimmter Funktionen des Mediums Rundfunk erfolgten[948]. Dieser Ansicht hängt auch *Laeuchli Bosshard* an, die zusätzlich zur Ordnung im polizeirechtlichen Sinn unter den Begriff ebenfalls Ordnung innerhalb bestimmter Gruppen[949] oder technische Ordnungsmöglichkeiten subsu-

943 *Gersdorf*, Rundfunkfreiheit, S. 70.

944 Erläuternder Bericht zu Art. 12 FsÜ, Nr. 166f., abgedruckt bei: *Ring*, Medienrecht, Bd. IV, E-I. 1.2.

945 Wortlaut siehe Teil 2, 3. Kapitel, II in den Fußnoten.

946 Vgl. *Petersen*, Rundfunkfreiheit, S. 277.

947 *Engel*, Privater Rundfunk, S. 67.

948 *Astheimer*, Rundfunkfreiheit, S. 145f.

949 Z.B. innerhalb der Armee oder eines Gefängnisses; so auch *Frowein/Peukert*, EMRK, Rz. 30 zu Art. 10.

miert. Einigkeit herrscht in der Beziehung, daß nicht Ordnung um jeden Preis gemeint ist. Aus dem Zusammenhang des Eingriffszwecks wird erkennbar, daß nur eine im weiten Sinne polizeirechtliche Ordnung gemeint sein kann, da die Aufrechterhaltung der Ordnung in einem Atemzug mit der der Verbrechensbekämpfung genannt wird. Besonders deutlich wird der Kontext aus dem englischen Originaltext, der neben der französischen Fassung der allein maßgebliche ist[950]: Die Formulierung „for the prevention of disorder or crime“[951] läßt durch die Gleichstellung von „disorder“ und „crime“ deutlich werden, daß „Ordnung“ nur sicherheitsrechtlich verstanden werden kann. Für Ziele, die rein geistig ausgerichtet sind, kann der Ordnungsvorbehalt demnach nicht eingesetzt werden, selbst wenn sie - wie die Meinungsvielfalt - als solche äußerst erstrebenswert sind. Aus dem Katalog des Art. 10 Abs. 2 EMRK bleibt also der Rückgriff auf die „Rechte anderer“, soweit die Werbezeitbegrenzungen neben dem Pluralismus dem Schutz des Verbrauchers dienen[952].

Für das Ziel, Pluralismus zu gewährleisten, bleibt der Rückgriff auf die eigens für Rundfunk und Film geschaffene Schranke des Art. 10 Abs. 1 Satz 3 EMRK, welche seit der Lentia-Entscheidung[953] einen neben Absatz 2 eigenständigen Eingriffszweck begründen kann, der über bloß technische Aspekte hinausgeht. Dem Wortlaut des Absatz 1 Satz 3 zufolge „schließt“ Art. 10 EMRK „nicht aus, daß die Staaten Rundfunk- (...) oder Fernsehunternehmen einem Genehmigungs-verfahren unterwerfen“. Auf den ersten Blick stehen zeitliche Beschränkungen von Teleshopping nicht in unmittelbarem Zusammenhang mit einem Rundfunkgenehmigungsverfahren. Indes muß der Begriff des Genehmigungsverfahrens umfassend verstanden werden, denn Art. 10 Abs. 1 Satz 3 EMRK ist in seinem Wortlaut weniger restriktiv als Art. 10 Abs. 2 EMRK und gestattet weitreichendere Eingriffe in die Rundfunkfreiheit. So hat bereits die Europäische Menschenrechtskommission entschieden, daß im Hinblick auf die ständig wachsende Kommerzialisierung des Rundfunks nicht grundsätzlich die Notwendigkeit ausgeschlossen werden könne, Rundfunklizenzen gewissen Beschränkungen zu unterwerfen, um die legitimen Absichten, die mit der Erteilung verfolgt wurden, durchzusetzen[954]. Mit dieser Begründung hat sie Werbezeitbeschränkungen als zulässig erachtet[955]. Eine legitime Absicht für die Schaffung von zeitlichen Beschränkungen für das Teleshopping verschafft der

---

950 Vgl. die sich an Art. 66 EMRK anschließende Schlußklausel der Konvention.

951 Text zitiert nach BGBl. 1952 II, S. 690.

952 Vgl. EGMR , EuGRZ 1985, 170/174, Zif. 51.

953 EGMR, EuGRZ 1994, 549; siehe auch Teil 2, 2. Kapitel, III.

954 So die EKMR, EuGRZ 1994, 554/555.

955 Zustimmend *Frowein/Peukert*, EMRK-Kommentar, Rz. 20 zu Art. 10.

Pluralismusgedanke oder - wie es der Europäische Gerichtshof für Menschenrechte ausgedrückt hat - der Gedanke von „Qualität und Ausgewogenheit der Programme“[956]. Der Pluralismus ist nicht nur im Rahmen des Art. 10 Abs. 1 EMRK ein legitimes Ziel zur Beschränkung der Rundfunkfreiheit, sondern er ist, was für den Bereich der Europäischen Gemeinschaft viel wichtiger ist, vor allem auch ein allgemein anerkannter Rechtssatz des Gemeinschaftsrechts[957]. Im Interesse der Medienvielfalt ist es gemeinhin zulässig, das Rundfunkwesen durch Lizenzierung zu regeln und Höchstbeteiligungsgrenzen an Rundfunkunternehmen aufzustellen, um dem Primat des Informationsinteresses der Allgemeinheit gerecht zu werden[958]. In diesem Sinne hat der Europäische Gerichtshof der Gemeinschaft ausgeführt, daß die Aufrechterhaltung eines pluralistischen Rundfunkwesens in einem Zusammenhang stehe mit der durch Art. 10 EMRK garantierten Meinungsfreiheit, die zu den von der Gemeinschaftsordnung geschützten Grundrechten gehöre[959]. *Gersdorf* hat überzeugend nachgewiesen, daß der europäische Pluralismusgedanke nicht wie nach deutschem Verständnis ein Recht zur Ausgestaltung der Rundfunkfreiheit gibt, sondern als Schranke derselben fungiert, da „unter Zugrundelegung (der) individualrechtlichen Prägung des Art. 10 EMRK (...) sämtliche vielfaltvermittelnden Regelungen Grundrechtseingriffe“ darstellen[960].

Sieht man zu dem Schutzzweck der „Rechte anderer“ im Sinne des Art. 10 Abs. 2 EMRK auch den Pluralismusgedanken als legitimen Zweck für eine Beschränkung der Rundfunkfreiheit im Sinne des Art. 10 Abs. 1 Satz 3 EMRK, so bleibt festzustellen, ob die Begründung den „relevanten Bedingungen des Absatz 2“ genügt[961], die für die „Rechte anderer“ in jedem Fall gelten, aber auch

956 EuGRZ 1994, 549/550, Zif. 33.

957 Zu Deutschland, Frankreich und Italien siehe *Schellenberg*, AöR 119, 427/441ff.

958 Für die Europäische Gemeinschaft vgl. das Grünbuch der EG-Kommission „Pluralismus und Medienkonzentration im Binnenmarkt. Bewertung der Notwendigkeit einer Gemeinschaftsaktion“, Dok. KOM (1992) 480, S. 15; *Gersdorf*, Rundfunkfreiheit, S. 59; zum Pluralismus in den einzelnen europäischen Staaten *Dörr*, Multimedia, S. 1417/1425f.; *ders.*, Medienrecht in den Staaten der EU, S. 234ff.

959 EuGH, Rs. C-288/89 - Stichting Collectieve Antennevoorziening Gouda u.a./Commissariaat voor de Media -, Slg. 1991, S. 4007/4043, Zif. 23 und EuGH, R. C-353/89 - Kommission/Niederlande -, Slg. 1991, S. 4069/4097, Zif. 30.

960 *Gersdorf*, Rundfunkfreiheit, S. 61ff., S. 63; a.A. *Petersen*, Rundfunkfreiheit, S. 295f., der Art. 10 Abs. 1 Satz 3 EMRK in Anlehnung an das bisherige deutsche Verständnis als Ausgestaltungsrecht beurteilt. Dies führt jedoch zu dem Problem, daß in diesem Moment nicht mehr erklärbar ist, wieso die Schrankenvoraussetzungen des Abs. 2 auf Abs. 1 Satz 3 Anwendung finden sollten, wenn es sich dabei nicht auch um eine Schrankenbestimmung handelt.

961 EGMR, EuGRZ 1994, 549/550, Zif. 33.

in Art. 10 Abs. 1 Satz 3 EMRK hineinzulesen sind[962]. Relevant ist das Erfordernis der *gesetzlichen Grundlage* - hier Art. 18 und 18a Fs-RL 1997 selber - und das der *Notwendigkeit in einer demokratischen Gesellschaft*. Bezüglich der Notwendigkeitsprüfung wird einerseits dem Gesetzgeber ein Beurteilungsspielraum (margin of appreciation) zugestanden, andererseits sollen wegen der großen Bedeutung der in Art. 10 Abs. 1 EMRK gewährten Rechte strenge gerichtliche Kontrollen bestehen[963]. Als Kriterien dazu dienen die Untersuchung, ob ein geeignetes Mittel[964] zur Zweckerreichung gewählt wurde und ob ein dringendes soziales Bedürfnis für die Beschränkung besteht[965]. Zur Erhaltung der Unabhängigkeit des Programms von der werbetreibenden Wirtschaft und damit zur Erhaltung des Pluralismus ist die zeitliche Beschränkung von Werbe- und Teleshopping-Spots ein geeignetes Mittel, das gewährleistet, daß der Rundfunkveranstalter einen Großteil seines Programms unabhängig von Werbeveranstaltern gestalten kann und muß. Für das Teleshoppingfenster ist die Zeitschranke erst recht geeignet, die Unabhängigkeit des Programms zu bewahren, weil die Einflußmöglichkeit eines Fensters auf das Programm aufgrund seiner Länge größer einzuschätzen ist als die eines einzelnen Spots oder auch eines Werbeblocks. Die zeitliche Limitierung ist ebenfalls geeignet, den Verbraucher zu schützen, da dieser vor einem Übermaß an Werbung im Verhältnis zum Programmanteil geschützt ist.

Neben der grundsätzlichen Eignung des eingesetzten Mittels zur Zweckerreichung müßte ein dringendes soziales Bedürfnis für die Art der Beschränkung und vor allem auch für ihr Ausmaß bestehen[966]. Der Pluralismus ist ein derart hochstehendes Gut innerhalb der europäischen Rechtsgemeinschaft mit großer Bedeutung für die Demokratie, daß ein dringendes soziales Bedürfnis nach seiner Sicherung anzuerkennen ist. Um dieser Wertentscheidung willen ist die Beschränkung des Rundfunk- und vor allem des Werbeprogramms notwendig. Es fragt sich lediglich, ob das gewählte Maß der zeitlichen Beschränkung für Teleshopping-Spots und Teleshoppingfenster gerechtfertigt ist. Für die Werbe- und Teleshopping-Spots wird man sagen können, daß sie in Dauer und Auftei-

---

962 Vgl. Teil 2, 3. Kapitel, III.

963 EGMR, EuGRZ 1994, 549/550, Zif. 35; EuGRZ 1990, 255/259, Zif. 72.

964 *Engel*, AfP 1994, 1/3, bestreitet, daß es sich bei der Wahl des Mittels grundsätzlich um das mildeste handeln müsse; jedoch hat die Wahl eines weniger milden Mittels zur Folge, daß die Anforderungen an die Begründung des dringenden Bedürfnisses höher sind, vgl. EGMR, EuGRZ 1994, 549/550, Zif. 39; ebenso *Uwer*, Medienkonzentration, S. 168.

965 EGMR, EuGRZ 1994, 549/550, Zif. 39; vgl. dazu auch *Holznagel*, Rundfunkrecht, S. 158f; *E. Klein*, AfP 1994, 9/14.

966 Vgl. EGMR, EuGRZ 1994, 549/550, Zif. 39.

lung so großzügig bemessen sind, daß sie die Grenze des dem Zuschauer Zumutbaren erreicht haben[967]. Selbst ohne die gesetzlich festgelegte Grenze wäre es dem Rundfunkveranstalter kaum möglich, mehr Spotwerbung in sein Programm aufzunehmen, so daß die Grenzziehung nicht unangemessen in die Freiheit des Rundfunkveranstalters eingreift. In bezug auf die Dreistundenbegrenzung für Teleshoppingfenster ließe sich einwenden, daß ein oder zwei Stunden zusätzliche Sendezeit in den zuschauerarmen Morgenstunden wahrscheinlich keine zusätzliche Gefahr der Beeinflussung des Restprogramms durch den Teleshoppinganbieter bergen. Die Teleshoppingfenster können jedoch nicht vollständig isoliert von der Spotwerbung betrachtet werden. Die Zusammenschau von Werbespots allgemein und Teleshoppingfenstern zeigt, daß ein Veranstalter durch Ausschöpfung der Sendezeithöchstgrenzen bereits 37,5 % der Sendezeit allein mit Werbung und Teleshoppingfenstern bestreiten kann. Der Rundfunkveranstalter soll sich aber nicht durch ein Übermaß an Werbesendungen und -fenstern Dritter der eigenen Programmgestaltung entziehen, da er der Inhaber der Rundfunklizenz ist, um ein eigenes Programm zu veranstalten. Bei der gewählten Begrenzung für Werbung und Teleshoppingfenster ist gewährleistet, daß zumindest der überwiegende Teil der Sendezeit vom Veranstalter selbst gestaltet wird. Die Dreistundengrenze für das Teleshoppingfenster ist daher nicht nur geeignet, sie ist im Lichte des Art. 10 EMRK auch in einer demokratischen Gesellschaft notwendig. Für den Gedanken des Verbraucherschutzes gelten insoweit die gleichen Erwägungen, die das gefundene Ergebnis bekräftigen, weil die gezogene Grenze gewährleistet, daß der Programmanteil größer bleibt als der Werbeanteil.

II. Art. 19 und Art. 19a Fs-RL 1997

Für den reinen Teleshoppingsender wie auch für den Eigenwerbekanal bestehen keine zeitlichen Beschränkungen wie für Teleshopping-Spots oder -fenster, so aber doch inhaltliche, weil die Vorschriften der EG-Fernsehrichtlinie 1997 auf diese Programmformen entsprechende Anwendung finden[968]. Von unmittelbarer Bedeutung für den Inhalt des Teleshoppingsenders und des Eigenwerbekanals sind dabei nur die Kapitel IV (Fernsehwerbung und Sponsoring), V

967 Rundfunkveranstalter wie der Abonnementfernsehsender „Premiere" werben inzwischen mit der Werbefreiheit ihres Programms; auch ProSieben hat im März 1997 damit geworben, daß sie den Spielfilm „Schindlers Liste" ohne Werbeunterbrechungen ausstrahlen.

968 Abgesehen von den Vorschriften des Kapitels III der EG-Fernsehrichtlinie 1997, vgl. Wortlaut der Art. 19, 19a Fs-RL 1997.

(Schutz von Minderjährigen) und VI (Recht auf Gegendarstellung) der EG-Fernsehrichtlinie.

1. Die Werbevorschriften des Kapitel IV

Kapitel IV der Fernsehrichtlinie 1997 enthält Vorschriften über die optische und akustische Trennung von Werbung und Programm (Art. 10 Fs-RL 1997), über die Einfügung der Werbung in das Programm (Art. 11 Fs-RL 1997), über die Grundsätze der Werbung (Art. 12 und 16 Fs-RL 1997), über Werbeverbot und -beschränkungen für Tabakwaren, Arzneimittel und Alkohol (Art. 14, 15 Fs-RL 1997), über das Sponsoring (Art. 17 Fs-RL 1997) , über die Höchstdauer von Spotwerbung (Art. 18 Fs-RL 1997) sowie über das Teleshoppingfenster (Art. 18a Fs-RL 1997). Pluralismus kann als Rechtfertigungsgrund für diese Vorschriften nicht angeführt werden, da es nicht möglich ist, bei reinen Werbekanälen die Vielfalt zu wahren. Die angeführten Bestimmungen dienen vielmehr dem Verbrauerschutz, dem Schutz vor Diskriminierung, dem Gesundheits- und dem Minderjährigenschutz. In dieser Form haben die Beschränkungen legitime Ziele zum Schutz der Rechte anderer, der Gesundheit und der Moral, wie sie im Katalog des Art. 10 Abs. 2 EMRK aufgeführt sind. Gerade die Grundsätze der Werbung und Sponsoring und die Regelungen über Werbeverbote und -beschränkungen für Tabakwaren, Arzneimittel und Alkohol sind geeignet und sozial erforderlich, um den Zuschauer eines Fernsehprogramms - auch eines reinen Werbeprogramms - vor den angesprochenen Gefahren zu schützen. Dies gilt insbesondere für die Regelungen, durch die Minderjährige, deren Wertebewußtsein und Urteilsvermögen noch nicht vollends gefestigt ist, vor negativer Beeinflussung durch das Fernsehen bewahrt und nicht zum ungehemmten Konsum animiert werden.

Allein die Bestimmungen zum Kennzeichnungsgebot der Werbung, zu ihrer Plazierung und vor allem zu ihrer zeitlichen Beschränkung werfen im Rahmen eines reinen Werbekanals die Frage auf, ob auch die Verfolgung dieser Ziele legitim im Sinne des Art. 10 Abs. 2 EMRK ist. Zweifel an der Notwendigkeit derartiger Regelungen könnten sich insofern ergeben, als kein Schutz des Zuschauers vor übermäßiger Werbebeeinflussung notwendig und auch die Kennzeichnung und Plazierung von Werbung unnötig erscheint. Für den reinen Teleshoppingkanal ließe sich überlegen, ob die Werbezeitbeschränkung dazu dienen soll, den Charakter eines Direktverkaufssenders zu bewahren, indem herkömmliche Spotwerbung reduziert wird. Dieses als legitimen Zweck für eine Beschränkung der Rundfunkfreiheit anzunehmen, fällt jedoch schwer. Wenn bereits reine Werbesender als zulässig anerkannt werden, erscheint es zumindest aus Gründen des Verbraucherschutzes nicht notwendig, innerhalb dieser Sender eine feste Programmausrichtung vorzugeben oder Werbung besonders zu plazieren und zu kennzeichnen. Denkbar wäre es, daß es legitim ist, durch die Einrichtung einer Werbezeitbeschränkung bei allen Sendern für eine Gleichbehandlung aller Veranstalter Sorge zu tragen. Jedoch ist nicht erkennbar, daß ein reiner Werbekanal für die Werbewirtschaft von so großem Interesse ist, daß sie ihre Werbung dort konzentriert, wo die Werbezeiten freigegeben sind. Für die Werbung ist vielmehr das „Rahmenprogramm" von Interesse, das bei einem Voll- oder anderen Spartenprogramm mehr Zuschauerattraktivität verspricht. Auch der Schutz anderer Rundfunkveranstalter scheidet somit als Schutzzweck für gerechtfertigte Werberegelungen des Teleshoppingsenders aus.

Die Regulierung eines Eigenwerbekanals läßt sich allenfalls unter dem Gesichtspunkt rechtfertigen, daß dieser erkennbar unter dem Aspekt steht, dieses Sendeformat zu erproben. Dies ergibt sich zum einen aus den Erwägungen zur Fernsehrichtlinie, in denen darauf hingewiesen wird, daß es sich bei der Eigenwerbung um eine neuartige und noch relativ unbekannte Erscheinung handelt und daß die sie betreffenden Vorschriften möglicherweise bei künftigen Prüfungen der Richtlinie besonders überprüfungsbedürftig sind[969]. Zudem wird in Art. 19a Fs-RL 1997 besonders auf Art. 26 Fs-RL 1997 hingewiesen, wonach die Kommission die Richtlinie in regelmäßigen Abständen zu überprüfen und Änderungsvorschläge zu unterbreiten hat. Diese ausdrückliche Erprobung des Eigenwerbekanals kann seine inhaltliche Beschränkung im Sinne des Art. 10 Abs. 1 Satz 3 EMRK rechtfertigen, da Erkenntnisse über die Eigenwerbung nur gewonnen werden können, wenn Spotwerbung oder Teleshoppingfenster bei diesem Sendeformat nur eine untergeordnete Rolle spielen.

2. Die Minderjährigenschutzvorschriften des Kapitels V

Zu den Vorschriften, die auf den Teleshoppingsender wie auf den Eigenwerbekanal entsprechend anzuwenden sind, gehört ferner Art. 22 Fs-RL 1997 zum Schutz Minderjähriger und der öffentlichen Ordnung. Danach haben die Mitgliedstaaten „angemessene Maßnahmen" zu ergreifen, um zu gewährleisten, daß Sendungen keinerlei Programme enthalten, die die körperliche, geistige und sittliche Entwicklung von Minderjährigen ernsthaft beeinträchtigen können, insbesondere solche, die Pornographie oder grundlose Gewalttätigkeiten zeigen (Art. 22 Abs. 1 Fs-RL 1997). Überhaupt sind Programme zu vermeiden, die die körperliche, geistige und sittliche Entwicklung von Minderjährigen be-

[969] Erwägung zur EG-Fernsehrichtlinie 1997, Nr. 39.

einträchtigen können, es sei denn, es wird durch die Wahl der Sendezeit oder durch sonstige technische Maßnahmen dafür gesorgt, daß diese Sendungen von Minderjährigen im Sendebereich üblicherweise nicht gesehen oder gehört werden (Art. 22 Abs. 2 Fs-RL 1997). Zusätzlich ist gemäß Art. 22a Fs-RL 1997 dafür zu sorgen, daß Sendungen nicht zu Haß aufgrund von Rasse, Geschlecht, Religion oder Nationalität aufstacheln.

Der Minderjährigenschutz im Fernsehen geht davon aus, daß Gewalt und Pornographie zumindest den labilen Minderjährigen zum Nachahmen anreizen können[970]. Mit Hilfe der Schutzvorschriften sollen Minderjährige vor einer Fehlentwicklung ihrer Persönlichkeit bewahrt werden, denn gewaltverherrlichende Sendungen können zu Aggressionssteigerungen ebenso wie zu Traumatisierungen führen. Ebenso können pornographische Sendungen sozialschädliche Auswirkungen haben, da bei Minderjährigen ein falsches Bild von Sexualität und ein Bild vom Menschen als bloßes Objekt sexueller Begierde entstehen kann[971]. Die deswegen verhängten Beschränkungen zur Ausstrahlung minderjährigengefährdender Sendungen beschränken die Programmautonomie des Veranstalters und stellen daher Eingriffe in die Rundfunkfreiheit dar. Aus den beschriebenen möglichen Gefahren für die Minderjährigen wird deutlich, daß der Eingriff in die Rundfunkfreiheit den Zielen von Schutz der Gesundheit und Moral ebenso dienen soll wie der Aufrechterhaltung der Ordnung und Verbrechensverhütung. Das Mittel, das zur Wahl dieser im Sinne des Art. 10 Abs. 2 EMRK anerkannten Ziele gewählt wurde, ist nicht nur geeignet, der Rezeption entsprechender Sendungen durch Minderjährige entgegenzuwirken, es ist auch in einer demokratischen Gesellschaft notwendig. Weil eine hohe Wahrscheinlichkeit für eine gravierende Beeinträchtigung der Persönlichkeitsentwicklung bei Minderjährigen spricht, ist dem Minderjährigenschutz der Vorrang vor der Rundfunkfreiheit einzuräumen, zumal dem Rundfunkveranstalter die Ausstrahlung minderjährigengefährdender Sendungen nicht gänzlich untersagt ist[972].

Obwohl schon die Werbevorschriften des Kapitel IV Minderjährigenschutzvorschriften enthalten, erklären sowohl Art. 19 Fs-RL 1997 wie auch Art. 19a Fs-RL 1997 die Schutzvorschriften, die für das allgemeine Fernsehprogramm bestehen, auf den Werbesender für entsprechend anwendbar. Daraus geht zum einen hervor, daß auch der Teleshoppingsender und der Eigenwerbekanal den gleichen Programmstatus besitzen wie andere Fernsehprogramme. Zum ande-

970 *Isensee/Axer*, Jugendschutz im Fernsehen, S. 34.

971 *Isensee/Axer*, Jugendschutz im Fernsehen, S. 35f.

972 Vgl. für das deutsche Verfassungsrecht *Isensee/Axer*, Jugendschutz im Fernsehen, S. 52f.

ren bedeutet dies aber auch, daß die Mitgliedstaaten bei der Gestaltung der Minderjährigenschutzvorschriften freier sind. Zwar müssen alle Vorschriften der Fernsehrichtlinie von den Mitgliedstaaten in innerstaatliches Recht umgesetzt werden, Art. 249 Abs. 3 EGV. Allerdings sind die Vorgaben hinsichtlich des Minderjährigenschutzes bei den Werbebeschränkungen konkreter als die Vorgaben hinsichtlich des Minderjährigenschutzes im übrigen Sendeprogramm, denn die für das Programm relevanten Vorschriften der Art. 22 und 22a Fs-RL 1997 ordnen lediglich an, daß seitens der Mitgliedstaaten „angemessene Maßnahmen" zu ergreifen sind. In den Erwägungen zur Fernsehrichtlinie 1997 heißt es dazu, daß die Minderjährigenschutzvorschriften von den Mitgliedstaaten präzisiert werden müßten. Die eindeutige Unterscheidung zwischen den Programmen, die einem absoluten Verbot unterlägen, und den Programmen, die vorbehaltlich angemessener technischer Maßnahmen gesendet werden dürften, solle dem Allgemeininteresse der Mitgliedstaaten und der Gemeinschaft gerecht werden[973]. Dem einzelnen Staat bleibt daher mehr Gestaltungsspielraum bei der Regulierung des eigentlichen Programms als im Hinblick auf die Ausgestaltung der Werbebeschränkungen, für welche in Art. 16 Fs-RL 1997[974] detaillierte Vorgaben formuliert sind. Diese Regulierungsweite beim Minderjährigenschutz im eigentlichen Fernsehprogramm soll den unterschiedlichen kulturellen Gewohnheiten in den einzelnen Staaten Rechnung tragen. Bei Nichtumsetzung der Richtlinie hat die weite Formulierung zur Konsequenz, daß es in bezug auf den Minderjährigenschutz in der Werbung möglich ist, sich auf die Richtlinie unmittelbar zu berufen, weil die umzusetzenden Bestimmungen unbedingt und hinreichend genau sind[975]. Für die entsprechenden Bestimmungen im Hinblick auf das eigentliche Programm wäre genau dies nicht mög-

---

973 Erwägung zur EG-Fernsehrichtlinie 1997, Nr. 40.

974 Wortlaut des Art. 16 Fs-RL 1997:

(1) Die Fernsehwerbung darf Minderjährigen weder körperlichen noch seelischen Schaden zufügen und unterliegt daher folgenden Kriterien zum Schutz Minderjähriger:

a) Sie soll keine direkten Kaufappelle an Minderjährige richten, die deren Unerfahrenheit und Leichtgläugibkeit ausnutzen.

b) Sie soll Minderjährige nicht unmittelbar dazu auffordern, ihre Eltern oder Dritte zum Kauf der beworbenen Ware oder Dienstleistung zu bewegen.

c) Sie soll nicht das besondere Vertrauen ausnutzen, das Minderjährige zu Eltern, Lehrern und anderen Vertrauenspersonen haben.

d) Sie soll Minderjährige nicht ohne berechtigten Grund in gefährlichen Situationen zeigen.

(2) Teleshopping muß die in Absatz 1 genannten Anforderungen erfüllen und darf darüber hinaus Minderjährige nicht dazu anhalten, Kauf- oder Miet- bzw. Pachtverträge für Waren oder Dienstleistungen zu schließen.

975 *Streinz*, Europarecht, Rz. 394ff. (402 und 411); *Schweitzer/Hummer*, Europarecht, Rz. 364ff. (365 und 370).

lich, weil es an der Bestimmtheit der umzusetzenden Vorschriften fehlt. Der Schutz der Minderjährigen und der Schutz vor Diskriminierung ist damit im Hinblick auf die Werbung paradoxerweise besser als in bezug auf das eigentliche Fernsehprogramm.

3. Die Vorschriften zum Recht auf Gegendarstellung des Kapitels VI

Unbeschadet der in den Mitgliedstaaten bereits bestehenden zivil-, verwaltungs- oder strafrechtlichen Bestimmungen sieht Art. 23 Fs-RL 1997 einen Gegendarstellungsanspruch für jede natürliche oder juristische Person vor, deren berechtigte Interessen aufgrund der Behauptung falscher Tatsachen in einem Fernsehprogramm beeinträchtigt worden sind. Den Rundfunkveranstaltern sollen damit klare Verpflichtungen auferlegt werden, damit gewährleistet ist, daß jeder, der durch eine Tatsachenbehauptung im Rahmen einer Fernsehsendung in seinen berechtigten Interessen verletzt wurde, seine Rechte wirksam geltend machen kann[976]. Auch wenn die Meinungsfreiheit des Art. 10 Abs. 1 EMRK nicht dazu verpflichtet, ein Gegendarstellungsrecht zu schaffen[977], so ist seine Schaffung auf jeden Fall konventionsgemäß[978]. Der legitime Zweck für die Schaffung eines Gegendarstellungsanspruchs ergibt sich also aus dem Schutz der Rechte anderer und aus dem Schutz des guten Rufs, beides Gründe, die im Katalog der Schrankenbestimmung des Art. 10 Abs. 2 EMRK zu finden sind. Dem Opfer einer falschen Behauptung kann nicht zugemutet werden, eine Richtigstellung auf anderem Wege zu versuchen, weil kein anderes Medium über die gleiche Erreichbarkeit in der Bevölkerung und über die gleiche Aussagekraft verfügt wie das Fernsehen[979]. Nur unter diesen Voraussetzungen kann das Opfer wirkungsvoll eine falsche Tatsachenbehauptung widerlegen. Die Schaffung eines Gegendarstellungsanspruchs ist daher nicht nur das einzige Mittel zu einem Opferausgleich, sondern er ist auch unbedingt erforderlich, da ein Rundfunkveranstalter vermutlich ohne diesen Anspruch nicht zu Richtigstellungen oder der Veröffentlichung gegenteiliger Darstellungen bereit wäre. Dann aber wären der gute Ruf, mindestens aber das Persönlichkeitsrecht des Opfers verletzt. Zusätzlich ist das Gegendarstellungsrecht im übrigen im Inter-

---

[976] Erwägung zur EG-Fernsehrichtlinie 1989, a.E.

[977] *Frowein* in: Frowein/Peukert, EMRK, Rz. 16 zu Art. 10; *Schmits*, Das Recht der Gegendarstellung und das right of reply, S. 180.

[978] Vgl. EGMR, EuGRZ 1996, 306/308, Zif. 28f., der eine (wettbewerbswidrige) Meinungsäußerung des Klägers für unzulässig erklärte, insbesondere weil dem Kläger ein Gegendarstellungsanspruch zustand.

[979] Vgl. für das deutsche Presserecht *Sedelmeier* in: Löffler, Presserecht, Rz. 24 zu § 11 LPG.

esse der Allgemeinheit, die zuverlässig informiert werden will[980]. Die Schaffung eines Gegendarstellungsanspruchs ist insofern auch nicht unangemessen, weil es dem Opfer lediglich die gleichen Einflußmöglichkeiten eröffnet wie dem Verursacher. Deshalb ist Normierung dieses Anspruchs, um in der Terminologie der Europäischen Menschenrechtskonvention zu bleiben, in einer demokratischen Gesellschaft notwendig und als Eingriff in die Meinungsfreiheit des Rundfunkveranstalters gerechtfertigt.

Daß das Gegendarstellungsrecht auf den Teleshoppingsender und den Eigenwerbekanal angewendet werden muß, bedarf durchaus besonderer Erwähnung, da in den geltenden Landesmediengesetzen die Gegendarstellung gegen Tatsachenbehauptungen in Werbesendungen zum Teil noch ausdrücklich ausgeschlossen ist[981] oder zumindest nur entgeltlich[982] erfolgt[983].

III. Bedeutung der EG-Fernsehrichtlinie für neue Angebote

Es ist zuvor bereits mehrfach angeklungen, daß die Ermöglichung einer Rundfunkübertragung nicht davon abhängt, daß zunächst das zugrundeliegende Gesetz geschaffen wird. Vielmehr besteht vorab jede Meinungsäußerungsmöglichkeit von selbst, sie kann durch Gesetze bestenfalls beschränkt werden. Dies ist die Konsequenz des umfassenden individualrechtlichen Verständnisses von Art. 10 Abs. 1 EMRK[984]. Demgemäß sind alle derzeit realisierbaren Einkaufsdienste solange uneingeschränkt zulässig, bis sie durch entsprechende Gesetze in verfassungsmäßiger Weise beschränkt werden, wie dies für das echte Teleshopping im Rahmen der EG-Fernsehrichtlinie 1997 geschehen ist. Da die Fernsehrichtlinie nur für das Teleshopping als Fernsehveranstaltung gilt, sind Angebote wie das Online-Shopping von diesen beschränkenden Regelungen ausgenommen. Von der EG-Fernsehrichtlinie 1997 erfaßt werden nur Einkaufsangebote, die unter den Rundfunkbegriff fallen. Dabei macht es keinen Unterschied, ob diese Rundfunkangebote nach innerstaatlichem Recht in Rundfunk und Mediendienste unterteilt werden, wie dies in Deutschland der Fall ist. So-

---

980 *Sedelmeier* in: Löffler, Presserecht, Rz. 27 zu § 11 LPG.

981 § 56 Abs. 2 RStV Berlin-Bb.; § 61 Abs. 3 LMG BW.

982 § 23 Abs. 5 BremLMG; § 28 Abs. 2 HPRG; § 18 Abs. 5 LRG NW; § 42 Abs. 5 LRG RP; § 24 Abs. 2 TPRG.

983 Keine Einschränkungen bestehen für: Art. 18 BayMG; § 14 HmbMedienG; § 24 RGMV; § 26 LRG Nds.; § 12 LRG Saarl.; § 19 SächsPRG; § 31 LRG S.-H.; § 20 PRG LSA.

984 Vgl. dazu Teil 2, 2. Kapitel, II.

lange ein Dienst europarechtlich als Fernsehangebot einzustufen ist, gelten die Regelungen der Fernsehrichtlinie 1997 für dieses besagte Angebot. Dies hat zur Folge, daß auch das Teleshopping als Mediendienst den Vorgaben der EG-Fernsehrichtlinie 1997 zukünftig entsprechen muß.

IV. Zusammenfassung

1. Werbezeitbeschränkungen für Teleshopping-Spots und Teleshoppingfenster sind aus Gründen des Pluralismus und des Verbraucherschutzes als Eingriffe in die Meinungs- und Rundfunkfreiheit des Art. 10 EMRK grundsätzlich gerechtfertigt.

2. Reine Teleshoppingsender und Eigenwerbekanäle unterliegen nach der EG-Fernsehrichtlinie 1997 den gleichen Beschränkungen wie herkömmliche Fernsehprogramme. Für den reinen Teleshoppingsender fehlt es an einem legitimen Zweck für die Errichtung von Werbezeitbeschränkungen sowie für Kennzeichnungs- und Plazierungspflichten von Werbung. Die Beschränkung der Rundfunktätigkeit durch die übrigen Regelungen ist sowohl für den Teleshoppingsender wie für den Eigenwerbekanal zulässig.

2. Kapitel: Die Vereinbarkeit des Rundfunk- und des Mediendienste-Staatsvertrages mit Art. 5 GG

Zur Überprüfung ihrer Vereinbarkeit mit Art. 5 Abs. 1 Satz 2 GG stehen im folgenden die Vorschriften des Rundfunkstaatsvertrages und des Mediendienste-Staatsvertrages an. Um umfassenden innerstaatlichen Grundrechtsschutz zu gewährleisten, ist ein Rückgriff auf Art. 10 EMRK erst angezeigt, wenn die Beurteilung des Rundfunkstaatsvertrages und des Mediendienste-Staatsvertrages von den europäischen Vorgaben abweichen sollten. Gegenstand der verfassungsrechtlichen Prüfung sind nicht die Staatsverträge selber, sondern die dazu ergangenen Vertragsgesetze, wobei sich allerdings deren materiell-rechtliche Inhalte aus den in Bezug genommenen Staatsverträgen ergeben[985]. Die Vorschriften der Staatsverträge, die das Teleshopping betreffen, sind keine verfahrensausgestaltenden Regelungen, sondern inhaltliche Beschränkungen, die an der Schrankenregelung des Art. 5 Abs. 2 GG zu überprüfen sind. Obwohl es sich bei den Staatsverträgen und den zugehörigen Zustim-

985 BVerfGE 63, 131/140.

mungsgesetzen um Landesgesetze handelt, können unmittelbar die Schranken des Art. 5 Abs. 2 GG angelegt werden, weil das Bundesverfassungsgericht neben den Landesverfassungsgerichten zur abstrakten Normenkontrolle am Maßstab des Grundgesetzes befugt ist[986].

Die Feststellung der Verfassungsmäßigkeit eines Eingriffs in die Rundfunkfreiheit nach Art. 5 Abs. 1 Satz 2 GG erfordert eine andere Prüfung als die Zulässigkeit eines Eingriffs in Art. 10 Abs. 1 EMRK. Der Unterschied liegt zum einen in der Ausbildung verschiedenartiger Schranken, da an die zur Beschränkung der Rundfunkfreiheit geeigneten „allgemeinen Gesetze“ im Sinne des Art. 5 Abs. 2 GG besondere Anforderungen gestellt werden. Zur Erinnerung sei darauf hingewiesen, daß es bei finalen Eingriffen in die Rundfunkfreiheit nicht genügt, wenn ein Gesetz dem Schutz eines anderen Rechtsguts zu dienen bestimmt ist. Vielmehr muß dieses Rechtsgut der Meinungs- oder Rundfunkfreiheit gegenüber höherwertig sein[987]. Zum anderen liegt der Unterschied zwischen Art. 5 GG und Art. 10 EMRK in der Andersartigkeit der Verhältnismäßigkeitsprüfung begründet. Hinsichtlich des Grundgesetzes muß das zu einem legitimen Eingriffszweck eingesetzte Mittel nicht nur, wie nach europäischem Verständnis, geeignet sein, es muß darüber hinaus auch erforderlich sein[988]. Als erforderlich gilt immer nur das mildeste zur Verfügung stehende Eingriffsmittel[989]. Die Abwägung, die im Rahmen des Art. 10 Abs. 2 EMRK unter dem Stichwort der „Notwendigkeit in einer demokratischen Gesellschaft“ erfolgt, fällt nach deutschem Verfassungsrechtsverständnis unter die Prüfung der Verhältnismäßigkeit im engeren Sinne[990]. Dieser auch als Angemessenheit oder Proportionalität[991] bezeichnete Maßstab fordert eine adäquate Zweck-Mittel-Relation zwischen der Schwere der grundrechtlichen Beeinträchtigung und der Bedeutung des mit der Maßnahme verfolgten öffentlichen Belanges, da eine übermäßige Belastung des Betroffenen auch bei Erfüllung des Kriteriums der Erforderlichkeit nicht Platz greifen darf[992]. Insoweit fungiert der Grundsatz

---

986 Art. 100 Abs. 1 GG; BVerfGE 17, 172/180; 63, 131/140; 69, 174/182.

987 Vgl. Teil 2, 3. Kapitel, II.1.e).

988 *E. Klein*, AfP 1994, 9/14; *Engel*, Privater Rundfunk, S. 68; *ders.*, AfP 1994, 1/3.

989 BVerfGE 25, 1/19f.; 30, 292/319; 53, 135/145; 81, 90/91; 96, 10/25ff.

990 BVerfGE 50, 217/227; 80, 103/107; zur Verhältnismäßigkeitsprüfung siehe statt vieler *Dreier* in: Dreier, GG; Rz. 91ff. zur Vorb. m.w.N.; *Pieroth/Schlink*, Grundrechte Staatsrecht II, Rz. 279ff.

991 *Sachs* in: Sachs, GG, Rz. 154 zu Art. 20.

992 Vgl. zuletzt BVerfGE 92, 277/327.

der Verhältnismäßigkeit in weitem Umfang als Abwägungsrichtlinie und dient dem Ausgleich kollidierender Rechtsgüter[993].

I. Der Rundfunkstaatsvertrag

In Teil 3 dieser Untersuchung wurden die Bestimmungen zum Teleshopping des derzeit noch geltenden Rundfunkstaatsvertrag 1997 wie auch die ab 1. April 2000 geltenden Bestimmungen des Vierten Rundfunkänderungsstaatsvertrages vorgestellt[994]. Für beide Regelwerke ist nun auch die Zulässigkeit ihrer Teleshoppingbestimmungen als Schrankenregelungen im Sinne des Art. 5 Abs. 2 GG zu prüfen.

1. Der Rundfunkstaatsvertrag 1997

Die Analyse der Vorschriften des Rundfunkstaatsvertrages 1997 hatte ergeben, daß für das Teleshopping in Spot- oder Fensterformat gemäß § 45 Abs. 3 RStV 1997 eine Sendehöchstgrenze von einer Stunde pro Tag besteht. Zugleich dürfen Teleshopping-Spots gemäß § 45 Abs. 2 maximal zwölf Minuten innerhalb eines Einstundenzeitraums gezeigt werden[995]. Für den reinen Teleshoppingkanal, der bei der Präsentation von Infomercials und Verkaufsshows ebenfalls in den Anwendungsbereich des Rundfunkstaatsvertrages 1997 fällt, gelten die gleichen Bestimmungen wie für alle anderen Rundfunksendungen, soweit diese von ihrem Sinn auf den Teleshoppingkanal angewendet werden können[996].

a) Teleshopping als Werbeform: § 45 RStV 1997

Durch die Errichtung von Werbezeitgrenzen für Teleshopping wurden Teleshopping-Spots und -fenster nicht nur der herkömmlichen Werbung angepaßt. Die kontrollierte Zulassung dieser neuen Werbeform sollte zunächst dazu verhelfen, Erfahrungen auf diesem Gebiet zu sammeln[997]. Den Werbebeschränkun-

---

993 *Dreier* in: Dreier, GG, Rz. 94 zur Vorb; *Sachs* in: Sachs, GG, Rz. 155f. zu Art. 20.

994 Vgl. Teil 3, 2. Kapitel, I., 1. und 2.

995 Vgl. Teil 3, 2. Kapitel, I.1.b), dd), aaa).

996 Vgl. Teil 3, 2. Kapitel, I.1.b), dd), bbb).

997 Vgl. Erläuternder Bericht der Mitgliedstaaten des Europarats, Nr. 175, abgedruckt bei: *Ring*, Medienrecht, Bd. IV, E-I 1.2.

gen der EG-Fernsehrichtlinie entsprechend ist Zweck dieser Regelungen neben dem Verbraucherschutz die Wahrung der Unabhängigkeit des Rundfunkveranstalters von der werbetreibenden Wirtschaft und damit die Bewahrung des Meinungspluralismus[998]. Die Schutzrichtung der Regelung zur Zeitbegrenzung von Werbesendungen des § 45 RStV 1997 ist demgemäß nicht die Beschränkung der Meinungs- oder Rundfunkfreiheit. Da die Bestimmung sich zielgerichtet gegen die Rundfunkfreiheit wendet, bedarf es zu ihrer Eignung als „allgemeines Gesetz“ im Sinne des Art. 5 Abs. 2 GG neben der Feststellung, daß die Norm überhaupt dem Schutz eines anderen Rechtsguts dient, zusätzlich der Überprüfung, ob die genannten Schutzgüter im Verhältnis zur Rundfunkfreiheit zumindest gleichwertig sind. Erst die Ermöglichung eines echten Meinungspluralismus erlaubt eine funktionierende Demokratie, da zur Willensbildung im Volk Voraussetzung ist, daß alle Meinungen zur Kenntnis gebracht werden können. Eine umfassend informierte Bevölkerung kann es nur dann geben, wenn der Pluralismus der Meinungen bewahrt wird. Meinungspluralismus ist daher ein objektiver Verfassungswert, den zu fördern gerade die Massenkommunikationsmittel Presse und Rundfunk bestimmt sind[999]. Daher müssen gerade die Massenkommunikationsmittel davor bewahrt werden, in die Gefahr einseitiger Meinungsbildung zu gelangen. Insofern ist der Pluralismus als gegenüber der Rundfunkfreiheit höherwertig anzusehen, so daß pluralismusfördernde Vorschriften als „allgemeine Gesetze“ gelten, welche die Rundfunkfreiheit im Einzelfall beschränken können. Ob auch der Verbraucherschutzgedanke geeignet ist, § 45 RStV 1997 als „allgemeines“ Gesetz erscheinen zu lassen, ist insoweit nicht mehr entscheidend.

Zusätzlich zur grundsätzlichen Eignung als „allgemeines Gesetz“ wird von jeder grundrechtsbeschränkenden Norm erwartet, daß die Regelung verhältnismäßig ist[1000]. In bezug auf § 45 Abs. 1 und 2 RStV 1997 kann von einer grundsätzlich geeigneten Regelung gesprochen werden, da nur zeitliche Werbebeschränkungen verhindern können, daß der Rundfunkveranstalter sich von der werbetreibenden Wirtschaft vollständig abhängig macht. Bei Freigabe der Werbezeiten bestünde die Gefahr, daß gerade in den Hauptsendezeiten anteilmäßig noch mehr Werbespots ausgestrahlt würden und sich die Sender in der Gestaltung des „Werberahmenprogramms“ vollständig den Interessen der werbetreibenden Wirtschaft unterwerfen würden. Bedenken treten bei der Bemessung der gewählten 20%-Grenze für Werbung bei maximal 15% Spotwerbung täglich auf. Es gibt keine objektiven Kriterien anhand derer zu ermessen

---

998 Vgl. Erläuternder Bericht der Mitgliedstaaten des Europarats, Nr. 166f., abgedruckt bei: *Ring*, Medienrecht, Bd. IV, E-I 1.2.

999 Vgl. *Lücke*, Die „allgemeinen“ Gesetze, S. 64.

1000 *Pieroth/Schlink*, Grundrechte Staatsrecht II, Rz. 280.

wäre, ob diese Sendezeitbeschränkung das geeignete Mittel ist oder ob die Grenze enger oder weiter zu stecken ist. Gerade in solchen Fällen steht dem Gesetzgeber eine Einschätzungsprärogative zu, solange das gewählte Mittel nicht evident ungeeignet ist[1001]. Da die gesetzte Werbezeitbeschränkung nicht nur pluralismussichernde Wirkungen hat, sondern auch dem Rundfunkveranstalter die Möglichkeit ausreichender Finanzierungsmöglichkeiten läßt, ist die Regelung nicht nur zur Zweckerreichung geeignet, sondern auch erforderlich und angemessen.

Soweit § 45 Abs. 3 RStV 1997, der Teleshopping auf eine Stunde am Tag begrenzt, ebenfalls auf dem Gedanken des Pluralismus fußt, ist auch diese Bestimmung als „allgemeines Gesetz" im Sinne des Art. 5 Abs. 2 GG zu sehen. Jedoch erscheint die festgesetzte Grenze von einer Stunde unverhältnismäßig[1002]. Diese enge zeitliche Grenze kann bereits nicht mehr als mildestes Mittel angesehen werden, da nicht erkennbar ist, daß schon die nur doppelte Sendelänge, d.h. zwei Stunden pro Tag, den Meinungspluralismus gefährden würden. Die Erforderlichkeit der Einstundengrenze ergibt sich auch nicht vor dem Hintergrund, daß dadurch die Gewinnung von Erfahrungswerten hinsichtlich des neuen Werbeformates Teleshopping ermöglicht werden soll[1003], da bei längerer Ausstrahlung von Teleshopping auch mehr Erfahrungen gesammelt werden könnten. § 45 Abs. 3 RStV 1997 ist daher in seinem Maß nicht gerechtfertigt.

b) Teleshopping als eigener Kanal

Soweit der reine Teleshoppingkanal in den Anwendungsbereich des Rundfunkstaatsvertrages 1997 fällt, weil er mehr meinungsbildenden Charakter hat, als ihm dies im Rahmen des Mediendienste-Staatsvertrages zugestanden wird, und für ihn dementsprechend die gleichen Bestimmungen wie für andere Fernsehprogramme gelten, sind auch diese Regelungen auf ihre Verfassungsmäßigkeit zu untersuchen. Von Interesse sind insbesondere die Vorschriften des Rundfunkstaatsvertrages 1997, die sich auf den Inhalt des Programms auswirken: Unzulässige Sendungen, Jugendschutz (§ 3 RStV 1997), Werbeinhalte, Kennzeichnung (§ 7 RStV 1997), Sponsoring (§ 8 RStV 1997), Programmgrundsätze

---

1001 BVerfGE 30, 250/263; siehe auch *Sachs* in: Sachs, GG, Rz. 151 zu Art. 20 m.w.N.

1002 So wohl auch noch *Hartstein/Ring/Kreile/Dörr/Stettner*, RStV, 2. Aufl., Rz. 24 zu § 27.

1003 Vgl. Erläuternder Bericht zu Art. 12 Abs. 3 FsÜ, Nr. 173ff., da dieser Artikel dem § 45 Abs. 3 RStV 1997 zugrundliegt, abgedruckt bei: *Ring*, Medienrecht, Bd. IV, E-I. 1.2.

(§ 41 RStV 1997), Sendezeit für Dritte (§ 42 RStV 1997), Einfügung der Werbung (§ 44 RStV 1997) und Dauer der Werbung (§ 45 RStV 1997).

aa) Unzulässige Sendungen, Jugendschutz, § 3 RStV 1997

Art. 3 RStV 1997 beschäftigt sich in erster Linie mit dem Schutz von Kindern und Jugendlichen. Der Jugendschutz[1004] ist allerdings nicht alleiniger Gesetzeszweck, sondern § 3 Abs. 1 RStV 1997 untersagt insgesamt Sendungen, die darauf ausgerichtet sind, den öffentlichen Frieden, die Menschenwürde[1005] und das sittliche Empfinden Erwachsener[1006] zu gefährden[1007]. Die Sendeverbote nach § 3 Abs. 1 Nr. 1, 2 und 4 RStV 1997 beziehen sich auf strafrechtliche Tatbestände (§§ 130, 131, 184 StGB), während die Nummern 3 und 5 dieser Vorschrift an Tatbestände des Gesetzes über die Verbreitung jugendgefährdender Schriften anknüpft[1008]. Die dem § 3 Abs. 1 RStV 1997 zugrundeliegenden Schutzgüter begründen die Qualität dieser Vorschrift als „allgemeines" Gesetz, soweit die Regelungen nicht bereits der speziellen Schranke des Jugendschutzes unterstehen. Als Schrankenregelung im Sinne eines „allgemeinen" Gesetzes ist der § 3 Abs. 1 RStV 1997 auch verfassungskonform, da die Begrenzung eines Grundrechts immer dort verhältnismäßig ist, wo seine Ausübung zu strafrechtlich relevanten Eingriffen in andere Grundrechte führen würde.

Neben § 3 Abs. 1 Nr. 5 RStV 1997 befassen sich vor allem die Absätze 2 bis 6 dieser Norm mit dem Jugendschutz. Als Schrankenregelung der Rundfunkfreiheit ist der Jugendschutz ausdrücklich in Art. 5 Abs. 2 GG genannt. Mit den Schutzvorschriften des § 3 RStV 1997 soll vermieden werden, daß das körperliche, geistige oder seelische Wohl von Kindern oder Jugendlichen durch dazu geeignete Sendungen beeinträchtigt wird. Diese Art von Sendungen dürfen nicht verbreitet werden, es sei denn, es wird aufgrund der Sendezeit Vorsorge getroffen, daß Kinder und Jugendliche sie normalerweise nicht wahrnehmen, § 3 Abs. 2 RStV 1997. In Ergänzung zu § 3 Abs. 1 Nr. 5 RStV 1997 wird in § 3 Abs. 3 RStV 1997 für sogenannte schwer jugendgefährdende Sendungen nochmals ein vollständiges Ausstrahlungsverbot festgestellt. Maßstab für die Beur-

---

[1004] Das Bundesverfassungsgericht sieht Jugendschutz als ein Gebot des Verfassungsrechts, E 83, 130/139f., auch schon E 30, 336/348; zustimmend *Engels*, Das Recht der Fernsehwerbung für Kinder, S. 163f.; *Schraut*, Jugendschutz und Medien, S. 45; vgl. ausführlich *Isensee/Axer*, Jugendschutz im Fernsehen, S. 69ff.

[1005] *Tröndle*, Rz. 2 und 8 zu § 130.

[1006] *Tröndle*, Rz. 5 zu § 184.

[1007] So auch *Hartstein/Ring/Kreile/Dörr/Stettner*, RStV, Rz. 3 zu § 3.

[1008] §§ 6 und 1 Abs. 1 GjS; vgl. *Hartstein/Ring/Kreile/Dörr/Stettner*, RStV, Rz. 5 zu § 3.

teilung der schweren sittlichen Gefährdung sind die Schriften, die gemäß § 1 GjS indiziert sind[1009]. Die Verantwortung für die Kindererziehung liegt zwar in der Hauptsache bei den Eltern[1010]. Dennoch steht auch der Staat in der Verantwortung[1011] welcher er durch gesetzliche Regelungen nachzukommen verpflichtet ist. Diese Verpflichtung macht derzeit die Verhängung von Sendezeitbeschränkungen und -verboten erforderlich, da die Möglichkeiten zur technischen Verschlüsselung noch nicht allgemein eingeführt sind und es sich bei den getroffenen Regelungen somit um den schonendsten Eingriff handelt. Die Einschränkung der Rechte des Rundfunkveranstalters und des erwachsenen Konsumenten jugendgefährdender Sendungen auf der anderen Seite sind im Verhältnis zu den Gefahren für die gesunde Persönlichkeitsentwicklung von Kindern und Jugendlichen gering, da die Ausstrahlung jugendgefährdender Sendungen bei der bloßen Sendezeitbeschränkung zu einem späteren Zeitpunkt möglich ist[1012]. Das Ausstrahlungsverbot für schwer jugendgefährdende Sendungen ist aufgrund des hohen Gefährdungspotentials für die Persönlichkeitsentwicklung von Kindern und Jugendlichen als Eingriff in die Rundfunkfreiheit und Informationsfreiheit Erwachsener angemessen, zumal diese auf andere Medien verwiesen werden können[1013].

bb) Werbeinhalte, Kennzeichnung, § 7 RStV 1997

Wie schon die EG-Fernsehrichtlinien enthält auch der Rundfunkstaatsvertrag 1997 Vorschriften zur Beschränkung von Werbeinhalten, zur Unabhängigkeit des Programms von Werbung und zum Trennungsgebot von Werbung und Programm.

aaa) Die Werbegrundsätze des § 7 Abs. 1 RStV 1997

§ 7 Abs. 1 Satz 1 RStV 1997 konstatiert ausdrücklich, daß die Werbebeschränkungen den Verbraucherschutz, den Jugend- und Gesundheitsschutz und sogar den Umweltschutz zum Ziel haben. Daß das Programm inhaltlich und redaktionell nicht durch Werbung oder Werbetreibende beeinflußt werden soll, so § 7

[1009] *Hartstein/Ring/Kreile/Dörr/Stettner*, RStV, Rz. 4 zu § 3.

[1010] So ausdrücklich *Engels*, Das Recht der Fernsehwerbung für Kinder, S. 84.

[1011] BVerfGE 30, 336/347; *Isensee/Axer*, Jugendschutz im Fernsehen, S. 50f.

[1012] Vgl. die ausführliche Darstellung bei *Isensee/Axer*, Jugendschutz im Fernsehen, S. 52.

[1013] *Schraut*, Jugendschutz und Medien, S. 112, denkt dabei an Kino und Videos. Zugänglich sind auch die den Fernsehsendungen zugrundeliegenden Schriften, vgl. *Isensee/Axer*, Jugendschutz im Fernsehen, S. 52.

Abs. 2 RStV 1997, ist ein Aspekt, der dem Schutz des Meinungspluralismus sowie des Rezipienten dient. Es wurde bereits herausgearbeitet, daß Pluralismus und Jugendschutz zulässige Schranken der Rundfunkfreiheit sein können[1014]. Zu erörtern bleibt noch, ob gleiches auch für die Aspekte des Verbraucher-, Gesundheits- und Umweltschutzes gilt. Der Verbraucherschutz ist ein Rechtsgut, das in diesem Jahrhundert mit zunehmendem Konsum immer mehr in den Vordergrund getreten ist[1015]. Es ist nicht nur innerstaatlich betrachtet im Interesse des Gemeinwohls[1016], sondern auch europäisch betrachtet von großer Bedeutung[1017] und bei der Ausübung von Grundrechten zu berücksichtigen. Die bei dem Verbot der Irreführung durch Werbung mitschwingende Aufforderung zur Lauterkeit des Wettbewerbs spiegelt einen Rechtsgedanken wider, der in seiner Schutzrichtung geeignet ist, eine Schranke der Meinungs- und Rundfunkfreiheit im Sinne eines „allgemeinen" Gesetzes zu begründen[1018]. Noch deutlicher liegt bei der Ausrichtung des Schutzes auf die gesundheitlichen Interessen der Zuschauer auf der Hand, daß dieses Rechtsgut eine geeignete Schranke der Rundfunkfreiheit bildet, da die körperliche Unversehrtheit ein Rechtsgut mit Verfassungsrang[1019] ist. Der Umweltschutz ist im Jahr 1994 als Staatszielbestimmung unter Art. 20a GG in das Grundgesetz aufgenommen worden. Dieser Artikel enthält für alle Träger öffentlicher Gewalt, also auch und vor allem für die Gesetzgebung, den bindenden Auftrag, geeignete Umweltschutzvorschriften zu erlassen, um die natürlichen Lebensgrundlagen zu schützen[1020]. Dementsprechend kann der Verbraucher- und Gesundheitsschutz ebenso wie das Schutzgut Umwelt der Rundfunkfreiheit entgegengehalten werden. Keines der genannten Rechtsgüter kann als geringerwertig gegenüber der Rundfunkfreiheit angesehen werden.

[1014] Siehe oben 1.a).

[1015] *von Hippel*, Verbraucherschutz, S. 3.

[1016] *Gubelt* in: von Münch, GG, Rz. 49 zu Art. 12.

[1017] *von Hippel*, Verbraucherschutz, S 17; siehe allein die für das Medienrecht relevanten Verbraucherschutzrichtlinien bezüglich Werbung, Vertragsabschlüssen im Fernabsatz und Unterlassungsklagen, abgedruckt in: EMR (Hrsg.), Europäisches Medien- und Telekommunikationsrecht, Textsammlung, 1998.

[1018] Vgl. *Baumbach/Hefermehl*, Rz. 63a zu den Allgemeinen Grundlagen, m.w.N. zur Rspr.

[1019] Art. 2 Abs. 2 GG ist auch grundrechtliche Schutznorm, die die Verpflichtung des Staates enthält, vor Beeinträchtigungen der körperlichen Unversehrtheit durch andere, also durch nicht grundrechtsgebundene Privatpersonen zu schützen, so *Kunig* in: von Münch, GG, Rz. 67 zu Art. 2.

[1020] *Jarass* in: Jarass/Pieroth, GG, Rz. 7 zu Art. 20a.

Ob indes alle genannten Schutzgüter ein „allgemeines Gesetz“ im Sinne des Art. 5 Abs. 2 GG zu begründen vermögen[1021], ist durch die Abwägung der Schutzgüter zu ergründen. Im Unterschied etwa zu § 3 RStV 1997 gibt § 7 Abs. 1 RStV 1997 nicht im Detail vor, wann eine Verletzung von Verbraucherinteressen, Wettbewerbsregeln, von Gesundheit oder Umwelt vorliegt. Es heißt in dieser „appellartig formulierten Generalklausel“[1022] lediglich, daß Werbung nicht gegen diese Güter verstoßen dürfe. In § 7 Abs. 1 RStV 1997 werden Wertvorstellungen wiedergegeben, die aufgrund ihrer „Vagheit“ kaum eine effektive Vollzugsmöglichkeit gewährleisten[1023]. Ihre Konkretisierung erfährt die Vorschrift erst durch Gesetze wie beispielsweise das Gesetz gegen den unlauteren Wettbewerb, das Heilmittelwerbegesetz[1024] oder auch durch die Werberichtlinien der Landesmedienanstalten[1025], die gemäß § 46 RStV 1997 erstellt werden. Allerdings sind die Werberichtlinien rein verwaltungsinterne Vorschriften, die nur zu einer Selbstbindung der Verwaltung führen[1026] und nicht abstrakt auf ihre Vereinbarkeit mit der Verfassung überprüft werden können. Mangels Außenwirkung sind sie erst dann justitiabel, wenn sie im Einzelfall ungleich angewendet werden[1027]. Weil § 7 Abs. 1 RStV 1997 in jedem Fall der Konkretisierung bedarf, kann diese Vorschrift nicht selber auf ihre Verhältnismäßigkeitsprüfung hinsichtlich der Rechtfertigung eines Eingriffs in die Rundfunkfreiheit überprüft werden. Ein Eingriff in die Rundfunkfreiheit kann sich nur mittelbar auf § 7 Abs. 1 RStV 1997 stützen, so daß die Vereinbarkeit einer Werberegelung mit der Verfassung nur anhand des speziellen Gesetzes festgestellt werden kann.

bbb) Die Unabhängigkeit des Programms gemäß § 7 Abs. 2 RStV 1997

Ähnlich appellhafte Wirkung hat § 7 Abs. 2 RStV 1997, in dem es heißt, daß Werbung und Werbetreibende das übrige Programm nicht inhaltlich und redaktionell beeinflussen dürfen. Zwar bedarf diese Norm zu ihrer Anwendbarkeit keiner weiteren Konkretisierung durch andere Gesetze. § 7 Abs. 2 RStV 1997

[1021] Insofern handelt es sich bei den Regelungen um mehr als nur „rituelle und symbolische Zwecke“, wie dies *Stock* sieht, RuF 1992, S. 189/199

[1022] *Hartstein/Ring/Kreile/Dörr/Stettner*, RStV, Rz. 14 zu § 7.

[1023] *Herkströter*, ZUM 1992, 395/407.

[1024] *Hartstein/Ring/Kreile/Dörr/Stettner*, RStV, Rz. 14 zu § 7.

[1025] Abgedruck bei *Hartstein/Ring/Kreile/Dörr/Stettner*, RStV, Rz. 102f. zu § 7.

[1026] Vgl. bei *Hartstein/Ring/Kreile/Dörr/Stettner*, RStV, Rz. 2 zu § 46.

[1027] Ausführlich *Ossenbühl* in: Erichsen, Allgemeines Verwaltungsrecht, Rz. 41ff. zu § 6; siehe auch *Pieroth/Schlink*, Grundrechte, Staatsrecht II, Rz. 494ff.

erfaßt alle Fälle, in denen der Werbetreibende versucht, das Umfeld und die Plazierung der Werbung zu beeinflussen oder Einfluß auf das anderweitige Programm zu nehmen, etwa weil es seinem Produkt nicht günstig ist[1028]. Neben solcher unmittelbar programmbezogenen Einflußnahme ist auch mittelbar programmbezogene Einflußnahme denkbar, wenn z.B. die Erteilung von Werbeaufträgen von der Ablösung eines mißliebigen Redakteurs abhängig gemacht wird[1029]. Trotzdem enthält sie nicht selber eine Beschränkung der Rundfunkfreiheit. Für den Rundfunkveranstalter stellt sich § 7 Abs. 2 RStV 1997 kaum als Freiheitsbeschränkung dar, weil er sich entweder freiwillig den Wünschen des Werbetreibenen anpaßt, welches auch die vorhandene Vorschrift nicht verhindern kann, oder weil er den Beeinflussungen des Werbetreibenden widersteht, welches ihm auch ohne diese Vorschrift möglich ist. Eine Beeinträchtigung der Rundfunkfreiheit für den Werbetreibenden ist nicht zu erkennen, da ihm kein Anspruch auf ein bestimmtes Programm zusteht. Als Beschränkung seiner allgemeinen Handlungsfreiheit enthält die Regelung keine Neuerung, da die Einflußnahme auf den Rundfunkveranstalter im Regelfall auch wettbewerbswidrig ist[1030]. Im übrigen ist es dem Rundfunkveranstalter durchaus möglich, sein Programm möglichst werbeattraktiv zu gestalten, und den Werbetreibenden ist es unbenommen, ihre Werbung dort zu plazieren, wo das vorgegebene Programmumfeld für das Produkt passend ist[1031].

ccc) Das Kennzeichnungsgebot gemäß § 7 Abs. 3 RStV 1997

Ebenfalls überprüfungsbedürftig ist das Trennungsgebot von Werbung und Programm des § 7 Abs. 3 RStV 1997, das auf die klare Erkennbarkeit von Werbung als solcher und durch optische Mittel[1032] drängt. Diese Regelungen dienen der Lauterkeit des Wettbewerbs und dem Schutz des Verbrauchers[1033], der vor einer gezielten Vermischung redaktioneller und werbender Beiträge bewahrt werden soll. Eine Vermischung von redaktionellen Beiträgen und Werbung könnte zur Folge haben, daß Werbung den Anschein des Objektiven und Wahren erhält und dadurch die Kaufentscheidung des Zuschauers beeinflußt. Im Verhältnis zu der Manipulationsgefahr für den Verbraucher ist der

---

1028 Z.B. fordert ein Waschmittelhersteller, daß ein Rundfunksender auf Reportagen über Gewässerverschmutzung verzichtet; weitere Beispiele bei *Hartstein/Ring/Kreile/Dörr/Stettner*, RStV, Rz. 24 zu § 7.

1029 *Bosman*, ZUM 1990, 545/549.

1030 *Hartstein/Ring/Kreile/Dörr/Stettner*, RStV, Rz. 24 zu § 7.

1031 Z.B. die Sportsendung für die Bewerbung von Laufschuhen.

1032 Im Hörfunk: akustische Mittel.

1033 *Bosman*, ZUM 1990, 545/548.

Eingriff in die Werbefreiheit der Wirtschaft gering, da nicht das Werben und das Ausstrahlen von Werbung untersagt wird, sondern lediglich eine Kennzeichnung der Werbung als solche verlangt wird[1034]. Der Eingriff in die Rundfunkfreiheit ist auch diesbezüglich verhältnismäßig.

Eine weniger große Bedeutung für das Teleshopping spielt das Verbot der unterschwelligen Werbetechnik nach § 7 Abs. 3 Satz 3 RStV 1997 und das Verbot der Schleichwerbung nach § 7 Abs. 5 RStV 1997, da es beim Fernseheinkauf gerade darum geht, den Zuschauer durch direkte Werbung zum unmittelbaren Kauf zu veranlassen.

ddd) Das Werbeverbot für Nachrichtensprecher gemäß § 7 Abs. 6 RStV 1997

Die gleiche Zielrichtung wie das Trennungs- und Kennzeichnungsgebot der Werbung hat das Verbot des Werbens durch Personen, die regelmäßig Nachrichtensendungen oder Sendungen zum politischen Zeitgeschehen vorstellen, § 7 Abs. 6 RStV 1997. Der Zuschauer soll den Informationsgehalt und die Objektivität von Werbung nicht höher einschätzen, weil das Produkt von Personen präsentiert wird, die für Seriosität und Glaubwürdigkeit stehen. Anders herum ausgedrückt, soll das Vertrauen, welches Personen genießen, die regelmäßig im Fernsehen Nachrichten sprechen, nicht für Werbezwecke ausgenutzt werden[1035]. Auch hier ist der Eingriff in die Rundfunkfreiheit im Verhältnis zur Schutzwirkung für den Verbraucher gering, zumal den Werbetreibenden ein Rückgriff auf andere Werbedarsteller, auch etwa auf prominente Schauspieler, möglich ist[1036].

1034 Zu den Einzelheiten der Kennzeichnung siehe *Hartstein/Ring/Kreile/Dörr/Stettner*, RStV, Rz. 30 zu § 7, und die Richtlinien der Landesmedienanstalten für die Werbung, zur Durchführung der Trennung von Werbung und Programm und für das Sponsoring im Fernsehen, 5. Trennung und Kennzeichnung der Werbung, abgedruckt bei *Hartstein/Ring/Kreile/Dörr/Stettner*, RStV, Rz. 102 zu § 7.

1035 *Hartstein/Ring/Kreile/Dörr/Stettner*, RStV, Rz. 61 zu § 7.

1036 Allerdings stellt diese Bestimmung einen Eingriff in die Berufsfreiheit der Nachrichtensprecher und -moderatoren dar. Bei der Abwägung des Eingriffs in die Berufsfreiheit zugunsten des Wettbewerbs- und Verbraucherschutzes ist zu berücksichtigen, daß eine Beschränkung der Berufsfreiheit geschützten Gemeinwohlinteressen dienen muß (*Wieland* in: Dreier, GG, Rz. 114 zu Art. 12; *Gubelt* in: von Münch, GG, Rz. 41 zu Art. 12; *Ipsen*, JuS 1990, 634/636). Selbst wenn man im Wettbewerbs- und Verbraucherschutz noch einen berechtigten Gemeinwohlbelang zu erkennen vermag, so kann es an der Erforderlichkeit und Zumutbarkeit des Ausschlusses fehlen (*Hartstein/Ring/Kreile/Dörr/Stettner*, RStV, Rz. 62 zu § 7), weil der Verbraucher

eee) Das Werbeverbot für Parteien und Glaubensgemeinschaften gemäß § 7 Abs. 7 RStV 1997

Die Vorschrift des § 7 Abs. 7 RStV 1997 untersagt Werbung politischer, weltanschaulicher oder religiöser Art. Diese Regelung enthält eine Klarstellung und kein Verbot, da § 7 RStV 1997 allein die Wirtschaftswerbung regelt, nicht aber Werbesendungen anderer Inhalte. Auf das Teleshopping findet sie daher keine Anwendung.

cc) Sponsoring, § 8 RStV 1997

Sponsoring ist gemäß § 8 Abs. 1 RStV 1997 der Beitrag einer natürlichen oder juristischen Person oder einer Personenvereinigung, die an Rundfunktätigkeiten oder an der Produktion audiovisueller Werke nicht beteiligt ist, zur direkten oder indirekten Finanzierung einer Sendung, um den Namen, die Marke, das Erscheinungsbild der Person, ihre Tätigkeit oder ihre Leistungen zu fördern. Die Finanzierung einer Sendung durch einen Sponsor unterliegt nach § 8 Abs. 2 RStV 1997 ebenso einer Kennzeichnungspflicht wie Werbung. Diese Regelung entspricht in Ausrichtung und Inhalt dem zuvor untersuchten § 7 Abs. 3 RStV 1997 und kann wie diese als verfassungskonform bewertet werden.

Anders steht es wohl jedoch um die Voraussetzungen des § 8 Abs. 3 und 4 RStV 1997, daß der Sponsor weder Inhalt und Programmplatz beeinflussen noch seine Produkte in den von ihm gesponserten Sendungen zum Kauf anbieten darf, wenn man diese Regelungen auf das Teleshopping bezieht. Die Vorschrift soll verhindern, daß gesponserte Sendungen Werbezwecken dienen[1037]. Beläßt man es bei diesen Regelungen in bezug auf das Teleshopping. so laufen sie leer, da kein Anbieter von Produkten und Dienstleistungen eine Sendunge sponsern wird, in welcher Artikel oder Leistungen anderer Anbieter direkt erworben werden können. Vor dem Hintergrund, daß bei einem reinen Verkaufssender der Zuschauer nicht vor einem Zuviel an Werbung geschützt werden muß und zudem nicht die Gefahr besteht, daß werbliche und redaktionelle Beiträge vermischt werden, entbehren die Vorschriften des § 8 Abs. 3 und 4 RStV 1997 eines rechtfertigenden Grundes.

---

durch die Trennung und Kennzeichnung der Werbung auf die nachfolgende Wirtschaftswerbung aufmerksam gemacht wird und er mündig genug ist, um zwischen politischen Sendungen und Werbung unterscheiden zu können.

1037 Amtl. Begründung zu § 7 Rundfunkstaatsvertrag 1991, abgedruckt bei *Hartstein/Ring/Kreile/Dörr/Stettner*, RStV, zu § 8.

§ 8 Abs. 5 RStV 1997 verbietet das Sponsoring durch Firmen, die selbst oder deren Produkte nicht beworben werden dürfen. Wie schon im Rahmen des § 7 Abs. 1 RStV 1997 ergibt sich das Sponsoringverbot für bestimmte Produkte oder Dienstleistungen zum großen Teil aus anderen Gesetzen[1038] wie dem Heilmittelwerbegesetz oder dem Gesetz über Lebensmittel und Bedarfsgegenstände. Soweit § 8 Abs. 5 RStV 1997 auf das Werbeverbot für Nachrichtensprecher entsprechend § 7 Abs. 6 RStV 1997 oder auf das Werbeverbot für Glaubensgemeinschaften und Parteien entsprechend § 7 Abs. 7 RStV 1997 verweist, gelten die obigen Ausführungen.

Ausdrücklich verboten ist nach § 8 Abs. 6 RStV 1997 das Sponsoring von Nachrichtensendungen und Sendungen zum politischen Zeitgeschehen[1039], um die Programmunabhängigkeit und damit den Pluralismus zu wahren. Bei diesen für die öffentliche Meinungsbildung wichtigen Sendungen soll von vornherein der Eindruck vermieden werden, die Unabhängigkeit und Objektivität könnte durch den Sponsor beeinträchtigt werden[1040]. Mit dem Schutzzweck, den Pluralismus zu bewahren, ist § 8 Abs. 6 RStV 1997 als „allgemeines" Gesetz geeignet, die Rundfunkfreiheit einzuschränken. Da gerade unkundige Zuschauer die gesponserte Sendung inhaltlich mit dem Sponsor in Verbindung bringen, ist es dem Rundfunkveranstalter im Interesse einer informierten und transparenten demokratischen Gesellschaft zumutbar, die Sendungen, die in besonderem Maß Einfluß auf die öffentliche Meinungsbildung nehmen, nicht sponsern zu lassen.

dd) Programmgrundsätze, § 41 RStV 1997

Nach § 41 Abs. 1 RStV 1997 gilt „für die Rundfunkprogramme (...) die verfassungsmäßige Ordnung. Die Rundfunkprogramme haben die Würde des Menschen sowie die sittlichen, religiösen und weltanschaulichen Überzeugungen anderer zu achten. Sie sollen die Zusammengehörigkeit im vereinten Deutschland sowie die internationale Verständigung fördern und auf ein diskriminierungsfreies Miteinander hinwirken. Die Vorschriften der allgemeinen Gesetze und die gesetzlichen Bestimmungen zum Schutz der persönlichen Ehre sind einzuhalten". Im Grunde wiederholt § 41 Abs. 1 RStV 1997 in den Sätzen 1 und 2 Inhalte, die sich bereits aus dem Grundrechtskatalog der Verfassung er-

[1038] Amtl. Begründung zu § 7 Rundfunkstaatsvertrag 1991, abgedruckt bei *Hartstein/Ring/Kreile/Dörr/Stettner*, RStV, zu § 8.

[1039] Zur Schwierigkeit bei der Eingrenzung der Sendungen zum politischen Zeitgeschehen siehe *Hartstein/Ring/Kreile/Dörr/Stettner*, RStV, Rz. 41 zu § 8.

[1040] Amtl. Begründung zu § 7 RStV 1991, abgedruckt bei *Hartstein/Ring/Kreile/Dörr/Stettner*, RStV, zu § 8.

geben und die im Einzelfall jederzeit als verfassungsimmanente Schranken[1041] der Rundfunkfreiheit zu beachten sind[1042]. Besonders hervorgehoben, obwohl auch Bestandteil der verfassungsmäßigen Ordnung[1043], sind in Satz 4 die Vorschriften der „allgemeinen“ Gesetze und der Ehrenschutz, die nach Art. 5 Abs. 2 GG ausdrücklich Schranken der Rundfunkfreiheit sind. Eigenständige Bedeutung hat insoweit allein § 41 Abs. 1 Satz 3 RStV 1997, der den Rundfunkveranstalter auffordert, die genannten Zielvorstellungen zu fördern. Zwar genügt ein Untätigbleiben noch nicht, um gegen diese Programmgrundsätze zu verstoßen, jedoch entfaltet die Bestimmung in dem Moment beschränkende Wirkung, in dem beispielsweise eine diskriminierende Sendung ausgestrahlt wird.

Bemerkenswerterweise gelten diese Programmgrundsätze gemäß § 41 Abs. 4 RStV 1997 nur für bundesweit verbreitete Programme. Die bundesweite Verbreitung beurteilt sich dabei nicht nach der objektiven Empfangbarkeit über Satellit. Vielmehr gelten nur solche Programme als bundesweit verbreitet, die in den Kabelanlagen aller Länder empfangbar sind und deren bundesweite Empfangbarkeit gewollt ist[1044]. Da die beiden derzeit in Deutschland bestehenden Teleshoppingkanäle über keine bundesweite Kabelzulassungen verfügen, besitzen die Programmgrundsätze des § 41 Abs. 1 RStV 1997 für sie keine unmittelbare Geltung. Die Inhalte des § 41 Abs. 1 Sätez 1, 2 und 4 RStV 1997 schlagen jedoch als Verfassungswerte auch auf die regionalen und lokalen Programme durch.

ee) Sendezeit für Dritte, § 42 RStV 1997

Gehörten die Teleshoppingsender H.O.T. und QVC heute bereits zu den bundesweit verbreiteten Programmen, so wären sie auch verpflichtet, den Kirchen und Jüdischen Gemeinden sowie politischen Parteien Sendezeit zur Verfügung zu stellen, § 42 RStV 1997. Daß sich Regelungen zum Schutz der anerkannten Religionsgemeinschaften und zum Schutz von Parteien als „allgemeine“ Gesetze im Sinne des Art. 5 Abs. 2 GG eignen, ist unbestreitbar. Jedoch wäre der Eingriff in die Rundfunkfreiheit eines Teleshoppingveranstalters wohl nicht

---

1041 Zu kollidierenden Grundrechten Dritter: BVerfGE 28, 243/260f., 67, 213/228; 84, 212/228.

1042 A.A. noch *Laschet*, Programmgrundsätze für den kommerziellen Rundfunk, S. 69ff., der die Programmgrundsätze als Ausgestaltungsregeln ansieht.

1043 *Hartstein/Ring/Kreile/Dörr/Stettner*, RStV, Rz. 4 zu § 41.

1044 *Sieber*, ZUM 1998, 27/30; *Hartstein/Ring/Kreile/Dörr/Stettner*, RStV, Rz. 11a zu § 20.

gerechtfertigt, wollte man von ihm erwarten, daß er religiöse oder politische Sendungen ausstrahlte. Es würde einen unzumutbaren Eingriff in die Programmfreiheit des Teleshoppingveranstalters darstellen, wenn ein reiner Verkaufskanal zur Verbreitung von inhaltlich vollständig andersartigen Sendungen gezwungen würde. Solange daher andere Sender zur Verfügung stehen, die Vollprogramme oder Nachrichtenkanäle betreiben, wird es verfassungsrechtlich kaum zu rechtfertigen sein, einen Teleshoppingkanal zur Überlassung von Sendezeit an Dritte zu verpflichten.

ff) Einfügung der Werbung, § 44 RStV 1997, und Dauer der Werbung, § 45 RStV 1997

§ 44 RStV 1997 regelt die Plazierung und die Häufigkeit von Werbeunterbrechungen, wie er auch festlegt, welche Sendungen durch Werbung unterbrochen werden dürfen. § 45 RStV 1997[1045] legt die Sendehöchstgrenzen für Spot- und Fensterwerbung innerhalb eines reinen Teleshoppingsenders fest. Wie bereits im Rahmen der EG-Fernsehrichtlinie 1997[1046] zu beobachten war, stellt es sich als unverhältnismäßig dar, für einen reinen Werbesender Beschränkungen für Werbeplazierung, -unterbrechung und -dauer zu reglementieren, da es für solche Bestimmungen am legitimen Zweck des Verbraucherschutzes fehlt.

Die Regelungen des § 44 Abs. 1 und 5 RStV 1997, die Kindersendungen, Gottesdienste sowie Nachrichtensendungen oder Dokumetarsendungen vollständig untersagen oder erst ab einer gewissen Sendedauer zulassen, sind hier nicht zu untersuchen, da derartige Inhalte regelmäßig nicht Bestandteil des Programms eines Teleshoppingsenders sind.

c) Zusammenfassung

Die gefundenen Ergebnisse lassen sich wie folgt zusammenfassen:

1 Die zeitliche Beschränkung von Teleshopping-Spots und -fenstern im Rahmen eines Voll- oder Spartenkanals ist im Grundsatz verfassungskonform. Für die gewählte Zeitgrenze von einer Stunde Teleshopping am Tag fehlt es jedoch an der Erforderlichkeit.
2. Für den reinen Teleshoppingsender, auf den grundsätzlich alle Normen des Rundfunkstaatsvertrages Anwendung finden, wurden folgende Bestimmungen untersucht:

1045 Zu den Einzelheiten siehe oben 1.a).

1046 Siehe oben 1. Kapitel, II.1.

a) Die Regelungen des § 3 RStV 1997 über unzulässige Sendungen und Jugendschutz sind verfassungsmäßig.
b) § 7 Abs. 1 RStV 1997 benennt legitime Zwecke für die Begrenzung der Rundfunkfreiheit. Die Zulässigkeit der konkreten Beschränkungen sind allerdings erst anhand der einschlägigen Gesetze wie beispielsweise dem Heilmittelwerbegesetz festzustellen.
c) § 7 Abs. 2 und Abs. 7 RStV 1997 stellen keine Schranken der Rundfunkfreiheit dar.
d) Die Kennzeichnungspflicht für Werbung nach § 7 Abs. 3 RStV 1997 stellt einen Eingriff dar, der gerechtfertigt ist.
e) Das Werbeverbot für Nachrichtensprecher und -moderatoren gemäß § 7 Abs. 6 RStV 1997 ist im Hinblick auf die Rundfunkfreiheit verhältnismäßig.
f) Die Vorschriften des § 8 Abs. 3 und 4 RStV 1997 zum Sponsoring beschränken den Teleshoppingveranstalter ungerechtfertigterweise in seinen Rechten.
g) Die Programmgrundsätze des § 41 Abs. 1 RStV 1997 finden mangels bundesweiter Verbreitung keine direkte Anwendung auf die beiden bestehenden Teleshoppingkanäle. Die in § 41 Abs. 1 Sätze 1, 2 und 4 RStV 1997 genannten Grundsätze haben aber als Verfassungsinhalte für Teleshoppingkanäle Bedeutung.
h) Das Gebot zur Überlassung von Sendezeit an Dritte nach § 42 RStV 1997 ist ebenfalls nur auf bundesweit verbreitete Programme anwendbar. Es ist wohl als unverhältnismäßig anzusehen, den Veranstalter eines reinen Teleshoppingsenders zur Ausstrahlung von religiösen Sendungen und Parteienwerbung zu verpflichten.
i) Die Anwendung der Werberestriktionen der §§ 44, 45 RStV 1997 auf den reinen Teleshoppingsender ist nicht verfassungskonform, da es an einem legitimen Zweck für die Beschränkungen fehlt.

2. Der Vierte Rundfunkänderungsstaatsvertrag

Der Vierte Rundfunkänderungsstaatsvertrag weist, wie oben gesehen[1047], erwarten, im wesentlichen gleich Bestimmungen zum Teleshopping auf wie die EG-Fernsehrichtlinie 1997, abgesehen davon, daß nur der Eigenwerbekanal, nicht aber der reine Teleshoppingsender Berücksichtigung findet.

[1047] Teil 3, 2. Kapitel, I.1.c).

a) Der Teleshopping-Spot, § 45 Abs. 1 und 2 des 4. RÄndStV

Für den Teleshopping-Spot, der in die Werbeblöcke anderer Sender eingefügt wird, gelten gemäß § 45 Abs. 1 und 2 des 4. RÄndStV die gleichen zeitlichen Restriktionen wie für herkömmliche Werbespots. Der Werbespot und der Teleshopping-Spot werden nun rechtlich gleichgestellt. Da sich die zeitlichen Grenzen gegenüber dem Rundfunkstaatsvertrag 1997 nicht geändert haben, kann auf die Ausführungen oben unter I.1.a) verwiesen werden. Demnach sind die Vorgaben für die Dauer der Werbung, nicht aber für das Sponsoring, als verfassungsgemäß anzuerkennen.

b) Das Teleshoppingfenster, § 45a des 4. RÄndStV

Das Teleshoppingfenster erhält mit der Regelung des § 45a des 4. RÄndStV eine eigene Bestimmung und ist nicht mehr wie zuvor in § 45 Abs. 3 RStV 1997 als unechtes Fenster mitgeregelt. Die Festlegung von Mindestsendezeiten und gesamtzulässigen Sendezeiten ist verfassungsgemäß, da sie in angemessener Weise dem Ziel des Pluralismus und des Verbraucherschutzes Rechnung trägt. Zur Begründung kann auf die entsprechenden Ausführungen im Rahmen der EG-Fernsehrichtlinie 1997 verwiesen werden[1048].

c) Der Eigenwerbekanal, § 45b des 4. RÄndStV

Nach § 45b des 4. RÄndStV ist der Eigenwerbekanal, der auch als reiner Teleshoppingkanal betrieben werden kann, ohne zeitliche Einschränkungen zulässig. Inhaltlich ist er den Beschränkungen des § 7 des 4. RÄndStV (Inhalte von Werbung und Teleshopping, Kennzeichnung), § 8 des 4. RÄndStV (Sponsoring), § 44 des 4. RÄndStV (Einfügung von Werbung und Teleshopping), § 45 Abs. 1 und 3 des 4. RÄndStV (Dauer der Werbung) sowie § 45a des 4. RÄndStV (Dauer der Teleshoppingfenster) unterworfen.

[1048] 1. Kapitel, I.

aa) Inhalte von Werbung und Teleshopping, Kennzeichnung, § 7 des 4. RÄndStV

Der Inhalt des § 7 des 4. RÄndStV ist weitgehend identisch[1049] mit dem des § 7 RStV 1997, so daß an dieser Stelle auf die entsprechende Prüfung oben[1050] verwiesen werden kann, derzufolge die Einzelbestimmungen verfassungsgemäß sind.

bb) Sponsoring, § 8 des 4. RÄndStV

Im wesentlichen hat § 8 des 4. RÄndStV die Sponsoringbestimmungen aus § 8 RStV 1997 übernommen. Allein die Regelung, die sich mit der Untersagung von Sponsoring durch Unternehmen befaßt, deren Produkte nicht beworben werden dürfen (§ 8 RStV 1997), wurde neu gefaßt und konkretisiert, so daß nicht mehr auf andere Bestimmungen verwiesen wird: Es besteht nun ein absolutes Sponsoringverbot für Hersteller von Zigaretten und Tabakerzeugnissen (§ 8 Abs. 4 des 4. RÄndStV) und für verschreibungspflichtige Arzneimittel und medizinische Behandlungen, nicht aber für Namen und Image des Unternehmens (§ 8 Abs. 5 des 4. RÄndStV). Diese Konkretisierung schafft keine stärkeren Beschränkungen der - auch zuvor schon - betroffenen Unternehmen und auch nicht der Rundfunkveranstalter, sondern sorgt für Klarstellung. Ziel der Regelungen ist der Verbraucher- und Gesundheitsschutz. Insbesondere das hohe Gut des Gesundheitsschutzes läßt einen Eingriff in die Rundfunkfreiheit durch das Verbot von Tabak- und Arzneimittelsponsoring als angemessen erscheinen, da das Rauchen nachgewiesenerweise krankheitsfördernd ist und auch die Selbstmedikation zu verhindern ist, um für einen sinnvollen Gesundheitsschutz zu sorgen[1051].

Da Tabakkonsum zu schweren gesundheitlichen Schädigungen führen kann, sollen Werbemaßnahmen verhindert werden, die auf Tabakwaren zusätzlich aufmerksam machen und ihren Konsum zu fördern beabsichtigen. Gerade bei gut eingeführten Marken, wie es im Bereich der Zigarettenindustrie üblich ist, genügen für den werbenden Effekt Hinweise auf den Hersteller; das Produkt selber muß nicht einmal genannt werden. Da folglich der Werbeeffekt beim Sponsoring durch einen Zigarettenhersteller der gleiche ist wie bei anderer

---

[1049] Einziger Unterschied kann die Aufnahme einer Regelung über virtuelle Werbung werden.

[1050] I.1.b)bb).

[1051] *Kloepfer*, Produkthinweispflichten, S. 36.

Fernsehwerbung, soll das Sponsoring durch Unternehmen der Tabakindustrie ebenso verboten sein wie die Werbung für ihre Erzeugnisse[1052]. Zusätzlich soll auch verhindert werden, daß das Sponsoring für die Unternehmen zu einem Imagegewinn führt. Für Unternehmen der Pharmaindustrie bestehen das Sponsoringbeschränkungen nur soweit es sich um verschreibungspflichtige Produkte oder Behandlungen handelt, da sich die Therapie einer Krankheit nach medizinischen Notwendigkeiten und nicht nach Werbeerfolgen richten soll. Um eine Förderung von Tabakkonsum und Medikamentenmißbrauch zu verhindern, darf keine zusätzliche Aufmerksamkeit durch Werbung oder Sponsoring auf diese Produkte gelenkt werden. Eine Beschränkung des Sponsoring ist damit erforderlich, wie sie im übrigen auch angemessen ist, da dem Rundfunk-veranstalter andere Sponsoren zur Verfügung stehen.

Darüber hinaus gilt allerdings auch hier, daß die Bestimmungen des § 8 Abs. 3 und 4 des 4. RÄndStV den Anbieter von Teleshopping in nicht gerechtfertigter Weise beschränken.

cc) Einfügung und Dauer der Werbung, § 44 und § 45 des 4. RÄndStV

§ 45b des 4. RÄndStV bescheinigt, daß die Vorschriften über die Einfügung und die Dauer der Werbung auf den Eigenwerbekanal entsprechend anzuwenden sind. Im Rahmen des Rundfunkstaatsvertrages 1997 konnte eine Beschränkung der Werbung innerhalb eines reinen Teleshoppingkanals nicht als verfassungskonform anerkannt werden, weil es an einem legitimen Zweck für die Beschränkung fehlt[1053]. Diese Beurteilung muß nicht zwangsläufig auf den Eigenwerbekanal zutreffen, da der Gesetzgeber für die Wahl dieser Einschränkung Gründe haben kann. Schon im Rahmen der EG-Fernsehrichtlinie 1997 ließ sich die Werbeschränkung nur damit begründen, daß es sich um eine Erprobung dieser speziellen Angebotsform in Abgrenzung zum Teleshoppingsender handelt[1054]. An der Abgrenzungsmöglichkeit fehlt es im Rundfunkänderungsstaatsvertrag mangels der Umsetzung der Vorschrift über den reinen Teleshoppingkanal. Da der Erprobungscharakter für die Norm im innerstaatlichen Recht bestehen bleibt, können unter diesem Gesichtspunkt die Werberestriktionen für den Veranstalter eines Eigenwerbekanals als zumutbar angese-

---

1052 Das Werbeverbot für Tabak ergibt sich aus § 7 Abs. 1 des 4. RÄndStV i.V.m. § 22 LMBG.

1053 Siehe 1.b)ff).

1054 1. Kapitel, II.1.

hen werden, zumal sie ihn nicht mehr belasten als auch andere Rundfunkveranstalter, für die diese Regelungen ebenfalls gelten und zulässig sind[1055].

dd) Dauer der Teleshoppingfenster, § 45a des 4. RÄndStV

Die gleichen Überlegungen, die zu dem Ergebnis führen, daß eine Beschränkung von Spotwerbung im Rahmen eines Werbekanals noch verfassungskonform ist, lassen auch eine Begrenzung von Teleshoppingfenstern im Rahmen des Eigenwerbekanals als verfassungsrechtlich geboten erscheinen.

d) Zusammenfassung

Das Ergebnis zum Vierten Rundfunkänderungsstaatsvertrag läßt sich folgendermaßen zusammenfassen:

1. Die zeitlichen Vorgaben des § 45 des 4. RÄndStV für die Beschränkung von Teleshopping-Spots sind verfassungsmäßig.
2. Im Hinblick auf das Teleshoppingfenster ist die Regelung des § 45a des 4. RÄndStV, die eine Mindestdauer von 15 Minuten und eine maximale Sendezeit von drei Stunden täglich vorschreibt, verfassungsrechtlich unbedenklich.
3. Für den Teleshoppingkanal kann hinsichtlich des Inhalts und der Kennzeichnung von Werbung und Teleshopping in § 7 des 4. RÄndStV auf die Ausführungen zum Rundfunkstaatsvertrag 1997 verwiesen werden.
4. Die nun konkret formulierten Sponsoringverbote bzw. -einschränkungen von Tabak- und pharmazeutischen Unternehmen sind verfassungsrechtlich zulässig. § 8 Abs. 3 und 4 des 4. RÄndStV bleiben unzulässig.
5. Aufgrund seines Erprobungscharakters sind die Beschränkungen der Werbung nach §§ 44, 45 und 45a des 4. RÄndStV für den Eigenwerbekanal zulässig.

II. Der Mediendienste-Staatsvertrag

Auch wenn mit dem Mediendienste-Staatsvertrag die Mediendienste gemäß § 4 MDStV für zugangsfrei erklärt wurden, so besitzt dieser Staatsvertrag dennoch inhaltliche Regelungen, deren Rechtfertigung als Beschränkung der Rundfunkfreiheit es zu prüfen gilt. Diese Prüfung am Maßstab des Art. 5 Abs. 2 GG konzentriert sich auf die Bestimmungen aus dem II. Abschnitt des Mediendienste-

---

[1055] Vgl. 1.a).

Staatsvertrages, der dem Titel „Besondere Pflichten und Rechte der Anbieter" trägt. Im einzelnen geht es um die Regelungen zu Inhalten und Sorgfaltspflichten (§ 7), zu unzulässigen Mediendiensten und Jugendschutz (§ 8), zu Werbung und Sponsoring (§ 9) sowie zur Gegendarstellung (§ 10).

1. Inhalte und Sorgfaltspflichten, § 7 MDStV

Für Angebote im Rahmen des Mediendienste-Staatsvertrages gilt gemäß § 7 MDStV:

> (1) Für die Angebote gilt die verfassungsmäßige Ordnung. Die Vorschriften der allgemeinen Gesetze und die gesetzlichen Bestimmungen zum Schutz der persönlichen Ehre sind einzuhalten.
> (2) Verteildienste nach § 2 Abs. 2 Nrn. 1 bis 3 und Angebote nach § 6 Abs. 2 haben, soweit sie der Berichterstattung dienen und Informationsangebote enthalten, den anerkannten journalistischen Grundsätzen zu entsprechen. Nachrichten über das aktuelle Tagesgeschehen sind vom Anbieter vor ihrer Verbreitung mit der nach den Umständen gebotenen Sorgfalt auf Inhalt, Herkunft und Wahrheit zu prüfen. Kommentare sind von der Berichterstattung deutlich zu trennen und unter Nennung des Verfassers als solche zu kennzeichnen.

Absatz 1 dieser Vorschrift ist bereits aus dem Rundfunkstaatsvertrag bekannt, bei dessen Aufzählung der Programmgrundsätze in § 41 Abs. 1 RStV 1997 ebenfalls auf die verfassunsmäßige Ordnung sowie die allgemeinen Gesetze und Ehrenschutzbestimmungen hingewiesen wird. So wie der Begriff der verfassungsmäßigen Ordnung dem Art. 2 Abs. 1 GG entnommen ist, orientiert sich die Formulierung bezüglich der allgemeinen Gesetze und der gesetzlichen Bestimmungen zum Schutz der persönlichen Ehre an Art. 5 Abs. 2 GG[1056]. Mit Art. 7 Abs. 1 MDStV wird also keine Beschränkung der Rundfunkfreiheit aufgestellt, die sich nicht bereits aus der Verfassung ergeben würde und die daher verfassungskonform ist.

§ 7 Abs. 2 MDStV verlangt für Mediendienste, die der Berichterstattung dienen und Informationsangebote enthalten, die Einhaltung der anerkannten journalistischen Grundsätze. Da Teleshoppingangebote immer Produktbeschreibungen und damit Tatsachenmitteilungen enthalten, fallen sie regelmäßig unter die journalistischen Sorgfaltspflichten. Die Sorgfaltspflichten, wie § 7 Abs. 2 Sätze 2 und 3 MDStV sie ausführt, sind nur beispielhaft und nicht etwa abschließend zu verstehen[1057]. Mit der journalistischen Sorgfaltspflicht, wie sie aus

---

1056 Amtl. Begründung zum Mediendienste-Staatsvertrag, B., zu § 7 Abs. 1.

1057 Amtl. Begründung zum Mediendienste-Staatsvertrag, zu § 7, Abs. 2.

Landesmediengesetzen[1058] und Pressegesetzen[1059] bekannt ist, soll ein Ausgleich zwischen der Äußerungsfreiheit einerseits und den entgegenstehenden Interessen der Betroffenen hergestellt werden. Ein Massenmedium ist wegen seiner Aufgabe bei der öffentlichen Meinungsbildung verpflichtet, Nachrichten und Behauptungen auf ihren Wahrheitsgehalt zu überprüfen[1060]. Die Intensität der journalistischen Sorgfalt hat sich dabei an der Bedeutung der Nachricht für den Betroffenen zu orientieren[1061], da die Erfüllung der Wahrheitspflicht wegen des Ehrenschutzes des Betroffenen besteht[1062]. Die journalistischen Sorgfaltspflichten zählen zu den allgemein anerkannten Rechtssätzen und sind in ihrer abstrakten Formulierung anerkanntermaßen mit den Freiheiten des Art. 5 Abs. 1 GG[1063] und insofern auch mit der Rundfunkfreiheit des Teleshoppingveranstalters vereinbar.

2. Unzulässige Mediendienste und Jugendschutz, § 8 MDStV

Art. 8 Abs. 1 MDStV, der alle unzulässigen Angebote auflistet, ist identisch mit der Regelung des § 3 Abs. 1 RStV 1997[1064], da der Mediendienste-Staatsvertrag diese Bestimmung „spiegelbildlich“[1065] wiedergibt. Hinsichtlich der Prüfung der Verfassungsmäßigkeit kann auf die Ausführungen zum Rundfunkstaatsvertrag verwiesen werden[1066].

Eine Anpassung an die Eigenart der Mediendienste haben die Vorschriften zum Jugendschutz in § 8 Abs. 2 und 4 MDStV gefunden. Vom Grundsatz gilt weiterhin, daß Teleshoppingangebote nicht verbreitet werden, die geeignet sind, das körperliche, geistige oder seelische Wohl von Kindern oder Jugendlichen zu beeinträchtigen, es sei denn, der Anbieter trifft aufgrund der Sendezeit oder auf andere Weise Vorsorge, daß Kinder oder Jugendliche die Sendungen übli-

---

1058 Z.B. § 56 LMG BW; Art. 5 Abs. 2 BayMG; § 12 Abs. 4 LRG NW; § 14 Abs. 3 LRG RP.

1059 § 3 Abs. 2 BayPG; § 6 LPG NW; § 6 BbgPG; § 5 SächsPresseG.

1060 Für die Presse: BVerfGE 12, 113/130.

1061 *Herrmann*, Rundfunkrecht, Rz. 85 zu § 22.

1062 BVerfGE 12, 113/130.

1063 *Steffen* in: Löffler, Presserecht, Rz. 25ff. zu § 6 LPG.

1064 Übereinstimmung in großen Teilen besteht auch mit § 3 des 4. RÄndStV.

1065 So die Amtl. Begründung zum Mediendienste-Staatsvertrag, zu § 8.

1066 Siehe I.1.b)aa).

cherweise nicht wahrnehmen, § 8 Abs. 2 MDStV[1067]. Im Unterschied zum Rundfunkstaatsvertrag ist das absolute Verbreitungsverbot für Angebote, die zu einer schweren sittlichen Gefährdung von Kindern und Jugendlichen führen können, entfallen. Die Neuerung im Bereich des Jugendschutzes ergibt sich aus § 8 Abs. 4 MDStV, der die Bestellung eines Jugendschutzbeauftragten für Anbieter gewerbsmäßiger Mediendienste vorsieht, wenn diese jugendschutzgefährdende Inhalte enthalten können. Für den Rundfunk im Sinne des Rundfunkstaatsvertrages ist die Regelung der Bestellung von Jugendschutzbeauftragten den einzelnen Landesmediengesetzen vorbehalten[1068]. Daß Jugendschutzbestimmungen sich als Schranken der Rundfunkfreiheit eignen, ergibt sich aus ihrer ausdrückliche Nennung in Art. 5 Abs. 2 GG. § 8 Abs. 2 MDStV ist genauso wie sein Vorbild § 3 Abs. 2 RStV 1997 als verfassungsmäßig anzusehen, weil beide Regelungen in bezug auf Inhalt und Ausformung übereinstimmen[1069], abgesehen davon, daß der Mediendienste-Staatsvertrag ehedem auf das absolute Verbreitungsverbot verzichtet und somit eine geringere Eingriffstiefe aufweist. Die Schaffung eines Jugendschutzbeauftragten als Einrichtung der freiwilligen Selbstkontrolle soll die Eigenverantwortung der gewerbsmäßigen Diensteanbieter stärken[1070]. Da die Vielfalt der denkbaren Mediendienste vermehrt die Gefahr von jugendgefährdenden Angeboten birgt, ist eine Kontrolleinrichtung unerläßlich. Diese kann nicht milder ausfallen, als wenn sie von den entsprechenden Anbietern selber durchgeführt wird. Trotzdem muß dagegen gesetzt werden, daß durch die Verpflichtung zur Schaffung eines Jugendschutzbeauftragten nicht nur in die Rundfunkfreiheit des Anbieters, sondern auch in die Berufsfreiheit eingegriffen wird. Die Verpflichtung des § 8 Abs. 4 MDStV ist dann aus begründeten Gemeinwohlinteressen[1071] gerechtfertigt, wenn eine Kontrolle durch eine staatliche Instanz nicht möglich ist, aus Jugendschutzgründen aber geboten wäre. Bei der heute schon bestehenden Vielzahl von bundesweiten und vor allem regionalen und lokalen Programmen kann eine wirksame Kontrolle staatlicherseits nicht mehr garantiert werden[1072]. Der Eingriff in die Freiheitsrechte des Mediendiensteanbieters relativiert sich zusätzlich dadurch, daß nicht jeder Anbieter einen eige-

1067 § 8 Abs. 3 MDStV enthält eine entsprechende Regelung für Abrufdienste im Sinne des § 2 Abs. 2 Nr. 4 MDStV.

1068 Z.B. § 55a LMG BW;§ 15a LRG NW; § 15a LRG RP; § 14 Abs. 6 SächsPRG.

1069 Vgl. oben I.1.b)aa).

1070 Amtl. Begründung zum Mediendienste-Staatsvertrag, zu § 8 Abs. 4.

1071 Als besondere Anforderung an den Eingriff in die Berufsfreiheit: *Wieland* in: Dreier, GG, Rz. 114 zu Art. 12; *Gubelt* in: von Münch, GG, Rz. 41 zu Art. 12; *Ipsen*, JuS 1990, 634/636.

1072 Vgl. die Ausführungen des Bundesverfassungsgerichts zum Rundfunk (ohne Mediendienste) in Bayern, in: DVBl. 1998, 469/470.

nen Jugendschutzbeauftragten stellen muß, sondern daß mehrere Anbieter einen gemeinsamen Jugendschutzbeauftragten bestellen können.

3. Werbung und Sponsoring, § 9 MDStV

Die Werberegelungen des § 9 MDStV sehen vor, daß gemäß Absatz 1 Werbung nicht den Interessen von Kindern oder Jugendlichen schaden oder ihre Unerfahrenheit ausnutzen darf, wenn sie sich auch an Kinder oder Jugendliche richtet. Als solche muß Werbung klar erkennbar sein, vom übrigen Inhalt der Angebote eindeutig getrennt sein und es dürfen keine unterschwelligen Techniken eingesetzt werden, § 9 Abs. 2 MDStV. Wie schon § 7 Abs. 1 RStV 1997 enthält der Mediendienste-Staatsvertrag eine Regelung zum Jugendschutz, die ebenso wie erstere verfassungsmäßig ist[1073]. Das Gebot der Trennung von Werbung und Programm wurde für den Mediendienste-Staatsvertrag weniger spezifiziert als für den Rundfunkstaatsvertrag, sondern besagt lediglich, daß Werbung vom übrigen Inhalt eindeutig getrennt sein muß. Besteht ein Mediendienst wie das Teleshopping nun alleine aus Werbung, kann dies nur bedeuten, daß das Kennzeichnungsgebot für den reinen Teleshoppingsender nicht gilt. Insbesondere muß nicht zwischen Eigen- und Fremdwerbung unterschieden werden. Unter diesen Umständen stellt das Trennungs- und Kennzeichnungsgebot keinen Eingriff in die Rechte des Mediendiensteanbieters dar.

Obwohl die Regelung mit „Werbung und Sponsoring" überschrieben ist, enthält sie außer für den Fernsehtext keine Bestimmungen über das Sponsoring in anderen Mediendiensten. Dies bedeutet, daß auf die - verfassungsrechtlich nicht konformen - Einschränkungen für das Sponsoring im Bereich des Teleshopping aus dem Rundfunkstaatsvertrag verzichtet wurde.

4. Gegendarstellung, § 10 MDStV

§ 10 MDStV enthält ein klassisches Gegendarstellungsrecht für Massenmedien, wie es auch für die Presse in den Landespressegesetzen[1074] und für den Rundfunk in der EG-Fernsehrichtlinie 1997 und den Landesmediengesetzen[1075] verankert ist[1076]. Entsprechend auf Mediendienste zugeschnitten sieht das Gegen-

---

1073 Siehe I.1.b)bb).

1074 Zusammenstellung der Landesregelungen zum Gegendarstellung bei *Sedelmeier* in: Löffler, Presserecht, § 11 LPG.

1075 Vgl. 1. Kapitel, II.3. mit einer Aufzählung der einschlägigen Vorschriften aller Länder.

1076 Amtl. Begründung zum Mediendienste-Staatsvertrag, zu § 10.

darstellungsrecht des § 10 Abs. 1 Satz 1 MDStV vor, daß Anbieter verpflichtet sind, unverzüglich eine Gegendarstellung der Person oder Stelle, die durch eine in seinem Angebot aufgestellte Tatsachenbehauptung betroffen ist, ohne Kosten für den Betroffenen in sein Angebot ohne Abrufentgelt aufzunehmen. Gemäß § 10 Abs. 2 MDStV bestehen genau umrissene Ausnahmen von der Verpflichtung zur Gegendarstellung, wenn beispielsweise der Betroffene kein berechtigtes Interesse an der Gegendarstellung hat oder der Umfang der Gegendarstellung unangemessen über den der beanstandeten Tatsachenbehauptung hinausgeht. Allerdings besteht die Verpflichtung zur Gegendarstellung gemäß § 10 Abs. 1 MDStV nur für Anbieter von journalistisch-redaktionell gestalteten Angeboten im Sinne des § 6 Abs. 2 MDStV gilt. Der Legaldefinition des § 6 MDStV zufolge sind journalistisch-redaktionell gestaltete Angebote solche, „in denen vollständig oder teilweise Inhalte periodischer Druckerzeugnisse in Text oder Bild wiedergegeben oder in periodischer Folge Texte verbreitet werden".

In Anwendung der Legaldefinition des journalistisch-redaktionellen Angebots ist festzustellen, daß der Mediendienst Teleshopping weder periodische Druckerzeugnisse wiedergibt, noch regelmäßig Texte verbreitet, also nicht im vorgegebenen Sinn journalistisch-redaktionell tätig wird. Infolgedessen haben die speziellen Gegendarstellungsregelungen des Mediendienste-Staatsvertrages für das Teleshopping keine Bedeutung. Dennoch werden auch bei einem Teleshoppingangebot, das hauptsächlich mit Produktpräsentationen arbeitet, Tatsachen geäußert, die der davon Betroffene bei Unrichtigkeit korrigieren können muß. Nun hat das Bundesverfassungsgericht bereits frühzeitig anerkannt, daß das Gegendarstellungsrecht „ein den Gegebenheiten der modernen Massenkommuni-kationsmittel angepaßtes, für das Sondergebiet des Medienrechts näher ausgestal-tetes Mittel zum Schutz des Einzelnen gegen Einwirkungen der Medien auf seine Indvidiualsphäre"[1077] ist. Weiter heißt es, daß demjenigen, „dessen Angelegenheiten in den Medien öffentlich erörtert werden, (...) ein Anspruch darauf eingeräumt (wird), an gleicher Stelle, mit derselben Publizität und vor demselben Forum mit einer eigenen Darstellung zu Wort zu kommen". „Dieser Anspruch ist zwar selbst nicht unmittelbar verfassungsrechtlich gewährleistet. Jedoch dient er dem Schutz der Selbstbestimmung des Einzelnen über die Darstellung der eigenen Person, die von der verfassungsrechtlichen Gewährleistung des allgemeinen Persönlichkeitsrechts in Art. 2 Abs. 1 i.V.m. Art. 1 Abs. 1 GG umfaßt wird"[1078]. Entscheidend ist, daß das Bundesverfassungsgericht aus diesen Vorüberlegungen hergeleitet hat, daß das Gegendarstellungsrecht, um seine Wirkungen entfalten zu können, einer sachlichen Er-

1077 BVerfGE 63, 131/142; ausführlich dazu *Hassert*, Das Recht der Rundfunkgegendarstellung, S. 10

1078 BVerfGE 63, 131/142.

fordernissen entsprechenden Ausgestaltung durch Verfahrensrecht bedarf[1079]. An einem solchen Verfahrensrecht fehlt es für den Mediendienst Teleshopping, da die speziellen Regelungen des § 10 MDStV mangels journalistisch-redaktioneller Tätigkeit im Sinne des § 6 Abs. 2 MDStV nicht anwendbar sind. Aufgrund der engen Legaldefinition in § 6 Abs. 2 MDStV läßt sich der Begriff des journalistisch-redaktionellen Angebots nicht so weit auslegen, daß auch das Teleshopping mit seinen produktorientierten, unschriftlichen Beiträgen davon erfaßt würde. Für das Teleshopping geeignete Gegendarstellungsregeln würden sich im Gegensatz dazu in den Landesmediengesetzen der Länder finden. Wollte man allerdings auf die Gegendarstellungsrechte zurückgreifen, stößt man auf Bedenken. Wäre das Verhältnis des Mediendienste-Staatsvertrages zu den Rundfunkgesetzen der Länder das des speziellen zum generellen Gesetz, wäre ein solcher Rückgriff möglich. Da die Länder die Mediendienste aber nicht ausdrücklich als Form des Rundfunks behandelt haben[1080], ist ausgeschlossen, daß für die Mediendienste im Zweifelsfall das Rundfunkrecht zur Anwendung gelangen soll. Dies bestätigt sich auch aus der Begründung zum Mediendienste-Staatsvertrag, daß durch die tatbestandliche Beschränkung ein wirksamer Schutz des Persönlichkeitsrechts erreicht werden sollte, ohne die in Art. 5 GG grundrechtlich verbürgte Kommunikationsfreiheit stärker als vom Schutzzweck der Vorschrift gefordert einzuschränken[1081]. Es bleibt also dabei, daß die Gegendarstellung für das Teleshopping nicht geregelt ist und es an einer verfahrensrechtlichen Gewährleistung des Gegendarstellungsrechts fehlt.

Nach der ständigen Rechtsprechung des Bundesverfassungsgerichts hat dies Auswirkungen auf die Verfassungsmäßigkeit des § 10 Abs. 1 MDStV. Eine verfassungskonforme Auslegung der Norm ist wegen des engen Wortlauts des § 6 Abs. 2 MDStV nicht möglich, denn die Auslegung darf nicht „mit dem Wortlaut und dem klar erkennbaren Willen des Gesetzgebers in Widerspruch treten“[1082]. „Der Respekt vor der gesetzgebenden Gewalt (Art. 20 Abs. 2) gebietet es, in den Grenzen der Verfassung das Maximum dessen aufrechtzuerhalten, was der Gesetzgeber gewollt hat.“[1083] Sowohl Wortlaut wie auch gesetzgeberischer Wille sind erkennbar auf ein gegenständlich beschränktes Gegendarstellungsrecht gerichtet, welches das Teleshopping als Mediendienst nicht

---

1079 BVerfGE 63, 131/143 mit Hinweis auf E 53, 30/65, in der auf die gefestigte Rechtsprechung des Bundesverfassungsgerichts hingewiesen wird, wonach Grundrechtsschutz weitgehend auch durch die Gestaltung von Verfahren zu bewirken ist, soweit dieses für einen effektiven Grundrechtsschutz von Bedeutung ist.

1080 Siehe Teil 3, 2. Kapitel, I.2.a)ff).

1081 Amtl. Begründung zum Mediendienste-Staatsvertrag, zu § 10.

1082 BVerfGE 18, 97/111; 67, 382/390; 71, 81/105; 86, 288/320.

1083 BVerfGE 86, 288/320.

berücksichtigt. Das Gegendarstellungsrecht des § 10 MDStV ist insoweit mit der Verfassung unvereinbar, weil es an einer verfahrensrechtlichen Ausgestaltung für das Teleshopping fehlt[1084].

5. Zusammenfassung

Die Regelungen des Mediendienste-Staatsvertrages beschränken sich in vielen Bereichen auf Mindeststandards[1085]. Die Ergebnisse im einzelnen lauten:

1. Hinsichtlich der untersuchten Bestimmungen zu den zulässigen und unzulässigen Inhalten sowie zur journalistischen Sorgfaltspflicht im Sinne des § 7 MDStV bestehen keine verfassungsrechtlichen Bedenken.
2. Die Vorschriften zum Jugendschutz nach § 8 MDStV, insbesondere die zur Einrichtung eines Jugendschutzbeauftragten sind verfassungskonform.
3. Ebenso entsprechen die Vorgaben zur Werbung gemäß § 9 MDStV der Verfassung. Im übrigen findet das Trennungs- und Kennzeichnungsgebot für Werbung keine Anwendung auf einen rein werbenden Mediendienst wie das Teleshopping. Das Sponsoring ist für Teleshopping inhaltlich vollständig freigegeben.
4. Das Gegendarstellungsrecht des § 10 MDStV weist eine Lücke auf, die den Anforderungen des Verfassungsrecht an die Ausgestaltung dieses Anspruchs nicht gerecht wird.

[1084] Zur Unvereinbarkeitserklärung, wenn der Verfassungsverstoß durch Ergänzung des Gesetzes behoben werden kann, siehe BVerfGE 81, 242/243; 87, 114/136; *Jarass* in: Jarass/Pieroth, GG, Rz. 24 zu Art. 20; *Battis* in: HbStR, Bd. VII, Rz. 33 zu § 165.

[1085] Vgl. Amtl. Begründung zum Mediendienste-Staatsvertrag, zu § 9.

Teil 5: Zusammenfassung und Ausblick

Mit der vorangegangenen Untersuchung wurden die verfassungsrechtlichen Hintergründe des Teleshopping dargelegt und anhand dieser Vorgaben die gegenwärtig bestehende Gesetzeslage analysiert. Die Kernaussagen sollen hier nochmals in Thesen entsprechend der Chronologie der Untersuchung zusammengefaßt werden:

Teil 1:

1. Das Teleshopping tritt in den Erscheinungsformen des Direct-response-TV, der Produktmoderation, des Infomercial und der Verkaufsshow auf. Als Sendeformen bestehen der Teleshopping-Spot, das Teleshoppingfenster und der reine Teleshoppingkanal.

Teil 2:

2. Das Teleshopping ist Werbung und fällt als solche in allen Erscheinungsformen in den Anwendungsbereich der Rundfunkfreiheit nach Art. 5 Abs. 2 Satz GG, da es als Werbeform Meinungen und Tatsachen enthält und auf die private und öffentliche Meinungsbildung einwirkt.
3. Die Rundfunkfreiheit des Art. 5 Abs. 1 Satz 2 GG unterscheidet sich dogmatisch nicht von anderen Grundrechtsgewährleistungen der Verfassung. Sie gewährt dem Teleshoppinganbieter ein umfassendes subjektives Recht auf Rundfunkveranstalterfreiheit.
4. Gesetzliche Regelungen im Bereich der Rundfunkfreiheit des Art. 5 Abs. 1 Satz 2 GG müssen sich an den Schranken des Art. 5 Abs. 2 GG messen lassen, da sich die Ausgestaltungsmöglichkeit allein auf Regelungen zu Verfahren und Organisation im engen Sinn beschränkt.
5. Der Verzicht auf den Ausgestaltungsvorbehalt erfordert flexiblere Regelungen des Rundfunks in Form einer abgestuften Regelungsdichte, da sich die zulässige Eingriffsintensität nach der Art des Rundfunks richten muß.
6. Bei der Schranke der „allgemeinen“ Gesetze im Sinne des Art. 5 Abs. 2 GG ist nach finalen und reflexhaften Eingriffen in die Rundfunkfreiheit zu unterscheiden. Bei finalen Eingriffen muß das zu schützende andere Rechtsgut der Rundfunkfreiheit mindestens gleichwertig sein, während es bei reflexhaften Eingriffen ausreicht, wenn überhaupt ein anderes Rechtsgut geschützt werden soll.
7. Die Rundfunkfreiheit des Art. 10 EMRK umfaßt das Teleshopping und wird umfassend individualrechtlich verstanden. Legitime Eingriffsziele in die Rundfunkfreiheit können sich sowohl aus Art. 10 Abs. 2 EMRK wie auch aus Art. 10 Abs. 1 Satz 3 EMRK ergeben, wobei die übrigen Anforde-

rungen des Absatzes 2 auch im Rahmen der rundfunkrechtlichen Genehmigungsklausel des Absatzes 1 Satz 3 zu berücksichtigen sind.

Teil 3:

8. Das Europäische Fernsehübereinkommen des Europarates, die EG-Fernsehrichtlinie 1989 wie auch der Rundfunkstaatsvertrag 1997 berücksichtigen ausdrücklich das Teleshopping als Werbeform zur Finanzierung von Voll- oder Spartensendern. Der Anwendungsbereich aller Regelwerke kann jedoch auch den reinen Teleshoppingkanal als originäres Rundfunkprogramm erfassen mit der Folge, daß die allgemeinen Vorschriften auf ihn anzuwenden sind. Voraussetzung ist, daß der Teleshoppingsender in seinem meinungsbildenden Wert dem herkömmlichen Fernsehprogramm vergleichbar ist, wovon bei Infomercials und Verkaufsshows auszugehen ist.
9. Mit der Änderungsrichtlinie zur EG-Fernsehrichtlinie vom 30. Juni 1997 sind Vorschriften für alle Sendeformen des Teleshopping eingeführt worden, so daß die Zulässigkeit von Teleshoppingfenstern, reinen Teleshoppingsendern und zusätzlich von Eigenwerbekanälen bestätigt ist. Der Vierte Rundfunkänderungsstaatsvertrag greift die Vorgaben nicht vollständig auf, da er nur bestimmte Regelungen des Staatsvertrages auf den Eigenwerbekanal für anwendbar erklärt und die Umsetzung der Norm über den Teleshoppingsender vernachlässigt.
10. Die Länder waren aufgrund ihrer Gesetzgebungskompetenz für den Rundfunk dazu berechtigt, den Mediendienste-Staatsvertrag zu erlassen, da auch Mediendienste verfassungsrechtlich betrachtet dem Rundfunk zugehören. Dem Bund steht die Gesetzgebungskompetenz für nicht rundfunkrelevante Teledienste nach Art. 74 Abs. 1 Nr. 11 GG zu, gleichgültig, ob diese individual- oder massenkommunikativ sind.
11. Der Mediendienste-Staatsvertrag bezieht sich auf Teleshoppingangebote, die wenig oder gar nicht meinungsrelevant sind. Die Beurteilung der meinungsbildenden Wirkung eines Angebots erfolgt anhand einer Gesamtschau aus Sicht des Rezipienten. Anwendbar ist der Mediendienste-Staatsvertrag auf solche Teleshoppingsender, deren Angebot sich auf Produktbeschreibungen oder -moderationen beschränkt, wobei das Einstreuen vereinzelter informierender oder unterhaltender Sendungen unschädlich ist.
12. Die einzelnen Landesmediengesetze sind für den reinen Teleshoppinganbieter von Bedeutung, wenn sein Angebot, gleichgültig ob als Rundfunk oder als Mediendienst, zunächst versuchsweise bei entsprechender Zuweisung von Übertragungskapazitäten zugelassen werden soll.
13. Das Teledienstegesetz des Bundes ist in seinem Anwendungsbereich für den Bildschirmeinkauf auf das Online-Shopping beschränkt.

Teil 4:

14. Die Untersuchung der EG-Fernsehrichtlinie 1997 am Maßstab des Art. 10 EMRK hat ergeben, daß Werbebeschränkungen für Teleshopping-Spots und Teleshoppingfenster im Rahmen von herkömmlichen Voll- und Spartenprogrammen und von Eigenwerbekanälen zulässig sind. Im Rahmen von reinen Teleshoppingsendern fehlt es jedoch an der Rechtfertigung derartiger Beschränkungen.
15. Bei der Untersuchung der Verfassungsmäßigkeit des Rundfunkstaatsvertrages 1997 konnte festgestellt werden, daß die Einstundenbegrenzung für das Teleshopping als Finanzierungsform unverhältnismäßig ist. Zu beanstanden ist zudem die Anwendbarkeit der Werberestriktionen auf den reinen Teleshoppingkanal.
16. Der Mediendienste-Staatsvertrag weist eine verfassungsrechtlich unzulässige Lücke im Hinblick auf das Gegendarstellungsrecht auf.

Eine Untersuchung von Rundfunk, Mediendiensten und Telediensten kann heutzutage nur eine Momentaufnahme sein, da die technischen Möglichkeiten im Rundfunk- und Online-Bereich und die damit einhergehenden inhaltlichen Gestaltungsspielräume sich gegenwärtig schneller ändern, als der Gesetzgeber zu regulieren oder gar zu führen vermag. Aus diesem Grunde ist zu erwarten, daß die bereits heute willkürlich anmutende rechtliche Dreiteilung fernmeldetechnisch übertragener Angebote in Rundfunk, Mediendienste und Teledienste nicht von Dauer sein kann. Bereits jetzt erweist sich eine exakte Abgrenzung der Angebote und ihre Zuordnung zu einem Gesetzeswerk als nur schwerlich durchführbar. Da gerade keine allgemeinen Merkmale aufgestellt werden konnten, führen die vage gehaltenen Abgrenzungen zwischen Rundfunk und Mediendiensten oder zwischen Mediendiensten und Telediensten zu unüberschaubarer und, wie zu befürchten ist, zu uneinheitlicher Kasuistik. Mit der ständig fortschreitenden Konvergenz der Medien, also der Verschmelzung von Fernsehen und Computer[1086], wird diese Abgrenzung künftig undurchführbar: das noch internettypische Standbild wird zunehmend bewegter und das Fernsehen wird bei Einsatz von Rückkanaltechniken zunehmend interaktiver. Beides veranschaulicht die fließenden Übergänge. Gerade bei Verbesserung der digitalen Rückkanaltechnik wird sich das, was heute noch als Rundfunk qualifiziert wird, nicht mehr unbedingt durch ein zusammenhängendes, redaktionell gestaltetes Programm auszeichnen. Auch wenn noch nicht abschließend erkennbar ist, welchen Verlauf die zukünftige technische Entwicklung nimmt, und vor allem, welchen Einfluß dies auf die Angebotsinhalte hat, so wird doch heute schon deutlich, daß von dem Begriff des Rundfunks, wie er gegenwärtig noch verstanden wird, Abschied zu nehmen ist.

Schon jetzt nimmt der Rundfunk nicht mehr die Funktion ein, die ihm in seinen Anfangszeiten im Sinne eines „Integrationsrundfunks" zugesprochen wurde. Zum einen hat sich das Konsumverhalten der Fernsehrezipienten deutlich verändert. Das Medium Fernsehen ist zur Hauptfreizeitbeschäftigung[1087] geworden und wird heute weitaus mehr zur Unterhaltung genutzt als zur bewußten politischen und gesellschaftlichen Information, die unter dem Gesichtspunkt der Demokratie das Entscheidende ist. Zum anderen existiert heutzutage aufgrund der Vielzahl von Programmen nicht mehr „die" Nachrichtensendung, die von der gesamten Bevölkerung wahrgenommen wird und die dementsprechend großen Einfluß auf die öffentliche Meinungsbildung und damit auf die Demokratie im Staat ausübt. Die Zeiten der Gefahren, wie sie vom „Volksempfänger"

1086 Der Spiegel vom 14.12.1998, S. 176.

1087 92,8% der Bevölkerung nutzten im Jahr 1997 das Fernsehen mehrmals in der Woche, wobei die durchschnittliche Sehdauer bei 168 Minuten pro Tag lag; MP Basisdaten 1997, S. 68 und 69.

ausgingen, sind schon aus Gründen der Vielzahl von Übertragungsmöglichkeiten und -kapazitäten vorüber.

Die geänderte Bedeutung des Rundfunks wie auch die sich verändernden technischen Bedingungen führen zu der Frage, ob Mediengesetzgebung, wie sie gegenwärtig üblich ist, aufrecht erhalten werden muß. Bei zunehmender Verspartung und Abrufmöglichkeit von Programmteilen nähert sich der Rundfunk immer mehr der Presse an. Die individuellen Rezipiermöglichkeiten werden sich bei Presse und Rundfunk nicht mehr grundsätzlich voneinander unterscheiden. Entsprechend könnte sich die Gesetzgebung im Bereich der elektronischen Medien weitgehend zurückziehen, wenn sie ähnlich dem Pressewesen die Grundlagen festgelegt hat und im übrigen auf Mechanismen der Selbstkontrolle baut. Soweit den elektronischen audiovisuellen Medien mehr Macht zur öffentlichen Meinungsbildung zugesprochen wird als den Printmedien, kann es nicht die zwangsläufige Konsequenz sein, den gesamten Markt zu regulieren. Ausgang des Regulierungsgedankens kann vielmehr nur sein, das Wenige zu Regulierende per definitionem positiv zu bestimmen. Für alle anderen Angebote würde die Aufrechterhaltung von Mindeststandards etwa in bezug auf den Jugendschutz ausreichen. In diesem Zusammenhang scheint es m.E. angebracht, die besondere Rolle und Verantwortung der öffentlich-rechtlichen Rundfunkanstalten herauszustellen. Wird diesen allein die Verpflichtung zur umfassenden und ausgewogenen Meinungsbildung aufgegeben, würde die Akzeptanz des öffentlich-rechtlichen Rundfunks und seiner - ausschließlichen - Gebührenfinanzierung in der Bevölkerung erhöht. Zudem eröffnete dies die Chance, endlich einmal den Funktionsauftrag des öffentlich-rechtlichen Rundfunks in einem dualen System in greifbarer Weise zu bestimmen[1088]. Ziel des gesetzgeberischen Tätigwerdens müßte es sein, die staatliche medieninhaltliche Kontrolle letztlich auf die Verteilung und Zuweisung von Übertragungskapazitäten für einen kleinen Bereich zwingend einzuspeisender Angebote und im übrigen auf reine Mißbrauchskontrolle zu beschränken. Mehr zu leisten werden staatliche Institutionen zukünftig ehedem nicht mehr in der Lage sein, weil die Kapazitäten der Landesmedienanstalten endlich sind. In diesem Zusammenhang ist zu bedenken, daß alle Übertragungen zukünftig nicht mehr nur über das Breitbandkabel, sondern auch über das Telefonkabel und zum Teil sogar über das Stromkabel möglich sein werden.

Das zuvor Dargelegte bedeutet übrigens nicht, daß jegliche Regulierung überflüssig würde. Abzubauen ist allein das Übermaß an medienspezifischer Regulierung, womit die inhaltsorientierten Regelungen gemeint sind. Wahrscheinlich stärkere Regulierung als zuvor bedarf der stark expandierende Medien-

---

[1088] FAZ vom 16. Februar 1999, Verlagsbeilage „Telekommunikation“, S. 1.

markt in wirtschaftlicher Hinsicht, um die Marktentwicklung für investierende Unternehmen kalkulierbar zu machen. Dazu müßten vor allem die heutigen Zuständigkeiten für die Regulierung, die den laufenden Konvergenz- und Vernetzungsprozessen immer weniger gerecht werden[1089], vereinheitlicht und Umsetzungsprozesse verkürzt werden.

Zuammengefaßt läßt sich feststellen, daß eine Regulierung des Rundfunks und der neuen Medien weniger auf Angebotsinhalte als vielmehr auf wirtschaftlich sinnvolle Markterschließung ausgerichtet sein müßte. Diese Marktregulierung, die monopolartige Strukturen verhindern können sollte, würde bereits zu einem breit gefächerten Angebotssortiment führen, das stark und wenig zur Meinungsbildung geeignete Angebote gleichermaßen berücksichtigt und sogar miteinander verbindet.

[1089] FAZ vom 16. Februar 1999, Verlagsbeilage „Telekommunikation“, S. 1.

Literaturverzeichnis

Alexy, Robert Theorie der Grundrechte, Baden-Baden 1985

Alternativkommentar zum Grundgesetz für die Bundesrepublik Deutschland
Rudolf Wassermann (Hrsg.), Band 1 (Art. 1 - 37) und Band 2 (Art. 38 - 146), 2. Aufl., Neuwied 1989
zitiert: (Bearbeiter) in: Alternativkommentar zum GG

Astheimer, Sabine Rundfunkfreiheit - ein europäisches Grundrecht, Eine Untersuchtung zu Art. 10 EMRK, Baden-Baden 1990
zitiert: Astheimer, Rundfunkfreiheit

dies./Moosmayer, Klaus
Europäische Rundfunkordnung - Chance oder Risiko?, in: ZUM 1994, 395

Badura, Peter Staatsrecht, 2. Aufl., München 1996

ders. Verfassungsrechtliche Bindungen der Rundfunkgesetzgebung, Frankfurt a.M. Berlin 1980
zitiert: Badura, Verfassungsrechtliche Bindungen

Bauer, Helmut G./Ory, Stefan
Recht in Hörfunk und Fernsehen, 4 Bände, Stand: August 1998

Baumbach, Adolf/Hefermehl, Wolfgang
Wettbewerbsrecht, 20. Aufl., München 1998
zitiert: Baumbach/Hefermehl

Behrens, Gerold Werbung: Entscheidung - Erklärung - Gestaltung, München 1996
zitiert: Behrens, Werbung

Benda, Ernst/Maihofer, Werner/Vogel, Hans-Jochen
Handbuch des Verfassungsrechts der Bundesrepublik Deutschland, 2. Aufl., Berlin New York 1994
zitiert: (Bearbeiter) in: HbVerfR

Bermanseder, Markus
Wann sind Mediendienste dem Rundfunk zuzuordnen? - Zum ordnungsrechtlichen Rahmen für die neuen Informations- und Kommunikationsdienste -, in: ZRP 1997, 330

Bernhardt, Rudolf Die Europäische Menschenrechtskonvention und die deutsche Rechtsordnung, in: EuGRZ 1996, 339

Bethge, Herbert Der Grundrechtsstatus privater Rundfunkveranstalter, in: NVwZ 1997, 1

ders. Aktuelle Probleme der Grundrechtsdogmatik, in: Der Staat, 24. Bd. (1985), 351 *ders.* Freiheit und Gebundenheit der Massenmedien, DVBl. 1983, 369

ders. Grundrechtsverwirklichung und Grundrechtssicherung durch Organisation und Verfahren, in: NJW 1982, 1

Bettermann, Karl August
Die allgemeinen Gesetze als Schranken der Pressefreiheit, in: JZ 1964, 601

Betzler, Christina Finalität des Rundfunkbegriffs, in: Armin Dittmann, Frank Fechner, Gerald G. Sander (Hrsg.), Der Rundfunkbegriff im Wandel der Medien, Berlin 1997, S. 155

Bleckmann, Albert Europarecht - Das Recht der Europäischen Union und der Europäischen Gemeinschaften, 6. Aufl., Köln Berlin Bonn München 1997

ders. Verfassungsrang der Europäischen Menschenrechts-konvention?, in: EuGRZ 1994, 149

ders. Staatsrecht II - Allgemeine Grundrechtslehren, 2. Aufl., Köln Berlin Bonn München 1985

ders. Die Freiheiten des Gemeinsamen Marktes als Grundrechte, in: Das Europa der zweiten Generation, Gedächtnisschrift für Christoph Sasse, Bd. II, Kehl am Rhein Straßburg 1981, S. 665
zitiert: Bleckmann, Freiheiten des Gemeinsamen Marktes

Böckenförde, Ernst-Wolfgang/Wieland, Joachim
Die „Rundfunkfreiheit" - ein Grundrecht?, in: AfP 1982, 77

Bonner Kommentar zum Grundgesetz
Rudolf Dolzer (Hrsg.), Band 1 (Einleitung - Art. 5), Band 6 (Art. 50 - 74), Stand: Dezember 1997
zitiert: (Bearbeiter) in: Bonner Kommentar

Borchardt, Klaus-Dieter
Die rechtlichen Grundlagen der Europäischen Union, Heidelberg 1996
zitiert: Borchardt, Europäische Union

Bosman, Wieland Rundfunkrechtliche Aspekte der Trennung von Werbung und Programm, in: ZUM 1990, 545

Bremer, Eckhard Medienplanwirtschaft - Organisationsrechtliches Denken bei der Interpretation der Rundfunkfreiheit durch Bundesverfassungs-gericht und Staatsrechtslehre -, in: ORDO, Bd. 46 (1995)

ders. Freiheit durch Organisation? - >Ausgestaltung< der Rundfunk-freiheit als Problem von Grundrechtsinterpretation, Grundrechts-theorie und Ordnungstheorie, in: Ernst-

Joachim Mestmäcker (Hrsg.), Kommunikation ohne Monopole II, Baden-Baden 1995, S. 311

ders. Die wettbewerbliche Ordnung des Rundfunks, in: Rundfunkrecht in Rußland - Auf dem Weg zu einer neuen Medienordnung -, Baden-Baden Hamburg St. Petersburg 1994, S. 105

Bröhl, Georg M. Rechtliche Rahmenbedingungen für neue Informations- und Kommunikationsdienste, in: CR 1997, 73

Bröhmer, Jürgen Die innerstaatliche und europarechtliche Bedeutung von Art. 10 EMRK für die Medienordnung, in: Europäisches Medienrecht - Fernsehen und seine gemeinschaftsrechtliche Regelung, Schriftenreiche EMR, Bd. 18, München Berlin 1998
zitiert: Bröhmer, Bedeutung von Art. 10 EMRK

Brugger, Winfried Freiheit der Meinung und Organisation der Meinungsfreiheit/ Eine liberale Konzeption der geistigen Freiheiten des Art. 5 Abs. 1 und Abs. 2 GG, 2. Teil, in: EuGRZ 1987, 225

Bullinger, Martin Ordnung oder Freiheit für Multimediadienste, in: JZ 1996, 385

ders. Freedom of Expression and Information: An Essential Element of Democracy, in: GYIL, Volume 28 (1985), 88

ders. Neue Medien: Neue Aufgaben des Rechts?, in: AfP 1982, 69

ders. Ungeschriebene Kompetenzen im Bundesstaat, in: AöR 96 (1971), 237

ders./Mestmäcker, Ernst-Joachim
Multimediadienste - Struktur und staatliche Aufgaben nach deutschem und europäischem Recht -, Baden-Baden 1997
zitiert: Bullinger/Mestmäcker, Multimediadienste

Burmeister, Joachim
Der Rundfunk unter der Herrschaft der technischen Entwick-lung, in: EMR-Dialog, Duale Rundfunkordnung für Europa - Ausweg aus der (Kompetenz-)Krise?, Schriftenreihe EMR, Bd. 2, München Berlin 1992

Bux, Udo EG-Kompetenzen für den Rundfunk, Frankfurt am Main Berlin Bern New York Paris Wien 1992

Degenhart, Christoph
Staatsrecht I - Staatszielbestimmungen Staatsorgane Staatsfunktionen, 13. Auflage, Heidelberg 1997
zitiert: Degenhart, Staatsrecht I

ders. Rechtliche Aspekte des Teleshopping, in: ZUM 1995, 353 *ders.* Meinungs- und Medienfreiheit in Wirtschaft und Wettbewerb, in: Herbert Leßmann, Bernhard Großfeld, Lothar Vollmer (Hrsg.), Festschrift für Rudolf Lukes, Köln Berlin Bonn München 1989, S. 289

ders. Verfassungsfragen neuer elektronischer Medien - Folgewirkungen auf Medienstruktur und Medienpolitik -, in: BayVBl. 1986, 577

ders. Anmerkung zur FRAG-Entscheidung des BVerfG, in: DÖV 1981, 960

Diga, Andreas Teleshopping vor dem Start in Deutschland, hrsg. von H.O.T. Home Order Television GmbH & Co. KG, Stand: 27.4.1995

Doemming, Klaus-Berto von/Füsslein, Rudolf Werner/Matz, Werner Entstehungsgeschichte der Artikel des Grundgesetzes, in: JöR der Gegenwart N.F., Bd. 1 (1951), 1

Dörr, Dieter Auf dem Weg zur europäischen Informationsgesellschaft?, in: ders., Meinrad Dreher (Hrsg.), Europa als Rechtsgemeinschaft, Baden-Baden 1997, S. 73

ders. „Multimedia" und der Rundfunkbegriff, in: Armin Dittmann, Frank Fechner, Gerald G. Sander (Hrsg.), Der Rundfunkbegriff im Wandel der Medien, Berlin 1997, S. 121
zitiert: Dörr, „Multimedia" und der Rundfunkbegriff

ders. Multimedia und die Rundfunkfreiheit des Art. 10 EMRK, in: Burkhartdt Ziemske, Theo Langheid u.a. (Hrsg.), Staatsphilosophie und Rechtspolitik, Festschrift für Martin Kriele, München 1997, S. 1417
zitiert: Dörr, Multimedia

ders. Die Entwicklung des Medienrechts, in: NJW 1997, 1341

ders. Europäische Medienordnung und -politik, in: Internationales Handbuch für Hörfunk und Fernsehen 1996/97, 23. Aufl., Baden-Baden 1996, A 35

ders. Die Entwicklung des Medienrechts, in: NJW 1995, 2263

ders. Die Maastricht-Entscheidung des Bundesverfassungsgerichts und ihre Auswirkungen auf die Medienpolitik, in: ZUM 1995, 14

ders. Medienrecht in den Staaten der EU, in: Peter Schiwy, Walter J. Schütz (Hrsg.), Medienrecht - Lexikon für Wissenschaft und Praxis -, 3. Aufl., Neuwied Kriftel Berlin 1994, S. 234

ders. Rechtsprechungsübersicht Groppera Radio AG und Autronic-AG, in: JuS 1991, 1051

ders. Die deutsche Handelsflotte und das Grundgesetz, München 1988
zitiert: Dörr, Handelsflotte

ders. Faires Verfahren - Gewährleistung im Grundgesetz der Bundesrepublik Deutschland, Kehl am Rhein Straßburg 1984

ders./Beucher, Klaus/Eisenbeis, Jochen/Jost, Eberhard Die Einflüsse europarechtlicher Entwicklungen auf das Bund-Länder-Verhältnis im Rundfunkwesen, Schriftenreihe EMR, Bd. 4, München Berlin 1992
zitiert: Dörr/Beucher/Eisenbeis/Jost, Einflüsse europarechtlicher Entwicklungen

ders./Braml, Claudia Das Recht der Funkamateure auf Antenne, in: AfP 1997, 507

Dreier, Horst Grundgesetz, Kommentar, Band 1, Tübingen 1996; Band 2, Tübigen 1998
zitiert: (Bearbeiter) in: Dreier, GG

Drettmann, Fritz Wirtschaftswerbung und Meinungsfreiheit, Frankfurt am Main Bern New York 1984

Drodofsky, Helmut/Griem, Eva Welche am Markt erfolgreichen Produkte und Dienstleistungen sind erkennbar?, in: Herbert Kubicek, Dieter Klumpp, Günter Müller u.a. (Hrsg.), Jahrbuch Telekommunikation und Gesellschaft 1997, Heidelberg 1997, S. 80

Eberle, Carl-Eugen Schriftliche Stellungnahme des Zweiten Deutschen Fernsehens zur Anhörung der Arbeitsgruppe >Rundfunkbegriff< der Rundfunkreferenten der Länder am 15. Juni 1994, in: ZUM 1994, 530

ders. Digitale Rundfunkfreiheit - Rundfunk zwischen Couch-Viewing und Online-Nutzung, in: CR 1996, 193

Ebsen, Ingwer Öffentlich-rechtliche Rahmenbedingungen einer Informationsordnung, in: DVBl. 1997, 1039

Engel, Christoph Rundfunk in Freiheit, in: AfP 1994, 185

ders. Einwirkungen des europäischen Menschenrechtsschutzes auf Meinungsäußerungsfreiheit und Pressefreiheit - insbesondere auf die Einführung von innerer Pressefreiheit, in: AfP 1994, 1

ders. Privater Rundfunk vor der Europäischen Menschenrechtskonvention, Baden-Baden 1993
zitiert: Engel, Privater Rundfunk

Engel-Flechsig, Stefan
Das Informations- und Kommunikationsdienstegesetz des Bundes und der Mediendienstestaatsvertrag der Bundesländer - Einheitliche Rahmenbedingungen für Multimedia -, in: ZUM 1997, 231

ders./Maennel, Frithjof A./ Tettenborn, Alexander
Das neue Informations- und Kommunikationsdienste-Gesetz, in: NJW 1997, 2981

Engels, Stefan Das Recht der Fernsehwerbung für Kinder - Rechtliche Regulierung der Fernsehwerbung unter Aspekten des Kinder- und Jugendschutzes, Baden-Baden Hamburg 1997

Erichsen, Hans-Uwe
Allgemeines Verwaltungsrecht (Hrsg.), 10. Auflage, Berlin New York 1995
zitiert: (Bearbeiter) in: Erichsen, Allgemeines Verwaltungs-recht

Esser-Wellié, Michael
Multimedia und Telekommunikation - Statusbericht -, in: AfP 1997, 608

Everling, Ulrich Zum Vorrang des EG-Rechts vor nationalem Recht, in: DVBl. 1985, 1201

Ferger, Herbert/Junker, Harald
„Neue Medien“ und Fernmelderecht - Die fernmelderechtliche Kompetenz des Bundes aus Art. 73 Nr. 7 GG im Lichte neuer Formen der Individualkommunikation -, in: DÖV 1981, 439

Flockerzi, Katja Teleshopping, in: Jürgen Wilke, Christiane Imhof (Hrsg.), Multimedia - Voraussetzungen Anwendungen Probleme -, Berlin 1996, S. 115

Friauf, Karl Heinricht/ Höfling, Wolfram
Meinungsgrundrechte und Verfolgung von wirtschaftlichen Belangen, in: AfP 1985, 249

Frowein, Jochen Abr./Peukert, Wolfgang
Europäischen Menschenrechtskonvention, Kommentar zur EMRK, 2. Aufl., Kehl Straßburg Arlington 1996

Gabriel-Bräutigam, Karin
Rundfunkkompetenz und Rundfunkfreiheit - Eine Untersuchung über das Verhältnis der Rundfunkhoheit der Länder zu den Gesetzgebungszuständigkeiten des Bundes -, Baden-Baden 1990

Gersdorf, Hubertus Das Grundrecht der Rundfunkfreiheit als „Supergrundrecht“? Zur Notwendigkeit einer dogmatischen Weiterentwicklung des verfassungsrechtlichen Begriffsbildes, in:

Armin Dittmann, Frank Fechner, Gerald G. Sander (Hrsg.), Der Rundfunkbegriff im Wandel der Medien, Berlin 1997, S. 137
zitiert: Gersdorf, Rundfunkfreiheit als „Supergrundrecht“

ders. Rundfunkfreiheit ohne Ausgestaltungsvorbehalt - Verfassungs- und gemeinschaftsrechtliche Voraussetzungen für die Einführung neuer Kommunikationsdienste am Beispiel reiner Teleshoppingkanäle, Schriftenreihe BLM, Bd. 33, München 1996
zitiert: Gersdorf, Rundfunkfreiheit

ders. Neue Dienste zwischen Gesetzgebungskompetenz von Bund und Ländern, in: Matthias Prinz, Butz Peters (Hrsg.), Medienrecht im Wandel, Festschrift für Manfred Engelschall, Baden-Baden 1996, S. 163
zitiert: Gersdorf, Neue Dienste

ders. Multimedia-Gesetz des Bundes: Kein Muß - Über die Gesetzgebungskompetenz für die Neuen Dienste, in: FK 1996, Nr. 21, S. 4

ders. Der verfassungsrechtliche Rundfunkbegriff im Lichte der Digitalisierung der Telekommunikation, Schriftenreihe der Hamburgischen Anstalt für neue Medien, Bd. 11, Berlin 1995
zitiert: Gersdorf, Rundfunkbegriff

ders. Multi-Media: Der Rundfunkbegriff im Umbruch? - Insbesondere zur verfassungsrechtlichen Einordnung der Zugriffs- und Abrufdienste, in: AfP 1995, 565

ders. Teleshopping: Exerzitium für die Notwendigkeit einer Differenzierung zwischen Ausgestaltung und Beschränkung der Rundfunkfreiheit, in: ZUM 1995, 841

ders. Funktionen der Gemeinschaftsgrundrechte im Lichte des Solange II-Beschlusses des Bundesverfassungsgerichts, in: AöR 119 (1994), 400

ders. Das Kooperationsverhältnis zwischen deutscher Gerichtsbarkeit und EuGH, in: DVBl. 1994, 674

Gloy, Wolfgang Handbuch des Wettbewerbsrechts (Hrsg.), München 1986

Goerlich, Helmut/Möwes, Bernd
Europäische Elemente der Rundfunkordnung, in: Jura 1991, 113

Gornig, Gilbert-Hanno
Äußerungsfreiheit und Informationsfreiheit als Menschenrechte: die Verankerung der Äußerungs-, Informations-, Presse- und Rundfunkfreiheit sowie des Zensurverbots in

völkerrechtlichen Übereinkommen und in den Rechtsordnungen der KSZE-Staaten; unter besonderer Berücksichtigung rechtsphilosophischer und rechtsgeschichtlicher Hintergründe, Berlin 1988
zitiert: Gornig, Äußerungsfreiheit

ders. Die Schrankentrias des Art. 5 II GG, in: JuS 1988, 274

Gounalakis, Georgios
Der Mediendienste-Staatsvertrag der Länder, in: NJW 1997, 2993

Grabitz, Eberhard/Hilf, Meinhard
Kommentar zur Europäischen Union, 2 Bände, Stand: Mai 1998, München
zitiert: (Bearbeiter) in: Grabitz/Hilf, Europäische Union

Groeben, Hans von der/Thiesing, Jochen/Ehlermann, Claus-Dieter
Kommentar zum EU-/EG-Vertrag, Bd. 1 (Art. A-F EUV, 1-84 EGV), 5. Aufl., Baden-Baden 1997
zitiert: (Bearbeiter) in: von der Groeben/Thiesing/ Ehlermann

Groß, Rolf Neue Medien: Neue Aufgaben des Rechts, in: ZRP 1982, 232

Gutenberg, Erich Grundlagen der Betriebswirtschaftslehre, 2. Bd.: Der Absatz, 16. Aufl., Berlin Heidelberg New York 1979

Häberle, Peter Die Wesensgehaltgarantie des Art. 19 Abs. 2 Grundgesetz, 3. Aufl., Heidelberg 1983
zitiert: Häberle, Wesensgehaltgarantie

Häntzschel, G. Das Grundrecht der freien Meinungsäußerung und die Schranken der allgemeinen Gesetze des Artikels 118 I der Reichsverfassung, in: AöR 10 (1926), 228

Hain, Karl-Eberhard
Rundfunkfreiheit und Rundfunkordnung, Baden-Baden 1993

Hartstein, Reinhard/Ring, Wolf-Dieter/Kreile, Johannes/Dörr, Dieter/Stettner, Rupert
Rundfunkstaatsvertrag, Kommentar zum Staatsvertrag der Länder zur Neuordnung des Rundfunkwesens, in: Ring, Medienrecht, Bd. II, Stand: November1998
zitiert: Hartstein/Ring/Kreile/Dörr/Stettner, RStV

Rundfunkstaatsvertrag, Kommentar zum Staatsvertrag der Länder zur Neuordnung des Rundfunkwesens, gebundene Ausgabe, 2. Aufl., München 1995
zitiert: Hartstein/Ring/Kreile/Dörr/Stettner, RStV, 2. Aufl.

Hassert, Esther Das Recht der Rundfunkgegendarstellung - eine schutzzweckorientierte Untersuchung des Gegendarstellungsrechts, München 1997

Herdegen, Matthias Europarecht, München 1997

Herkströter, Dirk Werbebestimmungen für den privaten Rundfunk nach dem Rundfunkstaatsvertrag vom 31.8.1991, in: ZUM 1992, 395

Herrmann, Günter Rundfunkrecht, Fernsehen und Hörfunk mit neuen Medien, München 1994
zitiert: Herrmann, Rundfunkrecht

ders. Fernsehen und Hörfunk in der Verfassung der Bundesrepublik Deutschland, Tübingen 1975
zitiert: Herrmann, Fernsehen und Hörfunk

Herzog, Roman Grundrechte aus der Hand des Gesetzgebers, in: Walther Fürst, Roman Herzog, Dieter C. Umbach (Hrsg.), Festschrift Wolfgang Zeidler, Bd. II, Berlin 1987, S. 1415

Hesse, Albrecht Zur aktuellen Entwicklung des Rundfunkrechts, in: BayVBl. 1997, 132

ders. Rundfunkrecht, München 1990

Hesse, Konrad Grundzüge des Verfassungsrechts der Bundesrepublik Deutschland, 20. Aufl., Heidelberg 1995
zitiert: Hesse, Verfassungsrecht

ders. Bestand und Bedeutung der Grundrechte in der Bundesrepublik Deutschland, in: EuGRZ 1978, 427

Heyl, Cornelius von Teledienste und Mediendienste nach Teledienstegesetz und Mediendienste-Staatsvertrag, in: ZUM 1998, 115

Hillmann, Karl-Heinz
Wörterbuch der Soziologie, 4. Aufl., Stuttgart 1994

Hippel, Eike von Verbraucherschutz, 3. Aufl., Tübingen 1986

Hochstein, Reiner Teledienste, Mediendienste und Rundfunkbegriff - Anmerkungen zur praktischen Abgrenzung multimedialer Erscheinungsformen, in: NJW 1997, 2977

Höfling, Heribert/Möwes, Bernd/Pechstein, Matthias
Europäisches Medienrecht - insbesondere EG-Fernsehrichtlinie und Europarats-Fernsehübereinkommen in Gegenüberstellung der Einzelregelungen, München 1991

Hök, Götz-Sebastian
Tele-Shopping in der deutschen Medienordnung, in: MDR 1989, 769

Hoeren, Thomas Das neue Informations- und Kommunikationsdienstegesetz, in: JbTuG 1997 - Die Ware Information - Auf dem Weg zu einer Informationsökonomie -, S. 131

Hoffmann-Riem, Wolfgang
Der Rundfunkbegriff in der Differenzierung kommunikativer Dienste, in: AfP 1996, 9.

ders. Erosionen des Rundfunkrechts - Tendenzen der Rundfunkrechtsentwicklung in Europa, München 1990

ders./Vesting, Thomas
Ende der Massenkommunikation?, in: MP 1994, 382

Holoubek, Michael Rundfunkfreiheit und Rundfunkmonopol, Wien Köln 1990

Holznagel, Bernd Rundfunkrecht in Europa: auf dem Weg zu einem Gemeinrecht europäischer Rundfunkordnungen, Tübingen 1996

Horst, Rutger von der
Europäisiertes Rundfunkrecht - Abschied vom public-service Modell des Rundfunks oder Überleben im gewandelten Kleid? -, Münster 1995

Ipsen, Hans Peter Das Bundesverfassungsgericht löst die Grundrechts-Problematik - Zum „Mittlerweile"-Beschluß des 2. Senats vom 22. Oktober 1986 -, in: EuR 1987, 1

Ipsen, Jörn „Stufentheorie" und Übermaßverbot - Zur Dogmatik des Art. 12 GG, in: JuS 1990, 634

Isensee, Josef/Axer, Peter
Jugendschutz im Fernsehen - Verfassungsrechtliche Vorgaben für staatsvertragliche Beschränkungen der Ausstrahlung indexbetroffener Sendungen, München 1998

ders./Kirchhof, Paul
Handbuch des Staatsrechts der BRD
Band IV, Finanzverfassung - Bundesstaatliche Ordnung, Heidelberg 1990
Band V, Allgemeine Grundrechtslehren, Heidelberg 1992
Band VI, Freiheitsrechte, Heidelberg 1989
Band VII, Normativität und Schutz der Verfassung - Internationale Beziehungen, Heidelberg 1992
zitiert: (Bearbeiter) in: HbStR

Jarass, Hans D. Rundfunkbegriffe im Zeitalter des Internet - Zum Anwendungsbereich der Rundfunkfreiheit, des Rundfunkstaatsvertrags und des Mediendienste-Staatsvertrags -, in: AfP 1998, 133

ders. In welcher Weise empfiehlt es sich, die Ordnung des Rundfunks und sein Verhältnis zu anderen Medien - auch unter dem Gesichtspunkt der Harmonisierung - zu regeln?, in: Verhandlungen des 56. Deutschen Juristentages, Bd. I, Teil G, München 1986
zitiert: Jarass, Gutachten 56. DJT, Rz. zu G

ders. Grundrechte als Wertentscheidungen bzw. objektivrechtliche Prinzipien in der Rechtsprechung des Bundesverfassungsgerichts, in: AöR 110 (1985), 363

ders. Die Freiheit der Massenmedien - Zur staatlichen Einwirkung auf Presse, Rundfunk, Film und andere Medien, Baden-Baden 1978

ders./Pieroth, Bodo Grundgesetz für die Bundesrepublik Deutschland, Kommentar, 4. Aufl., München 1997
zitiert: (Bearbeiter) in: Jarass/Pieroth, GG

Karpen, Ulrich Auslegung und Anwendung des Grundgesetzes - Vom liberalen Rechtsstaat zum demokratischen Sozialismus, Berlin 1987

Keßler, Jürgen Rechtliche Aspekte des Tele-Shoppings - zu den normativen Grenzen eines neuen Marketing-Konzepts, in: WRP 1991, 285

Klein, Eckart Einwirkungen des europäischen Menschenrechtsschutzes auf Meinungsäußerungsfreiheit und Pressefreiheit, in: AfP 1994, 9

ders. Grundrechtliche Schutzpflicht des Staates, in: NJW 1989, 1633

Klein, Hans H. Die grundrechtliche Schutzpflicht, in: DVBl. 1994, 489

ders. Rundfunkrecht und Rundfunkfreiheit, in: Der Staat, 20. Bd. (1981), 177

ders. Die Rundfunkfreiheit, München 1978

ders. Öffentliche und private Freiheit - Zur Auslegung des Grundrechts der Meinungsfreiheit, in: Der Staat, 10. Bd. (1971), 145

Kloepfer, Michael Produkthinweispflichten bei Tabakwaren als Verfassungsfrage, Berlin 1991
zitiert: Kloepfer, Produkthinweispflichten

Koch, Frank A. Neues Mediendiensterecht der Länder bedarf der Nachbesserung, in: NJW-CoR 1997, 302

König, Christian/Haratsch, Andreas
Europarecht, 2. Aufl., Tübingen 1998

Krause-Ablaß, Günter B.
Kommunaler und privater Runfunk im lokalen Bereich, in: DÖV, 1962, 249

Kroeber-Riel, Werner
Strategie und Technik der Werbung - Verhaltenswissenschaftliche Ansätze, 4. Aufl., Stuttgart Berlin Köln 1993

Kröger, Detlef/Moos, Flemming,
Mediendienst oder Teledienst? - Zur Aufteilung der Gesetzgebungsmaterie Informations- und Kommunikationsdienste zwischen Bund und Ländern, in: AfP 1997, 675

dies. Regelungsansätze für Multimediadienste - Mediendienstestaatsvertrag und Teledienstegesetz -, in: ZUM 1997, 462

dies. Die Erforderlichkeitsklausel gemäß Art. 72 Abs. 2 GG n.F. im Spannungsfeld des Bundesstaates, in: BayVBl. 1997, 705

Kröger, Klaus Vor dem Ende des Rundfunkmonopols der öffentlichrechtlichen Rundfunkanstalten, in: NJW 1979, 2537

Krüger, Herbert Allgemeine Staatslehre, 2. Aufl., Stuttgart Berlin Köln Mainz 1966

Kuch, Hansjörg Der Staatsvertrag über Mediendienste, in: ZUM 1997, 225

Kugelmann, Dieter Der Rundfunk und die Dienstleistungsfreiheit des EWG-Vertrages, Berlin 1991
zitiert: Kugelmann, Rundfunk und Dienstleistungsfreiheit

Kull, Edgar „Dienende Freiheit" - dienstbare Medien?, in: Peter Badura, Rupert Scholz (Hrsg.), Wege und Verfahren des Verfassungslebens, Festschrift für Peter Lerche, München 1993, S. 663

Kurp, Matthias Gesetze mit begrenzter Haltbarkeit? - Probleme und offene Fragen bei der Regelung von Multimedia -, in: FK 1997, Nr. 35, S. 3

Laeuchli Bosshard, Irene
Die Meinungsäußerungsfreiheit gemäss Art. 10 EMRK unter Berücksichtigung der neueren Entscheide und der neuen Medien, Bern 1990

Larenz, Karl/Canaris, Claus-Wilhelm
Methodenlehre der Rechtswissenschaft, 3. Aufl., Berlin Heidelberg New York 1995
zitiert: Larenz/Canaris, Methodenlehre

Laschet, Remo Programmgrundsätze für den kommerziellen Rundfunk - Untersuchung der Landesmediengesetze und Rundfunkstaatsverträge anhand von Art. 5 Abs. 1 Satz 2 Grundgesetz und seiner Schranken -, Baden-Baden 1994

Laubinger, Hans-Werner
Grundrechtsschutz durch Gestaltung des Verwaltungsverfahrens, in: VerwArch 73 (1982), 60

Leisner, Walter Werbefernsehen und Öffentliches Recht - Ein Beitrag zur Problematik der öffentlichen Aufgabe sowie zu Grundlagen und Grenzen fiskalischer Staatstätigkeit -, Berlin 1967

Lenz, Carl Otto Kommentar zu dem Vertrag zur Gründung der Europäischen Gemeinschaften, Köln Basel Wien 1994
zitiert: (Bearbeiter) in: Lenz, EGV

Lerche, Peter Verfassungsrechtliche Fragen zur Pressekonzentration, Berlin 1971

ders. Werbung und Fernsehen, München Berlin 1967

ders. Übermaß und Verfassungsrecht - Zur Bindung des Gesetzgebers an die Grundsätze der Verhältnismäßigkeit und Erforderlich-keit -, Köln Berlin München Bonn 1961

Libertus, Michael Grundversorgungsauftrag und Funktionsgarantie, München 1991

Löffler, Martin Presserecht, Kommentar zu den Landespressegesetzen der Bundesrepublik Deutschland, 4. Aufl., München 1997

Lücke, Jörg Die „allgemeinen" Gesetze (Art. 5 Abs. 2 GG) - Versuch einer Neuinterpretation -, Heidelberg 1998

Luhmann, Niklas Die Realität der Massenmedien, 2. Aufl., Opladen 1996

Maletzke, Gerhard Psychologie der Massenkommunikation - Theorie und Systematik -, Hamburg 1963

Mangoldt, Hermann von/Klein, Friedrich/Pestalozza, Christian
Das Bonner Grundgesetz, Kommentar, Bd. 8, 3. Aufl., München 1996
zitiert: (Bearbeiter) in: von Mangoldt/Klein/Pestalozza, GG

dies./Starck, Christian
Das Bonner Grundgesetz, Kommentar, Bd. 1, 3. Aufl., München 1985
zitiert: (Bearbeiter) in: von Mangoldt/Klein/Starck, GG

Marko, Elisabeth Subjektive öffentliche Rechte auf Rundfunkveranstaltung und Rundfunkempfang?, Berlin 1997
zitiert: Marko, Subjektive öffentliche Rechte

Martín-Pérez de Nanclares, José
Die EG-Fernsehrichtlinie - Rechtsgrundlage, Kommentierung und Umsetzung in das Recht der Mitgliedstaaten sowie Österreich und der Schweiz, Frankfurt am Main 1995

Maunz, Theodor/Dürig, Günter
Kommentar zum Grundgesetz, München, Stand: Juni 1998;
zitiert: (Bearbeiter) in: Maunz/Dürig, GG

ders. /Zippelius, Reinhold
Deutsches Staatsrecht, 28. Aufl., München 1991

Mayer, Patrick/Motz, Thomas
Ermessenspielraum einer Landesmedienanstalt bei der Durchführung landesrechtlicher Erprobungsprojekte und

medienrechtliche Einordnung eines Teleshopping-Programms, in: ZUM 1998, 133

Micklitz, Hans-W. Rundfunkrechtliche Fragen des Teleshoppings, in: NJW 1990, 1569

Müller-Using, Detlev/Lücke, Richard
Neues Recht für Multimedia-Dienste - Die Regelungsentwürfe des Bundes und der Länder -, in: ArchPT1997, 101

dies. Neue Teledienste und alter Rundfunkbegriff, in: ArchPT 1995, 32

Müller, Friedrich Juristische Methodik, 6. Aufl., Berlin 1995

Münch, Ingo von Grundgesetz-Kommentar, Band 1 (Art. 1 - 20), 4. Aufl., München 1992; Band 3 (Art. 70 bis 146), 3. Aufl., München 1996
zitiert: (Bearbeiter) in: von Münch, GG

Oppermann, Thomas
Europarecht, München 1991

ders. Auf dem Wege zur gemischten Rundfunkverfassung in der Bundesrepublik Deutschland, in: JZ 1981, 721

Ory, Stephan Vom Teleshopping zum Elektronischen Anzeigenblatt?, in: AfP 1988, 120.

Ossenbühl, Fritz Kernenergie im Spiegel des Verfassungsrechts, in: DÖV 1981, 1

ders. Die Interpretation der Grundrechte in der Rechtsprechung des Bundesverfassungsgerichts, in: NJW 1976, 2100

Papier, Hans-Jürgen
Presserfreiheit zwischen Konzentration und technischer Entwicklung, in: Der Staat, 18. Bd. (1979), 422

Pestalozza, Christian
Der Schutz vor der Rundfunkfreiheit in der Bundesrepublik Deutschland, in: NJW 1981, 2158

Petersen, Nikolaus Rundfunkfreiheit und EG-Vertrag - Die Einwirkungen des Europäischen Rechts auf die Ausgestaltung der nationalen Rundfunkordnungen, Baden-Baden Hamburg 1994

Pieper, Antje Karin/Wiechmann, Peter
Der Rundfunkbegriff - Änderungen durch Einführung des interaktiven Fernsehens?, in: ZUM 1995, 82

Pieroth, Bodo/Schlink, Bernhard
Grundrechte Staatsrecht II, 14. Aufl., Heidelberg 1998

Ridder, Christa-Maria
Teleshopping- elektronisches Versandhaus oder Fernsehprogramm?, in: MP 1995, 414

Ricker, Reinhart/Schiwy, Peter
Rundfunkverfassungsrecht, München 1997

Ring, Wolf-Dieter Medienrecht - Rundfunk, Neue Medien, Presse, Technische Grundlagen, Internationales Recht -, Bände I-III, Stand: August 1998
zitiert: Ring, Medienrecht

Roßnagel, Alexander
Neues Recht für Multimediadienste - Informations- und Kom-munikationsdienste-Gesetz und Mediendienste-Staatsvertrag, in: NVwZ 1998, 1

Rothenbücher, Karl Das Recht der freien Meinungsäußerung, in: VVDStRL 4 (1928), 3

Rudolf, Walter Über die Zulässigkeit privaten Rundfunks, Frankfurt 1971
zitiert: Rudolf, Privater Rundfunk

Rybak, Hubertus/Hofmann, Hans
Verteilung der Gesetzgebungsrechte zwischen Bund und Ländern nach der Reform des Grundgesetzes, in: NVwZ 1995, 230

Sachs, Michael Kommentar zum Grundgesetz, 2. Aufl., München 1999
zitiert: (Bearbeiter) in: Sachs, GG

Sack, Rolf Neue Werbeformen im Fernsehen - rundfunk- und wettbewerbsrechtliche Grenzen, in: AfP 1991, 704

Schellenberg, Martin
Pluralismus: Zu einem medienrechtlichen Leitmotiv in Deutschland, Frankreich und Italien, in: AöR 119 (1994), 427

Scheuner, Ulrich Das Grundrecht der Rundfunkfreiheit, Berlin 1982

ders. Pressefreiheit, in: VVDStRL 22 (1965), 1

Schippan, Michael Freie Bahn für Teleshopping-Kanäle?, in: NJW 1997, 3205

Schmalz, Dieter Grundrechte, 3. Aufl., Baden-Baden 1997

Schmehl, Arndt Die erneuerte Erforderlichkeitsklausel in Art. 72 Abs. 2 GG, in: DÖV 1996, 724

Schmenk, Andreas/Wätjen, Arno
Multimedia, Reihe: Beck EDV-Berater, München 1993

Schmitt, Carl Freiheitsrechte und institutionelle Garantien der Reichsverfassung (1931), in: Verfassungsrechtliche Aufsätze aus den Jahren 1924-1954, 2. Aufl., Berlin 1973

Schmitt Glaeser, Walter
Die Meinungsfreiheit in der Rechtsprechung des Bundesverfassungsgerichts, in: AöR 113 (1988), 52

Schmidt-Bleibtreu, Bruno/Klein, Franz
Kommentar zum Grundgesetz, 9. Aufl., Neuwied, Kriftel, Berlin 1999
zitiert: Schmidt-Bleibtreu/Klein, GG

Schmits, Volker Das Recht der Gegendarstellung und das right of reply - Eine rechtsvergleichende Studie über die Entgegnungskonzeptionen in Deutschland und England, Sinzheim 1997

Schmitt Glaeser, Walter
Kabelkommunikation und Verfassung - Das privatrechtliche Unternehmen im „Münchner Pilotprojekt" -, Berlin 1979

Schnapp, Friedrich Grenzen der Grundrechte, in: JuS 1978, 729

Schneider, Hans Staatsverträge, in: Ergänzbares Lexikon des Rechts, Ordner 2, 5/710, Stand: 1992

ders. Verträge zwischen Gliedstaaten im Bundesstaat, in: VVDStRL 19 (1961), 1

Schnur, Roman Pressefreiheit, in: VVDStRL 22 (1965), 101

Schoch, Friedrich Öffentlich-rechtliche Rahmenbedingungen einer Informations-ordnung, in: VVDStRL 57 (1998), 158

Scholz, Rupert Das dritte Fernsehurteil des Bundesverfassungsgerichts, in: JZ 1981, 561

ders. Ausschließliche und konkurrierende Gesetzgebungskompetenz von Bund und Ländern in der Rechtsprechung des Bundesverfassungsgerichts, in: Christian Starck (Hrsg.), Bundesverfassungsgericht und Grundgesetz, Bd. II, Tübingen 1976, S. 252

ders. Private Rundfunkfreiheit und öffentlicher Rundfunkvorbehalt - BVerwGE 39, 159, in: JuS 1974, 299

ders. Die Koalitionsfreiheit als Verfassungsproblem, München 1971
zitiert: Scholz, Koalitionsfreiheit

Schraut, Bernhard Jugendschutz und Medien: Zur Verfassungsmäßigkeit des Jugendschutzes im Rundfunk und bei den übrigen audiovisuellen Medien, Baden-Baden 1993

Schroeder, Werner Teleshopping und Rundfunkfreiheit - Zur Anwendbarkeit rundfunkrechtlicher Normen auf Teleshopping-Kanäle -, in: ZUM 1994, 471.

Schulz, Wolfgang Jenseits der >Meinungsrelevanz< - Verfassungsrechtliche Überlegungen zu Ausgestaltung und Gesetzgebungskompeten-zen bei neuen Kommunikationsformen, in: ZUM 1996, 487

Schwark, Eberhard Der Begriff der „Allgemeinen Gesetze“ im Artikel 5 Absatz 2 des Grundgesetzes, Berlin 1970

Schweiger, Günter/Schrattenecker, Gertraud
Werbung: Eine Einführung, 4. Aufl., Stuttgart Jena 1995
zitiert: Scheiger/Schrattenecker, Werbung

Schweitzer, Michael/Hummer, Waldemar
Europarecht - Das Recht der Europäischen Union - Das Recht der Europäischen Gemeinschaften (EGKS, EG, EAG) - mit Schwerpunkt EG, 5. Aufl., Neuwied Kriftel Berlin 1996
zitiert: Schweitzer/Hummer, Europarecht

Sieber, Stefanie Bundesweit verbreiteter Rundfunk: Zur Weiterverbreitung von Satelliten-Fernsehprogrammen in Bayern, in: ZUM 1998, 27

Smend, Rudolf Das Recht der freien Meinungsäußerung, in: VVDStRL 4, 44

Starck, Christian Zur notwendigen Neuordnung des Rundfunks, in: NJW 1980, 1359

ders. Staatliche Organisation und staatliche Finanzierung als Hilfen zu Grundrechtsverwirklichungen?, in: Christian Starck (Hrsg.), Bundesverfassungsgericht und Grundgesetz, Festgabe aus Anlaß des 25jährigen Bestehens des Bundesverfassungsgerichts, 2. Bd., S. 480, Tübingen 1976,
zitiert: Starck, Staatliche Organisation

Stern, Klaus Das Staatsrecht der Bundesrepublik Deutschland,
Band II, Staatsorgane, Staatsfunktionen, Finanz- und Haushaltsverfassung, Notstandsverfassung, München 1980
Band III/1, Allgemeine Lehren der Grundrechte, München 1988
zitiert: Stern, Staatsrecht, Bd.

ders. Ehrenschutz und „allgemeine Gesetze“, in: Gottfried Baumgärtel, Ernst Klingmüller u.a. (Hrsg.), Festschrift für Heinz Hübner, Berlin New York 1984, S. 815
zitiert: Stern, Ehrenschutz

Stettner, Rupert Grundfragen der Kompetenzlehre, Berlin 1983
zitiert: Stettner, Kompetenzlehre

Stock, Martin Der neue Rundfunkstaatsvertrag, in: RuF 1992, 189

Stettner, Rupert/Tresenreiter, Wolfgang
Sperrstunde im Teleshop, in: ZUM 1994, 669

Streinz, Rudolf Europarecht, 3. Aufl., Heidelberg 1996

Tettinger, Peter J. Neue Medien und Verfassungsrecht, München 1980

Theis, Horst E. Die Multimedia-Gesetze - Erläuterungen, Gesetzestexte, amtliche Begründungen -, Neuwied Kriftel Berlin 1997

Tröndle, Herbert Strafgesetzbuch und Nebengesetze, Kommentar, 48. Aufl., München 1997
zitiert: Tröndle, StGB

Uwer, Dirk Medienkonzentration und Pluralismussicherung im Lichte des europäischen Menschenrechts der Pressefreiheit, Berlin Baden-Baden 1998
zitiert: Uwer, Medienkonzentration

Vedder, Christoph Intraföderale Staatsverträge - Instrumente der Rechtsetzung im Bundesstaat -, Baden-Baden 1996

Villiger, Mark E. Handbuch der Europäische Menschenrechtskonvention (EMRK) unter besonderer Berücksichtigung der schweizerischen Rechtslage, Zürich 1993

Vitzthum, Wolfgang Graf
Völkerrecht (Hrsg.), Berlin New York 1997

Wacke, Gerhard Werbeaussagen als Meinungsäußerungen, in: Hans Peter Ipsen (Hrsg.), Hamburger Festschrift für Friedrich Schack, Hamburg 1966, S. 197
zitiert: Wacke, Werbeaussagen

Wellens, Christof Grenzen der Rundfunkfinanzierung: Teleshopping - Zivil-, öffentlich- und wettbewerbsrechtliche Probleme -, Köln 1991

Wendt, Rudolf Der Garantiegehalt der Grundrechte und das Übermaßverbot, in: AöR 104 (1979), 414

Wieland, Joachim Die Freiheit des Rundfunks - Zugleich ein Beitrag zur Dogmatik des Artikel 12 Absatz 1 GG -, Berlin 1984

Winter, Michael Werberecht, in: Ernst W. Fuhr, Walter Rudolf, Klaus Wasserburg (Hrsg.), Recht der Neuen Medien, Heidelberg 1989, S. 353

Wittmann, Heinz Rundfunkfreiheit - Öffentlichrechtliche Grundlagen des Rundfunks in Österreich, Wien New York 1981

Wittmann, Waldemar/Kern, Werner/Köhler, Richard u.a.
Handwörterbuch der Betriebswirtschaft (Hrsg.), Teilbd. 2. I - Q, 5. Aufl., Stuttgart 1993

Woldt, Runar Teleshopping - Aktuelle Entwicklungen in vier Ländern -, in: MP 1988, 421

Studien zum deutschen und europäischen Medienrecht

Herausgegeben von Dieter Dörr
mit Unterstützung der Dr. Feldbausch Stiftung

Band 1 Peter Charissé: Die Rundfunkveranstaltungsfreiheit und das Zulassungsregime der Rundfunk- und Mediengesetze. Eine verfassungs- und europarechtliche Untersuchung der subjektiv-rechtlichen Stellung privater Rundfunkveranstalter. 1999.

Band 2 Dieter Dörr: Umfang und Grenzen der Rechtsaufsicht über die Deutsche Welle. 2000.

Band 3 Claudia Braml: Das Teleshopping und die Rundfunkfreiheit. Eine verfassungs- und europarechtliche Untersuchung im Hinblick auf den Rundfunkstaatsvertrag, den Mediendienste-Staatsvertrag, das Teledienstegesetz und die EG-Fernsehrichtlinie. 2000.

Printed by
CPI books GmbH, Leck

Kolibri 360 GmbH
Ferdinand-Jühlke-Straße 7
99095 Erfurt, Deutschland
produktsicherheit@kolibri360.de